그로테스크 예찬

그로테스크 예찬: 한국영화를 통해 본 사회변동의 문화사

발행일 초판1쇄 2017년 5월 20일 | 초판2쇄 2018년 10월 15일
지은이 이창우
펴낸이 유재건 | **펴낸곳** (주)그린비출판사 | **주소** 서울시 와우산로 180, 4층
전화 02-702-2717 | **이메일** editor@greenbee.co.kr | **신고번호** 제2017-000094호

ISBN 978-89-7682-257-4 93680
이 도서의 국립중앙도서관 출판시도서목록(CIP)은 서지정보유통지원시스템 홈페이지(http://seoji.nl.go.kr)와 국가자료
공동목록시스템(http://www.nl.go.kr/kolisnet)에서 이용하실 수 있습니다.(CIP제어번호: CIP2017010381)

철학이 있는 삶 **그린비출판사** www.greenbee.co.kr

그로테스크 예찬

한국영화를 통해 본 사회변동의 문화사

이창우 지음

영B
그린비

차례

| 일러두기 |

1 이 책은 이창우의 박사학위논문 「신자유주의 시대 한국영화에서 나타나는 그로테스크의 정치학: '괴물'과 '근원적 세계'를 중심으로」(2015)를 기반으로 하고 있다.

2 단행본·정기간행물은 겹낫표(『 』)로, 단편·논문·기사 등의 제목은 낫표(「 」)로 표시했다.

3 본문에 인용한 문헌 중 번역본이 있는 경우 저자의 이름을 한글로 표기하였다. 번역본이 없는 경우 저자의 이름을 원어로 병기하였다.

4 외국어 고유명사는 2002년에 국립국어원에서 펴낸 외래어표기법을 따르는 것을 원칙으로 하되, 관례가 굳어서 쓰이는 것들은 관례를 따랐다.

들어가는 글

———

여러분은 골수가 든 뼈를 찾은 개를 본 적이 있는가? 개는 플라톤이 『국가』 2권에서 말한 바와 같이 세상에서 가장 철학적인 짐승이다. …… 뼈를 깨뜨리고 본질적인 골수를 빨아먹어야 한다. 왜냐하면 이러한 독서에서 당신은 전에 보던 것과는 매우 다른 성향과 숨겨진 사상을 발견할 것이고, 그것이 당신에게 우리의 종교에 관한 것만큼이나 정치상황과 가정생활에 관해서도 지고의 신비와 무시무시한 비밀을 밝혀 줄 것이기 때문이다. ─라블레, 『가르강튀아』 중에서

그로테스크는 공기처럼 생활 속에 편재하지만, 존재한다는 사실이 잘 드러나지 않는다. 뭔가 혐오스러운 기형이나 도착적인 악취미가 연상되는 이 단어는 서양미술사 전공자나 비디오 게임 「워크래프트」(warcraft) 마니아들을 위한 전문용어로 들리기도 한다. 그러나 우리 시대는 이 개념 없이는 설명하기 힘든 문화현상들에 '완전히 먹혀 버린 상태'라고 할 수 있다. "엽기 토끼"나 "라바" 같은 캐릭터 산업에서나 부패한 정치가들의 흉상이 세워진 광화문 촛불 시위에서나 괴물 형상은 끝없이 생산되고 유희되거나 조롱된다. 저소득층 여학생의 역설적 아름다움을 표현한 "깔창 생리대 은서"에 관한 포스터라든가 성소수자들을 비방하는 보수기독교 단체의 낯 뜨거운 구호들에서, 비록 활용의 맥락은 정반대 방향이긴 하지만, 불결하거나 거북한 대상들이 등장한다. 만약 누군가가 조금이라도 세련되고 이목을 끌 만한 형상을 제시해야 한다면 그는 반드

시 그로테스크라는 팻말이 붙은 창고를 뒤적거려야 하는 시대다.

그로테스크가 한국 대중문화에서 완연히 만개한 것은 21세기 들어서라고 할 수 있다. '엽기'라는 괴팍한 트렌드가 2000년부터 몇 년간 유행했는데 그 당시에는 이 트렌드가 십수 년이 지나도록 이름을 감추면서까지 확산될 줄은 몰랐을 것이다. 절대적 의미에서 그로테스크는 우리나라에서도 어느 시대에나 존재했다. 처용, 사천대왕, 해태상, 장승, 하회탈, 구비문학 등 민속 문화에는 그로테스크가 넘쳐난다. 또한 일제 강점기에는 '에로 그로 넌센스'라는 당대 모던문화의 별칭에서도 알 수 있듯이, 그로테스크는 서구적이고 도시적인 (그래서 닮고 싶은) 현대성의 징표로 이해됐다. 그 이후 냉전기의 군사독재로 인한 역사적 단절이 있었다. 60, 70, 80년대는 그로테스크의 암흑기였다. 80년대 후반 들어서야 문학 분야로부터 서서히 움트기 시작하면서 2000년을 기점으로 대중문화로 뚫고 나온 것이다.

그로테스크가 중세의 몰락(르네상스), 시민혁명의 환멸(낭만주의), 제국의 종말(모더니즘)과 같은 세계사적 전환기의 정서를 표현한다는 사실은 동시대 한국 사회에도 적용된다. 2000년경에 무슨 일이 있었는지 생각해 보자. 90년대의 행복한 소비주의는 경제공황과 함께 박살났다. 시민들은 해고, 파산, 굶주림을 가져온 책임을 사회에 물어야 했지만 군인들이 정치에서 물러난 문민정부 이래로 정부를 상대로 싸운다는 것 자체가 서먹해진 상태였다. 사태의 심각성을 진단하고 비판 정신을 일깨워야 할 지식인들의 상태는 더 구제불능이었다. 동구권 몰락과 함께 이념적 지반은 와해되면서 가치관은 혼란의 나락에 빠졌다. 경제적·정치적·이데올로기적 변질이 한꺼번에 만나 응축되는 지점에서 그로테스크는 탄생했다. 「센과 치히로의 행방불명」(미야자키 하야오, 2001)에서 자신이 돼지로 변신한 줄도 모르는 엄마 아빠가 더러운 축사에서 사료를 꾸역꾸역 먹는 장면 같은 환상, 그러다가 결국 도축되고 말 운명에 처했다는 암담한 느낌이 한국 사회 성원들의 마음을 지배했다. 문제는 당시의 경험이 문화 코드로 응결된 상태에서 지금까지 이어 오고 있다는 점이다. 당시의 혼란은 과도기도 일회적 사건도 아닌 구조화한 채로 계속 지속하는 어떤 것이다. 그로테스크가 매력적인 연구 대상인 것도 이 때문인데, 그로테스크라는 미적 표현은 우리가 여전히 빠져 있는 진흙탕의 실상과 그곳으로부터 빠져나올 실마리를 숨긴 문화적 암호인 것이다.

나는 문화 현상으로서의 그로테스크가 나중에 먹으려고 남겨두었던 내 두뇌까지 끝내 삼키려고 덤벼들 때에야 비로소 그로테스크의 범람 현상에 주목할 수 있었다. 「노르웨이의 숲」(노진수, 2009)이라는, 동명의 소설과는 사뭇 분위기가 다른 B급 영화를 보았을 때의 충격은 지금도 잊을 수 없다. 악한들은 밑도 끝도 없이 닥치는 대로 사람들을 죽이고 매장한다. 중요한 것은 사건을 관찰하는 카메라가 관객을 향한 눈곱만치의 도덕적 양해도 없이 고통당하는 신체들을 코믹하게 묘사한다는 점이었다. 이 영화의 관점은 '일베' 집단의 가학심리와 유사하다는 점에서 문제가 있지만, 나는 문화연구자로서 그 영화에게 고마움을 느낀다. 내가 취해 온 어떤 가치관도 남김없이 부정되고 환멸의 바닥으로 전락시키는 것이 논리적으로 가능하다는 걸 엿보게 해주었기 때문이다. 나 자신에게 이런 질문이 한꺼번에 쏟아지는 것은 당연했다. 어떻게 혐오스럽고 잔인한 것이 유희가 될 수 있는가? 그러한 독특한 문화현상은 우리가 이미 알고 있는 사회역사적 상황과 어떻게 연결되는가? 거기에 담긴 정치적·도덕적·미적 의미를 어떻게 설명할 수 있는가? 나중에 알게 된 것이지만 나는 이미 무의식적인 그로테스크 마니아였다. 나 또한 다른 많은 사람들과 마찬가지로 봉준호·박찬욱·장준환·김지운 감독의 영화를, 그것이 그로테스크하기 때문에 좋아함에도 불구하고, 왜 좋아하는지 모르고 좋아했던 것이다.

열거한 감독들은 대략 2006년까지 지속한 "한국영화 르네상스"를 선도했다. 21세기와 함께 시작된 전(全) 사회적 구조조정의 고통들(신자유주의라는 이름으로 합법화한 대량 해고, 노동시장의 유연화, 자기 계발 열풍, 민영화)로 인하여 대중영화는 역설적이게도 커다란 이익과 명예를 얻었다. 그 비결은 그로테스크였다. 사회혼란의 감정을 표현하기에 적합한 코드인 그로테스크를 거장 감독들이 시대의 총아로 활용했던 것이다. 내가 이 책에서 영화 속 그로테스크에 집중하는 이유가 여기에 있다. 체제전환기의 정리되지 않는 고통스러운 대중 경험이 이 시기의 위대한 영화들이 표현한 그로테스크라는 미적 장치에 집약되었기 때문이다.

레이몬드 윌리엄스와 미하일 바흐친의 연구가 이념적 길잡이였음을 고백해야겠다. 그러나 두 사람은 한국영화의 분석과정에서 자상한 선생님은 아니었다. (원래 이념이란 게 그런 것 아니겠는가?) 오히려 긍정과 희망의 정치를 주장하는 두 사람의 철학과 멜랑콜리하고 냉소적인 한국 영화 사이에 존재하는 해소하기 어려운 간격이야말로 나의 연구를 생산적으로 추동한 아포리아였다. 그 아포리아를 해소하기 위하여 아감벤, 벤야민, 지라르, 들뢰즈, 푸코, 그리고 스털리브래스와 화이트

(Peter Stallybrass & Allon White) 등의 연구로부터 도움을 받았다.

1부는 연구 대상과 방법을 다룬다. 비록 그로테스크의 대중화는 21세기에 이루어졌지만 계보학적 관점이 필요하다고 보았다. 그래서 연구대상을 선별할 때 세 종류의 사회 변동—60, 70년대의 고도성장, 90년대의 권위주의에서 신자유주의로 전환, 2000년대 초반의 신자유주의 확산—을 대표할 만한 영화들을 고려했다. 연구방법으로는 2부의 이론적 논의에 토대가 되는 윌리엄스의 (질서/무질서 결합으로서의) '마술'에 관한 논의를 살펴본다.

2부에서는 그로테스크 이론을 소개한다. 먼저 그로테스크를 설명하는 기존의 이론들을 세 범주로 유형화했다. 다음으로 희생양, 예외상태에 관한 논의를 활용하여 기존 논의를 '괴물'과 '근원적 세계'라는 범주에 따라 종합한다.

3, 4, 5부는 시대별로 그로테스크의 대표작이라고 할 수 있는 한국영화를 분석한다. 3부에서는 60, 70년대 개발독재시기의 사회변동과 김기영·하길종 영화의 그로테스크가 갖는 상관성에 관하여 논의한다. 생명정치가 양생하는 여성노동계급·자유주의자가 거꾸로 생명정치를 내파에 이르게 하는 과정을 다룬다. 4부의 1990년대는 외환위기를 기점으로 그 이전의 호황기와 이후 공황기의 사회적 분위기가 극적으로 다른데, 박철수와 김지운의 영화를 각각 배치했다. 식인과 자살이라는 형태로 탐욕과 결핍이 각각 표현되고 접촉하여 안팎으로 접혀 들어가는 기이한 융합을 보게 될 것이다. 5부는 2000~2006년 동안 발표된 박찬욱·봉준호·장준환·김기덕의 네 영화와 전 사회적 구조조정 사이의 관계를 분석한다. 사회유동성이 부추기는 몽환적이고 제의적인 요인이

각각 계급지배·권위주의·노동운동·이성애의 질서와 융합하여 괴물로 표상하는 과정을 추적할 것이다.

결론에서는 권위주의가 팽배한 시대의 그로테스크에서 과도기인 90년대를 거쳐 21세기의 그로테스크로 이행하는 역사를 개관할 것이다. 그로테스크의 소재가 우리나라에서 성, 식사, 신체훼손으로 변화한 의미를 논의하고, 또 축제로 표상하는 무질서의 요소가 점차 권력 질서에 전유되는 과정을 살펴본다.

1
—
혼란의 경험과 괴물

1998년은 1997년 말에 발발한 "경제공황"(김수행, 2006: 455~479)으로 한국사회성원들의 마음이 꽁꽁 얼어붙었던 해였다. 이 해는 또한 「조용한 가족」(김지운, 1998)을 시발점으로, 대중영화 분야에서 '희귀한 전통'이 형성된 시점이기도 했다. 영화평론가 심영섭은 이 영화에 관하여 "우리나라 영화사에서 처음으로 죽음을 웃음과 결부시키는 희귀한 전통을 수립하고 있는 듯하다"(심영섭, 1998: 63)고 평했다. 이와 유사한 기조의 영화들이 급속히 퍼져 나가면서 "죽음과 웃음의 결합"이라는 임시방편의 어휘는 '장르혼합', '블랙 코미디', '코믹 느와르' 등 잡종의 형식을 지시하는 용어들로 변주되었다. 2001년 한 영화주간지는 한국영화에 "죽음에의 집착", "가학과 엽기", "웃음에의 강박" 등 "퇴행의 징후"가 나타난다고 진단했다(『씨네21』, 2001: 38~47). 그로부터 5년후 한 영화평론가는 흥행에 성공한 대다수 영화들이 죽음을 은연중에 찬미하고, 주인공들은 자학의 열정에 사로잡혔다고 개탄했다(허문영,

2006: 103).

　　사전에서 "우스꽝스러운 것, 추하고 혐오스러운 것, 기형, 낯선 것, 비정상"[1]이라고 설명되는 그로테스크(grotesque)라는 용어는 지난 15년간 영화 분야에서 급속히 확산된 흐름을 지칭하는 데 적합해 보인다.[2] 코넬리(Connelly, 2003: 5)에 따르면 이 용어는 현대에 와서 그 활용이 감소하고 있고, 용어에 내재된 복합적이고 경쟁하는 의미들의 울림이 없어지는 대신, 갈수록 과장되게 두려운 어떤 것을 기술하는 쪽으로 이동하는 중이다. 그럼에도 불구하고 그로테스크는 다른 대체 단어들—아라베스크(arabesque), 비체(abject), 형태가 일정하지 않은(informe), 언캐니(uncanny), 브리콜라주(bricolage), 축제적인 것(carnivalesque), 발작적 아름다움(convulsive beauty), 그리고 디스토피아(dystopia) 등—에 비하면 여전히 더 넓고 포괄적인 의미를 가진 용어다.

　　한국문화의 그로테스크한 경향이 영화 영역에 한정된 것이 아님은 분명하다. 그로테스크한 영화가 쇄도하기 전 약 10년 전부터 문학 장르는 다양한 색채를 띤 그로테스크를 개척했다. 이른바 '87년 체제'[3]로의 이행기에—1987년 6월 항쟁의 결과로 권위주의 정권의 통제력

---

1 http://www.oxforddictionaries.com/definition/english/grotesque?q=grotesque; http://www.merriam-webster.com/dictionary/grotesque (2015. 1. 11. 검색)
2 그로테스크는 이탈리아어 '그로타'(grotta, 동굴)에서 유래한 명사 혹은 형용사 용법의 단어다. "'라 그로테스카'(la grottesca)와 '그로테스코'(grottesco)는 15세기 말 로마를 위시해 이탈리아 곳곳에서 발굴된 특정한 고대 장식미술을 지칭하는 용어가 되었다. 당시 발견된 고대 장식 벽화는 이전에는 어디서도 볼 수 없던 것이었다"(카이저, 2011: 43).
3 '61년 체제', '87년 체제', '97년 체제'에 관한 설명은 조희연(2009), 손호철(2009), 김호기(2009)의 연구를 참조할 것.

이 갑자기 약화되고, 동구권의 해체와 더불어 사회운동의 기세가 동시에 하강하기 시작한 1980년대 말부터 서영채가 "역겨운 문학"이라고 부른 흐름이 형성되었다. "장정일의 마조히즘과 백민석의 카니발리즘(cannibalism), 또 김언희의 시가 보여 주는 문학적 하드고어[4]는 이제 역겨운 문학이라 부를 만한 하나의 계보를 만들고 있다"(서영채, 2005: 94). 또한 김영하, 김민정, 김행숙, 이민하, 최인석, 성석제, 김훈의 경우도 작가들 사이의 두드러진 차이에도 불구하고, 이런 '계보'에 포함시킬 수 있을 것이다. 그로테스크의 흐름은 90년대 말—이른바 '97년 체제'로의 이행기에—인터넷 붐 및 외환위기를 거치면서 훨씬 폭발적인 대중적 양상으로 확산되었다. 웹툰 및 웹소설에서 '엽기문화'라는 이름으로 폭력성과 코미디를 결합시키는 관행들이 나타났고 대중가요 영역에서는 음산함과 해방감을 결합시킨 펑크록이 부상했다. 그러나 다른 모든 매체 가운데 이런 흐름의 극단적인 표현양식을 개척하고 이를 통해 가장 큰 수익과 인기를 얻은 것은 영화 장르라고 해야 할 것이다. 1998년 외환위기를 기점으로 2006년에 절정에 도달했던 "한국영화의 르네상스" 시기(주창규, 2011: 513)에 박찬욱, 봉준호, 김기덕, 장준환 등의 영화들은 흥행 혹은 예술적 측면에서 커다란 영향력을 행사했다. 이 영화들이 1998~2000년의 경제공황기에 개봉된 많은 영화들과 갖는 공통된 특징은 비극과 유머를 결합시키고, 육체에 관한 잔혹한 묘사에 그 모든 끔찍한 상황을 초연한 듯한 익살스러운 분위기를 결합시키는 것, 간단히 말해 그로테스크함이었다.

---

4 hard gore: 사지절단, 내장 노출 등 잔인한 장면을 위주로 하는 영화용어.

영화의 그로테스크는 '혼돈의 경험'과 '괴물의 상상' 사이의 함수 관계를 보여 준다. 이런 영화들은 사회격변기에 질서와 무질서가 교착하는 혼돈에 관한 사회성원들의 경험을 괴물에 관한 상상으로 집약한다. 그로테스크한 대중문화와 '97년 체제'로의 이행, 그로테스크한 문학과 '87년 체제'로의 이행은 '그로테스크의 생산'과 '체제의 변환' 사이에 모종의 상관성이 있음을 암시한다. 또한 개발독재 시기에 생산된 그로테스크한 영화는 이러한 상관성을 더욱 명료하게 보여 준다. 오늘날 우리가 김기영의 「하녀」와 하길종의 「화분」, 「수절」 등을 본다면, 노동계급의 급격한 성장이 중산층 가정에 주는 충격이라든가, 유신체제 도래가 자유주의 지식인에게 주는 충격 같은 사회변동의 영향에 관한 사회학적 사유가 그 지적 기조를 유지하면서 거의 직접적으로 괴물로 형상화하는 과정을 볼 수 있다.

이 책의 목표는 하나의 체제에서 다른 체제로 이행하는 사회문화의 동적 성격을 규명하는 것으로서, 특수하게는 권위주의 체제로부터 배태된 신자유주의 체제가 지배적 체제로 자리 잡는 과정을 해명하는 일이다. 영화적 그로테스크는 그러한 한국사회의 변동을 추론하기 위한 분석 대상이다. '이행' 혹은 '변동'의 규명이 목표이므로 신자유주의 체제 '이전' 시기를 대표할 만한 영화에 관한 분석으로부터 시작한다. 따라서 이 책은 ①개발독재 시대(60~70년대)의 그로테스크 경향이 농후한 기념비적인 영화들, ②호황에서 공황으로의 급전(急轉)을 통해 권위주의로부터 신자유주의로의 이행을 중계하는 1990년대의 영화들, ③1997년 공황 후 구조조정 확산기에 상호 충돌하는 집단적 경험들의 지형도를 재현하는 2000년대 전반기의 영화들을 분석한다.

통념상 영화 속 '괴물'은 공포영화의 원귀, SF의 외계인, 범죄영화의 정신장애인 등 주로 장르적 관습에 의해 주조된 캐릭터들이다. 그러나 이 책이 전제하는 괴물 개념은 영화를 관람하는 관객이 괴물로 느낄수는 있지만, 익숙한 캐릭터나 관습, 혹은 어떤 견고한 예술문법보다는 직관적 경험에 더 의존하여 괴물로 간주하는 것들이다. 가령 「하녀」의 가정부는 비정상적인 모습이 아닐뿐더러 광인도 초자연적 존재도 아니다. 그러나 관객이 이야기의 맥락에 빨려 들 때, 그녀의 괴물성을 느끼는 것은 어렵지 않다. 또 괴물은 인물에 국한하지 않고 사물이나 사건에서 느껴지기도 한다. 「화분」의 첫 장면은 연못, 저택 같은 폐쇄된 장소가 괴물에 해당한다는 사실을 보여주며, 「살인의 추억」의 괴물은 미궁에 빠진 신비한 연쇄살인사건 자체다. 마지막으로 「301, 302」나 「조용한 가족」에서 괴물은 평범하기 이를 데 없는 개인들을 비범한 집단으로 묶는 사회 관계('이웃' 내지 '가족')의 기괴한 성격에서 감지된다.

만약 영화를 사회 변동의 경험을 기록하고 형상화하는 저장소라고 파악한다면, 오히려 영화 형식으로 정착되지 않은 이러한 괴물들이야말로 긴박하고 변화무쌍하게 진행 중인 사회 변동 경험에 밀착한 더 직접적인 기록물일 수 있다. 미처 체계적인 의식이나 (이에 상응하는) 양식화한 재현규칙으로 정리되지 않은 채, 충격적이고, 모순적인 경험들의 부조리함에 의하여 괴물이 표현되는 것이다. 그런 의미에서 이 책에서 말하는 괴물 개념은 관습적 재현 규칙에 기반을 둔 것이 아니라, 사회 상황 자체의 '괴물 같은'(monstrous) 추세가 텍스트 내부의 특정한 대상 즉, '괴물'로 응집되었다는 인식에 기초한 것이다.[5] 괴물은 사회성원들의 산만한 경험적 흐름이 하나의 표상으로 모이는 곳이면서, 그 흐름들이 권력의 분할선 이편과 저편의 덩어리로 조합되어 서로 대치, 교착, 융합하는 분기점이다. 이로부터 연구 질문은 다음 두 가지로 정식화할 수 있다.

*　　*　　*

첫번째, 한국영화의 '괴물'에 집결해 있는 혼란의 경험은 무엇인가? 이 질문은 상상된 괴물로부터 변동기 한국사회의 성원들이 겪었던 무질서의 성격, 질서와의 갈등 양상을 해명하는 문제다. 두번째, 괴물의 다면적 의미는 어떤 문화정치적 세력관계를 함축하는가? 이 질문은 사회혼란에 관한 다양한 이데올로기적·정치적 진단(무질서에 대한 긍정적/부정적 평가)들의 배치관계 혹은 형세를 해명하는 문제다.

---

5 그로테스크 연구사에 대해서는 저자의 박사논문을 참조하라.

2

___

격변하는 사회 속의 한국영화

그로테스크는 영화 장르의 명칭이 아니라 수사법, 미장센, 소재의 차원에서 다루어진다. 이 때문에 그로테스크의 요소를 포함하는 영화를 확정하는 일은 자의적으로 될 위험이 있다. 만약 최대한 안전하도록 넓게 잡는다면, 광기를 모티프로 한 영화들과 공포 장르로 분류되는 되는 영화들로부터 분석 대상을 추출할 수 있다.

　광기를 모티프로 한 계보는 한국영화사에서 유구하게 거슬러 올라간다. 1920년대의 무성영화였던 나운규의 「아리랑」(1926)과 유현목의 「오발탄」(1961)은 모두 욕망의 강력한 추진력과 고통의 인내를 광기의 모티프로 표현한다. "4·19 느와르"라고 불리는 1960년대의 몇몇 스릴러 영화[1]는 "혁명의 패배로 복수심에 가득 찬 젊은 세대의 정서"와 "사

___

1 「하숙생」(정진우, 1966), 「원점」(이만희, 1967), 「마의 계단」(이만희, 1964), 「불나비」(조해원, 1965).

회적 분위기를 지배한 환멸감, 패배감, 절망, 상실감, 어두움, 불안과 공포 등"을 반영한다(조규빈, 2014: 149~150). 오영숙은 이 영화들에 대하여 "익살과 독설을 통해 위반과 전복을 가능케 했던 바흐친적인 카니발과는 달리, 웃음기 없이 목숨을 담보로 내건 피의 향연에 가깝다(2007: 65)"고 지적한다.[2] 그러나 광기의 계보는 신체의 변형이나 훼손 등 생리적 묘사가 극히 절제되어 있다는 점에서 그로테스크의 요소가 미흡하다. 특히 60년대의 스릴러는 "가학적인 육체적 폭력보다는 정신적인 살인을 즐기는 인물들의 정신세계에 몰두"(조규빈, 2014: 149~150)하는 등 다소 낭만적이고 서정적이기까지 하다.

공포영화들은 육체적 추함을 강조하기 때문에 그로테스크에 근접할 수 있지만, 여기엔 서사구조상의 문제가 있다. 한국 공포영화는 괴물의 성격에 따라 ①토종 여성 원귀영화, ②사이코 호러영화, ③변신하는 요괴영화, ④SF영화, ⑤서양귀신 영화로 분류할 수 있다(맹수진, 1999: 50). 첫째 범주인 여귀의 복수극은 60년대 중반부터 80년대 중반까지 한국 공포영화의 주류를 이루었다.[3] 과연 이 영화들을 그로테스크하다고 볼 수 있을까? 원귀는 '추하고 이상하고 혐오스러운 외모'를 하고 있다는 점에서 그로테스크의 사전 정의에 부합하는 것처럼 보인다. 그러나 나중에 자세히 논의하겠지만 그로테스크의 맥락에서 괴물은 세속의

---

2 「다이알 112를 돌려라」(이만희, 1962)의 이중심리의 주인공(최무룡 분), 「악인은 없다」(김기덕, 1962)에서 성격분열을 보이는 사나이(신영균 분), 「검은 머리」(이만희, 1964)의 신경증을 앓는 갱우두머리(장동휘 분), 「시장」(이만희, 1965)에서 정신착란에 걸려 미쳐 가는 아내(문정숙 분), 「불나비」에서 망상과 집착에 시달리는 남편(박암 분), 「원점」의 난잡한 축제를 벌이는 '이상한 사람들'(문희의 대사)(오영숙, 2007: 58).

3 여성 원귀영화는 1986년까지 제작되다가 1998년 「여고괴담」이 발표될 때까지 약 10년간 제작이 중단된다.

법 외부에 있을 뿐 아니라, 종교의 법에 관해서도 외부에 있다. 괴물은 기성의 의미망으로 일체 정의되지 않는 비식별 영역에 속해 있으면서 공동체의 차이체계 자체를 무차별화의 상태로 몰아넣는 위협적 존재다. 여귀의 핵심 정체성은 "억압된 것의 귀환"(백문임, 2008: 95; 김양지, 2000: 59; 김훈순, 이소윤, 2005: 14)이다. 여귀는 살아 생전 법·제도·규범에 순종하던 여성이 그곳으로부터 추방되어(죽어서), 지금은 종교적·주술적 상징을 획득(귀환)했음을 의미한다. 그러나 그로테스크의 괴물은 '귀환'(return)하지 않고 '드러난다'(emerge). 괴물, 혹은 그들이 속한 '근원적 세계'는 정상세계의 운영에 핵심적인 버팀목 역할을 하다가 위기의 순간에 정체가 폭로된다. 세번째 항목에 나오는 변신설화에 관한 영화들 ─「백사부인」(신상옥, 1960), 「사녀」(신상옥, 1969), 「구미호」(박헌수, 1994) 등 ─ 은 그로테스크에 관한 전근대적 도식을 보여 준다. 반인반수의 여성들은 애초부터 수중에 가져본 적이 없던 권리와 역량을 확대하기 위해 변신한다. 비천한 '축생'(畜生)인 그녀들은 가정의 유지와 번창을 위해 초인적인 방법으로 남몰래 남편을 돕다가 어느 날 갑자기 뱀이나 여우였음이 만천하에 '드러난다'. 민담에 기초한 이들 영화는 비록 그로테스크의 범위에 포함되기는 하지만, 동시대성의 분석을 목적으로 한 우리의 연구에서는 제외될 수밖에 없다.

　(1) 이상을 고려할 때 90년대 이후 경향과 유의미한 차이를 도출할만한 개발독재시기 영화의 범위는 매우 협소해진다. 60년대~80년대의 분석 영화로 김기영의 「하녀」(1960)와 이 영화를 변주한 일련의 작품 및 하길종의 「화분」(1972)을 상정할 수 있다. 이 영화들은 모두 광기, 신체의 훼손, 동물에의 유비, 반축제 등 그로테스크의 모티프를 풍부히

[표1] 주요 분석 영화와 참조 영화

시기	주요 분석 영화	참조 영화
1960~80년대	「하녀」와 이를 변주한 작품들 (김기영, 1960, 1971, 1972, 1982)	「고려장」(김기영, 1963), 「파계」(김기영, 1974)
	「화분」(하길종, 1972)	「바보들의 행진」(하길종, 1975)
1990년대	「301, 302」(박철수, 1995)	「봉자」(박철수, 2000)
	「조용한 가족」(김지운, 1998)	「하면 된다」(박대영, 2000), 「신장개업」(김성홍, 1999)
2000년대 전반기	「복수는 나의 것」(박찬욱, 2002)	
	「살인의 추억」(봉준호, 2003)	「플란다스의 개」(봉준호, 2000), 「괴물」(봉준호, 2006)
	「지구를 지켜라!」(장준환, 2003)	
	「시간」(김기덕, 2006)	「수취인 불명」(김기덕, 2001)

가지고 있으며 동시대의 사회상에 천착해 있다. 김기영의 영화에서는 60, 70년대 전반에 걸쳐 이루어졌던 노동자계급 및 중간계급의 부상과 박정희 정권의 생명정치 사이의 갈등이 골격을 이룬다. 번식의 모티프와 관련하여 「고려장」(1963), 「파계」(1974)가 참조 대상이다. 「화분」은 1960년대 말에서 유신체제로의 이행기에 부상하는 중간계급이 느꼈던 파시즘화에 대한 공포 및 자유주의와 권위주의 사이의 방황하는 자의식을 분석하게 해줄 수 있는 텍스트다. 참조영화로는 「바보들의 행진」(1975)이 있다([표1] 참조).[4]

---

4 분석 대상에서는 빠졌지만 이장호 감독의 실험적인 두 영화 「바보선언」(1983)과 「나그네는 길에서도 쉬지 않는다」(1987)는 1980년대의 희소한 영화적 그로테스크의 사례들이다. 「바보선언」에서 똥칠이(김명곤 분)가 혜영(이보희 분)의 시신을 안고 춤을 추는 마지막의 희비극

(2) 호황에서 공황으로 갑자기 전환하는 1995~2002년은 권위주의에서 신자유주의로의 이행기라고 할 수 있다. 이 시기에는 과거 원귀영화의 패러다임이 본질적으로 유지되면서 1990년대 후반에 맞게 변형된 공포영화들이 쏟아져 나왔다. 정신병자의 환상(혹은 원귀와 대화하는 영매의 정신), 전자매체화한 유령에 관한 영화는 아무리 시간이 흘러도 과거 어느 시점의 사건에 고착된 저주로 모든 것을 환원시키기 때문에 60~70년대의 원귀영화보다도 덜 그로테스크하다. 물론 원귀라는 인격체가 전자매체(비디오, 핸드폰, 인터넷)로 비인격화하고, 무작위로 복사되며, 일종의 사회적 장(場) 자체를 유령으로 묘사하는 것은 근원적 세계의 재현과 관련해서는 좋은 소식이다. 그러나 변경 불가능한 과거에 갇혀 파괴되지도, 생산되지도 않고 완만하게 퇴행하기만 하는 정신의 독백은 변동기 신체의 정서에 걸맞지 않는다.

이 시기의 주요 분석 영화는 박철수의 「301, 302」(1995)와 김지운의 「조용한 가족」(1998)이다. 전자는 공포나 스릴러 등의 장르에 의존하지 않고 평범한 드라마 안의 '정상적'인 주인공들이 식인(食人)에 나서는 과정을 다루었다. 후자는 무섭거나 비극적 소재로만 사용되어 왔던 시체를 희극의 소재로 도입함으로써 그로테스크의 미적 기준을 충족한다. 또한 「301, 302」는 권위주의라는 구악(舊惡)과 싸우는 과정에서 신자유주의라는 신악(新惡)이 배태되는 90년대 호황기의 사회상에

적 장면과 「나그네는 길에서도 쉬지 않는다」에서 병든 자본가의 '인간 유답프'로 고용된 간호사(이보희 분), 그리고 순석(김명곤 분)을 추방하는 창공 위의 환상지(幻像肢) 등은 독재, 착취, 분단에서 벗어나려는 노력에 수반되는 고통을 시체, 사물화한 벗은 몸, 초현실주의적 신체기관 등으로 상징화한다.

천착한 텍스트다. 「301, 302」와 참조영화인 「봉자」(2000)의 비교는 유사한 텍스트가 공황을 거치면서 어떻게 변용되는가를 보여 줄 것이다. 「조용한 가족」은 자영업, 자살, 가족주의라는 세 소재를 교차시킴으로써 1998년 경제공황 기간의 절망적 파산상태로부터 재출발하려는 야심 그리고 경제적 실익에 도착된 냉소주의를 검토하게 해준다. 가족 자영업을 동일하게 소재로 한 「하면 된다」(박대영, 2000), 「신장개업」(김성홍, 1999)을 참조한다.[5]

(3) 이 책은 신자유주의 확산기가 영화적으로 표현된 기간을 잠정적으로 2002~2006년으로 잡는다. 2006년까지로 한정하는 근거는 다음과 같다. 2006년은 이른바 '한국영화의 르네상스'가 정점에 달한 해였고, 다수의 그로테스크한 성향의 영화가 쏟아져 나온 해이기도 하다.

---

5 분석대상에서 빠진 90년대 호황기의 다른 영화로는 「유리」(양윤호, 1996)와 「미지왕」(김용태, 1996)을 들 수 있다. 「유리」는 황량한 갯벌을 무대로 고독한 구도(求道)과정의 무자비한 잔혹행위를 보여 준다. 「미지왕」에서 대규모의 사람들은 역겨운 향연에 참여하고 고문 수사를 암시하는 경찰의 취조장면은 익살맞게 풍자된다. 두 영화는 불결함, 혐오스러움, 잔혹함, 웃음이 공존한다는 점에서 그로테스크함과 동시에, 권위주의, 소비주의, 개인주의가 교차하던 90년대의 정세를 표현한다. 그밖에 표현의 강도는 떨어지지만 그로테스크의 요소를 포함하는 영화로는 섹슈얼리티에의 도착과 권위주의에의 강박 사이의 악순환을 그린 「너에게 나를 보낸다」(장선우, 1994), 「맨」(여균동, 1995) 등이 있다. 다음으로 공황기의 그로테스크를 표현했지만 분석에서 제외된 영화로는 「바이준」(최호, 1998), 「A⁺삶」(정길채, 1998), 「삼양동 정육점」(신정균, 1999), 「노랑머리」(김유민, 1999), 「행복한 장의사」(장문일, 2000) 등을 열거할 수 있다. 이 영화들은 「조용한 가족」 등과 마찬가지로 코미디나 멜로드라마 등 통상적인 장르에 자살, 사고사, 복수 등 죽음의 모티브를 조야할 정도로 파격적이고 단절적으로 삽입한 형식을 특징으로 한다. 즉, 장르들의 혼합, 장르의 균열은 그로테스크 표현의 주된 방식이다. 특히 「노랑머리」는 '신파적' 멜로풍의 드라마가 공황의 충격을 맞이하여 어떻게 그로테스크하게 변형되는가를 보여 주는 작품이다. 이 작품은 중간계급과 하층계급 사이의 계급적 벽이 엷어졌던 시대상황을 또렷이 전한다. 그밖에 「악어」(1996)는 경제공황 이전의 작품이지만 한강에서 투신자살한 시체를 소재로 삼는 등 공황기의 분위기를 선취한다. 「섬」(2000), 「수취인 불명」(2000), 「나쁜 남자」(2001) 등 김기덕의 여타 작품들 또한 공간구조, 캐릭터, 사건, 미장센 등을 통해 그로테스크를 전시하며 공황기의 절망적 분위기를 표현한다.

2007년 이후에 영화적 그로테스크의 경향은 그 이전으로부터 다소간 이동한다. 사회갈등의 조망과 일상생활의 체험 모두를 동등하게 결합했던 이전까지의 경향은 「비몽」(김기덕, 2008), 「더 게임」(윤인호, 2008), 「박쥐」(박찬욱, 2009), 「악마를 보았다」(김지운, 2010), 「초능력자」(김민석, 2010)에서 보듯이 다소 환상적이고 초자연적인 영역으로 이동했다. 또 '냉전의 공포'를 다룬 「GP 506」(공수창, 2008)과 '남성우월주의에 대한 반격'을 다룬 「김복남 살인사건의 전말」(장철수, 2010)의 주제는 결코 현실영역에서 이탈했다고 할 수 없지만, 사회문제를 개연성 있는 서사로 극화하기 위해서는 무대의 공간을 (휴전선과 섬과 같은) 사회 변방의 고립된 지역으로 이동시키지 않으면 안 되었다. 「마더」(봉준호, 2009)도 예외가 아닌데, 권력위계의 상부와 하부 지역을 텍스트에 광범위하게 소환해 왔던 감독의 전작들과는 달리, 모성 내면의 분열증적 고통을 호소하는 자폐적 경향을 보인다. 영화들이 환상, 주변부, 개인의 실존 영역으로 이행하는 경향은 사회부조리가 점점 심층으로 숨어 버리고 새로운 체제가 구조적으로 안정화하는 정세와 관련된 듯하다. 외재적 갈등은 내면화하면서 고립된 개인이 느끼는 심리적 압박이 그로테스크 생산의 동기가 되고 있음을 의미한다. 2007년 이후 그로테스크 경향의 변화가 1998년 이후 지속된 공포와 희망—경제공황의 혼돈, 구조조정의 공포, 사회민주화의 환희—으로부터 벗어난 상황을 반영한다는 점은 의심할 나위가 없다. 이 책의 문제의식은 그로테스크를 정세의 변동 및 사회세력들 사이의 대치선의 불안정화와 결부시키는 것이므로, 2006년까지로 분석의 시기를 한정한다.

2002년에서 2006년까지의 주요 분석 영화는 「복수는 나의 것」(박찬욱, 2002), 「살인의 추억」(봉준호, 2003), 「지구를 지켜라!」(장준환, 2003), 「시간」(김기덕, 2006)이다. 「복수는 나의 것」의 잔인하면서 우스 꽝스러운 처형의례의 악순환, 「살인의 추억」에서 엽기적 사건들에 포위 된 바보 주인공들, 「지구를 지켜라!」의 SF적인 황당한 코미디로 표현된 노사(勞使)간의 유혈 투쟁, 「시간」이 표현하는 성형에 내포된 살의 난도 질과 미적 성취의 이율배반은 그로테스크를 농후하게 표현한다. 네 영 화는 각각의 방식으로 이 시기의 급격한 사회변동을 반영한다. 「복수는 나의 것」은 경제공황기의 사력을 다한 노사 간의 투쟁과, 이러한 계급 갈등이 어떻게 신자유주의적 욕망에 물든 대중의 냉소 안으로 환원되 는지를 보여 준다. 「살인의 추억」은 1980년대 민중과 자신을 동일시했 던 비판적 지식인이 21세기 초 민중과 소원해지는 세력관계 안에서 어 떻게 민중의 이미지를 다양하게 상상하는지를 다뤘다. 참조영화는 같 은 감독의 「플란다스의 개」(2000)와 「괴물」(2006)이다. 「지구를 지켜 라!」는 자본의 새로운 재생에 좌절하는 노동계급의 좌절과 파국적 감정 을 읽을 수 있는 텍스트다. 김기덕의 「시간」(2006)은 2000년대 중반의 개인들이 자기포기·자기 혁신의 반복을 통해 자기계발의 논리를 몸에 체화하는 과정을 보여 준다. 축제·반축제의 변증법과 관련하여 같은 감 독의 「수취인 불명」(2001)을 참조했다.[6]

* * *

---

6 그 밖에 분석대상에서 빠진 그로테스크한 경향의 영화로는 박찬욱의 다른 작품들인 「올드 보이」(2003), 「친절한 금자씨」(2005), 「사이보그지만 괜찮아」(2006)와 「구타유발자들」(원신 연, 2006), 「무도리」(이형선, 2006), 「달콤 살벌한 여인」(손재곤, 2006), 「삼거리 극장」(전계수, 2006), 김기덕의 「해안선」(2002), 「사마리아」(2004) 등을 열거할 수 있다.

이 책의 분석 방법을 간추리면 다음과 같다([그림1] 참조).

첫째, 영화별로 '괴물'을 형성하는 질서의 흐름과 무질서의 흐름을 식별하고 이 흐름들이 합성하는 방식을 탐색한다. 둘째, 영화별로 '근원적 세계' 내부의 축제적 요소와 반축제의 요소들의 배치관계를 통하여 생명정치를 둘러싼 세력관계를 파악한다.

첫째 항에서 언급된 분석을 위해서는 컨텍스트(가령, 고도성장, 87년 체제로의 진입, 공황 등)와 텍스트 내부의 '괴물'로 간주할 수 있는 요소들을 대조하고 상호 관계를 탐색해 나간다. 이 관계성의 탐색이 전제하는 문화연구의 기본적 방법은 컨텍스트 영역에 속한 요소들 사이의 변증법적 모순으로부터 상상적 해결의 일환으로 텍스트 영역의 미적 표현이 산출되는 원리다. 괴물의 한 차원은 사회성원들이 순응하고 있는 이데올로기, 윤리, 정형화된 가치체계들이며 다른 차원은 사회변동과 더불어 새로 겪게 된 해체의 경험이다. 윌리엄스(Raymond Williams)가 강조하듯이 한편으로는 한 사회에서 헤게모니를 행사하는 지배문화를, 다른 한편으로는 그 지배 문화의 제약과 압력을 상당 부분 깨뜨리고 넘어서는 능동적·독립적·독창적 요소들의 운동을 발견해야 한다. 문화란 지배와 저항, 통합과 해체의 복합체이기 때문이다.

문화적 과정을 단순히 적응적이고, 확장적이고, 병합적인 것으로만 보아서는 안 된다. 극단적 고립상태에서부터 혁명 전야의 붕괴나 현실적인 혁명 활동에 이르기까지 다양하고 구체적인 사회적 여건 속에서, 문화적 과정 내부나 그것을 넘어서는 진정한 일탈이 실제로 빈번하게 일어났었다(윌리엄스, 2003: 163, 164).

[그림 1] 그로테스크의 분석틀

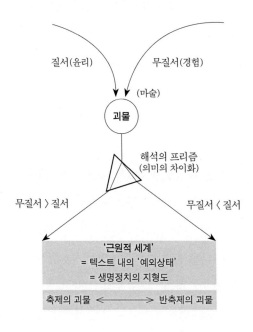

괴물이란 컨텍스트 영역에 속한 모순된 요소들 사이의 상상적 해결을 위해 텍스트에 도입된 "예술의 특정한 형식과 장치들", 혹은 윌리엄스가 "마술"이라고 부르는 범주에 속하는 것이다. "마술은 윤리와 경험 사이의 갈등을 지연시키는 데 꼭 필요하다. …… 이러한 속임수의 요소는 사회 성격과 실제 감정 구조 사이의 결정적인 차이점을 보여 준다"(윌리엄스, 2007: 118). 윌리엄스는 마술의 의미를 세 가지로 파악했다. 그것은 첫째, 해결 불가능한 사회모순의 현존을 보여 주고, 둘째, 허위의식이나 유토피아 같은 사회성원의 다양한 욕망을 표현한다. 셋째,

마술은 지배문화의 표준적 재현 체계로 통합되지 않는 새로운 감정이 예술을 통해 창조적으로 부각된 것이다(윌리엄스, 2007: 122~123).

그렇다면 괴물이란 서로 융합하기 힘든 질서구축의 경향과 질서와해 경향 사이의 영토화, 재영토화, 탈영토화 과정에서 창조된 허위의식이나 유토피아의 기호라고 할 수 있다. 텍스트의 주어진 기호를 컨텍스트 세계의 모순된 요소들 사이의 길항작용으로 해명하는 것이 분석의 요점이다.

둘째 항의 분석은 텍스트 내부에서 다면적 형상으로 분화하는 괴물들로부터, 텍스트가 뿌리내리고 있는 현실 정세의 세력관계를 판독하는 과정이다. 괴물의 형상이 다면화하는 것은 사회혼란을 경험하는 화자들 사이의 서로 다른 권력 위계상의 위치나 정치적 태도와 관련된다. 그러므로 보는 각도에 따라 괴물로부터 난반사하는 빛(형상)의 간섭을 분석함으로써 교착된 정세에 관한 다양한 세력들의 서로 다른 문화정치적 태도들을 식별할 수 있다. 첫째 분석에서 컨텍스트 영역의 모순된 요소들과 연계되었던 괴물은 '해석의 프리즘'[7]을 거치면서, '축제적 괴물', '반(反)축제적 괴물', 양자의 중간 형태들로 분화할 것이다. 물론 여전히 포괄적 의미에서 괴물은 무질서와 질서의 길항작용 자체다. 그러나 구체적으로 괴물이란 단지 하나의 동일한 대상이 아니라, 무질서와 질서가 다양한 비율로 결합하여 탄생시킨 다양한 유형의 괴물들을

---

7 '해석의 프리즘'은 대상의 의미들을 차이화하는 장치의 비유로서, 도나 해러웨이(Donna J. Haraway)의 '회절'에 관한 주장을 참조한 것이다. 그녀는 의미론을 은유하는 단어로 지금까지 쓰여 온 '반영'이라는 용어보다는 '회절'이라는 용어가 더 타당하다고 말한다. '반영성'은 "반사처럼 동일한 것을 다른 곳으로 환치할 뿐인 것으로 의심"되는 반면, "회절은 세계 속에 차이를 낳으려는 노력을 표현하기에 적절한 광학적 은유"다(해러웨이, 2007 : 63).

원소로 한 집합이다. 견해의 양극단들, 가령 괴물의 무질서한 요인들을 새로운 질서형성 과정의 일부로 평가하는 체제 비판적 관점과, 무질서를 혐오와 두려움의 요소로 간주하는 보수적 관점이 뒤섞이면서 괴물의 구체적인 모습은 분화할 것이다. 대중문화 텍스트는 다양한 계급·계층이 '시민'이라는 이름으로 관여하기 때문에 텍스트 내부에 괴물을 형성하는 다양한 관점들이 병존·경합·상호 침투한다. 이러한 상이한 괴물들이 산포된 예술적 시공간은─들뢰즈(Gill Deleuze)의 '충동 이미지론'에서 빌려 온─'근원적 세계'라고 명명할 수 있다(들뢰즈, 2002a: 235~241). 근원적 세계는 '예술 텍스트 내부의 예외상태'로서, 예외상태가 실제 역사에서 그런 것처럼 생명정치의 역학이 적나라하게 상상되는 시공간이다. 그러므로 괴물의 의미화를 둘러싼 텍스트 내부의 각축과 경쟁을 분석하는 일은 텍스트에 침투한 생명정치 컨텍스트의 지형도를 도출하게 해줄 것이다.

2부 — 그로테스크 담론에서 '괴물'과 '근원적 세계,

1

비정상성, 축제성, 숭고함
— 그로테스크에 관한 세 가지 논의

그로테스크에 관한 논의는 미학적 측면에서든 사회문화적 측면에서든 합의되어 있지 않다. 따라서 논의의 첫 단계는 기존 담론들을 종합하는 일이다. 본 장에서는 그로테스크에 관한 분산된 정의들을 세 가지 유형으로 분류한 후, 이 정의들이 '동일한 어떤 것의 세 측면'으로 종합될 수 있는 가능성을 타진할 것이다.

사전에 나타난 그로테스크에 관한 설명들은 간결한 표현에도 불구하고 이 용어에 관한 학술적 논의들 사이의 균열들을 함축하고 있다. 옥스퍼드 사전은 "웃기거나 혐오스러울 정도로 추하거나 기형의"(comically or repulsively ugly or distorted)와 "매우 추하거나 웃기게 기형인 형상 또는 이미지"(a very ugly or comically distorted figure or image)를 각각 그로테스크의 형용사와 명사의 뜻으로 설명한다. 반면에 웹스터 사전에서 그로테스크의 형용사형은 "매우 낯설고 추해서 비정상적이거나 부자연스러운"(very strange or ugly in a way that is not normal or natural), "예상했거나 보통인 것과는 극단적으로 차이 나는"(extremely different from what is expected or usual)이다. 전자에서 나타나는 상반된 감정의 병치와 몸의 형상에 관한 논의는 후자에서는 보이지 않는다. 반대로 후자에서 일종의 '낙인'처럼 대상에 부과한 비정상성, 낯설음과 예상 외의 것에 대한 충격에 관한 기술은 전자에서는 보이지 않는다. 옥스퍼드와 웹스터는 공통되게 그로테스크를 추하다고 진술하지만, 한편에서는 그로테스크의 원인이 되는 육체적 대상에 밀착한 기술을 하고, 다른 한편에서는 대상이 정상 규범에 미친 충격적 효과의 측면에서 기술한다.

1. 러스킨과 비정상성의 그로테스크

사전적 정의들은 논의들 사이의 벌어진 균열들을 임시봉합하고 있다. 적어도 세 가지 방향으로 분산된 학술적 담론들이 사전 설명 안에서 경쟁한다. 첫째 담론은 그로테스크를 상이한 범주에 속하는 요소들의 병치에 의한 '(개념적) 경계의 위반'이나 '비정상'으로 보는 지적 전통이다. 톰슨(Philip Thompson, 1985), 하팜(Geoffrey Harpham, 2006), 에드워드와 그라우룬드(Justin Edwards & Rune Graulund, 2013), 코넬리(Frances Connelly, 2003), 메인들(Dieter Meindl, 1996) 등 그로테스크에 관한 대다수의 연구에서 이 용어는 "매혹적 요소와 혐오스러운 요소의, 코믹과 비극의, 터무니없는 형상과 두려운 형상의 긴장된 조합" (Meindl, 1996: 14)으로 설명된다. 19세기 후반에 러스킨(John Ruskin) 이 제시한 견해는 이런 흐름의 기원에 해당한다. 그는 그로테스크가 밝거나 어두운 측면 어딘가에 강조점을 둘 수 있지만 우스꽝스러움과 심각함, 재미와 두려움 사이의 특정한 충돌 없이는 그로테스크는 존재하지 않는다고 주장했다.

그로테스크는 대부분의 경우, 하나는 우스꽝스럽고 다른 하나는 두려운 두 가지 요소들로 구성되는 것으로 보인다. 이러한 요소들 가운데 하나 혹은 다른 하나가 우세해짐에 따라, 그로테스크는 명랑한 그로테스크와 무시무시한 그로테스크라는 두 갈래로 갈라지지만 우리는 이러한 두 면을 제대로 파악할 수 없게 된다. 양 요소를 어느 정도로 조합하지 않는 어떤 사례도 존재하지 않기 때문이다. 두려운 측면이 드리워지지 않은 완전히 유희적인 그로테스크도 거의 없지만, 모든 농담의 관념을 배제한 완전히 두려운 그로테스크도 거의 없다(John Ruskin, The Works of John Ruskin. II: 151; Meindl, 1996: 14에서 재인용).

러스킨의 주장은 20세기 구조주의의 시대를 통과하면서 언어적 분류체계의 위반을 강조하는 논의로 계승되어 왔다. "혐오스러운 것과 익살스러운 것, 구역질나는 것과 아이러니한 것 사이의 이접(괴리)은 그로테스크한 형태의 화해할 수 없는 차원으로부터 부조화와 불명확성(incongruities and uncertainties)을 발생시킨다"(Edwards and Graulund, 2013: 2). 부조화란 상이한 범주들이 한 범주로 통합되었음을, 불명확성은 범주들 사이에 걸쳐 있음을 의미한다.

그로테스크는 형식이 없는 개념이다. 이 단어는 거의 항상 **괴물, 대상**

이나 사물(monster, object or thing)과 같은 정확하게 규정할 수 없는 명사들을 수식한다. 하나의 명사로서 그것이 함축하고 있는 바는 하나의 대상이 다양한 범주들을 차지하거나 범주들 사이에 있다는 것이다 (Harpham, 2006: 3).

그러므로 이 같은 관점에 따르면 그로테스크는 접두사 "trans-'로 더 잘 이해되고, 그것이 무엇인가보다는 그것이 무엇을 하는가로 더 잘 기술된다"(Connelly, 2003: 4). "그로테스크는 작동(an operation)이다. 이 작동은 관습적 예술작품을 둘러싸고 있는 경계들을 위반하고, 합치고, 범람하고, 와해시키는 것에 주로 관심이 있다"(Chaouli, 2003: 47). 이상과 같이 고착된 언어 범주들과의 저촉(경계의 이편과 저편을 동시에 포함하거나 경계지대에 위치한 것)이 주된 관심사가 되면서 그로테스크의 유계성(boundness)이 역설적으로 강조될 것이다.

직설적으로 말해서 그로테스크는 경계의 창조물이며 경계, 관습 혹은 기대와의 관련 없이는 존재하지 않는다. ⋯⋯ 변체(anamorphosis) 또한 경계에 대항하는데, 이상화하고 원근법적인 공간을 추구하는 규칙을 횡단하지만 그러한 충격을 위해 그러한 규칙들에 의존한다 (Connelly, 2003: 4).

유계성과의 변증법적 긴박(緊縛)관계에 주목하는 것은 그로테스크란 더 이상 무엇이냐가 아니라 무엇을 위반하느냐, 즉 비정상성을 확인하는 문제를 중심으로 보는 것이다. 이 논의의 장점은 어떤 대상을 그로테스크하다고 규정하는, 역사적으로 한시적이고 가변적인 지배적 문화의 규범을 탐색할 수 있다는 점이다.

가령 콩고에서 온 엔키시(Nkisi)나 인도에서 온 가네샤(Ganesha)의 재현은 유럽의 문화적 공간으로 넘어오기 전까지는 그로테스크를 의도한 것도 아니고 그로테스크로 정의된 것도 아니다. 유럽 예술과 19세기 미학의 주변으로 그것들이 유입됨에 따라, 그 이미지들은 유럽의 재현 규칙의 기형으로 인식되기 때문에 괴물 같고 그로테스크한 것으로 반복해서 기술된다. 그러나 100년 안에 이러한 이미지들은 서구 문화에 완전히 동화되어 그로테스크이기를 멈추고, 예술 박물관이나 학계 교육 과정에 나타난다(Connelly, 2003: 5).

그러므로 어떤 예술이 그로테스크한 것은 그것들이 경계에 혼란을 야기하는 역사적 기간 동안만 유효하다고 할 수 있다(Connelly, 2003: 5). '비정상성'과 '광기의 역사'에 관한 푸코의 연구 또한 그로테스크하게 간주된 대상이 저촉하는 정상세계의 규범, 지식권력에 관한 탐구다(푸코, 2003). 푸코는 비정상성에 관한 담론에 생사여탈권을 지닌 "사법 담론", 과학적 제도 안에 자격을 갖춘 사람들의 "진실의 담론", 그리고 "매우 우스꽝스러운 담론" 세 가지가 공존한다고 지적했다. "사람을 죽일 수도 있는 그러나 매우 우스꽝스러운 이 일상적 담론들은 바로 우리 사회 사법 제도의 핵심을 이루고 있다"(푸코, 2001: 22~23). 그렇다면 그로테스크의 혼종성, 경계 위반의 문화정치를 연구하는 것은 경계 자체를 보수적으로 재생산하고 이를 지지하는 권력관계를 탐구하기 위한 우회로다. 그로테스크에 관한 이러한 접근은 지식권력체계를 알 수 있게 해 주고, 그로테스크를 재현하는 사회역사적 상황에 주의를 돌리게 하는 데 의의를 가진다. 이 논의의 한계는 우선 미학적으로 볼 때, 그로테스크에 대한 규정이 지나치게 포괄적이라는 점이다. 혼종과 위반은 근현대 미술의 기본 모토 아닌가?

> 만일 우리가 그로테스크를 경계의 위반으로 생각한다면, 그러면 즉각적으로 그로테스크가 전반적인 근대 예술 작품과 어떻게 구별될 수 있는지가 불명료해진다. 적어도 낭만주의 이래로 모든 종류의 위반과 와해가 (근현대 예술의) 의제였기 때문이다(Chaouli, 2003: 47).

관습과 규범의 전복을 추구하는 현대예술 일반으로부터 그로테스크에 특화된 영역으로 도달하려면 결국 몸에 관한 생리학적·해부학적 묘사들, 나아가 그러한 몸의 형상을 생산하는 민중문화의 맥락에 접근할 수밖에 없다. 또 다른 약점으로는 '비정상성'이라는 규정 자체가 지배문화의 시점에 연구자의 위치를 대입하기 때문에, 정상규범과 변증법적 길항 작용을 일으키는 하층계급 문화의 능동적 요인을 간과하기 쉽다는 점이다. 비정상성은 기형, 광기, 성도착, 범죄를 포함하는 부정적 의미로 치우칠 수밖에 없는 개념이지만, 주류 엘리트가 아닌 다른 사회집단의 담론은 동일한 대상을 오히려 삶의 위험요소를 혁파하는 긍정성의 기호로 재현할 수 있다.[1] 이 문제가 해결되려면 그로테스크를 민중

---

1 신체훼손과 기형이 존경과 선망이 되는 사례로 『레 미제라블』(Les Misérables)에 소개된 비행

축제가 생산하는 이미지로 해명하는 두번째 지적 전통에 관한 논의로 넘어가야 한다.

2. 바흐친과 축제성의 그로테스크

무엇을 위반하느냐가 아니라 무엇을 표현하려고 하느냐라는 관점에서 익살과 추함의 병치를 이해하려면 우리는—범주, 경계, 비정상성, 혼종에 관한 논의로부터—바흐친의 르네상스 민중 축제에 관한 논의에 도달하게 된다. 그로테스크의 축제적 갈래는 바흐친이 라블레(François Rabelais)의 작품들에 표현된 중세 말 민중문화를 분석함으로써 영향력 있는 이론이 되었다. 겨울을 견디고 봄을 맞이하는 농민 축제의 전통에서 죽은 것, 혐오스러운 것, 파괴적인 것에 공동체 성원들이 몰입하는 것은 다산과 풍요를 기원하는 액막이 의례였다. 이 경우 무섭고 추한 가면을 쓰고 권력자 행세를 하면서 공공연히 파괴적 행동을 하는 민중 성원의 행동은 익살, 축복, 즐거움의 원인이 된다. 요컨대 혐오감의 시위는 공동체의 쾌락을 낳았다.

> 바흐친은 카니발적인 것을 민중의 목소리, 억압된 자들과 규제된 무산자들의 자기 표현의 운송수단으로 간주한다. 비록 이것이 20세기 정치학의 너무 많은 것을 농민의 파티로 돌리기는 하지만, 그로테스크한 몸

청소년들의 문화가 있다. "개구쟁이들 세계에서는 기억할 만한 사고가 매우 중요시된다. '뼈가 보일 만큼' 깊은 상처를 입으면 그에 대한 존경이 정점에 달한다. …… 원손잡이도 선망의 대상이다. 사팔뜨기 역시 귀한 대접을 받는다"(위고, 2012: 24).

이 근본적으로 그리고 견고한 사회코드와 문화적 가치들을 종종 격렬하게 넘어선다는 것은 분명하다(Connelly, 2003: 8~10).

에와 크뤼룩(Ewa Kuryluk)은 바흐친의 논의로부터 반세계(the anti-worlds)라는 개념을 추출한다. 그로테스크는 "하위문화(a sub-culture)로 구성된 반세계를 반영한다. 이는 르네상스 말기에 출현해서 20세기초까지 공식문화를 반대하는 기능을 수행하였다"(Kuryluk, 1987: 4). 저항집단의 저항으로 특징지어지는 하위문화는 "종교의 계율과 국가의 법에 반대하고, 아카데믹 예술과 승인된 섹슈얼리티에 반대하며, 미덕과 신성함에, 기존 제도, 의례, 공식적으로 기념되는 역사에 반대한다"(Kuryluk, 1987: 317). 그녀의 전반적인 접근은 여성의 육체를 다루는 방식을 강조하는 것이고, 더 광범위하게는 에로틱한 것이 그로테스크 역사상 중심적 요소였음을 강조했다.

바흐친 계열의 논의가 갖는 난점은 그 정치적 건강성에도 불구하고, 오늘의 시대에는 웃음을 기조로 한 민중문화와는 상반되는 무서운 그로테스크가 더 많다는 사실에 무감하다는 점이다. 바흐친 자신이 인정하듯이 라블레와 같은 익살 맞고 정치비판적인 그로테스크는 세계사적으로 16세기의 단 20~30년간만 유행했다. 따라서 바흐친의 논의는 일종의 '신화비평'으로, 다시 말해 '자본주의를 비판하는 유토피아적 공동체'의 제시라는 의미에서 평가받고 있다(제임슨, 1991: 130). 그러나 많은 그로테스크의 기조는 승리주의적인 것이 아니라 비극적이다. 작품들은 소원의 표현이라기보다는 소원이 좌절되는 것을 표현한다. 유쾌한 축제는 식인주의적 음산함으로 재빨리 이동한다. 몸은 재생의 수

순을 밟기보다는 고통받으며 해체된다.

이런 것들은 종종 중세 이미지의 죽음의 무도, 최후의 심판의 재현을
포함하고 보쉬(Hieronymus Bosch), 홀바인(Hans Holbein), 그리고
그뤼네발트(Matthias Grünewald) 같은 예술가들의 작업을 동반한다.
이러한 그로테스크는 몸의 욕구를 이용하지 않고, 그보다는 몸의 불가
피한 실패와 죽음을 이용한다. 그것들은 특유의 어두운 유머의 유형을
풍기지만, 그 유머는 두려움을 참을 수 있게 하고 우리의 두려움과 역
겨움에 대한 반응들을 경감시킬 만큼 터무니없다. 19세기와 20세기에
그로테스크한 몸은 고야(Francisco Goya)에서 앙소르(James Ensor),
딕스(Otto Dix)에서 베크만(Max Beckmann), 베이컨(Francis Bacon)
에서 스미스(Kiki Smith)에 이르는 예술가들의 작업을 지배한다. 그러
나 이러한 작품들과 다른 많은 현대 예술에서 축제적인 것은 짓궂은
것(diablèrie)의 더 어두운 관계들과 융합한다. 고야의 「카프리초스」
(Caprichos)는 비평적 이동의 전조다. 이러한 판화들의 신랄함은 변덕
으로 당혹스럽고, 그것이 유발하는 웃음은 역겨움과 두려움의 느낌과
결합되어 있다(Connelly, 2003: 10).

이와 같은 작품들에서 웃음, 역겨움, 두려움은 라블레의 그로테스
크와는 반대 방향의 결합을 보인다. 냉소적인 가면들의 집회, 비열한 가
해자의 비웃음은 그것이 우스꽝스러우면 우스꽝스러울수록 더 역겹고
더 두렵다. 웃음은 혐오감의 결과가 아니라 원인이다. 축제의 역진(逆
進)이라고 부를 수 있는 현상이 나타난다. 익살과 추함의 복합체가 비정

상적이고 낯설게 재현된다. 바흐친의 민중적 그로테스크는 세계사적으로 (특히 현대에 올수록) 더 편재한 어둡고 두려운 텍스트들을 두고 '르네상스적 원형'(혹은 인류의 황금시대)으로부터 멀어지고 있다고 개탄할 수 있을 뿐이다. 축제 문화의 패러다임 그 자체로는 어두운 그로테스크를 해명하지 못하는 한계에 봉착한다.

3. 카이저 등 숭고함의 그로테스크

그로테스크에 관한 세번째 논의는 숭고한 느낌을 강조한다. 카이저 (2011), 하팜(2006), 예이츠(Wilson Yates, 1997)로 이어지는 낭만주의적이거나 절반 정도 종교적으로 경도된 관점이다. 이 관점은 그로테스크를 원시적이고 신비한 이미지 언어로 해석한다. 카이저의 표현을 빌리자면 즐거우면서도 소름끼치는 모순되는 감정들은 '인간의 삶을 침범하는 이해 불가능하고, 설명 불가능하며 비인격적인 힘'이다. 그의 논의는 다음 네 가지 명제를 골자로 한다.

① 그로테스크는 소원한(estranged) 세계다.
② 그로테스크는 이해 불가능하며, 설명 불가능하며, 비인격적인 힘의 표현이다.
③ 그로테스크는 불합리하고 터무니없는 것과 유희한다.
④ 그로테스크의 창조는 세계의 악마성을 들춰 내면서도 억누른다.

(Yates, 1997: 17~18)

카이저의 논의는 14~16세기의 보쉬, 그뤼네발트의 제단화, 단테 『신곡』의 「지옥」뿐만 아니라, 20세기 모더니즘 그로테스크에도 부합한다. 이러한 계보의 기원이 중세의 공식 이데올로기인 기독교와 제휴관계에 있음은 자명하다. 특히 네번째 항목인 악마성에 관한 양가적 태도는 아래 언급에서 보듯이 '불길함 속의 은밀한 해방감'을 지시하는데 이는 숭고미에 매우 가까워 보인다.

현세의 이면에 도사린 채 세계를 생경하게 만드는 암흑의 세력을 대면할 때면 당혹스러움과 전율이 엄습해 오지만, 참된 예술작품은 그런 공포와 동시에 은밀한 해방감 또한 맛보게 해준다. 이런 작품에서는 음산한 것이 노출되고 섬뜩한 무언가가 발견되며 납득 불가능한 무언가에 대한 논의가 수면 위로 떠오른다(카이저, 2011: 309).

이것은 결국 부정신학의 전략이거나, "커다란 공포에 직면하였을 때 현상계를 넘어선 초월적 이성이념이 인간의 정신 속에서 환기"(안성찬, 2004: 137)되는 칸트의 숭고로 설명되는 미학이다. 카이저의 어두운 힘을 대하는 태도 또한 "스토아주의와 경건주의의 전통"에 기대는 칸트 철학의 경향(안성찬, 2004: 141)과 유사하다.

하픔은 낭만주의에 편향된 카이저의 논의를 다소 현대화한다. 그는 숀가우어(Martin Schongauer), 보쉬, 브뤼겔, 그뤼네발트, 앙소르와 셀 수 없이 많은 다른 화가들이 재현한 「성 안토니오의 유혹」(The Temptation of St. Anthony)을 예로 든다. 성인을 유혹하는 괴물들이 그로테스크한 것은 흉측하기 때문이 아니다. 낱낱의 기관들은 명확히 식별할 수 있지만 쉽사리 종합되지 않는 신체로 나타나기 때문에 그로 테스크해 보인다.

그로테스크의 특이한 언어(학)적 위치가 말해 주듯이, '그로테스크'는 비-사물(non-thing)을, 특히 강한 형태의 양가적인 것과 변칙적인 것 들을 가리키는 다른 단어이다. 그로테스크한 형태들이 나타났을 때 정 신은 언어의 분류 체계들에 대한 그와 같은 모욕을 오래 참을 수 없다. 그러한 형태들에 정신이 노출되는 아주 짧은 순간에, 정신은 특정한 방 식들로 작동되기 시작하며, 이러한 작동들은 그로테스크의 앞에 우리 가 있다는 것을 우리에게 말해 준다(Harpham, 2006: 4).

수용자가 괴물을 만약 '유혹'이라는 기지(既知)의 도덕 언어로 총 체화할 수 있다면, 그 순간 그로테스크의 효과는 사라진다. 그러므로 그로테스크는 '유혹'이라는 언어적 총체화로 아직 고착되지 않은 가운 데, 분산된 기관들을 단일한 의미로 종합하려고 고군분투하는 '문턱의' (liminal) 체험에서 갑자기 도래하는 초월의 감정이라는 것이다. 예이츠 는 하팜의 논의가 지닌 종교적 성격을 아래와 같이 지적한다.

하팜이 제시한 전제의 핵심은 그로테스크를 새로운 통찰의 원천으로, 숨은 진리의 계시로 본다는 것이다. 그는 그로테스크의 계시적 성격을 중요하게 여긴다. 모든 그로테스크가 똑같이 깊이 있고 심오한 의미를 표현한다는 것은 아니다. 그러나 잠재적으로 그로테스크는 통찰력을 주는 하나의 예술 작품으로서, 혼돈을 통해서든, 즉 악마와의 싸움을 통해서든 또는 즐겁게 숭고에 다가서는 것이든 우리를 새롭게 하고 자유롭게 한다(Yates, 1997: 32).

세번째 논의들은 특히 낭만주의와 상징주의 문학의 그로테스크에 자주 나타나는 음산함, 신비스러움, 우울과 광기의 주관적 정신세계를 설명하는 데 필수적이다. 그로테스크를 설명하는 두 사전의 공통분모가 '추함'인 것도 '추함'으로부터 통찰력을 획득하려는 이 계열의 지적 전통이 미친 영향으로 추론된다. 민속문화의 전복적이고 재생적인 의미가 희미해지는 한편, '추'로 상징되는 비합리적 경험을 통한 의지의 형이상학을 강조하는 (낭만주의 이래로 현대에 이르는) 경향이 사전의 설명에 반영된 것이다. 이 논의의 한계는, 바흐친의 카이저 비판에 따른다면, 공포와 개인적 소외, 불가해성 등을 핵심단어로 한 모더니즘 그로테스크의 문법을 그로테스크 일반의 법칙으로 일반화하는 오류라고 할 것이다(바흐친, 1998: 87~94). 다시 말해 근대의 초입(16세기 서유럽)에서 번성했던 민중축제에 기반을 둔 그로테스크와 고립된 개인의 심리에 기반을 둔 20세기 그로테스크 사이의 연계성을 말살했다는 비판이다. 더 핵심적인 한계는 이 계열의 논의가 역사유물론적이지 않다는 점이다. 연구자 자신이 낭만주의나 모더니즘이 설정한 개인주의적 정신적 우주 외부로 나가지 못하고, 관념주의에 갇혀 있다. 따라서 이 논의들 자체가 이론이라기보다는 사회역사적 상황과 연계하여 해석해야 할 일종의 주관적 문화 현상이라고 할 수 있다.

*　　*　　*

그로테스크에 관한 사전의 설명들—우스꽝스러운 것, 추하고 혐오스러운 것, 기형, 낯선 것, 비정상 등—배후에서 작동하는 세 계열의 해명들을 살펴보았다.

그로테스크란 우선 정상규범을 위반하는 비정상이다. 정상규범 자체가 시공간에 따라 변화하므로 그로테스크는 역사적이고 문화적이다. 두번째 논의와 관련지어 볼 때, 비정상적인 몸은 민중축제의 유쾌한 문화전통에 기반을 두고 상상되는 극단적인 신체 변용이 정상적 세계에 의하여 유죄판결된 것이다. 세번째 논의는 축제 참여자에게 긍정적 재생의 의미를 갖는 그로테스크한 몸이 축제의 희생양에게는 자기내면의 악마적 타자, 그것과 투쟁하면서 구원을 바라는 일종의 지옥으로 재현됨을 보여 준다. 요컨대 그로테스크는 '정상을 혁신시키는 비정상', '축제의 상징적 구심', '숭고의 체험을 강제하는 추한 신체' 등의 의미를 갖는다.

축제, 숭고, 비정상이라는 외견상 통약 불가능해 보이는 그로테스크의 세 얼굴은 배열을 달리하면서 모든 그로테스크에 공존하는 세 측면이다. 공존의 전형적 사례로 데이비드 린치(David Lynch)의 영화「더 엘리펀트 맨」(The Elephant Man, 1980)을 들 수 있다.[2] 기형의 메릭은 그를 바라보는 시선에 따라 다른 의미를 갖는다. 그의 추함은 서커스 쇼

---

2 영화의 줄거리는 다음과 같다. 다발성 신경섬유 종증이라는 희귀병을 앓고 있는 메릭(John Merrick: John Hurt 분)은 서커스단에서 온갖 학대를 당하며 괴물 쇼에 출연한다. 의사 트레브스(Frederick Treves: Anthony Hopkins 분)는 연민과 의학적 호기심에 이끌려 그를 런던의 병원으로 이주시킨다. 병원에 온 후에도 계속되는 조롱을 피하기 위해 메릭은 자루를 쓰고 다닐 수밖에 없지만 그럼에도 그는 '정상적' 영국 시민의 감수성과 매너를 나날이 체득한다.

관중에게는 재미를 주는 '축제의 구심'이다. 그러나 그 추함은 메릭 자신에게는 인간승리의 미담을 통해 '숭고함'을 획득하게 해주는 자원이다. 메릭이 하층민의 참담한 세계로부터 교양 있는 부르주아 세계로 올라서는 각고(刻苦)의 과정에서, 그의 기형은 수난극(受難劇)을 구성하는 핵심 소재이기 때문이다. 마지막으로 의학 학회에서 메릭의 증상을 발표하는 트래브스에게 메릭은 정상세계의 자산(의학과 인도주의)증식에 기여하는 '비정상적' 신체라는 의미를 갖는다.

축제, 숭고, 비정상은 절대적인 의미에서는 모든 그로테스크에 공존하지만, 각 작품마다 세 가지 가운데 주요한 것은 다르다. 예컨대 16세기 라블레 소설의 주인공 팡타그뤼엘(Pantagruel)이라든가, 진도 '도깨비굿'[3]의 피 묻은 '서답'(여성이 월경할 때 샅에 차는 물건)에서 그로테스크를 형성하는 핵심 요소는 축제성이다. 반면에 19세기 낭만주의 시기 고딕소설의 괴물들—드라큐라, 하이드 씨, 프랑켄슈타인의 피조물 등—이나, 멜빌(Herman Melville)의 향유고래 모비딕(Moby Dick)(멜빌, 2011)은 정상세계와 대치하는 비정상성(서유럽/동유럽, 과학자/부랑자, 이성/충동, 낮/밤, 인간성/동물성)을 강조한다. 오늘날 헐리우

---

3 주강현과 천규석에 따르면 진도 도깨비 굿은 해방 전까지 한국의 민속 전통에서 거의 유일하게 남은 '민중 반란의 축제'다. 남성들이 지낸 기우제에도 가뭄이 그치지 않고, 역질까지 돌아 여러 사람들이 죽어 갈 때 마을 아낙들은 모여서 "도깨비를 잡아 족치는" 의례를 벌인다. "도깨비 굿은 아낙들이 긴 간대(장대) 끝에다 새댁이나 과부의 '서답'을 매달고 이를 휘저으며 '양문에 숟가락 장단', '북채로 두드리는 놋대야 소리', '젓가락 장단의 꽹과리 소리' 등의 온갖 불협화음으로 동네를 완전히 평정하는 것이 그 특색이라고 한다. 이 굿은 달거리 피를 대낮에 내보이는 성도착적인 일종의 성적 시위라는 것이다. 이때 남자들은 방 안에서 문고리를 잡고 창호지를 통해 자기 속곳을 휘두르는 여자들의 그림자를 보며 겁에 질려 꼼짝도 못하고 있었다고 한다. 이런 남자들처럼 역질을 몰고 온 귀신도 여성들의 은밀한 그것이 대낮에 내걸리는 데는 어찌해 볼 도리가 없었을 것이라고 했다"(천규석, 2014: 33~37; 주강현, 1996: 12~27).

드 공포·범죄·SF 장르의 괴물 대다수가 이와 같은 정상과 비정상 사이의 이항대립에 기초하고 있다. 마지막으로 20세기 초 표현주의 예술에서 페스트와 연극의 관계에 관한 아르토(Antonin Artaud)의 논의[4], 벤(Gottfried Benn)의 시집 『시체공시소, 기타』(1912) 등은 '죽어 있는 것의 역설적 생명력'이 핵심 주제다.[5] 들뢰즈가 표현주의 영화에 관하여 말한 것(들뢰즈, 2002a: 101)과 동일하게, 아르토와 벤은 "사물들의 비유기적인 생명"이 불러일으키는 "역동적 숭고미"를 강조한다.

그로테스크의 세 담론은 어떻게 통합 가능한 것일까? '비정상', '축제', '숭고'의 세 담론이 동일한 논의의 평면에 위치하지 않는다는 점에 주목할 필요가 있다. 세 가지 주장은 자기 자신을 인출하는 준거틀 자체

---

4 "페스트의 이미지들은 마치 탈진 상태에 빠진 정신의 힘이 최종적으로 발산하는 것처럼 보인다."(아르토, 2004: 39) "페스트와 마찬가지로 연극은 보다 심오한 하나의 힘이 기력을 다해 제공하는 고통의 시간이며 어두운 힘들의 승리인 것이다."(아르토, 2004: 46)
5 다음은 벤의 시집 『시체공시소, 기타』에 실린 「아름다운 청춘」의 전문이다.
"갈대밭에 한 소녀가 오랫동안 누워 있었다.
소녀의 입을 무언가가 갉아 먹은 듯했다.
가슴을 열었을 때 식도에는 구멍이 많이 나 있었다.
마침내 횡경막 아래 한 정자(亭子)에서
어린 쥐들의 보금자리를 찾아냈다
작은 암컷 쥐 한마리가 죽어 있었다
다른 쥐들은 간과 신장을 먹고 살고 있었고
차가운 피를 마시고 살고 있었다
아름다운 청춘을 여기서 보냈다
그들의 죽음도 아름답게 그리고 빨리 왔다
그들은 한꺼번에 물 속으로 던져졌다
아, 그 작은 주둥이들의 찍찍거리는 소리라니!"(벤, 1912[1990]: 396~397)
이 시에 관하여 김충남은 "처녀의 영혼보다는 쥐들의 영혼을 달래는 시인의 냉소적 태도가 나타나 있다. …… 끔찍스러운 현실을 감추고 있는 이불을 들어 올림으로써, 그럴듯한 이데올로기로 포장된 파멸의 세계, 혼돈과 붕괴로 점철된 1차세계대전 전의 절망적 시대상을 드러내 보이는 것이다. …… 인간에게 죽음을 축제처럼 맞이할 것을 요구한다"고 분석했다(김충남, 2006: 44).

가 서로 다르다. 세 논의는 그로테스크가 각각 재현체계의 위반, 육체의 생산적·파괴적 변용, 형이상학적 초월이라고 주장한다. 여기에는 이미지의 조합 방식(재현원리), 대상의 상태(육체적 대상), 감상자가 느끼는 심리적 효과(미적 판단)라는 서로 다른 기준좌표가 동원되고 있다.

그렇다면 각각 '재현', '대상', '효과'를 핵심단어로 하는 세 담론은 같은 것을 단지 서로 다른 접근법에 따라 묘사하는 것이 아닐까? 가령, 코끼리의 이미지를 그리는 화가, 코끼리의 생리학을 연구하는 동물학자, 코끼리의 습격이 인간에게 주는 충격을 해석하는 심리학자는 서로 다른 인식 도구로 동일한 코끼리의 몸을 더듬는다. 그렇다면 그 '동일한 대상'은 무엇일까?

그 해명을 위해서는 지금까지처럼 미학형식으로부터 그 형식의 담론적 깊이를 추적하는 논의 방향과는 반대로, 사회변동의 경험으로부터 특정한 미적 표상이 상상되는 경로를 추적할 필요가 있다. 2장에서는 그 '동일한 대상'이 예외상태 아래에서 법/종교를 서로 다른 방식으로 초월하는 호모 사케르와 주권의 융합체, 즉 '괴물'임을 논증할 것이다.

2
그로테스크와 괴물

그로테스크는 한 시대 사회성원들이 사회 혼란의 경험을 이러저러한 종류의 괴물에 관한 상상으로 수렴하고 있음을 입증하는 자료다. 웹스터 사전이 "monster, monstrosity"를 그로테스크의 유의어로 제시하듯이, 그로테스크의 생산이란 결국 괴물에 관한 상상적 경험을 의미한다. 또한 앞에서 살펴보았던 그로테스크라는 단어를 지탱하는 세 종류의 담론들—'비정상', '축제', '숭고'—어떤 것도 일상의 경험 세계에서는 괴물에 관한 상상과 깊숙이 관련되어 있다. 비정상이란 정상 세계에게 괴물로 경험되는 대상에 대한 지식권력 측의 규정이며, 축제란 군중들 자신이 별나게 변장하고 소동을 일으키면서 집합적으로 괴물로 변신하는 의례에 다름 아니다. 그리고 숭고란—'성 안토니오의 유혹'에 관한 하품의 분석에서 보았듯이—화자가 그것의 무질서에 집착하면서도 그로부터 해방되고자 상상적 괴물과 고군분투하는 과정에서 조성되는 감각이다.

괴물은 언어적으로는 어떤 형식으로도 정의될 수 없음을 자신의 정의로 하는 역설을 안고 있다. 괴물은 "혼잡하거나 모순적인 상태"(a condition of overcrowding or contradiction, Harpham, 2006: 3) 그 자체다. 따라서 괴물은 그것이 가장 하위의 층위에서 사회의 혼란을 반영할 것이라는 추론을 제외하고는 텅빈 개념이다. 괴물 개념에 토대를 형성하는 '사회의 아노미·격변기·이행기'와 그로테스크가 상관적이라는 점은 다음에서 보듯이 대다수의 연구가 합의하고 있다.

1. 괴물의 등장과 역사적 혼란

사회혼란의 경험은 왜 괴물에 관한 상상으로 집결되는가? 괴물과 사회 격변 사이의 함수관계는 무엇인가? 우선 그로테스크가 역사적 혼란기, 신구질서의 이행기에 주로 생산되었다는 점은 예술사가 입증한다. 카이저(2011: 309)에 따르면 르네상스, 낭만주의, 모더니즘의 시대는 "그로테스크가 특히 집요하게 세력을 떨쳤던" 세 번의 시기였다. 이 시기는 아리기(Giovanni Arrighi)가 세계자본주의체제의 재편기라고 지적했던 이행기와 대략 일치한다. 발전주의 국면에서 금융팽창 국면으로의 이행기나, 금융팽창의 말기 국면에 "체계의 카오스"(Arrighi, 2008: 95)가 비약적으로 증가한다. 그것은 체계 전반에 걸친 사회갈등이 급작스레 증폭되어 통치자의 집합적 권력이 심대한 위협에 직면하는 상황이다. 체계의 카오스는 비단 정치경제학의 영역에 한정되는 현상이 아니라 지식·예술의 층위에서도 나타난다. 심광현에 따르면 구체제의 위기징후는 "전체로서의 진리를 거부하는 운동"으로 나타나고, 새로운 시대로의 이행은 "전체로서의 진리를 요청하는 운동"으로 나타난다.[1] 그로 테스크에 관한 비평 담론은 의도하든 의도하지 않든 이러한 이행기 특유의 사회성원들이 겪는 경험을 표현해 왔다. 카이저(2011 : 72)가 규정하는 그로테스크의 본질적 특징은 사회적 격변으로 인한 무정부적 공포에 질려 정신적 공황을 경험한 자의 주관적 고백과 크게 다르지 않아 보인다. 세계가 "무시무시한 힘에 의해 생경한 것으로 변하고 혼란에 휩싸이며 모든 질서 역시 무너져 버리는" 상황, 그 속에서 일상적이던 것들이 갑자기 두렵게 느껴지는 것이 카이저가 요약하는 그로테스크의 핵심 내용이다. 홉스봄은 그가 "이중혁명의 충격"이라고 불렀던 1789년 시민혁명에서 1848 산업혁명까지의 '끔찍한 경험'이 "부르주아 예술가의 존재 그 자체와 창조양식"을 변혁시켰다고 말한다. "자본주의 축적의 악마적 요소, 즉 합리성과 목적과 필요 따위의 계산을 벗어난 '더 많은 것'에 대한 끊임없는 무한한 추구, 달리 말하면 사치의 극치 등이 그들의 뇌리를 떠나지 않고 괴롭혔다"(홉스봄, 1998: 473, 479). 플래트 (Kevin M. F. Platt)는 19세기 초부터 1990년대 초반까지 러시아의 네 번에 걸친 혁명적 과도기(표트르 1세의 개혁, 1860대의 대개혁, 1917년의 10월 혁명, 1980년대 후반과 1990년대 초반 소련 붕괴)의 문학에서 신구 사회 공간들이 혼란스럽게 결합한 결과, 독특한 그로테스크가 형성된

---

1 "전체에 대한 이론적 탐구와 그에 대한 이론적 반작용, 그리고 다시 후자에 대한 반작용은 단순히 20세기 후반에서 근래에 이르는 최근의 현상만이 아니라 19세기 이래로 주기적 반복을 이루어 왔는데, 더 거슬러 올라가면 고대에서 중세, 중세에서 근대로의 이행기마다 이런 주기적 반복을 발견할 수 있다. …… '전체로서의 진리'에 대한 요청이 증대하는 것은 새로운 시대로의 이행이 준비되고 급격한 이행이 이루어지는 과정과 상응하는 반면, 전체로서의 진리에 대한 거부가 증대하는 것은 한 시대가 정점에 달한 이후 해체되어 가는 과정과 상응한다"(심광현, 2010: 98).

다고 논의한다.

다양한 장르와 스타일에서 문학작품들은 각각의 시기에 있었던 러시아를 기이하고, 웃기게 그리며, 사회생활에 대한 두 가지 시각을 개탄스럽게 뒤죽박죽으로 만들어 놓은 것으로 그린다. …… 통상 양립할 수 없는 대립물로 간주되는 요소들의 융합으로 그로테스크를 이해했다. 르네상스 시대의 장식용 그로테스크에 나오는 인간의 몸통이나 얼굴을 형상화한 식물들이나, 현대의 초현실주의 작품에서 볼 수 있는 인간과 기계 이미지의 결합이 이에 해당한다. 이런 점에서 급속한 변화를 겪은 러시아의 역사적 시기에 나온 문학작품들은 과거의 사회 공간과 새로운 사회 공간의 혼란스러운 결합을 묘사하고 있는데, 아마도 이 작품들을 특별한 유형의 그로테스크라고 할 수 있을 것이다(Platt, 1997: 3~4).

사회변동과 그로테스크 사이의 관계에 관한 더 일반적인 해명은 그로테스크의 주요 문학적 원천이었던 메니푸스 장르[2]에 관한 바흐친의 언급에서 나타난다. "예전에는 접촉한 바가 전혀 없었던 의식 체계들과 사회제도들의 예기치 않았던 충돌과, 거대한 진보와 거대한 붕괴가 대

---

2 바흐친에 따르면 메니푸스 장르는 여러 변종과 여러 장르명칭 아래 고대 말기부터 현대에 이르기까지 면면이 이어져 온 메타 장르다. 페트로니우스, 아풀레이우스, 라블레, 스위프트, 볼테르로부터 도스토예프스키, 토마스 만의 작품들에 이르기까지 "카니발적 세계감각의 주요한 보유자이자 길잡이"로서 역할을 해왔다는 것이다(바흐친, 2003: 147). 프라이(Northrop Frye)는 메니푸스를 "인간 자체보다는 인간의 여러가지 정신적 태도"가 아전인수격으로 충돌하는 문학의 오래된 전통으로 규정한다(프라이, 2000 :585).

단히 비슷하게 시작"하는 시기에 이 장르는 번성해 왔다. 기존 세계에 자본주의가 밀어닥치면서 신체와 언어에서의 파편화가 예술에서 나타나는 것은 당연하다(바흐친, 2003: 41).

2. 지라르와 아감벤을 통해 바라보는 괴물

아래에서는 르네 지라르(René Girard)와 조르주 아감벤의 논의를 주된 자원으로 삼아 이 문제를 해명할 것이다.

어원적으로 볼 때 괴물은 재난의 '전조', '전조를 내보이는'이라는 의미를 담고 있다. 전형적으로 역사가 타키투스(Tacitus)는 AD 64년 불타는 로마가 어떻게 수많은 재난의 전조들을 수반했는가를 기술했다 : 번개 치는 큰 폭우, 혜성, 머리가 둘인 인간과 동물의 배아, 머리가 한쪽 다리만큼 성장한 송아지 등. '괴물'(monster)이라는 단어는 또한 시각적 은유로서 기이한 광경 같은 어떤 것이다; 그것은 가리킨다는 의미의 라틴어 monstrare에서 유래할 뿐 아니라 자신을 지시하거나 초과하는 의미의 '두드러지는'을 뜻함으로써 다가올 것의 조짐을 의미하기도 한다. 유사하게 단어 '기적'(miracle)은 놀람을 의미하는 단어에서 유래하지만, 놀라서 바라본다는 의미에서 유래한다(Summers, 2003: 29).

괴물을 질서 파괴를 통해 신의 진리를 준엄하게 계시하는 초자연적 작인으로 간주하는 미신은 고대로부터 이어져 온 매우 오래된 믿음이다. 그러나 이러한 괴물의 정의는 기존 권력체계의 파괴로부터 공포를 느끼는 엘리트 및 그 동조자들의 절망을 표현하는 것으로 보인다. 르네 지라르는 이런 견해를 희생양에게 모든 죄를 뒤집어씌우기 위한 집단적 자기기만(가령, 페스트는 유대인이 우물에 독을 탄 결과라는 믿음)으로 보았다.[3]

지라르에 따르면 괴물은 위기에 빠진 공동체가 희생양(피박해자)을 지목하고 처벌하는 불안정한 시기를 통과한 후 그 희생양을 회고적으로 신격화한 것이다. 그런데 왜 희생양이 괴물로 나타나는가? 어떤 것이 희생양으로 간주되는 주된 원인은 그것이 사회성원들에게 '무차별화의 압력'을 행사하기 때문이다. 어떤 대상이 희생양이 되는 것은 "체제 내부의 차이에 의해서가 아니라 체제 밖의 차이"(지라르, 1998: 40)에서 비롯된다. 다시 말해 그 대상은 더 이상 사회 내부의 차이 체계가 그 자리를 배정하는 '주변인', '사회적 약자'가 아니다. 그 대상은 차이체계 자체를 와해로 몰고 가는 무차별화의 상징, "이방인"의 범주다. "변칙, 비정상, 기형, 무국적자" 개념이 이로부터 나온다.[4]

이방인은 어떤 것의 아름다움, 진리성, 윤리적 의미를 결정하는 현 사회의 체계에 의해 분류되지 않는 대상에 붙여진 이름이다. 이방인이라는 범주에는 이미 기존의 의미 체계를 무시하고 위협하는 의미가 포

---

3 "재앙을 하늘의 징벌로 보는 [것은] 집단적인 자기기만이다. 여기서 하늘이 화를 내는 것은 어떤 죄를 만인이 똑같이 공유하고 있지 않기 때문이다. 재앙을 피하기 위해서는 죄인을 찾아내어 그에게 합당한 처벌을 가하거나 아니면 차라리 라 퐁텐이 쓰고 있듯이 하늘에 '맡겨버려야' 한다는 것이다"(지라르, 1998: 10).

4 "그리스어에서 이언어인(異言語人)이라는 뜻의 'barbaros'는 다른 언어를 말하는 사람이 아니라, 정말 의미 있는 유일한 구분인 그리스의 구분을 혼동하는 자이다. 부족이나 민족 등의 편견이 들어 있는 어휘들은 모두 차이가 아니라 차이의 상실을 미워하고 있다는 것을 보여 주고 있다. 우리는 다른 언어에서 다른 '지방'(地方, nomos)이나 다른 규범을 보는 것이 아니라 변칙이나 비정상을 본다. 그래서 신체장애자는 기형으로 취급되고 이방인은 '무국적자'(apatride)가 된다"(지라르, 1998: 40).

함되어 있다. 그런 의미에서 이방인은 현행의 차이체계 외부에 있음을 지시하는 범주일 뿐 아니라, 차이체계를 붕괴(무차별화)시킬지도 모르는 위험을 안고 있으므로 사회에 진입하지 못하도록 추방해야 한다는 판단을 내포한 단어다.[5]

지라르가 제시하는 '희생양을 형성하는 전형'들은 각각 상황, 행위, 소속을 지시하는 세 가지 요소를 포괄한다. ① 사회 전체의 무차별화 위기, ② 무차별화한 범죄(사회적 연대를 완전히 파괴하는 범죄, 가령, 왕, 아버지, 어린이의 살해, 근친상간, 수간, 종교적 금기의 위반 등)의 용의자, ③ 희생양이 속한 열등한 집단의 표시 (민족적 종교적 소수파, 병, 광기, 불구, 선천적 기형 등) 등이 그것들이다.

첫째 항으로 인하여 공동체가 겪는 고통의 책임을 둘째, 셋째 항의 특징을 갖는 '비정상적' 대상의 책임으로 전가시키고, 그 대상에게 군중들은 폭력을 가할 것이다. 사회적 약자뿐만 아니라 "부자와 강자" 또한 희생양이 될 확률이 크다.

> 위기의 시기에 그들에게 집중되는 폭력이 정당화되는 것은 그들이 행사하던 바로 그 영향력 때문이다. 이것이 바로 피억압자들의 성스러운 반항이라는 것이다(지라르, 1998: 36).

결국 괴물이란 "정상적인 때가 아니라 위기의 시기", 다시 말해 "법

---

5 "인간의 육체는 해부학적으로 볼 때 하나의 차이체계이다. 사고에 의한 불구 역시 우리의 마음을 조이게 하는 것은, 그것이 균형을 깨뜨리는 다이나믹한 느낌을 주면서 동시에 기존 체계에 위협을 가하고 있는 것 같기 때문이다"(지라르, 1998: 39).

정권력"을 군중의 권력이 압도하는 정세에서 군중의 공격 대상을 표상한 것이다.

이 세계의 권력은 비대칭적인 두 개의 세력으로 나누어져 있는데, 하나는 법정 권력 기관이며 다른 하나는 군중이다. 평상시에는 전자가 후자보다 힘이 세지만 위기시에는 그 반대가 된다. 위기시에 군중은 힘이 세진다. 그뿐 아니다. 겉으로 보기에 아주 단단한 권력 기관이 거기서 융해되어 나오는 하나의 도가니가 되는 것이 바로 군중이다. 이 융해과정은 희생양, 즉 성스러움의 매개를 통해서 권력기관이 재주조되는 것을 보장해 주고 있다(지라르, 1998: 189).

희생양이 괴물로 정착하는 것은 폭력의 대상이었던 첫번째 순간을 지나 그것이 구세주나 건국의 시조로 신성시되는 두번째 순간을 거친 후부터다. 로마의 시조였던 그 개 여인은 수간, 근친상간 등 모든 전형적인 범죄의 당사자였다.

그러나 이제 그녀는 사회의 근본 규칙에 대한 모든 위반을 징벌하는 위대한 여신이 된다. 무질서의 장본인이 질서의 장본인으로 변신한다. "희생양은 괴물이 되고 이것이 바로 환상적인 힘의 증거가 된다. 불화를 뿌린 다음에 다시 질서를 세우는 이것은 건국 시조나 신성을 가진 존재처럼 보인다"(지라르, 1998: 87, 91).

지라르의 도식 '사회 위기→박해받는 자(희생양)→사회질서의 회복→질서 수호자(괴물)'는 다소간 단계론적이고 결정론적이다. 엄밀한 의미에서 무질서와 질서는 매순간 병존한다고 보아야 하기 때문이다.

위기의 국면으로부터 질서의 국면으로 이행하는 내재적 논리를 이해하기 위해서라도 무질서와 질서는 동일한 국면 안에 변증법적으로 공존하는 두 극한으로 파악될 필요가 있다. 게다가 괴물이란 박해받는 희생양이 나중에 시간이 지나서 주권자로 회귀하는 어떤 대상이라기보다는 배제와 포함의 모순상태가 지속하는 대상에 더 걸맞은 이름이다. 한때는 마녀로 간주되었지만 지금은 민족 영웅인 잔다르크는 그냥 영웅일 뿐이다. 마녀이면서 동시에 영웅인 모순된 긴장 상태가 유지되는 기간에만 우리는 그녀를 괴물로 부를 수 있다. 따라서 무차별화 경향과 차이화 경향의 내재적 교착상태라는 관점으로 지라르의 괴물이론을 이해할 필요가 있다.

*　*　*

아감벤은 신화학, 인류학 차원의 초역사적인 논의를 18세기 시민혁명 이후 생명정치의 문제로 역사화한다. "희생제의라는 베일로 가려 버리지 말아야 하는 진실은……학살은 종교도 법도 아닌 생명정치의 차원에서 벌어졌다"(아감벤, 2008: 231). 지라르는 어떤 대상을 공동체로부터 추방한 시점으로부터 신성한 존재로 공동체에 복귀시키는 시점까지의 기간을 과도기로 파악했다. 그러나 아감벤에게 법의 적용을 이미 벗어났지만 종교로 아직 편입되지 않은 이 기간은 "법과 희생 제의의 영역 모두를 초월"하는 "예외상태"로서 매우 핵심적인 의미를 얻는다. 그의 요점은 예외상태가 정상적 시기로부터 이탈하면서 갑자기 만들어지고 정상적 시기로 이행하면서 소멸되는, 그야말로 예외적인 유한한 시기가 아니라 정상 시기의 법질서를 지탱하는 정치 그 자체('법'이라는 기표가 소거된 법의 힘[6])로서 지속한다는 것이다. "법 안에 기입되어야 할 것은 본질적으로 법 바깥에 있는 것, 다른 말로 하자면 법질서 자체의 효력정지"다. 이런 맥락에서 현대국가란 '예외상태의 상례화'이며 "항구적인 비상상태의 자발적 창출"이다(아감벤, 2009: 15, 23~25, 69). 그렇다면 괴물은 예외상태를 내적으로 형성하는 변증법적 길항관계—"한편에서는 규범에서 아노미로 가는 힘이, 다른 한편에서는 아노미에서 법률과 상례로 가는 힘의 길항"—를 인격적으로 표현한 것이라고 할 수 있다. 각각 규범화와 아노미화의 작인인 "주권자와 호모 사케르는 법질서의 양극단 형상들로서, 동일한 구조를 갖고 있으며 서로 결합되어 있다"(아감벤, 2008: 178). 한쪽은 너무 초월적이라는 이유로 다른 쪽은 너무 비천하다는 이유로 주권자와 호모 사케르는 똑같이 법률적 대상도 희생제의의 대상도 아니다. 혁명과 반혁명, 봉기와 계엄령이 교차하는 유동적 정세(예외상태)에서 주권자와 호모 사케르의 위치는 호환가능하며 상대적인 것이다. "모든 사람을 잠재적인 호모 사케르로 간주하는 자가 바로 주권자이며, 또 그를 향해 모든 사람들이 주권자로 행세하는 자가 바로 호모 사케르다"(아감벤, 2008: 178). 그렇다면 반인반수의 괴물은 주권자로 상승·종합하는 힘과 호모 사케르로 하강·해체되는 힘 양자가 교차하는 사회성원들의 신체 상태에 적합한 표상이다. 아감벤은 그 전형적인 역사적 사례를 고해왕 에드워드가 추방된 자를 '늑대의 머리'라고 정의함으로써 늑대 인간과 동일시했던 법률

---

6 '법'이라는 기표가 소거된 법의 힘을 아감벤은 "법률의-힘"으로 표기했다(아감벤, 2009: 67~82).

(1030~1035)에서 찾는다. 집단 무의식 안에 반은 인간이고 반은 짐승이며, 반은 도시에 그리고 반은 숲 속에서 사는 잡종 괴물로 남아 있는 형상은 원래 공동체로부터 추방당한 자의 모습이었다.

인간의 늑대화와 늑대의 인간화는 예외상태에서는, 국가의 분해 상태에서는 언제든지 가능하다. 이 경계선은 단순한 야생의 삶이나 사회적 삶이 아니라 벌거벗은 생명 혹은 신성한 생명으로서, 그것만이 주권의 항상 현전하면서 작동하는 유일한 전제이다(아감벤, 2008: 215).

아감벤을 따라 예외상태를 주권자와 호모 사케르를 '분화'시키고 '결정'하는 기간으로 이해한다면, 괴물은 그 결정·분화가 격렬하게 진행 중인 미완료 상태 자체를 지시한다. 다시 말해 '잡종 괴물'은 '주권자-되기'(법의 정립)와 '호모 사케르-되기'(반역/추방) 사이의 대칭성, 아노미화로의 벡터와 규범화로의 벡터가 대결하는 정세의 역동성에 관한 표상이다. 또한 그런 괴물은 태곳적 신화나, 특수한 역사적 시기에 한정되지 않는다. 왜냐하면 예외상태는 "제도적 형식이 부재한 법 이전의 상태가 아니라, 그러한 법을 구축하고 그러한 법 속에 정주하는 예외이자 경계선"이기 때문이다(아감벤, 2008: 216). 이와 동일하게, 법 제도가 안정된 정세에서 대중이 괴물의 상상에 사로잡히는 것은, 정상적 시기 내부에 진입해 있는 예외상태를 부분적으로 경험하는 일이다. 그 경험은 법 제도 안에 '정주'하고 그 제도를 '구축'하는 생명정치 그 자체—법에 미만하는 벌거벗은 생명과 법을 초과하는 주권자가 상호 결정 및 분화를 위하여 엎치락뒤치락하는 세력관계의 정치적 유동—를 대면하는 일이고, 확립된 제도적 '경계선' 너머 새로운 예외상태로의 출구를 모색하는 일이라고 할 수 있다.

*　　*　　*

괴물이란 질서화 경향과 무질서화 경향의 결합이다. 괴물은 질서구축 경향과 질서와해 경향이 공존하는 격변기를 상상·경험하는 사회적 신체가 자신의 상태를 지시하는 말, 표상, 관념이라고 할 수 있다. 앞 장에서 제시한 사례를 상기해 보자.

첫째, 축제적이었던 진도 '도깨비굿'은 기근과 전염병을 퇴치하는 샤리바리(charivari)[7]의 일종으로서, 의례의 핵심은 아낙네 군중이 '서답'을 장대 끝에 공공연히 매달고 시끄럽게 행진하는 것이다. 여기서의 괴물은 마을 남성들을 공포에 몰아넣는 마을 여성들의 집합적 신체다. 그녀들의 행진에서 공동체로부터 추방되어야 할 불결한 터부가 분노한 반란군의 깃발인 양 휘둘려진다. 터부의 군사화, 해체경향(무질서)과 조직화경향(질서)의 병치로부터 재액을 몰아내는 에너지가 생성된다. 둘째, 비정상성과 관련하여 제시된 『모비딕』(1851)에서도 동일한 이율배반이 나타난다. 모비딕은 어마어마한 부 즉, 향유를 몸에 내장한 채, 자신에게 작살을 꽂은 선원들을 집요하게 따라가서 죽음에 몰아넣는 고래다. 그 바다괴물의 한쪽 성분은 '투기와 횡재'를 장려하는 산업혁명기

---

7 중세 이후의 유럽에서 공동체의 규범을 어긴 자에게 가하던 의례적인 처벌 행위. 젊은이들을 중심으로 한바탕 야단법석을 떤 다음 규범을 어긴 자가 벌금을 내는 것으로 용서받고, 공동체의 일원으로 다시 인정받는다(『표준국어대사전』, 국립국어원. http://stdweb2.korean. go.kr/search/View.jsp : 2015. 1. 11. 검색).

시장경제의 바다를 자유롭게 유영하는 자본(질서)이다. 다른 쪽 성분은 그러한 자유주의 질서로부터 불이익당하고 퇴출당한 부랑자들(포경선 선원들)의 자포자기적 열정, 집단 익사의 장소를 향하여 불나비처럼 돌진하는 충동적 공격성(무질서)이다. 셋째, 역동적 숭고를 표현했던 고트프리트 벤의 시,「아름다운 청춘」(1912)에서 화자는 소녀의 변사체를 먹으며 힘들게 연명하는 쥐 가족을 연민한다. 인간 편에서 쥐들의 삶은 미가 추로 변질되는 끔찍한 해체를 의미하지만, 동물 편에서 소녀의 주검은 삶을 지속 가능하게 해 주는 생명의 원천이다. 무질서를 질서인 양 예찬하고, 질서를 무질서인 양 애도함으로써 파국이 임박한 독일제국의 종말론적 감각을 적절하게 표현하고 있다.

세 경우 모두에서 자연의 표상과 문명의 표상이 한 몸에 결합한 '괴물'이 상상된다. '괴물'이란 사회 해체의 경험과 지배 질서 구축에 관한 신념 사이의 모순(이율배반)을 상상적으로 해소하는 예술 장치다. 그러한 상상의 핵심은 사회 시스템을 저변에서 가동시키는 생명정치의 진실을 드러내는 것, 특수하게는 호모 사케르(무질서화의 힘)와 주권자(질서화의 힘)가 샴쌍둥이처럼 결합한 괴물의 표상을 생산하는 일이다.

'근원적 세계'의 의미

1. 예외상태와 근원적 세계

앞 장에서는 '예외상태'와 그 표상인 '괴물'의 관계를 살펴보기 위하여, 전근대사회나 역사적 변혁기에 실존했다고 가정한 아노미 국면으로부터 논의를 연역했다. 그러나 그로테스크는 역사의 무대에 실존했던 예외상태의 '경험'을 실증적으로 옮겨 적은 것이 아니라, 아노미 상황의 전조를 '포착'하고 출구를 모색하는 적극적 상상의 결과물이다. 이 책의 목표는 영화 텍스트에 표현된 상상된 예외상태로부터 사회의 심층적 동향을 추론하는 일이다. 이를 위해서는 '예외상태와 괴물의 상관성'을 묻는 존재론적 질문으로부터 예외상태의 상상이 어떤 예술적 기호로 표현되는가라는 질문, 나아가 예외상태의 상상이 갖는 의미에 관한 질문으로 옮겨 가야 한다.

　그로테스크의 예술사는 예술 매체의 기호를 빌려 현실의 잠재적 예외상태를 텍스트의 가시적 형태로 번역하는 부단한 노력들의 계열을 보여 준다. 16세기 라블레 소설에 채용된 그로테스크의 시공간을 바흐친은 '카니발화한 지옥'(바흐친, 1998: 595, 607)이라는 기호로 규정했다. '카니발화한 지옥'이란 교회 이데올로기가 종교재판의 공포를 상징하기 위하여 동원한 지옥의 이미지와 선사시대부터 이어져 온 민중공동체의 풍요로운 기억이 산포하여 형성된 '성좌구조'(Konstellation)(벤야민, 2008b: 347)라고 할 수 있다. 그러므로 이 세계는 중세의 지배 이데올로기를 농민들의 민속전통이 탈영토화한 경우다. '질풍노도'의 시대에서 19세기 전기의 낭만주의에 이르는 시기에는 카이저가 이 시기의 비평담론을 요약하여 말했듯이, '존재의 비밀을 간직한 심연'이 주요한 기호로 나타난다(카이저, 2011: 93~98). 그 기호는 사회변동으로부터 유리된 화자가 겪는 정신적 동요의 프레임 안에서 조망되는 것으로서, 사회적·육체적 하부로부터 느끼는 불결함과 매혹을 주관적 심리 공간에 투사한 것이다. 들뢰즈는 1920년대~1970년대 슈트로하임(Erich von Stroheim), 부뉴엘(Luis Buñuel), 로지(Joseph Losey) 등이 감독한 '자연주의 경향'의 영화들을 '근원적 세계'(monde originaire)[1]라는 기호로 설명했다. 그곳은 실제 세계를 파생시키는 모태이자 실제 세계가 고갈과정을 거쳐 도달하는 잔혹함으로 충만한 시공간이다(들뢰즈, 2002a: 232~263). 앞서 논의한 크뤼룩의 '반세계'와 벤야민이 독일 비애극 분석에 적용한 '원천'(ursprung),[2] '알레고리', '이념', '단자'(單子,

---

1 "originaire"를 '근원적'으로 옮긴 유진상의 번역을 따랐다(들뢰즈, 2002a).
2 조만영, 최성만, 하선규(2008) 등 대다수의 연구자들이 벤야민의 저술에 나오는 단어 "ursprung"을 '원천'으로 번역했다. 조만영에 따르면, "ursprung"은 일반적으로는 '기원'

Monade), '성좌구조' 같은 개념 또한 유사한 범주를 지시한다(벤야민, 2008a: 11~54).

열거한 기호들은 각기 고유한 역사적 경험에 천착해 있다. 그러나 한국영화를 분석하는 이론적 틀로서의 적합성 여부를 평가한다면, 바흐친의 '카니발화한 지옥'은 중세교회의 기독교 이데올로기가 사회성원 대다수에게 자명한 것으로 받아들여지는 상황을 전제하므로 현대적 텍스트를 분석하기에는 부적합하다. 또, 카이저의 '존재의 비밀을 간직한 심연'은 낭만주의의 주관적 신비주의에 고착되어 있을 뿐 아니라, 학술용어라기보다는 비평 용어다. 게다가 우리 시대의 대중문화는 낭만주의를 지양한 19세기의 사실주의와 이를 또다시 지양한 20세기 초의 모더니즘이 깔아 놓은 현대적 감각을 공기 같은 자연스러움으로 전제하기 때문에 카이저의 개념은 다소 순박하고 고색창연해 보인다. 크뤼룩의 '반세계' 개념이 후보가 될 수 있지만, 이 개념은 공식문화에 대항하는 저항집단 편에 속한 상상적 세계다. 그러나 그로테스크가 상정하는 시공간은 언제나 민중이 승리하는 장소인 것만이 아니라 절망과 환멸을 수용하는 곳일 수도 있으며, 무정부적 상황의 공포 자체에 탐닉하는 것일 수도 있다. 들뢰즈가 『시네마1』(들뢰즈, 2002a)에서 제시한 '근원적 세계'라는 개념은, 그로테스크의 시공간에 관한 통칭으로서 숙고

이나 '근원'으로 번역되는 것이 타당하지만, 벤야민 논의의 맥락에서는, 어떤 것의 존재 근거인 그 자신의 생성활동을 의미하므로, '원천'으로 옮기는 것이 타당하다. "원천은—기원이나 근원처럼—과거(과거미래)형이 아니라 그 (자신의) 과거가 항상 새롭게 회복되고 구출되는 현재형이다. 그러나 이 현재는 완료된 것이 아니라 (미래로 열려 있기도 한) 미완과 미결의 현재진행형이다. 그것은 자신의 생성과 소멸의 반복 속에서—혹은 생성과 소멸, 전사와 후사라는 '극단들의 성좌 형세' 속에서—항상 새롭게 '솟아나서'(ent-springen), 근원을 '벗어나'(ent), '도약(Sprung)한다'(벤야민, 2008a: 322).

할 가치가 있다. 이 책은 한국영화에서 나타나는 예외상태의 예술적 가상을 지시하는 기호로서 들뢰즈가 설명하는 '근원적 세계'의 주요 규칙들을 채용할 것이다. 다만, 들뢰즈의 '근원적 세계'는 문학적·영화적 자연주의에 지나치게 의존하는 협애함을 보이고, 근원성의 개념에 제한을 두는 한계를 포함한다. 따라서 한국영화를 분석하는 목적에 적합한 이론적 도구로 변형시키기 위하여, 벤야민의 '원천' 개념을 참조하여 들뢰즈의 '근원적 세계' 개념을 부분적으로 수정·확장할 것이다.

들뢰즈의 근원적 세계는 그가 베르그손(Henri Louis Bergson)의 이미지론에 기초하여 도열시킨 영화쇼트 유형들(차례로 '지각-이미지·감화-이미지·충동-이미지·행동-이미지') 가운데 충동-이미지에 상응하는 공간이다. 근원적 세계는 '감화-이미지'(근접화면)가 형성하는 '불특정한 공간'과, '행동-이미지'(중경화면)가 형성하는 '지정학적·역사적으로 한정할 수 있는 실제 환경' 사이에 존재한다. 근원적 세계는 '불특정한 공간'보다는 '한정된, 실제적 환경'에 가깝지만, '실제 환경'처럼 완전히 고착화한 공간은 아니다. '실제 환경'은 근원적 세계로부터 파생된다(들뢰즈, 2002a: 232~233).[3]

근원적 세계가 실제 환경을 파생시킨다는 점에서, 그 세계가 '근원적이다'라고 명명되었음을 짐작할 수 있지만, 들뢰즈는 '근원성'에 대

---

3 "그것[충동-이미지]은 더 이상 감화-이미지가 아니지만 아직 행동-이미지가 아니다. 감화-이미지는 우리가 보았듯이 '불특정한 공간'/'감화'라는 쌍에서 발전한 것이다. 행동-이미지는 '한정된 환경'/ '행동방식'이라는 쌍에서 발전한다. 그러나 이 두 가지 사이에서 우리는 어떤 낯선 쌍과 만나게 된다. '근원적 세계'/'원초적 충동'의 쌍이 그것이다. 근원적 세계는 불특정한 공간이 아니다(물론 그것과 비슷해 보이기는 하지만). 왜냐하면 그것이 한정된 공간에서만 나타나기 때문이다. 그러나 그것은 한정된 환경이 아니다. 그러한 환경은 반대로 근원적 세계에서 파생된다"(들뢰즈, 2002a: 232).

한 철학적 설명을 충분히 제공하지는 않았다. 사실 순전히 철학적 논리로 볼 때, 근원적 세계는 '한정된 공간'에 대해서는 근원적이지만, '불특정한 공간'은 근원적 세계에 대하여 다시 근원적이다. 즉, 근원적 세계는 더 근원적인 것에서 더 파생적인 것으로 뻗어 나가는 계서화(階序化)한 흐름 가운데 위치한 과도적 계기일 뿐이다. 또한 『시네마1』전체 논의의 추상 수준을 고려한다면 지정학적·역사적 특수성과 연계되어 있는 '근원적 세계'의 '근원성'을 궁극적 의미의 근원이라고 보기는 어렵다. 『시네마 1』이 상정하는 진정한 '근원성'은 들뢰즈가 '내재성의 면'이라고 불렀던 탈중심화한 물적 상태에 배정되어 있다. '충동-이미지'와 쌍을 이루는 근원적 세계는 '내재성의 면'으로부터 파생된 것으로서, 즉 자적 상태의 물질-유동성(matière~écoulement)인 내재성의 면(들뢰즈, 2002a: 115~120)에 비하면 덜 근원적이다.

들뢰즈가 '근원적'이라는 수사를 부여할 수 있었던 동기는 물질, 운동, 이미지, 시간 등과 같은 메타 영역에 관한 논의의 맥락에서라기보다는 예술사적·역사철학적 맥락에서 비롯된 것이다. 영화사의 흐름에서 볼 때, '근원적 세계'는 앞서 언급한 세 명의 '자연주의' 감독들과 연결되어 있다. 하지만 엄밀히 말해서 영화사에서 '자연주의' 유파는 존재하지 않는다. 또한 '영화에서 자연주의가 되는 것의 어려움'을 들뢰즈 자신이 토로했던 것처럼, 자연주의에 해당되는 영화들 자체가 희소하다(들뢰즈, 2002a: 248). '근원적 세계'라는 개념을 안정적으로 정립시킬 수 있는 토대는, 들뢰즈 스스로가 다음에서 밝히고 있듯이, 영화 분야보다는 에밀 졸라(Émile Zola)의 작품세계로부터 공급된 것이다.

본질적으로 문학에서의 자연주의는 에밀 졸라이다. 실제적 환경들(millieux réels)에 근원적 세계들을 대입시킨다는 생각은 그의 것이다. 그의 책들 각각에서 그는 특정한 환경을 묘사한다. 그러나 마찬가지로 그것을 모두 **고갈시킴**으로써 근원적 세계에로 되돌리기도 한다. 그의 사실주의적 묘사는 바로 이 상위의 원천으로부터 힘을 얻는 것이다. 현실적(actuel)이고 실제적인 환경, 그것은 급진적 시작과 절대적 종말, 아주 가파른 경사 등으로 정의되는 어떤 세계로 이르는 매개체이다(들뢰즈, 2002a: 234).

"현실적이고 실제적인 환경"은 "고갈"되어 근원적 세계로 돌아가거나, 근원적 세계에서 "절대적 종말"을 맞이한다. 또한 새로운 현실적 환경이 근원적 세계로부터 "급진적으로 시작"될 수도 있다. 이것은 근원적 세계가 '재생'의 중심지가 된다는 것을 뜻한다. 현실적 환경과 근원적 세계 사이의 관계에 관한 위의 설명은 졸라 작품들의 무대를 참조한다면 직관적으로 이해할 수 있다. 가령 『목로주점』(L'Assommoi, 1877)의 공간은 가로 세로가 2~3km에 불과한 파리 귀퉁이의 빈민가다. 이곳은 '고갈'의 장소다. 여주인공 제르베즈(Gervaise)는 오물, 알콜 중독, 도덕적 퇴폐, 빈곤이 누적된 이 구역에 흘러들어 간 후, 점점 영락하여 끝내 파리의 여타 지역으로 탈출하지 못하고 죽는다. 『나나』(Nana, 1880)의 공간은 퇴폐의 정점에 놓인 파리 사교계다. 그곳에서 고급 창녀 나나와 관계 맺은 다수의 남성들은 '절대적 종말'을 맞이한다. 『제르미날』(Germinal, 1885)의 공간은 '급진적 시작'의 장소다. 소설의 무대인 지하수갱 및 지상의 광부촌은 착취와 혁명적 봉기가 발생하는 곳이다.⁴ 어느 경우든 근원적 세계는 사회의 작은 일부에 불과하지만 보편적인 사회 병리와 부조리가 집약된 곳이고 나아가 사회 시스템 자체를 전복시키는 운동의 진원지가 될 수 있는 곳이다. 즉, 변혁의 관점에서 볼 때 근원적 세계는 사회의 약한 고리다. '실제적 환경'은 와해되어 '근원적 세계'로 주저앉을 수도 있고, 반대로 '근원적 세계'에서 재시작할 수도 있다. 그러므로 근원적 세계는 "쓰레기장 또는 개펄"(들뢰즈, 2002a: 234)에 비유된다. 요컨대 근원적 세계는 현실적 환경이 몰락하고, 시작하기 위하여 거쳐 지나가는 통과점이라는 점에서 재생의 장소다.

근원적 세계가 현실적 환경의 무덤이자 요람이라면, 근원적 세계는 역사의 매우 한시적이고 과도적인 순간에만 잠시 등장하는 것처럼 이해될 수 있다. 그러나 근원적 세계와 현실적 환경은 공시적으로 병존하면서 독특한 상호관계를 맺는다. 들뢰즈의 아래 언급에서 보듯이, 현실적 환경과 근원적 세계 사이에는 부분과 전체에 관련된 어떤 역설이 존재한다.

근원적 세계는 실제적 환경의 밑바닥에만 존재하며 작용하고, 그 값어치는 그것이 폭력과 잔혹함을 드러내는 실제적 환경에 대해 내재적임으로써 성립한다. 그러나 마찬가지로 이 환경이 실제적인 것으로 보이는 것은 그것이 근원적 세계에 내재한다는 특성 속에서만 가능하다. 그것은 근원적 세계로부터 운명적으로 시간성을 받아들임으로써 '파생

---

4 세 작품의 주요 공간을 식별하는 것은 엄경의 분석(엄경, 1994)을 참조했다.

된' 환경으로서의 지위를 지닌다(들뢰즈, 2002a: 235).

실제적 환경과 근원적 세계 사이에는 서로를 포함하는 관계가 성립한다. 근원적 세계는 실제적 환경의 밑바닥에 있으므로 실제적 환경에 내재적이지만, 실제적 환경은 근원적 세계로부터 파생되었으므로 실제적 환경은 근원적 세계에 내재적이다. 즉, 근원적 세계와 실제적 환경은 서로에 대하여 내재적이다. 형식논리학적으로는 말이 안 되는 것처럼 보이지만, 예컨대 노동이 사회적인 것 모두를 '파생'시킴에도, 정작 노동의 영역은 사회 밑바닥에 '내재'한 제한된 부문으로 간주되는 사례를 생각하면 이해하기 어렵지 않다. 잠재적으로 노동은 사회 전체를 포함하지만 현실적으로 노동은 사회의 주변적 일부에 불과하다. 마찬가지로 근원적 세계는 현실적으로는 사회의 부분적 장소지만 잠재적으로는 사회의 모든 장소다. "특별히 위치 지어진 경우에서조차 근원적 세계는 영화 전체가 진행되는, 즉 항상 넘쳐나는 장소이다."[5]

근원적 세계에서의 인간관계는 어떤 양상을 띠는가? 이 세계의 인물들은 "인간과 짐승의 구분에 앞서는" 행동을 한다. 그곳은 반인반수의 세계다.

---

5 들뢰즈는 슈트로하임과 부뉴엘의 영화들로부터 근원적 세계에 해당하는 장소를 식별한 후, (인용문의 마지막 문장에서 보듯이) 근원적 세계는 영화의 특정 장소에 국한되지 않고 해당 영화 전체의 시공간으로 넘쳐난다고 말한다. "슈트로하임에게서는 「눈먼 남편들」의 산정(山頂), 「여인들의 광기」의 마녀 오두막, 「여왕 캘리」의 성(城), 같은 영화의 아프리카 이야기에 나오는 늪, 「탐욕스러운 자」 끝부분에 나오는 사막 등이 그것이고, 부뉴엘에게서는 「정원에서의 죽음」에 나오는 스튜디오의 정글, 「멸망의 천사」에 나오는 살롱, 「시몽」의 기둥들이 있는 사막, 「황금시대」의 자갈밭 등이 그것이다. 특별히 위치 지어진 경우에서조차 근원적 세계는 영화 전체가 진행되는, 즉 항상 넘쳐나는 장소이다"(들뢰즈, 2002a: 236).

그곳의 인물들은 짐승과 같다. 사교계의 인물은 맹금이고 연인은 양이 며 빈민들은 하이에나와 같다. 그 이유는 그들이 어떤 모습이나 행동을 보여서가 아니라, 그들의 행동이 인간과 짐승의 구분에 앞서기 때문이 다. 그들은 인간-짐승이다. 그리고 충동이란 바로 근원적(originaire) 세계의 조각들을 지배하는 에너지이다(들뢰즈, 2002a: 233).

근원적 세계에서 재현된 준(準)동물적인 사회갈등은 예외상태의 생명정치 경험에 기초한다고 추론할 수 있다. 사교계의 인물을 맹금으 로, 연인을 양으로, 빈민들을 하이에나로 묘사하는 것은 신분에서 비롯 된 관습적 의미부여를 최소화하면서, 생명정치의 투명한 세력관계 안 에—두렵게 하는 생명, 유순한 생명, 약탈하는 생명 등—배치된 위치 로부터 사람들을 의미화한다. 그러한 인물상과 갈등양상은 도덕의 규 제가 정지하고, 초법적 박해와 저항, 집단 살상, 상호 약탈로 뒤엉킨 사 회성원들의 거친 경험을 미학화한 것이다.

이상에서 들뢰즈의 '근원적 세계'라는 개념을 개괄적으로 살펴보 았다. '근원적 세계'는 들뢰즈가 '운동-이미지'의 한 변주인 '충동-이미 지'에 상응하는 공간으로 제기한 것이다. '재생'과 '근원적 세계와 현실 적 환경 사이에 있는 포함관계의 역설' 그리고 '동물성/충동'은 그 주요 한 특징들이다. 그런데 한국영화를 분석해야 하는 이 책의 목적과 관련 하여 볼 때, 들뢰즈의 '근원적 세계'라는 개념에는 두 측면에서 한계가 있기 때문에 다음과 같이 수정·확장해야 할 필요가 있다.

첫째는, 들뢰즈는 문학적·영화적 자연주의가 정의하는 '충동'이나 '동물성'들을 근원적 세계에서 가능한 한 가지 경우로 제시하는 것이 아니라, 근원적 세계의 보편적 원리로 일반화하고 있다. 근원적 세계의 성격을 자연주의자들이 정의하는 충동이 팽만한 공간으로 한정하는 것은 근원적 세계 개념이 보편적 분석도구로서 가질 수 있는 힘을 빼앗는 결과를 낳을 것이다. 졸라의 데뷔작이었던 『테레즈 라캥』(1867) 서문은 자연주의가 상정하는 충동, 동물성, 반란적 행동의 의미가 무엇인지를 분명하게 보여 준다.

> 나는 자유의지를 박탈당하고 육체의 필연에 의해 자신의 행위를 이끌어 가는, 신경과 피에 극단적으로 지배받는 인물들을 택했다. 테레즈와 로랑은 인간이라는 동물들이다. 그 이상은 아무것도 없다. 나는 이들의 동물성 속에서 열정의 어렴풋한 작용을, 본능의 충동을, 신경질적인 위기에 뒤따르는 돌발적인 두뇌의 혼란을 조금씩 쫓아가려고 노력했다. 나의 두 주인공들에게 있어 사랑은 필요의 만족이다. 살인은 그들이 저지른 간통의 결과이며, 그들은 마치 늑대가 양을 학살하듯 살인을 한다. 내가 그들의 회한을 촉구해야 했던 부분은, 단순한 생체조직 내의 무질서, 파괴를 지향하는 신경체제의 반란이었던 것이다. 그들에게 영혼은 완벽하게 부재한다(졸라, 2003: 10~11).

졸라가 말하는 충동은 영혼 없는 육체의 기계적이고 발작적인 반응이다. 충동의 이러한 정의는 지각과 행동 사이의 어느 지점에 자리매김할 수 있는 철학 용어로 사유된 것이 아니라, 매우 구체적이고 특수한 사회역사적 상황으로부터 귀납된 것이다. 졸라의 견해는 동시대 자연주의자들이 공유한 견해였다. 그들은 다윈의 진화론을 신화화하여 자본주의적 경쟁을 필연적 법칙으로 수긍하는 동시에, 노동계급·빈민의 삶에 연민하고 산업사회에 적대하는 모순적 태도를 취했다. 조창섭(2002: 21)에 따르면 자연주의자들은 추하고 역겹고 병적인 무대와 주인공을 설정한다는 점에서 "반시민적 사고"를 했지만, 시민 사회를 지배하는 적자생존의 원칙에 따라 자본과 명성 그리고 권력을 얻기 위한 경쟁에 적극적으로 뛰어들었다. "거의 모든 자연주의자들은 시민사회에 적응하기 위하여 기회주의자로 변질될 수 있는 위험에 노출되어 있었다." 윌리엄스(1985: 99)는 자연주의를 "인간이 고통을 인내할 수만 있고 자신이 속한 세계를 실제로 결코 변화시킬 수 없다"는 점에서 "수동적인 고통의 비극"이고, 이에 대한 모든 도덕적 판단을 유보한다는 점에서 "신앙의 기괴한 변형으로 끝난 무신론"이라고 규정했다. 그러나 이와 같은 정치적 평가와는 무관하게 자연주의가 정의하는 충동/동물성이 팽만한 시공간은 근원적 세계의 한 가지 역사적 형태가 될 수 있다. 어떤 예외상태에서 (졸라의 경우 파리코뮌의 진압 이후) 민중과 중간계급 지식인은 '수동적 고통의 비극'에 빠질 수도 있는 것이다. 들뢰즈의 근원적 세계에서 문제가 되는 것은 근원적 세계 개념이 자연주의와 연계된다는 사실이 아니라, 졸라의 '충동'과 '동물성'을 매개로 '온전히' 자연주의하고만 연결되어 있다는 점이다. 텍스트의 근원적 세계가 상정하는 예외상태가 반드시 19세기 후반 서유럽 자연주의자들의 발상과 태도에 국한되어야 할 이유는 없다.

둘째, 들뢰즈가 가정하는 근원적 세계의 '근원성'은 (『시네마1』과 『시네마2』에서 전개된, '내재성의 면'으로부터 '운동-이미지'의 변주들을 거쳐 '시간-이미지'에 도달하는 전체 이미지 분류 체계 안에서) 상대적이며 특정한 수준의 등급을 갖는다. '근원성'은 그 이름과 어울리지 않게 '행동-이미지'보다는 더 근원적이고 '감정-이미지'보다는 덜 근원적인 상대적 위치를 표시한다. 이러한 설정은 근원적 세계를 실제적 환경이 종결되는 '절대성', 재시작하는 '급진성' 등 죽음과 삶이 교직하는 장소로 파악한 그 자신의 논의와도 부합하지 않는다. 근원적 세계의 '근원'은 벤야민의 '원천' 개념을 참조하여 확장할 필요가 있다. 벤야민의 '원천적인 것'에 관한 논의는 기존 철학 전통이 개념체계의 연역적 확장으로 사유해 온 방법을 비판하는 맥락에서 제기된 것이다.

'원천'은 기원이나 뿌리 같은 인과론적 의미의 '원인'인가? '원천'은 역사적 탄생과 관련이 없다. 그것은 현실 세계에 내재한 상태로 지속하고, 현실을 생성하는 '소용돌이'에 비유된다.[6]

한편으로 복구하고 재생하는 리듬(반복)에 의하여 '원천'은 관습적 운동을 전개하지만, 다른 한편으로 일회적이고 완성되지 않은 리듬(차이)도 있다. 원천을 설명하는 두 리듬의 변증법을 근원적 세계에 적용하여 보자. 근원적 세계는 실제적 공간을 반복적 리듬에 따라 지속적으로 생성한다. 이 점에서 근원적 세계는 품안에서 실제적 공간을 부양한다.

---

6 "원천은 전적으로 역사적인 범주이지만 성립(成立)과는 아무런 공통점도 없다. 원천은 '이미 발생된 어떤 것의 생성'을 가리키는 것이 아니라 '생성과 소멸에서 발생하고 솟아나는 것'을 가리킨다. 원천은 생성의 흐름 속에 소용돌이로서 자리를 잡고 있고, 성립의 자료를 자신의 리듬 속으로 빨아들인다. 원천적인 것은 사실들의 노출된 그대로의 명백한 존속상태에서 인식될 수 있게끔 주어지지 않는다. 원천적인 것의 리듬은 오직 이중적인 통찰에만 열려 있다. 그 리듬은 한편으로는 복구로서, 회복으로서 인식되고자 하며, 바로 이 점에서 그것은 다른 한편으로 미완으로서, 미결로서 인식되고자 한다. 모든 원천 현상에서는 한 이념이 거듭해서─그 이념이 자기 역사의 총체성으로 완성되어 현존할 때까지─역사적인 세계와 담판을 벌이는 형태가 규정된다. …… 바로 이 변증법에서 모든 본성적인 것의 일회성과 반복은 서로를 상호 제약하는 것으로서 입증된다"(벤야민, 2008a: 38).

그러나 반대로 근원적 세계는 어느 순간 실제적 공간 안쪽으로부터 "솟아나", 그 공간 전체를 무너뜨리거나 재건설할 것이다. 이를테면 근원적 세계는 실제적 공간의 내부에 박혀 있는 폭약 혹은 잠복한 돌연변이 유전인자다.

이상으로부터 앞으로 한국영화의 분석에 사용할 수 있는 '근원적 세계'의 개념을 정의해 보자.

① 근원적 세계의 근원성은 제한도 상대적 등급도 없는 궁극적인 것이다. 그 의미는 벤야민의 '원천'과 동의어다. 가령, 독일 비애극의 폭군이 충동적으로 세계를 폐허로 만들어 버릴 때, 벤야민이 발견한 것은 무작위적 충동의 묘사를 벗어나지 못하는 사유의 한계가 아니라, 궁극적 구원의 암호(알레고리)였다. 근원적 세계는 기존 질서의 파괴와 생성, 그리고 그 가운데 솟아오르는 전례 없는 시도가 뒤섞이는 소용돌이 같은 상황이다. 이 상황은 모든 가능성을 포괄하며, 어떤 비약과 후퇴의 가능성도 탄력적으로 잠재한 공간이다.

② 근원적 세계는 현실적·실제적 환경의 고갈, 절대적 종결, 급진적 시작 등 '재생'의 분기점이다. 이 점은 졸라-들뢰즈의 논의를 수용할 필요가 있다.

③ 근원적 세계는 현실적·실제적 환경의 밑바닥에 내재되어 있으면서도 현실적·실제적 환경을 파생시킨다. 두 세계는 상호 포함적이다. 이 또한 졸라-들뢰즈의 논의를 수용할 필요가 있다.

④ 근원적 세계의 인물들은 인간과 짐승의 구분에 앞서는 유사 동물적 행동을 한다. 이와 관련하여 문학적·영화적 자연주의에 국한된 졸라-들뢰즈의 논의는 확장되어야 한다. '유사 동물'의 의미는 텍스트

에 따라 상반된 의미를 가질 수 있기 때문이다. 자연주의에서 동물성은 자제력 잃은 인간의 약탈적이고 충동적인 성향을 의미한다. 그것은 '환경의 노예'로 전락하는 과정이다. 그러나 반대로 라블레와 스위프트(Jonathan Swift) 같은 축제를 전통으로 하는 텍스트에서 동물성은 평범한 인간을 능가하는 군주·주인의 위치나 유토피아 사회를 구축할 수 있는 커다란 역량을 나타낸다.[7] 형세의 차이 즉, 화자가 고립되고 박탈당한 입장인가 혹은 집결된 대중 한가운데 있으면서 승리를 전망하는가에 따라 동물성의 의미는 인간에 미만하는 저열한 것과 인간을 넘어서는 우월한 것으로 나뉠 수 있다. 어느 경우든 유사 동물적인 행태의 묘사는 역사적 에토스나 관습적 윤리를 뛰어넘는 (혹은 거기에도 못 미치는) '자연사'의 관점(벤야민, 2008a: 40) 혹은 역량들의 생명정치적 배치관계를 표현한다.

그렇다면 한 시대의 사회성원들이 예술적 기호를 통하여 예외상태를 상상하는 문화적 실천은 어떤 의미를 갖는가? 임박한 파국의 절박함이 반영된 「역사의 개념에 대하여」(1940)에서 벤야민은 '상례화한' 예외상태를 '진정한' 예외상태로 전환시켜야만 파시즘에 대항한 투쟁에서 입지가 강화될 것이라고 주장한다(벤야민, 2008b: 336~337). 그는 '상례화'의 시기에 겪는 위험과 위기감에 근거하여, "섬광처럼 스쳐지나가는" 우발적 기억들("예기치 않은 과거의 이미지")(벤야민, 2008b:

---

7 라블레는 『팡타그뤼엘』(Pantagruel, 1532~1564)에서 팡타그뤼엘이 훌륭한 군주로 성장할 것이라는 사실을 암시하기 위하여, 아직 갓난아이인 팡타그뤼엘이 살아 있는 소를 무자비하게 씹어 먹는 에피소드를 소개한다. 스위프트(Jonathan Swift)의 『걸리버 여행기』(1726) 4편에서 말인 휴이넘(Houyhnhnm)은 인간인 야후(Yahoo)의 주인이다. 휴이넘의 나라는 빈부격차도 전쟁도 없는 이상 사회다.

336)의 산포와 배열로부터 '성좌구조'를 포착할 것을 제안한다. 성좌구조의 포착이란 끝없이 흘러가는 현재의 시간을 정지시킨 후, 그 시간의 절단면을 "단자(單子)로 결정된 현재"로 정립하는 일이다. 이로부터 "억압받은 과거를 위한 투쟁에서 나타나는 혁명적 기회의 신호를 인식하는 순간"이 마련될 것이다(벤야민, 2008b: 348). 요컨대 예외상태가 '상례화한' 국면을 '진정한' 국면으로 전환시키는 메커니즘은 '현재의 위기·충격 → 기억들의 집결 → 성좌구조의 형성 → 단자적 현재와의 대면'의 사슬로 이루어져 있다.

앞 절에서 '질서와 무질서의 결합'은 괴물을 설명하는 주요 논리였다. 그런데 괴물이란 재난이나 사회변동을 계기로 권력질서 저변에 은닉해 있던 민중의 기억이 활성화하거나, 사회해체의 격렬한 감정이 지배 이데올로기와 섞여 어지럽게 재배열된 것이다. 그렇다면 괴물의 의미는 현재의 형세를 단자로 압축하여 표현하는 어떤 다이어그램(diagram)에 가까워 보인다. 다시 말해 괴물과 괴물에 관한 세계란 현재적 공포로 인한 비명, 손상된 가치 규범 측의 반발, 대안 세계 구축을 위하여 되살아난 하층민의 전통, 지배질서의 해체가 주는 유희 등의 파편들이 독특하게 배열된 '형세', 그러한 파편들로 결정된 '단자', 처한 상황과 도래하는 구원이 집약된 동시대 시간의 현재적 '단면' 등으로 이해할 수 있다. 그러므로 충격과 기억을 괴물로 수렴하고, 괴물을 상상적으로 활성화하는 실천은 정상적 시기에 잠재된 예외상태를 진정한 예외상태로 현실화하는 정치적 실천의 의미를 갖는다.

2. 근원적 세계의 균열

'근원적 세계'가 영화 안으로 옮겨진 가상적 예외상태라는 사실을 살펴보았다. '근원적 세계'란 우리가 살아가는 정상적 세계에 잠복한 예외상태의 층위가 사회변동을 계기로 예술적 상상을 통해 노출된 시공간이다. 따라서 어떤 영화의 그로테스크한 요소를 분석한다는 것은 그 영화의 근원적 세계 속에서 활동하는 갖가지 괴물들 사이의 형세를 분석함으로써, 사회성원들이 상상하는 예외상태가 무엇인지를 추론하는 일이다. 괴물의 다변화와 시점(視點) 사이의 함수관계는 여기서 논의할 주제다. 경쟁 중인 세력들이 사회변동을 경험하는 상이한 방식 때문에 동일한 괴물이 다변화할 가능성이 검토될 것이다. 괴물 유형화의 논리를 획득함으로써, 근원적 세계를 채우는 괴물의 배치관계를 해독하는 문제에 한 발 다가가는 것이 가능하다.

괴물이란 한편으로는 무질서한 사회 상태 그 자체를 반영하고 다른 한편으로는 화자가 대변하는 특수한 사회 집단의 문화정치적 태도에 의존적이다. 괴물이 무질서의 충격을 반영한다는 점은 틀림없지만 그 무질서에 관한 정치적 평가는 화자의 태도에 따라 판이하기 때문이다. 괴물의 구체적 형상은 특정한 이데올로기와 정치적 이해관계를 가진 사회성원들이 자신에 유리한 방식으로 사회적 무질서와 공포를 진단하고 처방하는 실천에 의하여 채워질 수밖에 없다. 질서와 반란을 양 극으로 한 정치적 스펙트럼 가운데에서 화자가 어떤 위치에 서 있는가에 따라 '군중의 폭력'은 위험한 사태로 이해될 수도, 고무적인 사태로 이해될 수도 있다.

보수주의자들은 …… 군중에게서 나오는 폭력의 위험에 대해서는 아주 민감하게 느끼고 있다. 이에 반해 혁명론자들은 그 반대이다. 제도에 대해 철저히 비판적인 그들은 아무런 주저도 없이 군중의 폭력을 신성시한다. (지라르, 1998: 190)

이에 따라 괴물의 양태들은 분화하게 된다. 먼저 체제 비판자들에게 괴물의 무질서한 요인들은 새로운 질서형성 과정의 일부이므로 긍정적으로 나타날 것이다. 군중의 폭력은 낡은 체제를 일소하는 즐거운 축제이며, 괴물이란 화자 자신이 그 안에 있는 연대한 집합적 신체들의 덩어리다.

바흐친의 축제적 그로테스크는 그 전형적인 경우다. 그는 라블레의 소설을 가리켜 "낡은 권력과 진실을, 민중들이 웃으면서 광장에서 잡아 찢어 버린 카니발이나 사육제의 인형, 우스꽝스러운 괴물로 바꾸어 버린 것"(바흐친, 2001: 332)이라고 설명한다.

그러나 '군중의 폭력에 민감한 위치'에서 볼 때 괴물의 이미지는 역전될 것이다. 여기서 괴물은 화자와 날카롭게 대치 중인 군중을 미학화한 것이다. 괴물이 갖는 산만하고 충동적이며 축제적인 속성들은 궁극적으로 화자를 사로잡는 야만, 종말, 두려움의 원인들로 소급 규정된다. 코넬리가 지적했던 무서운 그로테스크의 특징들—"몸의 욕구를 이용하지 않고, 그보다는 몸의 불가피한 실패와 죽음을 이용하는 경향", "특유의 어두운 유머 혹은 어두운 관계와 결합한 축제적인 것"(Connelly, 2003: 10)—이 이로부터 생산된다. 여기서 모든 웃음은 비웃음이며 고립무원의 개인들에 따라붙는 섬뜩한 악몽의 질료들로 나타난다. 화자가 느끼는 '숭고'한 감정은 이러한 괴물을 피해 달아나거나 자신도 괴물의 악마성에 매료되어 차라리 그를 닮는 것이다. 이러한 화자 그룹에는 후술하겠지만, 보수주의적 엘리트 이외에도, 인종주의적 차별에 내몰린 소수민족, 군중의 냉소에 상처받는 개인주의적 '시민' 등이 포함될 수 있다.

물론 괴물의 차이화는 텍스트가 생산되는 시공간의 다양성에도 의존한다. 그러나 동일한 군중의 폭력을 축제 혹은 형벌로 전혀 다르게 해석할 수밖에 없는 정치적 태도의 차이는 괴물의 형상화를 결정짓는 중요한 기준이 된다. 긍정적 괴물과 부정적 괴물 사이의 중간 지대에 다양한 절충적 괴물의 유형 또한 탄생할 수 있다. 괴물의 의미가 발산하는 문제는 경쟁하는 의미들을 동일 텍스트에 집결시키는 (대중영화를 필두로 한) 현대 대중문화의 텍스트에서 중요한 의미를 갖는다. 대중 내부의 갈등하는 서로 다른 욕망들, 사회 혼란에 관한 상이한 비평들이 동일한 텍스트 내부에 뒤섞이기 때문이다.

하우저가 정확히 묘사했듯이 중산층 시민계급은 비록 그들이 현실적으로는 하류층의 운명을 나누고 있음에도 불구하고 상류층에 속하기를 원한다. 그리하여 영화산업의 제작자들은 이와 같은 계급이 지니고 있는 "불투명한 사회의식과 갈피를 못 잡고 있는 연대의식"에 의존해 왔다(하우저, 1983: 293).

다양한 계급·계층이 '시민'이라는 이름으로 혼용된 현대 사회의 텍스트 안에서는 여러 정치적 관점을 대변하는 다양한 유형의 괴물들이 병존·경합·상호침투할 수 있다. 그러므로 대중문화 텍스트의 근원적 세계는 낙관적이거나 비관적인 기조로 통일된다기보다는 괴물의 의미들이 균열되고 경쟁하는 '헤테로토피아'(heterotopia)[8]라고 할 수 있다.

아래에서는 근원적 세계 내부를 가로지르는 상호 경쟁하는 힘들을 살펴 볼 것이다. 괴물의 의미가 변동하는 스펙트럼의 양극단에 위치한 축제의 경향과 반축제의 경향을 먼저 해명하고, 두 경향이 불안정하게 절충된 (우리의 시대에 매우 유행하는) 중간적 경향을 해명한다.

1) 축제의 괴물

현실의 축제는 그로테스크에 어떻게 반영되는가? 인류가 벌여 온 축제의 전통은 예술 영역에 바흐친이 "축제적 세계 감각"이라고 부른 것을 공급한다.[9] "축제적 세계 감각"은 실제 축제에 참여한 경험이 구전장르를 거쳐 문학으로 변형된 것으로서 "장르의 근본적 특성을 규정짓고, 현실과의 특수한 관계 속으로 이 장르 속에 있는 이미지와 담론을 설정한다"(바흐친, 2003: 139). 더 일반화한다면, "축제적 세계 감각"이란 축제의 직접적 경험이 특정한 예술 매체에 고유한 규칙이 관철되는 가상 세계로 이전하여 상상력을 매개로 다양하게 변주되는 것이다.

축제적 세계 감각이 지배하는 근원적 세계가 현실의 권위자들에게

---

8 호모토피아(homotopia)와 상반된 것, 즉 호모토피아가 유사성에 의거한 세계라면 헤테로피아는 서로 무관하고 무질서해 보이는 세계이다. 푸코의 『말과 사물』(2012b) 참조.
9 텍스트에 공급되는 "축제적 세계 감각"이 실제로 이루어진 축제 활동으로부터 직접적으로 취한 소재를 의미하는 것은 아니다. 가령 "축제적 세계 감각"이 우세하다고 평가되는 라블레의 텍스트에는 축제가 개최되는 장면이 나오지 않는다. "라블레는 민담, 신화학을 활용하며, 거의 가르강튀아와 팡타그뤼엘의 서사를 창조한다. 그러나 그는 중세시대의 카니발의 장면을 보여 주지 않으며 중요하거나 특히 가치 있는 카니발 문화로 고양시키지 않는다"(Yates, 1997: 27).

취하는 태도는 '포함적'이라고 부를 수 있는 것이다. 화자는 비판 대상을 관조하고 배제하는 것이 아니라 그를 축제의 군중 안으로 포함시키고, 그를 "이념적 민중"의 일원으로 전환시킨다. "카니발은 관조되는 것이 아니라, 그 속에서 모든 사람들이 살고 있는 것이며, 그 때문에 이념적으로는 전 민중적이 되는 것이다"(바흐친, 2001: 28). 따라서 정치적 비판은 부정의 행위가 아니라 대관(戴冠)과 탈관의 순환, "끊임없이 자리를 바꾸는"(바흐친, 2001: 34) 긍정적 논리의 한 계기다.

(1) 문학·영화 속 축제

현실세계에서라면 야비한 지배자였을 「병사 슈베이크」(하셰크, 1983)의 게르비히 대령, 「사천성의 선인들」에서 셴테와 「푼틸라 나리와 그의 머슴 마티」의 푼틸라(브레히트, 2011), 「시티 라이트」(City Lights, Chaplin, 1931)의 부르주아 주정뱅이들은 너그러운 가면과 냉혹한 가면 사이를 순환하는 축제적 괴물이다. 제1차 세계 대전 귀환 병사들의 '선술집 담론'(권재일, 1993: 25~26)에 기초한 체코 소설 「병사 슈베이크」[10]가 권위를 파괴하는 방식에 관하여 에르빈 피스카토르(Erwin Friedrich Maximilian Piscator)는 아래와 같이 언급했다.

　　모든 권위를 같은 태도로 받아들임으로써 권위의 붕괴를 성취한다. 이

---

10 이 작품은 라블레와 스위프트의 그로테스크 전통을 현대적으로 계승한 탁월한 사례로 알려져 있다. 주인공이었던 '슈베이크(Svejk)'는 오늘날 보통명사화하여 체영사전에서 현명한 바보(wise fool), 꾀바른 백치(wily idiot), 광대(clown), 병역기피자(shirker), 책임 회피자 또는 태만자(skiver)로 풀이된다(권재일, 1993).

것이 슈베이크의 중요성이다. 그의 기이한 행동은 사물을 있는 그대로 받아들이는 단순한 광대의 짓이 아니다. 그는 고집스럽게 그리고 지속적으로 현실을 확인하며 현실을 무력화하는 지극히 반사회적 요소를 지닌 위대한 회의주의자이다.(쉐흐터, 1988 : 85에서 재인용)

권위체계를 민중의 세계로 용해하여 상상적으로 붕괴시키는 문화정치의 일차적 의미는 두려움에 짓눌린 민중을 두려움으로부터 해방시키는 일종의 '치유'의 장치라고 할 수 있다. 바흐친이 반복해서 강조하듯이, 중세 및 르네상스의 그로테스크의 근본적 이념은 공포와 경악의 지배로부터 세계를 해방시키는 것이었다. 세계를 하나도 무섭지 않은 곳으로, 무척이나 유쾌하고 밝은 장소로 만드는 것. "일상적인 세계 속의 무섭고 놀라운 것이 카니발 세계에서는 즐겁고 '우스꽝스러운 괴물'로 변모한다"(바흐친, 2001: 88).

그렇다면 축제적 감각은 그것이 텍스트에서 무엇을 표현하느냐로 이해되는 것이 아니라 민중의 신체에 실제로 어떤 작용을 하느냐로 정의되는 셈이다. 위의 인용문에서 '우스꽝스러운 괴물'이란 그것이 괴물인 한에서 출발점에서는 무서운 어떤 것이 우스꽝스러운 것으로 변신 중인 상태를 지시한다. 그렇기 때문에 거꾸로 텍스트에서 표현되는 바에 관하여 말한다면, 축제적 감각은 두려움의 표현을 배제하지 않는다. 공포는 우스꽝스러운 괴물의 형식 안에 여전히 잔존할 수 있다. 메인들은 바흐친의 이론이 '무서운 그로테스크'와는 관련이 없다는 오해를 불식시키기 위하여 다음과 같이 말한다.

두려움을 쫓아내면서 축제적인 그로테스크는 여전히 두려움과 관련을 맺지 않는가? 특히나 카이저에게 그로테스크가 의미했던 악령을 쫓는 기능은 바흐친에게 인지되고 있다. …… 그러나 웃기는 괴물도 여전히 괴물이다. 그렇지 않은가? 그로테스크의 어두운 측면은 바흐친의 그로테스크한 축제로부터 모조리 추방되는 것에 저항한다.(Meindl, 1996: 19)

축제의 괴물은 두려움을 익살로 전환시키는 변용 능력 그 자체의 다른 이름이다. 따라서 그것을 정태적으로 이해한다면 이율배반적인데 한편으로는 공격적이면서 다른 한편으로는 무해해 보이고, 전체적으로는 익살스럽지만 그 안에는 두려움을 포함한다. 이율배반적인 두 면은 논리 모순처럼 보이기도 한다. 그러나 동태적으로 파악한다면 축제의 괴물은 뭔가를 소화해서 산출하는 변신 과정 자체, 그러한 변신의 순간에 관한 찬양의 형상화로 나타난다. 다시 말해 두려움과 익살은 병치의 요소라기보다는 입력과 출력의 요소다. 그 둘은 생산흐름의 양극단에 배치되어 있다.

(2) 혁명과 축제

러시아 혁명과 축제의 상관성을 연구하면서 정근식은 축제와 혁명의 관계를 다음과 같이 일반화했다.

만약 우리가 혁명을 단기적 사건으로 이해하지 않고 상당 기간 지속되는 국면으로 이해한다면, 혁명은 불가피하게 축제를 동반할 수밖에 없

다. 축제적 열정이 혁명을 수행해 가는 데 있어서 매우 중요한 요소이
기 때문이다(정근식, 2010: 53).

뒤비뇨(Jean Duvignaud)에 따르면 축제가 인류사에서 갖는 핵심
적 의미는 "반복성보다는 그 지속성 안에서 야기된 단절성"이다. 축제
란 "예측할 수 없을 만큼 잠깐 동안 모든 것이 가능해진다는 사실을 인
간이 발견하는 집단 행위"다. (뒤비뇨, 1998: 27, 75, 263). 이와 같은 장
치의 작동 메커니즘을 이해하기 위해서 축제의 문화정치를 간략히 살
펴볼 필요가 있다. 축제는 단절적이고, 혁명 친화적이다.[11] 이러한 성격
은 축제 진행의 절차 즉, 축제의 문법 자체에 각인되어 있다. 그 문법은
축제가 현실적으로는 기존 체제의 유지를 위한 '안전판'[12] 역할을 하는
상황에서조차 '예외상태'를 모의 연습하고 있음을 지시한다. 근대 초 유
럽 축제로까지 그 전통이 이어져 왔던 바빌로니아의 '임시 왕국', '대리
왕' 제도는 축제 문법의 고전적 기원이다. '임시 왕국', '대리왕'은 각각
'축제의 근원적 세계'와 '괴물'에 해당하는 다른 이름이다. 이 제도는 기

---

11 축제와 혁명이 근접한 다른 예로 뒤비뇨는 1980년대 말의 "장벽이 무너지며 거행된 베
  를린 축제", 프라하와 베이징의 시위를 든다. 천규석은 『잃어버린 민중의 축제를 찾아서』
  라는 연구서에서 "민주화를 위한 대학생들의 이른바 불꽃놀이(화염병 투척 시위) 축제는
  1970~1980년대의 우리 대학가에 계절 따라 등장했던 또 하나의 새로운 세시풍습이었다"
  고 주장한다(천규석, 2014: 25).
12 축제는 종종 사회갈등의 악화를 미연에 방지하는 안전판으로 논의되어 왔다. "어쨌든 어느
  모로 보나 카니발은 허가받은 일이요, 헤게모니 찢기요, 봉쇄적인 민중적 분출로서, 마치 혁
  명적 예술 작품처럼 불온하지만 그리 효과가 없다. 셰익스피어의 올리비아가 지적하듯이
  인증받은 어릿광대의 말은 명예훼손이 아니다"(이글턴, 2012a: 262). 또 슬로터다이크(Peter
  Sloterdijk)는 카니발을 '가난한 사람들의 혁명 대용품'이라고 평가했다. "계급 사회는 인도
  나 브라질의 카니발이 증명하듯이, 전도된 세상이나 광란의 날들과 같은 장치 없이는 유지
  될 수 없(다)"(슬로터다이크, 2005: 230).

원전 2000년경 바빌로니아 아카드(Akkad) 지방에서 처음 고안된 것으로, 국가와 군주가 위험에 처하거나 전쟁을 해야 할 때 다른 사람이 왕을 대신해 신전에서 죽임을 당하던 관행이었다.

대리왕의 역할을 맡은 사람은 대개 서민이었다. 그는 특정 기간 동안 붉은 망토와 왕관, 홀과 곤봉 등 왕의 상징들을 몸에 걸친 후 왕의 행세를 하였다. 심지어 처녀 중에 한 여성을 뽑아 그의 임시 왕비로 삼기도 하였다. 그러나 국가가 위험에서 벗어나거나 전쟁이 끝나면 그는 '왕의 위치에서' 죽임을 당하였다(윤선자. 2008a: 37~38).

민중의 일원이 임시 왕으로 임명된 후, 특정 기간 동안 왕 행세를 하다가 폐위되는 축제의 공식은 이집트, 그리스 로마 시대를 거쳐 유럽의 17세기까지 다양하게 변주되며 계승되었다. 중세교회의 하위 성직자들은 '광인의 축제'(fêtes des fous)에서 임시 주교와 임시 교황을 뽑아 미사를 패러디했다. 16~17세기 화려한 도시의 축제에서는 '카니발의 왕'으로 임명된 거인 마네킹을 중심으로 가장행렬을 하고, 그 마네킹을 피고로 모의재판을 한 후 화형식을 벌였다(윤선자. 2008a). 임시왕, 임시왕국 제도와 그 변형들이 전형적인 체제 보호용 축제라는 사실은 자명하다. 그러나 예방혁명의 역할을 하기 위해서라도, 예외상태의 논리가 권력의 논리 안에 영토화되어 있다는 점에 주목할 필요가 있다. '임시 왕' 제도는 전체와 개인 두 수준으로 살펴볼 수 있다.

① 임시 왕이란 주권자와 호모 사케르가 혼성화한 괴물이다. 그것은 질서의 상징인 주권자의 위치와 두렵고 혐오스러운 무질서의 요소

들(재액, 겨울, 망령, 시체와 배설물, 과부나 홀아비의 젊은이와의 결혼, 이방인, 죄수, 맹수의 머리)을 결합시킨 것이다. 위협당하는 질서의 계기는 무질서의 계기와 결합한다. 이렇게 생산된 괴물은 모든 무질서를 몰아내고 다산과 풍요를 기원하는 생산적 의미를 획득한다. 그것은 두렵기 때문에 오히려 유쾌한 존재다.

② 개개인은 임시 왕의 축소판인 작은 괴물이 된다. 참여자들은 이웃을 구타하거나 조롱함으로써 주권자(대관)가 되고 동시에 조롱받음으로써 호모 사케르(폐관)가 되는 일을 미시적으로 반복할 것이다. 괴물은 공동체 밖에 있지 않은 것처럼 개개인 밖에 있지 않다. 괴물은 군중에 속한 각각의 개인들로 분산된다.

축제는 사회적 신체를 괴물로 총체화한다. 이렇게 형성된 축제의 근원적 세계는 예외상태로의 재돌입을 원하는 민중의 유토피아적 소망을 표시할 뿐 아니라, 공동체의 적을 공동체를 위한 창조적 계기로 흡수 동화하는 민중운동 특유의 포함과 배제 전략을 구사한다. 역사적으로 볼 때, 기념 의례의 영역에 잠겨 있던 축제의 문법은 16세기 이래로 정치적 반란의 기호로 탈영토화하기 시작했다. 라블레의 텍스트는 축제 문화가 중간 계급 지식인들의 정치적 비판의 소재로 편입된 상황을 반영한다. 바흐친의 말처럼 라블레의 괴물들은 '엘리트 문화와 민중문화의 결합' 혹은 '문자문화와 구두(口頭)문화의 결합'이었다. 그러나 17세기가 되자 중간계급은 격렬한 민중문화를 혐오하며 교양과 전원생활을 숭배하는 상층 부르주아의 우아한 문화로 넘어 갔다. 이때부터 "민중문화는 민중들의 온전한 전유물이 되었고 때로는 그들의 민중적 반란과 소요의 진원지 역할을 하였다"(윤선자. 2008a: 281~293). 축제와 혁명이 전면적으로 결합한 것은 프랑스 혁명기였다.[13] 1791년 프랑스 제헌의회의 법령은 군사적 계엄을 정치적 계엄으로 전이시키는 현대적 예외상태의 효시가 되었다. "중요한 사실은 현대적인 예외상태가 절대주의 전통이 아니라 민주주의 혁명 전통의 창조물이라는 것이다"(아감벤, 2009: 20). 혁명적 축제의 대표적 사건은 1789년 10월 5일, 생 탕투안(Saint-Antoine) 교외와 레알(Les Halles) 구역에서 온 6~7천 명의 여인들이 시청에서 베르사유 궁전까지 왕과 왕비를 압송하며 벌인 행진이다.

국민 방위대와 그들의 대포를 선두로 왕의 가족과 밀가루 수레들이 뒤따랐다. 전리품인 밀가루 수레는 미늘창을 든 여인들에 의해, 왕 가족이 탄 수레는 미국 독립전쟁 영웅 라파예트(Lafayette) 장군에 의해 호위되었다. 그 뒤에는 수많은 여인들과 군중들이 따라가며 '우리는 빵집 주인(왕)과 그 마누라(왕비)와 자식들을 데리고 간다'고 외쳤다. 마치 카니발 행렬을 연상시키는 듯한 이 괴상한 행렬은 평범한 축제에서 볼 수 있는 것이 아니었다. 여인들의 미늘창 끝에 살해된 사람들의 머리가 꽂혀 있었기 때문이다. 그러나 그런 환희와 현실적 폭력의 공존이야말로 혁명 초 축제들의 특징이다(윤선자, 2008b: 29~30).

혁명과 결합한 민중축제는 두려움에 휩싸이지도, 혁명의 적을 축제의 외부로 축출하지도 않는다. 요점은 두려움을 유쾌함으로 변환하

---

13 프랑스 혁명 기간 가운데 민중 중심의 반란적 축제는 1789~1790년, 1793~1794년에 집중적으로 발생했다(Ozouf, 1998).

기 위하여 민중과 엘리트의 상징적 지위를 모두 축제의 괴물로 변신시키는 것이다. "그들 모두는 중세의 음울한 종말론적 경향을 '우스꽝스러운 괴물'로 바꾸어 버린다"(바흐친, 2001: 368)는 바흐친의 라블레 소설 비평은 실제의 혁명적 상황에도 적합해 보인다. 반혁명의 공포를 유발하는 권력자들은 임시 왕국의 임시 왕(혹은 "빵집 부부")으로 재배치된다. 박해당하는 자를 축제의 장난감으로 포섭해 버리는 '쾌활한 군중의 잔혹한 박해'가 여기서 나타난다. 요컨대 축제의 괴물이란 공포를 집어 삼키면 삼킬수록 더욱 우스꽝스럽게 됨과 동시에 더 큰 권력을 행사하는 민중의 사회적 신체라고 할 수 있다.

2) 반(反)축제(숭고)의 괴물

반축제의 문화정치는 화자가 종말론의 공포에 짓눌린 정세를 반영한다. 하우저(Arnold hauser)가 매너리즘의 정신주의라고 명명한 16세기 회화의 경향은 그 대표적 사례들이다. "매너리즘은 16세기의 전 유럽을 동요시켰고 정치, 경제, 정신생활의 모든 영역에 파급되었던 위기의 예술적 표현"이었다. 폰토르모(Jacopo da Pontormo, 1494~1556), 파르미지아니노(Parmigianino, 1503~1540), 브론치노(Agnolo Bronzino, 1503~1572), 베카푸미(Domenico Beccafumi, 1486~1551), 틴토레토(Jacopo Tintoretto, 1518~1594), 엘 그레코(El Greco, 1541?~1614) 등의 작품들은 "고전주의 예술의 초인격적 규범성을 더욱 주관적이고 더욱 암시적인 특징으로 대체시키려는 노력"이었으며 "종교적 체험의 심화 및 내면화이자 인생을 파악하는 새로운 정신적 세계의 비전"이었다.

이들은 로마약탈[14]로 이탈리아가 헤게모니를 행사하던 경제적 정치적 세계자본주의 체계가 파괴된 이후, 지배이데올로기를 복구하려는 반(反)종교개혁의 욕구를 표현했다(하우저, 1999 : 139~147). 그 밖에 코넬리가 열거한 무서운 그로테스크의 전통—보쉬, 홀바인, 그뤼네발트의 르네상스 종교화에서 19~20세기의 고야, 앙소르, 딕스, 베크만, 베이컨, 키키 스미스에 이르는—또한 여기에 속한다.

(1) 문학 속 반축제

다나우(David K. Danow)가 "축제의 지옥", "축제의 어두운 측면"(Danow, 1995: 6~7)이라고 명명한 용어들은 반축제를 기조로 형성된 근원적 세계와 매우 유사하다. 그는 현대 문학에서 르네상스적이고 축제적인 그로테스크의 전형적 사례가 라틴아메리카의 마술적 리얼리즘 계열의 소설들이라면, '재생되지 않는 축제'의 전형적 사례는 나치 점령 하에서 유대인들의 박해 경험에 기반한 '홀로코스트(holocaust) 문학'이라고 말한다. 홀로코스트 문학은 종종 민속 문화의 모티프를 동원한다.『페인트로 얼룩진 새』(The Painted Bird, 2006)에서 폴란드 농촌 공동체에 버려진 유대인 소년은 가학적 축제의 대상이 되어 끝없이 매질당하고, 가축 취급을 당하며 고문당한다.『나이트』(Night, 비젤, 2007)에서는 화물 기차에 갇혀 아사상태에 몰린 수용소의 유태인들이 독일 농민들이 구경을 위해 던진 빵을 서로 빼앗으려고 가족끼리 서로 죽인다.

---

14 로마약탈(sacco di Roma). 신성로마 황제 카를 5세의 황제군이 로마를 정복·약탈하고 (1527.5.16), 다음해 2월까지 점거한 사건.

홀로코스트 문학에서는 카니발적이거나 재생효과를 갖지 않은 죽음
의 반복 묘사가 존재한다. …… 만약 (마술적 리얼리즘에서처럼) 신화가
"이것은 내 세상. 이것은 나의 집. 나의 최고 경험은 이곳, 이 지구에 사
는 것"이라는 행복한 표현을 허용한다면, 20세기 강제수용소 희생자들
에게 상응하는 표현은 무엇인가? 똑같이 생명력 있고 믿을 수 있는가?
흥겹고 감사할 만한가? 그 대신 우리는 읽는다. "죽음이 어딜 가든 우
리의 삶을 따라올 것이다"(Danow, 1995: 81).

홀로코스트 문학의 경우에서 보듯 반축제의 상황은 지배 엘리트의
시련만이 아니라, 사회적 소수자의 시련에도 적용될 수 있다. 그러나 강
자의 입장에서든 약자의 입장에서든 반축제 담론의 화자는 법률과 질
서를 옹호하는 공통점을 가진다. 그렇기에 역으로 인간이 인간에게 늘
대인 자기 파괴적 무질서의 묘사에 집착할 수밖에 없다. 가령, 지난한
박해를 통과한 끝에 『페인트로 얼룩진 새』의 주인공 소년은 괴물들의
세계에서 살아남으려면 스스로 괴물이 될 수밖에 없다고 결론짓는다.

(2) 혁명과 반축제

반축제의 고전적 의미는 축제로 인하여 형벌을 당하는 축제 희생양
의 입장에서 파악된 축제다. '반축제'라는 용어는 프랑스 혁명 당시 루
이 16세의 처형을 요구하는 축제들에 대하여 지롱드파였던 메르시에
(Louis Sébastien Mercier)가 붙인 이름이다. 관찰자인 메르시에가 혁
명 때문에 처형 위기에 몰린 왕의 시점에 동일시되어 있다면, 민중 축제
의 모든 특성은 혐오스럽고 두려운 것으로 전도된다. "반축제의 본질적

요소는 폭력이며 그 상징은 피다. 또 그 시작으로는 술이 있다"(Mercier, 1862: 84; 윤선자 2008b: 197에서 재인용). 1791년 '바렌느 도주'(La fuite à Varennes)에 실패한 왕이 파리로 끌려오자 시민들이 개최한 파리 입성식 광경을 메르시에는 "파리 시민의 극도의 방종 속에 나타난 이날의 광기와 괴벽은 일종의 소극, 즐거운 대주연이었다. 그 끔찍한 즐거움은 오히려 분노보다 더 위험하다"고 기술했다(윤선자. 2008b: 197). 윤선자는 메르시에가 축제의 혁명적 성격을 꿰뚫어 보았지만 민중운동을 혐오하던 지배 엘리트의 관점에 서 있었음을 지적한다.

> 그가 묘사한 왕의 처형은 그 자체가 상스러운 연극과 같았다. 그것은 사형집행인의 손가락에 의해 움직이는 한 편의 인형극이었다. 하지만 거기에 출현한 인형은 실제 피를 흘리며 죽어 갔다. 메르시에는 '혁명적 날들'의 축제적 성격을 꿰뚫어 보았고, 그 중심에 폭력을 놓았으며 폭력의 상징으로서의 피를 강조하였다. 그에 의하면 혁명적 날들은 '혁명에 대한 도취, 들뜬 기분, 폭력 등이 뒤섞여 벌어진 즉흥적이고 무질서한 축제'였다. …… 그는 혁명적 날들을 '반축제'의 구조 속에 놓음으로써 혐오하고 비난하였다. …… 구체제 하에서 민중축제를 비난했던 지식인들의 편견이 그대로 남아 있다(윤선자. 2008b: 200).

아감벤은 축제를 규범에서 아노미로 가는 힘의 전형으로 보았고, 추도식을 아노미에서 법률과 상례로 가는 힘의 전형으로 보았다. 축제가 임시 왕의 '괄호 친' 추도식을 포함하듯이, 왕의 추도식 또한 '괄호 친' 민중의 축제를 포함한다. "모든 축제의 추도적 성격과 모든 추도의 축제적 성격이 밝혀짐으로써 법과 아노미가 둘 사이의 거리와 함께 숨겨진 제휴 관계를 드러내게 되었다"(아감벤, 2009: 139). 그렇다면 '반축제의 괴물'이란 추도식의 관점에서 축제를 조망하는 고립된 개인에게 인식된 세계다. 반축제의 괴물은 외부적으로는 적개심이 투사된 민중축제, 혹은 폭력적 군중이며, 내부적으로는 처형당하는 인형의 신세로 추락한 자기 자신이다. 이로부터 저주와 나르시시즘, 공포와 숭고, 환멸과 복수심이 주조 감정인 그로테스크의 유형이 성립한다.

축제의 괴물과 반축제의 괴물을 비교해 보자. 축제의 괴물은 임시왕을 중심으로 그를 모방하는 다양한 성원들이 예측 불가능한 유기적 합성을 거듭하는 집단적 신체다. 반축제의 괴물은 '나'를 중심으로, 모두가 서로 죽을 때까지 싸우는 무(無)를 지향하는 군중이다. 전자의 이념은 기관들이 서로 차이화하고 수렴하는 신체의 내재적이고 현세적인 변용이다. 이러한 사상은 자연상태에서 군중이 갖는 감정요소들을 반대요소들끼리 연립함으로써 사회상태로 도달할 수 있다고 주장하는 스피노자의 견해와 유사하다. 축제가 파괴(무질서)와 생산(질서)의 혼종적 괴물을 생산하는 것은 "처음부터 흩어진 상태로 실존해 왔던 집단적 힘의 재정향(再定向)"이며 "자연 상태의 동요하는 상호의존에서 견고해진 상호의존으로의 이행"(마트롱, 2008: 465~466)이라는 견해에 부합하기 때문이다. 후자의 이념은 "수백만의 영혼들이 자취도 없고 재생의 가능성도 없이 화장터의 연기로 사라진" 시대(Danow, 1995: 134)에서 규범과 질서를 갈망하는 초월적 소망이다. 이러한 사상은 인간이 인간에 대하여 늑대인 자연상태를 벗어나기 위해서는 각 개인의 주권을 국가에 양도해야 한다는 홉스의 견해와 유사하다. 윌리엄스에 따르면 홉스의 철학은 17세기 '30년 전쟁' 과정에서 유럽대륙을 뒤덮었던 '만인을 위한 만인의 투쟁'이 제기한 질문——"분열과 해체를 일삼는 활기찬 세력들이 대단히 강력하게 제시되어 그 결과 인간의 질서 그 자체의 본성에 관하여 생긴 질문"——에 대해 절대왕권을 정당화하는 논리로 응답한 것이었다(윌리엄스, 1984: 164~167). 따라서 반축제의 텍스트가 증언하는 무정부적 공포가 충만한 세계는 초월적 힘을 지닌 이성의 개입 없이는 인간성은커녕 동물적 생명조차 부지할 수 없음을 논증한다.

반축제의 괴물은 외부 세계의 재현이든 자기 자신에 관한 재현이든 결국 순교자 감정이나 숭고미를 생산하는 장치다. 이 점은 16세기 매너리즘 회화가 '압박에 몸부림치는 육체와 황홀경에 몰입한 정신'의 심신 이원론을 표현한 이래로 반축제의 전통을 관통하는 공식이다.

3) 축제와 반축제를 횡단하는 (비정상의) 괴물

동시대의 그로테스크에서 (라틴아메리카의 '마술적 리얼리즘' 같은) 순수하게 축제적인 텍스트와 ('홀로코스트 문학'과 같은) 반축제에 완전히 치우친 텍스트는 희소하다. 우리의 시대에 가장 보편적 문법은 축제와 반축제의 양극단을 절충하고 극한들 사이에서의 불안정한 동요를 보여주는 것이다.

낭만주의 그로테스크의 핵심인 비정상적 괴물과 정상적 화자 사이의 이항대립은 현대적 관점에서는 낡은 모델에 속한다. 그럼에도 이 모델은 오늘날의 많은 텍스트들이 참조하는 유력한 전통으로 작용한다. 바흐친이 말했듯이 알프레드 자리(Alfred Jarry), 초현실주의자들, 표현주의자들 같은 모더니스트들의 그로테스크는 정도의 차이는 있지만 낭만주의 그로테스크의 전통과 관련이 있다(바흐친, 2001: 86). 낭만주의 그로테스크가 현대적 그로테스크의 지배적 유형이라고 보기는 힘들지만, 여전히 영향을 끼치고 있고, 축제와 반축제가 절충하는 가장 고전적인 문법을 보여 준다는 점에서 아래에서는 낭만주의의 양가적 의미를 갖는 괴물의 형성 논리를 살펴 볼 것이다.

주인공이 괴물과 일체화하여 역량과 쾌락을 얻는 한에서 그 괴물은 축제적 괴물이지만 그 괴물들은 대부분 주인공의 안전하고 위생적인 세계 저 너머 문화적 치외법권 지역—슬럼가, 하수구, 공동묘지, 국경 밖 이방세계, 감옥, 가축, 벌레, 사물 등—에 속한 반축제적 괴물이다. 가령 멜빌(Herman Melville) 소설의 작중 인물인 필경사 바틀비(Bartleby, the scrivener)는 이야기 중반에 이르면 사무실 비품과 동일한 사물로 전락한다. 그가 노동통제를 거부할 때, 그를 고용한 화자는 바틀비에 관한 공포와 매혹을 이렇게 술회한다.

창백한 죽음의 오만함이라고나 할까, 아니면 그가 지닌 준엄한 자제력이라고 할까. 그런 어떤 무의식적인 태도가 나를 두렵게 만들고 그의 기행(奇行)에 순순히 영합하게 만드는 것이다. …… 아주 사소한 일도 그에게 시키는 걸 두려워했던 것이다(멜빌, 1999: 62).

이러한 양가감정의 사회적 조건은 무엇인가? 왜 죽음에 관련된 좌절의 요소로부터 오히려 화자를 "순순히 영합하게 하는" 일종의 매혹이 발생하는가? 반대로 매혹의 대상은 왜 두려움을 발생시키는가?

상반된 극한 사이를 빠르게 왕래하는 감정의 기복에 관해서는 우선 경제공황에 의한 사회 아노미의 영향이 지적되어야 한다. 19세기에 축제적이며 동시에 반축제적인 양가적 괴물은 산업혁명기의 매우 가변적인 경기를 겪으며 성장 중이던 기업주의 세계를 증오했던 부르주아 지식인들이 상상한 것이다. 기본적으로 낭만주의의 정신세계는 사회변동의 충격에 방어적이었다. 그 세계는 "자본주의의 황량하고 물질주의적인 환경으로 바뀌어 가는 그 유례없는 거대하고 전체적인 변혁에 대해서, 한 세대 전체가 마치 유기체가 충격을 피하듯, 그들 자신을 지키려고 택한 길"이었다(제임슨, 1984: 105). 뒤르켐은 이 시기를 산업사회의 이상적 흥분과 전통적 권위의 붕괴가 잇따랐고 위기의 상태와 아노미가 항구적이며 정상적이 되었다고 묘사했다(뒤르켐, 1999: 245~246). 그가 묘사한 '아노미-이기적 성향'의 감정은 낭만주의적 그로테스크의 세계와 매우 유사한 것이다.

무절제한 욕망의 피해자가 장애에 부딪치게 되며, 그는 자신 속으로 침잠해서 좌절된 열망의 도피처를 내면생활에서 찾는다. 그러나 자신과 유대할 대상을 잃게 됨으로써 그는 우울증으로 새로운 도피구를 찾게 되며 그의 불안과 불만은 다시 고조된다. 그리하여 우울과 흥분이, 꿈과 행동이, 욕망에의 도취와 내성적인 슬픔이 번갈아 일어[난다](뒤르켐, 1999: 279).

꿈, 욕망에의 도취 같은 긍정적 감정요소들은 불안, 슬픔, 좌절감 같은 부정적 감정요소들과 밀접한 표리관계를 이룬다. 제임슨(1984: 316)

[그림2] 부르주아 정체성 형성의 이중 메커니즘(Stallybrass & White, 1986: 193)

1. 공식적 정체성(official identity)   A=not B (즉 상징적/독백적인 것)
- -
2. 정치적 무의식(political unconscious)   A=A/B (즉 상상적/대화적인 것)

에 따르면 낭만주의 시대의 중간계급은 이러한 내성화한 동요를 "육체로의 환원"을 통해 표현했다. 이들의 텍스트는 "사회적 귀속관계의 '기호'를 생리적인 것 자체 즉, 보다 더 심층적인 전사회적(前社會的) 현실로 대체한 것이었다". 고립된 중간계급이라는 사회적 귀속관계를 생리적으로 표현하는 수단으로 (화자보다 열등한) 노동계급의 축제문화는 자주 사용되는 모티프였다. 바흐친은 낭만주의 그로테스크의 화자가 한편으로는 "광장적이고 민중적인" 위치에, 다른 한편으로는 "고립을 첨예하게 체험하는" 주관적 밀폐 공간에 갇혀 있다고 지적한다. 낭만주의 그로테스크는 카니발적인 세계 감각을 주관적 관념 철학의 언어로 번역한 것이며, 만일 세계와의 화해가 이루어진다면 그것은 서정적인 혹은 신비한 차원 속에서일 것이라고 보았다(바흐친, 2001: 74).

스털리브래스와 화이트(Stallybrass & White, 1986: 201)는 부르주아 계급의 정체성 구축 과정이 하층계급 문화를 배제하는 문화정치 한 가지만으로는 설명되지 않는다고 논의한다. 물론 17세기 이래로 문명화 과정은 역겨움에 기반을 둔 차이화의 문화정치를 작동시켜 왔다. 역겨움에 의하여 사회는 상층과 하층으로, 예의 바른 것과 저속한 것으로 분리되어 왔다. 그러나 "부르주아 계급은 부단히 초월의 근본적 원천으로서 카니발을 재발견해 왔다".

역겨움은 항상 욕망의 각인을 낳는다. 이러한 하부 영역들은 분명히 '타자'로서 추방되었지만, 향수, 갈망 그리고 매혹의 대상으로 회귀한다. 숲, 전시회, 극장, 슬럼가, 서커스, 해변가—휴양지, '미개인', 이 모든 것들은 시민적 삶의 바깥 경계에 놓이면서도 부르주아 욕망의 상징적 소재(material)가 된다(Stallybrass & White, 1986: 191).

두 사람은 부르주아의 이중적인 정체성 구축 과정을 [그림2]와 같이 도식화한다. '정치적 무의식'은 역겹지만 매혹적인 문화와의 대화 과정에서 성립한다. 대화의 결과물은 '공식적 정체성'의 세계로 이전된 후에는 독백적인 것으로 대체될 것이다. 가령 어떤 부르주아 성인이 자신을 반인반수의 '늑대인간'으로 표상하는 근본적인 조건은 네 발로 기어다니는 여성—빅토리아 시대 무릎을 꿇고 일하는 모든 가정부, 프로이트의 텍스트에서는 '그루샤'—인 자신의 유모를 사랑하기 때문이다. 그러나 가정 훈육은 유아기의 기억을 수치스러운 비밀로 억압한다. 부르주아 가족의 로맨스를 위하여 자신의 기억은 부모들의 짐승 같은 결합이나 근친상간 욕망으로 대체된다(Stallybrass & White, 1986: 153).[15] 요컨대 부르주아의 정체성은 심층적으로는 계급 잡종의 괴물(축제적 괴물)이 되는 것에 의존한다. 이것이 "정치적 무의식"이라면 "공식적 정체

---

15 정치적 무의식은 공식적 정체성으로 대체되지만 그 역방향의 전이는 일어나지 않는다. 스털리브래스와 화이트는 전이의 일방향성을 문화적 코드체계에 내재된 '사회적 변화율' 때문이라고 보았다. "프로이트가 그 가정부가 생물학적 어머니에 대한 은유적 대체(substitute)라고 주장했을 때, 반대 개념—그 어머니는 그 가정부의 전위(displacement)일 수 있다— 은 그에게서 제시되지 않았다. 이것은 그러한 전위가 이동해야만 하는 사회적 변화율 때문이다"(Stallybrass & White, 1986: 196).

성"은 부르주아 계급 내적인 순혈적인 것으로 신화화함(반축제적 괴물)으로써 완성된다.

정체성 형성의 이와 같은 대화적·독백적 이중화 과정은 더 넓은 범위에서 보면, 규율정치와 생명정치가 직교하는 권력기술의 이중성을 배경으로 한다. 규율정치는 가정교육을 통해 부르주아 아동들이 자기 '신체의 하부'를 언급하는 것을 금지한다. 그러나 생명정치는 거꾸로 창녀촌에서 돼지우리에 이르는 '도시의 하부'에 더 많이 집착하고 상상하며 신체가 자극받도록 부르주아 아동들을 부추겼다. "섹스에 대해 행사되는 권력의 기법은 엄격한 선별의 원칙이 아니라 반대로 다형적 성의 확산과 확립이라는 원칙을 따랐다"(푸코, 2004: 36).

'공포와 매혹' 혹은 '경계의 미학'의 역설이 여기서 나타난다. 그것은 계급 간의 권리의 차이, 세력의 적대적 대치라는 아슬아슬한 정세에서 추출된 풍부한 문화자산이다. "사회의 소수파의 예술일지라도 전 인류를 뒤흔드는 지진의 진동을 반영할 수 있는 법이다"(홉스봄, 1998: 470). 그러나 전 사회성원이 그 풍부한 문화자산에 감정모방을 불러일으키는 한에서 그 작품들이 표명하는 "감각들의 연대"는 지배 엘리트의 문화정치전략에 일조하게 된다.

감각들의 연대, '자연스러운' 동정과 본능적 충성의 연대보다 더 강력하고 더할 나위 없는 연대가 어디에 있겠는가? 그런 유기적 연계들은 절대주의의 비유기적·억압적 구조들보다 더 믿을 수 있는 정치적 지배의 형식이다(이글턴, 1995: 14).

낭만주의 그로테스크의 정상과 비정상으로 구성된 수많은 인격적 짝들——『모래 사나이』(호프만, 2001)에서 교수와 안경 행상, 지킬 박사와 하이드 씨(스티븐슨, 2011), 프랑켄슈타인과 그가 창조한 괴물(셸리, 2012),「군중 속의 남자」(포, 2002)에서 '나'와 내가 미행하는 부랑자 노인, '나'와 바틀비(멜빌, 1999)——은 창백한 추상적 이성밖에는 가진 것이 없는 통치권의 빈곤한 문화가 안전거리 저 너머의 '비정상'으로부터 자원을 추가하려는 노력을 보여 준다. '축제와 반축제의 절충 = 대화를 전유하는 독백 = 감각들의 연대를 통한 문화정치적 지배'의 등식이 성립한다. 이로부터 그로테스크의 세 의미 가운데 하나였던 '비정상'이라는 괴물이 나타난다. 비정상의 반축제적·축제적 측면은 각각 배제와 포함, 공포와 매혹, 독백과 대화 등과 연결된다.

축제와 반축제의 길항작용이 인격화된 짝으로 직접적으로 형상화하는 것은 19세기의 전형적 현상이다. 이러한 '순진한' 공식은 사회 전체가 노동자와 자본가의 양대 세력관계로 선명하게 가시화하는 정세의 산물이라고 할 수 있다. 그러나 사회적 요구를 개인적 요구로 치환하는 "계급차의 평준화 이데올로기"[16]가 만연한 우리의 시대에 정상과 비정상의 대립은 계급 분할이 아닌 여타의 권력 분할에 의존하거나 혹은 대

---

16 "계급차의 평준화 이데올로기"를 마르쿠제(Herbert Marcuse)는 이렇게 설명한다. "만일 노동자와 그의 보스가 동일한 텔레비전 프로그램을 즐기고, 동일한 행락지로 나간다면, 만일 타이피스트가 고용주의 딸과 마찬가지로 화려하게 치장한다면, 만일 흑인이 캐딜락 자동차를 소유한다면, 만일 그들이 모두 동일한 신문을 보고 있다면, 그 경우에 이러한 동일화는 계급의 소멸을 가리키는 것이 아니라, 기성사회의 유지에 기여하는 욕구와 만족이 이 사회의 하층 사람들에게 공유되는 정도를 가리키는 것이다. 실제로 현대사회의 가장 고도로 발달한 영역에 있어서는 사회적 요구를 개인적 요구로 바꾸는 일이 매우 효과적으로 행해지고 있다"(마르쿠제. 1986: 27).

립 자체가 미시정치화한다. 여기서도 여전히 축제의 경향과 반축제의 경향은 교차하지만 절충의 방식은 훨씬 불안정하고 해체적으로 이루어진다. 결합의 구체적 방식은 텍스트의 구체적 분석을 통해서만 드러나게 될 것이다.

4

예외상태의 상상들

그로테스크는 '우스꽝스러운, 추하고 혐오스러운, 기형의, 낯선, 비정상의'라는 사전적 의미를 갖거나, 그러한 특성을 띤 대상을 의미한다. 앞에서는 이러한 사전의 의미를 배후에서 지탱해 온, 각각 '비정상', '축제', '숭고'를 핵심 단어로 한 세 유형의 논의들에 관하여 살펴보았다. 그로테스크는 의미 범주들의 경계를 위반한다는 점에서 비정상성이며, 생리적으로 해체되거나 합성되는 신체의 변용과 관련해서는 축제성의 의미를 띤다. 정신적 초월을 유발하는 부정적 계기로 작용할 때 추한 육체의 역설적 숭고함이 강조될 것이다. 세 가지 속성은 절대적 의미에서는 선택적인 것이 아니라 모든 그로테스크에 공존하는 성질이다. 다만 텍스트마다 특정한 속성이 지배적 지위를 차지할 수 있다.

그로테스크의 발산하는 세 가지 특성들에는 어떤 원형이 있다. 그 특성들은 사회변동기 사회성원들이 떠올리는 괴물에 관한 상상으로부터 갈라져 나온 것이다. 심각한 재난과 체제전환기, 특히 법·제도의 위기와 군중권력의 강화가 중첩되는 예외상태마다 사람들은, 마치 경기 중인 씨름선수처럼, 주권과 호모 사케르가 서로를 꽉 붙잡고 한 몸으로 융합한 '괴물'을 상상한다. 비정상적 괴물이든, 축제적 괴물이든, 숭고한 괴물이든 모든 괴물의 기본적 문법은 아노미화로의 벡터와 규범화로의 벡터를 병치시키는 일이다. '괴물'은 사회 해체의 경험과 지배 질서 구축에 관한 신념 사이의 모순(이율배반)을 상상적으로 해소하는 예술 장치다. 괴물이라는 대상을 통하여 무질서와 질서를 융합함으로써, 그로테스크는 생명정치의 진실을 드러낸다.

다양한 괴물들이 활동하는 영화 내부의 공간은 '근원적 세계'라는, 문학의 자연주의자들이 선구적으로 개척했던, 기호로 표현된다. 그곳은 정상세계가 고갈되어 도달하거나, 절대적 종말을 맞이하는 곳, 혹은 급진적으로 시작하는 곳이다. 근원적 세계는 텍스트 외부 현실세계에 잠복한(=픽션적) 예외상태가—위기의식이 고조되는 정세를 계기로—예술적 상상을 통하여 노출된 시공간이다. 영화에서의 근원적 세계는 상이한 유형의 괴물들을 복합적으로 도입한다. 앞에서 그로테스크의 세 성격으로 규정했던 축제성, 비정상성, 숭고함이 근원적 세계 내부에서 경쟁할 것이다. 대중영화는 사회적 세력관계에서의 서로 다른 위치와 태도를 동시에 반영하기 때문에 이와 같은 그로테스크의 복합성은 불가피하다. 만약 화자의 관점이 기존 질서를 위협하는 위력적 군중에 내재적인 경험에 편승해 있다면, 괴물은 명랑하게 표현되고 그로테스크는 축제적 특성을 강조할 것이다. 다음으로 화자가 군중으로부터 압박당하고 축제의 희생양이 되는 위치에 처한다면, 그는 무질서한 대상을 부정하는 위치에 서 있을 것이다. 따라서 순교자적 고통을 통한 숭고미로 귀결되는 반(反)축제적 그로테스크가 강조될 것이다. 마지막으로 화자는 무질서와 질서의 경합 그 자체를 법과 지식의 창조적 갱신 동력으로 삼는 위치에 서 있을 수 있다. 그는 공동체 내부자의 시점(視點)에서 문화적 치외법권에 관한 상상에 집착한다. 비정상성의 괴물이 생산되고, 두려움과 매혹 사이를 왕래하는 변덕스러운 유형의 그로테스크가 주류를 형성할 것이다.

그로테스크는 축제, 반축제(숭고), 그 두 가지의 절충(비정상)이라는 세 유형의 괴물들을 원소로 포함하는 근원적 세계로 제시된다. 포괄적 의미에서 원형적 괴물은 질서와 무질서의 결합이다. 그러나 한 시대의 원형적 괴물은 현실 세계에서 경쟁 중인 세력들이 사회변동을 경험하는 방식의 차이로 인해 근원적 세계 안에서 상이한 극단들로 변주되고, 분화하며 산포한다. 세 유형의 괴물들은 질서와 무질서가 상이하게 결합하여 분포하는 스펙트럼상의 표준적 극단들이다. 주어진 영화 텍스트로부터 괴물의 유형을 식별하고, 근원적 세계 내부 괴물들의 배치 관계(성좌구조)를 해독함으로써 대중이 상상하는, 생명정치의 긴장이 극한적으로 고조된 정세를 추론할 수 있다. 이러한 분석을 통해 사회성원들이 부지불식간에 그 안에 잠겨 있었던 잠재적이고 픽션적인 예외상태(아감벤, 2009: 65)의 현실화한 모습을 규명하는 것이 가능해진다.

3부 — 개발독재시기 노동계급과 지배체제의 균열

1
김기영의 「하녀」
― 생명정치와 노동계급의 부상

김기영의 「하녀」와 이를 변주한 영화들[1]은 급속하게 형성 중인 노동계급과 생명정치 주권자 사이의 격렬한 전투를, 어느 편에도 서지 못한 절망하는 지식인의 시각에서 조망한다. 60~70년대 개발독재가 시행했던 정책 가운데에서 노동자들을 도시와 공단으로 공급하고, 식량을 증산하며, 출산을 통제하는 등 생명정치에 관련된 정책은 중요한 비중을 차지했다. 노동자들은 사회 전반의 활력을 추진하는 근본적 에너지원이면서 동시에 자본주의적 규율에 도전하는 위험한 세력이었다. 노동자와 생명정치 프로그램 사이의 갈등의 격렬함과 그 갈등에 관여하는 지식인 화자의 동요는 「하녀」 등의 두드러진 특징이다. 영화가 재현하는 노골적 멸시와 박해, 저항의 격렬함, 참혹한 공멸(共滅) 등은 등장인물

---

1 이하에서 '「하녀」 등'으로 표기함. 「화녀」(1971년), 「화녀 '82」(1982년), 「충녀」(1972년), 「육식동물」(1984년) 등은 모두 이 「하녀」(1960년)의 연장선상에 있는 작품들이다(이효인, 2002: 79).

들이 속한 사회집단 사이의 계급적·신분적·성적 권력 차이가 매우 큰 컨텍스트를 반영한다. 그것은 개발독재기에 대중이 체험했던 권위주의 권력의 야만성, 역동적 계급투쟁, 암담한 전망에 기초한 것이다. 또한 지식인 화자의 유약한 위상은 양립하기 힘든 관점들을 영화가 중계하고, 대화적이고 다중화된 목소리들로 사회를 재현하는 미학적 장치다.

"성(性)을 둘러싼 욕망의 그로테스크"는 김기영의 「하녀」 등의 영화들이 전면에 내세우는 주제다.

성 문제를 다룰 때에도 김기영은 성을 둘러싼 욕망의 그로테스크한 측면을 자의적으로 드러낸다. 김기영 영화의 독창성은 이러한 그로테스크한 측면을 환상적으로 펼쳐나간다는 데에 있다(이효인, 2002: 113).

대다수의 영화에서 성이 주로 멜로드라마의 모티프인 것과는 달리, 「하녀」 등에서의 성은 동물적 의미의 생식력, 번식의 제어, 양생(養生) 등 생명정치의 프레임에서 조망되었다. 성의 그로테스크, 즉 성으로부터 형성된 가공할 괴물은 도시로 계속해서 밀려들었던 노동자들의 집합적 신체가 갖는 긍정적·부정적 의미가 상충한 결과였다. 「하녀」 등은 개발독재 아래에서 사회성원 대다수가 지지했던 생명정치에 대한 굳건한 믿음과, 그 믿음을 뒤흔드는 현실적 혼란의 경험이 합류하는 교차점에 기반을 둔 텍스트다.

그러한 괴물이—영화 내적으로든 영화 외적으로든—누구의 관점에서 조망된 것인가의 문제는 근원적 세계를 해명하기 위한 필수적 질문이다. 기존의 논의들은 영화가 직접적으로 드러내는 바에 따라, 노동계급 출신 여성에 침입당하는 중산층의 양가적 (위협받으면서도 매혹되는) 욕망을 주로 강조해 왔다. 가령 「하녀」는 "새로운 타자들에 의해 제기된 도시 중산층의 불안감에 대한 영화로 읽힐 수 있다"(김소영, 2000: 212). 혹은 '하녀'가 '요부'로 나타나는 것은 남편이 유혹당할 위험에 처한 중산층 부인들의 심리적 반응이다(이효인, 2002: 115). 그러나 이 책은 60, 70년대 노동 계급의 형성, 근대화 프로젝트의 일부인 생명정치의 정세와 관련지어 좀더 해체적인 독해를 시도할 것이다. 적어도 세 가지 시점에서 발원한 상이한 욕망들의 공존은 「하녀」 등의 그로테스크를 발생시키는 근본적인 토대다. 먼저 세 가지 가능한 독해방식을 제안하는 허지웅의 논의를 참조하자.

> 「하녀」는 신분상승을 꿈꾸었던 여자의 비극으로도, 외부의 사이코패스가 행복한 가정에 침입해 이를 파괴해 가는 과정으로도, 혹은 중산층 가장이 여성들의 솔직한 자기 욕망 앞에서 가부장으로서의 권위를 상실해 가며 파멸하는 장면으로도 읽힐 수 있다(허지웅, 2011: 21).

「하녀」에는 하층계급 여성의 시점, 침입당한 가정의 시점, 그리고 "중산층 가장"의 시점들이 병존한다.

첫째, '타자'나 '요부'로 '하녀'를 간주했던 기존 논의에서는 하층계급 여성의 시점은 다소 소홀히 다루어질 수밖에 없었다. 그러나 이 작품들이 강하게 표현하는 생식력의 모티프들은 (다른 관점들과 경합하면서 대단히 박력 있게 전개되는) 노동계급 여성의 독자적 관점을 재현한다.

둘째, 침입당한 가정의 시점을 인격적으로 대변하는 주체는 동식의 아내다. 그런데 그녀가 지키고자 하는 가정이 지시하는 사회적 실재를 반드시 실존했던 중간계급 가정에 한정해야 할까? 가정 내부의 바로크 풍 인테리어는 관객들의 평균적인 가정생활을 반영한다기보다는 사회의 이념형적 이상을 떠올리게 한다. 또한 그녀의 행태는 후속편으로 갈수록 기업가나 정치가를 연상시킨다. 그녀를 중심으로 한 가정은 근대화 프로젝트를 수행 중인 국가의 신체로 해석될 여지가 있다. 이 책의 가설은 실질적 가장인 동식의 아내를 '중산층 부인'이라기보다는 주권자의 상징으로 파악하려는 것이다.

셋째, '중산층 가장'의 시점은 '하녀'와 부인이 잡아당기는 상반된 장력에 의하여 분열된 동식의 신체와 정신이다. 1960년의 「하녀」로부터 1971년의 「화녀」, 1972년의 「충녀」로 진행됨에 따라 동식을 둘러싼 두 여성의 장력은 더욱 커지고 동식은 더욱 무력해진다. 동식의 시점 또한 현실 사회에 존재하는 '중산층 가장'의 시점에 일대일 대응시키는 것은 지나치게 반영론적이다. 이 장에서는 동식의 시점을 상부와 하부에 위치한 능동적 힘들의 교차를 관객에게 중계하기 위해 작가가 인위적으로 선택한 가상적 화자의 위치로 파악하고자 한다. 그렇다면 동식의 심신은 훈육의 권위자와 활달한 생산적 대중에 동시에 자극받는 사회적 신체의 지대(地帶)로 간주될 수 있다.

1. 괴물 : '쥐와 닭' 그리고 식인종

「하녀」 등에서 괴물이 '하녀'라는 것은 자명해 보인다. '하녀'는 부르주아 가정의 희생양이면서, 마치 그 가정의 질서를 자신을 중심으로 재구축하겠다는 듯이, 기존의 차이체계를 무차별의 상태로 몰아넣는다. 그러나 괴물의 범위가 하녀에게만 한정되는 것일까? "「하녀」에서 괴물로 재현되는 것은 방직공장의 여성노동자와 중산층 가정의 주부 둘 다이다"라는 백문임(2008:66)의 지적처럼, 넓은 의미에서 괴물은 가정부와 부인 둘 다라고 할 수 있다. 이것은 소설 『프랑켄슈타인』(1818)에서 프랑켄슈타인 박사에 의하여 창조된 괴물만큼이나 프랑켄슈타인 박사 자체가 괴물인 것과 마찬가지다. 그러나 그 소설에서든, 영화 「하녀」 등에서든 명시적 괴물과 암시적 괴물 사이에 차이가 있다는 점 또한 분명하다. 명시적 괴물은 하층계급 성원에 토대한 배역으로서 기존 사회의 규범을 파괴하는 역할을 맡는다. 그는 서사 전개에서 능동적 위치에 있으며 모든 등장인물 가운데 가장 큰 에너지의 담지자다. 따라서 「하녀」 등의 명시적 괴물은 '하녀'다. 명시적 괴물의 대척점에 명시적 괴물이 파괴한 질서를 재건하고, 기존 사회규범을 수호하는 암시적 괴물이 있다. 암시적 괴물은 수동적 위치에 있다. 따라서 부인은 암시적 괴물 역을 맡는다. 관객은 부인보다는 가정부를 더 비정상적이라고 느끼고 가정부보다는 부인에 더 공감할 것이다. 원경에서 볼 때 두 여성은 괴물 일반의 세계를 형성하지만, 근접화면으로 갈수록 하층계급 여성에게 괴물의 성격이 더 집중되는 구도다. 부인이 괴물인 것은 하위 텍스트이며 하녀가 괴물인 것은 표면화한 텍스트다.

'하녀'와 '부인'은 모두 괴물인 한에서 각각 무질서와 질서의 융합체다. 두 사람은 질서로서의 생명정치와 무질서로서의 '번식'하는 노동계급이 결합 비율을 달리하여 생산한 배역들이다. '부인'은 생명정치의 주권자로서 노동계급의 번식을 통제하는 (통제하지 못하는) 위치에 있다. 그녀는 질서의 순수한 화신이 아니라 무질서의 요소를 포함한다. '하녀'의 저항으로 '하녀'에 대한 통제가 순조롭지 못하게 될수록 '부인'은 식인종의 정체성을 강화할 것이다. 이 정체성은 무질서의 요소임에 틀림없지만, 무질서로부터 자신을 방어하려는 질서가 무질서를 전유한 결과다. 마찬가지로 '하녀'는 번식하는 노동계급으로서 부인의 생명정치에 통제당하는 (통제당하지 않는) 위치에 있다. 그녀 또한 무질서의 순수한 화신이 아니라 질서의 요소를 갖는다. 그녀가 동식 가족에게 위협적인 것은 뭔가(가령 '첩', 혹은 동반자살)의 권리를 요구하기 때문인데, 예컨대 첩은 합법적으로 본부인의 재산과 잠자리에 관한 권리 일부를 양도하도록 강요하는 권리를 가진다. 그러나 다른 사람의 생명활동으로부터 이익을 얻으려는 부인의 질서와는 달리, 자기 자신의 생명활동을 보존하기 위한 질서라는 점에서 하녀의 질서는 '번식'의 무질서에 전유되어 있다.

「하녀」 등은 부인과 '하녀' 사이에 엄격한 위계질서가 존재함에도 불구하고, 비적대적 관계가 수립될 가능성을 보여 준다. 그것은 부인과 하녀의 관계가 처와 첩으로 정리되는 상황이다. 이 경우 두 여성은 서로에 대해서는 괴물이 아니다. 두 여성은 한 덩어리인 채로 오직 동식에게만 괴물로 현상할 것이다. 「충녀」에서 부인(전계현 분)은 명자(윤여정 분)[2]와 하루 12시간씩 동식(남궁원 분)을 점유하기로 협정을 맺는다. 매우 세부적인 규제력을 행사하는 부인의 수칙을 명자는 꼼꼼히 따른다. 이 경우 명자의 성(性)은 억압되는 것이 아니라 오히려 장려된다. 부인

---

2 「하녀」(1960)의 '하녀'는 「화녀」(1971)와 「충녀」(1972)에서는 명자라는 이름을 얻는다.

은 자신의 통제권 아래에서 살려야 할 것을 양육하고 그로부터 과실을 취하며, 방해가 되는 것은 파괴하여 양육 대상의 먹이로 준다. 동식이 평화롭게 두 세계를 왕래하는 이 상황은 이를테면 예외상태가 상례화한 정상적 시기라고 할 수 있다. 만약 이러한 두 여성 사이의 비적대적 국면이 텍스트의 우위에 놓인다면, 서사는 계급을 초월한 여성 괴물(의 연합)에 남성 희생자가 경악하고 쫓기는 대립구도 즉, '두 여성 괴물들(비정상) 대 남성 화자(정상)' 구도를 형성할 것이다. 이와 같이 계급 갈등이 뭉뚱그려진 생명정치 일반의 공포를 여성(괴물) 일반으로 묘사하는 층위는 김기영의 작품에 부분적으로 존재한다.[3] 그러나 「하녀」와 그 변주적 작품들은 여성괴물들 사이에 계급 갈등을 도입하는 상황을 더 주요하게 다룬다. 정상적 화자(남성)와 비정상적 괴물들(여성) 사이의 갈등이 없는 것은 아니지만, 「하녀」 등이 꿈꾸는 핵심적 소망은 계급의 대표자인 두 여성 사이의 갈등이 폭발하는 상황이다. 기존의 신사협정, 계약, 제도들이 무효가 되고, 생명정치가 자신의 민낯을 드러내고 종국에는 생명정치체제 자체가 고장 나는 예외상황으로의 돌입이 「하녀」 등의 영화에서 나타나는 주된 소망이다.

쥐는 하녀의 대표적 기호다. 쥐라는 기호는 두 가지 기능을 하는데 하나는 하녀와 부인을 서로 다른 범주로 구별 짓는 차이화의 기능이며 다른 하나는 하녀와 부인이라는 두 범주를 연결하고 순환시키는 일체화의 기능이다. 우선 쥐를 대하는 가정부의 기묘한 행동은 그녀와 동식

---

3 「충녀」의 프롤로그에서 저마다 여성들에게 쫓겨 정신병원에 들어 온 남성 환자들이 토론을 벌이는 장면은 그 전형적 사례다.

의 가족을 구별해 주는 날카로운 경계다.

> 호기심 어린 표정의 하녀가 그곳 사람들 모두가 불경스러워하는 쥐약
> 을 명랑한 표정을 지으며 만지작거리는 것이다. …… 쥐약의 공포로부
> 터 자유로운 존재는 오직 하녀뿐이다(박우성, 2011:74).

다음으로 영화의 전개와 더불어 쥐는 동식의 가정으로부터 배제되
는 존재가 아니라, 오히려 동식의 가정이 살아가는 메커니즘의 한 계기
일 뿐이라는 점이 드러난다. 가정부는 쥐에, 쥐는 다시 쥐약에 연접해
있지만, 동시에 동식 가족의 신체로 이어지는 부엌, 찬장, 음식과도 연
접해 있다. 죽음에서 삶으로 나가는, 혹은 (반대로 방향으로 읽을 경우)
삶에서 죽음으로 나가는 '쥐-쥐약-요리-음식'의 계열이 형성된다. 이
러한 이미지 사슬의 운동에 의하여 '비정상=쥐=하녀' 대 '정상=인간=
동식 가족'으로 손쉽게 분할되지 않는 (독 혹은 영양소의) 이행, 전이, 순
환 운동이 발생한다. 이 구도는 집 안에 양계장을 도입한 「화녀」(1971)
에서도 볼 수 있다. 이 사슬은 소비의 영역에 그치지 않고 생산의 영역
으로까지 확장된다. 양계장과 모이분쇄기가 각각 부엌과 요리의 자리
에 치환되면서 '쥐-쥐약-모이분쇄기-닭'의 계열이 형성된다. 이전에
사슬의 최종 산출물이었던 '가족의 음식'은 양계장 사업의 수익인 '동식
가족의 부(富)'로 대체될 것이다. 부엌에서 양계장으로의 변화는 「하녀」
에서 그것을 변주한 영화들로의 진전과 더불어, 가정부의 의미를 암암
리에 노동자 일반으로 확장한다고 해석할 수 있다. 위험한 하층계급은
이제 '잘못될 경우', 한 가정의 음식에 독을 넣는 것이 아니라 한 사회의

부에 손실을 가져올 것이다.

연쇄의 사슬은 두 가지를 의미한다. 첫째, 사슬의 진행 방향에 따라 하녀의 의미는 쥐(독, 손해) 혹은 닭(음식, 수익)으로 이중화할 것이다. 둘째, 사슬의 한쪽 끝에 '하녀'가 있다면 반대쪽에는 식인종의 특징을 갖는 부인이 위치한다. 자세히 살펴보면 다음과 같다.

첫째, 사슬이 쥐에서 음식으로 진행될 경우 하녀의 노동력은 부르주아 가정 안에서 유순하게 착취된다. 반대로 음식에서 쥐로 진행할 경우 그 가정을 파괴한다. 사실 하녀와 부인 사이에 '배제'의 작용과 (가정, 사유재산) 제도의 '경계'가 존재한다는 관념은 이 사슬의 진행 방향이 낳은 사후적 관념이라고 할 수 있다. 진행 방향에 따라 '하녀'는 동식 아내에게 소비대상(닭, 음식)이자 적(쥐, 쥐약)이라는 정반대의 의미로 나타난다. 이런 인식이 순전히 부인의 투사인 것만은 아니다. 그 배후에는 '건강한 성적 자본'의 소유자로부터 받는 실제 자극이 존재한다.

김기영 영화의 '요부들'은 농촌을 떠나온 노동 계급 출신이지만, 매력적으로 건강한 성적 자본을 갖춘, 즉 언제든지 중산층 가정을 위협할 수 있는 대상들이었다. 즉, 주로 '중산층 부인들'이 보는 스크린 속에서 '요부들'은 공동의 적으로 또 공식적으로 소비된 셈이었다(이효인, 2002: 115).

'하녀' 안에 접혀진 이중 정체성은 「화녀」(1971)의 명자(윤여정 분)에서 두드러지게 나타난다. 여성 노동계급 출신의 주인공은 지하실의 쥐와 양계장의 닭이라는 이미지로 이중화한다. 그녀는 권력질서를 위협할 경우 (주류사회 강박의 대상인) 쥐, 쥐약으로 상징되지만, 그녀에 대한 노동과 성의 착취가 순조롭게 이루어지기만 하다면, 양계장의 생산물인 통닭, 달걀로 상징된다. 그녀는 '우리'를 공격하는 약탈자이자 '우리'의 먹이다.

둘째, 부인은 식인종의 면모를 통해서 생명정치의 주권자라는 사실이 암시된다. 1960년판 「하녀」에서 부인의 호전성은 직접적으로 드러나지는 않지만 변주를 거듭하면서 주권자로서의 모습이 강화된다. 텍스트는 표면적으로는 그녀의 모든 행동이 외부 침입자로부터 가정을 지키려 한다는 알리바이를 부여한다. 그러나 그녀 행동의 '표현'적 격렬함·과격함은 가정을 지키려는 중산층 부인의 개연성 있는 행동의 범주를 넘어서 있다. 「화녀」에서 동식의 아내(전계현 분)는 명자의 밥에 쥐약을 타고, 나중에는 쥐약을 먹고 죽은 남편의 등에 (강도살인을 당한 것으로 위장하기 위하여) 과도를 박는다. 또 그녀는 직업소개소 사장의 시체를 분쇄기에 갈아서 닭모이로 주는 제스처를 취한다.[4] 다음날 시체가 사라진 것에 놀라워하는 명자 앞에서 동식 부인은 "오늘 아침 계란은 유난히 크군. 어젯밤 먹이가 좋았던 모양이지? 먹이는 동물성이 최고야"라고 말하고는 날계란을 빨아 먹는다. 여기서 그녀는 최종 포식자로 유비된다. 양계장 작업 중에 명자와 부인이 나누는 다음 대화는 부인이 인구·성(性) 정책의 관리자라는 사실을 암시한다.

---

4 동식의 부인은 명자를 강간하려다가 명자에게 살해당한 직업소개소 사장의 시체 처리를 자처한다. 영화는 닭모이를 만드는 육중한 분쇄기를 여러 번 근접화면으로 보여 준다. 그녀는 동물성 재료를 갈면 분쇄기 청소가 귀찮아진다고 불평한다. 나중에 시체는 강가에 버려졌음이 판명되지만 그것은 시체를 갈아서 닭들에게 먹이로 주는 동식 부인의 이미지를 관객에게 확고히 각인시킨 다음이다.

동식 아내: 병아리는 암컷 수컷을 감별할 줄 알아야 해.

명자 : 수평아리는 어떡하죠?

동식 아내: 필요 없어. 없애 버려야지. 자.

명자가 광기로 치닫는 계기는 자신이 부인에게 살해되어 닭모이로 분쇄될 것에 대한 두려움이 그녀의 정신을 짓눌렀기 때문이다. 명자는 부인에게 이렇게 절규한다.

명자: 쥐약이 남았어요. 아까우니까 닭이나 줄까 보다. 앞으로 죽는 건 닭뿐이 아니에요. 내가 닭 먹이가 되기 전에 다 죽여요, 다 죽여!

'하녀'가 스스로 자신을 쥐 및 쥐약과 동일시하는 것은 자신이 통닭이나 닭모이로 전락하는 것을 거부하는 히스테리의 산물이다. 「하녀」계열에서 세번째 작품인 「충녀」에서 동식의 부인(전계현 분)은 생명정치 주권자의 모습을 완연하게 드러낸다. 남편의 신체 양육에 관련된 음식의 영양소, 성생활에서의 에너지 소비를 과학적으로 계산·측정한 후, 하루 생활 수칙의 관리를 명자에게 위탁시킨다. 그것은 합리적으로 비용을 투자하는 테크노크라트(technocrat)이자 기업가의 모습이기도 하다.

'하녀'가 쥐와 닭 사이를 명멸하고, 부인이 식인종으로 나타나는 것은 어떤 컨텍스트에 관련되는가? 어떤 사회적 조건에 기초하여 '하녀'는 쥐라는 괴물로 상징화하는가? 영화들에서는 어린이와 유아의 살인, 태아의 유산이 반복된다. 쥐는 계속해서 나타나고, 나타나는 즉시 독살당하거나 참혹하게 맞아 죽는다. 「충녀」에서는 아이와 쥐의 모티프가 끔찍하게 결합한다. 명자가 새로운 첩 살림을 마련하여 이사하는 날, 쥐와 영아(嬰兒)가 어디선가 동시에 나타난다. 그 아이가 걸어 다닐 정도로 컸을 때쯤, 명자는 지하실에서 쥐를 먹는 아이를 발견하고 경악한다. 요컨대 '쥐'란 통제 불가능한 번식을 상징한다.

번식의 강박을 표제화한 「하녀」 등의 생명정치모델은 1960~70년대 한국사회에서 쥐, 인구, 노동계급의 성장에 대한 강박을 부추겼던 생명정치에 대한 적극적 비평이다. 박우성은 「하녀」 텍스트와 박정희 정권 당시의 쥐잡기 운동 사이의 관계를 지적한다.

「하녀」가 개봉되던 시기의 신문기사에 따르면 쥐라는 동물은 '번식이 심해 각종 전염의 전파 등 시민보건'에 유해하고 '대일수출 미곡보다 훨씬 많은' 식량을 축낸다는 이유로, 국가 주도의 대대적인 '쥐잡기 운동'을 통해 반드시 제거되어야 할 대상이었다(박우성, 2011: 79).

쥐와 쥐약이 갑자기 공포와 강박의 대상으로 떠오른 것은 현대적인 국가정책에 의해 발명된 것이었다.[5] 70년대부터 도(道) 수준에서 학급 학생 한 명에 이르기까지 의무적으로 잡아야 할 쥐의 할당량이 주어지

---

5 전근대적 시공간을 배경으로 한 「고려장」에서조차도 김기영은 이 영화가 인구와 식량에 관한 현대적 강박에 기초하고 있다는 사실을 프롤로그에서 명확히 했다. 첫 신(scene)은 산아제한에 관한 공개토론회를 벌이는 라디오 방송국을 배경으로 유한한 식량과 인구의 증가, 서로 잡아먹어서 스스로 인구를 조절하는 쥐떼에 관한 이야기 등 현대 사회의 생명정치적 긴장을 공론화한다. 이것은 그 직후 전개되는 전근대적 사회를 배경으로 한 서사가 지극히 현대적인 토대에서 전개된 상상임을 적시한다. "분명히 해야 할 점은 전근대성은 근대성의 함수라는 사실이다. 전근대성이 문제가 되는 것은 언제나 근대성의 목표가 설정된 이후라는 점에서 전근대성의 의미와 가치는 근대성의 방정식에서 나올 수밖에 없다"(강내희, 2000: 30).

고, 쥐잡기 포스터와 표어 경진 대회가 열렸으며, 군사작전을 방불케 할 정도로 전국적으로 일시에 쥐약 놓는 날짜와 시각이 정해졌다(우성흠, 1998: 135; 윤승모, 2004: 24; 이명숙, 2003: 128~129; 김용택, 1997: 42). 쥐꼬리를 만지고, 자르고, 건조시키고, 운반하고, 제출하며 그 수효를 세는 일이 그런 일에 가담하고 싶지 않은 거부감과 함께 생활의 일부가 되었다.

> 초등학교 때는 쥐를 잡아서 꼬리를 잘라 학교로 가져가야 했다. 아이들마다 한 달에 몇 마리씩 할당량이 있었다. 그때는 참으로 쥐가 많고 크기도 했다. 쥐는 잡아도 잡아도 끝이 없었다. 우리는 시궁창에서 죽은 쥐를 건져 꼬리를 잘라 말리곤 했다(김동식, 2008).

쥐잡기는 보건위생보다는 식량자급과 더 관련된 것이었다.[6] 따라서 이 정책은 산아제한정책이나 혼식·분식 장려정책과도 연결된다. 사람이든 쥐든 '번식'을 막는 것만이 식량을 보장하는 길이라는 사회심리가 정책적으로 조성됐다. 이 점은 60, 70년대 한국 생명정치의 강박과 19세기 서구인들의 강박 사이의 차이를 시사한다. 주로 접촉의 공포, 오염과 전염병의 창궐에 대한 두려움이 서구인들의 것이었다면

---

6 "쥐잡기가 정부 주도로 시작된 것은 1950년대 중반부터라지만 군사작전을 방불케 조직적 거국적으로 시행된 것은 박정희 대통령 시절이었고, 보건위생보다 식량자급이 목적이었다. 1970년대 초 통계로 우리나라의 쥐를 1억 마리로 쳤을 때 쥐들이 축내는 양곡이 연간 32만 톤에 달했다. 1970년 1월 26일 시작된 1차 쥐잡기 사업에서 '4,300만 마리를 잡아 106만 6천 석의 양곡 손실 방지 효과를 올렸다'는 당시 대통령에게 보고된 내용을 그대로 믿는다면 가히 놀랄 만한 효과다. 각 도별로 마릿수까지 할당 지시했던 그 시절이다"(김동식, 2008).

(Stallybrass & White, 1986), 한국의 경우는 불결함보다는 (인간과 쥐의) 번식하는 힘이 자원을 앗아간다는 두려움이 더 지배적이었다. 박정희 정권하에서 인구정책과 위생정책은 식량과 여타 자원의 확보를 위한 보조 수단이었다. 동식 아내가 직업소개소장의 시체를 닭모이로 자원화하는 상상처럼, 쥐 또한 자원화할 수 있다면 거꾸로 소중한 것이 될 수 있다. 실제로 쥐로 만든 옷("코리안 밍크")을 만들어 수출한 기업이 국가로부터 표창을 받는 경우도 있었다.[7] 쥐는 깨끗한 것에 반대되는 기표가 아니라, 풍요로운 의식주 생활에 반대되는 기표였다. '하녀'가 쥐와 닭 사이를 왕래하는 정체성으로 나타나는 한 가지 원인이 여기에 있다. 쥐가 재화와 관련되는 한에서 쥐의 반대는 때를 씻는 비누가 아니라 식탁에 오르는 닭인 것이다.

자본의 시각에서 볼 때 쥐잡기, 인구, 식량 정책은 결국 나날이 그 수효가 불어나는 노동력의 순조로운 재생산을 위한 것이었다. 서울로 속속들이 상경하는 산업예비군의 증가 현상은 자본축적을 위해 필수적인 것이지만, 동시에 예측 불가능한 변화의 공포를 사회 전반에 편재시킨 요인이기도 했다. 생명정치 프로그램에 동의하는 사회표준적 감정과 노동자 집단이 '번식하는' 사태에 대한 공포는 질서와 무질서가 연립하는 이율배반적인 감정 흐름이다. 지배 이데올로기에 대한 보편적 믿음과 (그 이데올로기가 선전하는 장밋빛 미래로도 납득하기 힘든) 사회혼란의 공포

---

7 "잡은 쥐에서 가죽을 모아 가공한 수출품도 있었으니 지금은 전설이 된 일명 '코리안 밍크'다. 「대한뉴스」 1972년 제868호를 보면 당시 박정희 대통령이 표창한 수출유공업체 한국모피공업은 '못 쓸 것으로 알려진 쥐가죽을 여자 오버코트, 모자, 핸드백 등 각종 옷감과 장신구 자재로 가공하여 올해 25만 달러 수출을 목표로 수출 진흥에 힘쓰고' 있었다"(김동석. 2008).

가 병존한다. 이로부터 '노동자=쥐(닭)'라는 명시적 괴물과 '생명정치의 주권자=식인종'이라는 암시적 괴물이 형성된다. '하녀'가 쥐와 닭 사이를 명멸하고, 부인이 식인종으로 나타나는 것은 질서와 무질서의 모순을 해소하고자 사회심리에 이미 잠재된 '마술'을 현실화한 것이다.

2. 근원적 세계: 계급적 복수와 생명정치가 교착하는 중산층 가정

'근원적 세계'는 (사회역사적으로) '한정된 환경'을 파생시킨다. 「하녀」 (1960)는 관객이 상식적으로 경험하는 한정된 환경으로부터 근원적 세계로 거슬러 올라가는 과정 자체를 텍스트에 포함한다. 또한 「하녀」는 그렇게 도달한 근원적 세계를 탐구함으로써 한정된 환경을 배후에서 실질적으로 작동시키는 생명정치를 규명한다. 아래에서는 근원적 세계로의 진입이 어떻게 이루어지고 그러한 진입이 갖는 의미가 무엇인가 하는 문제와 탐구된 근원적 세계의 모습은 무엇인가라는 문제를 고찰할 예정이다.

1) '인내와 죄의식' 저변에서 작동하는 생명정치

「하녀」 등은 여성을 주인공으로 한 서사를 '신파·멜로'와 '원귀'를 키워드로 주로 담아내던 시대에 개봉되었다. 이런 영화들이 주제화하는 것은 '약자의 인내'와 '강자의 죄의식'인데, 이 두 가지가 짝을 이룰 때 한 시대의 대중들은 빠져나가기 힘든 이데올로기의 덫에 갇히고 만다. 외견상 탈정치적인 일반명사들—가령, 남성과 여성, 선생과 제자, 노동자와 관리자—의 체계, 즉 추상개념이 지배하는 한정된 환경은 권력관계의 '자연화'를 보장한다. 반면에 신체 변용의 질서를 직접적으로 드러내는 근원적 세계에서 추상 개념의 가면은 벗겨진다. 제도화하고 관례화한 사회관계는 생명정치의 프레임으로 포착되는 순간 식인, 강간, 독살, 번식 등 권력 작용의 구체적이고 신체적인 표현으로 번역될 것이다. '하녀 계열' 영화의 원형인 「하녀」는 한정된 환경이 근원적 세계로 번역되는 과정 자체를 서사구조로 삼는다.

영화 첫 부분에서 공장을 배경으로 한 비극적 로맨스는 조만간 가정을 배경으로 한 그로테스크로 이행한다. 서사는 가정 외부의 암호화한 권력관계가 가정 내부로 진입하면서 유혈적 난투극으로 폭로되는 구조다. 가정 밖에서 가정 안으로 진입하는 이러한 이행의 구조는 낭만주의 그로테스크의 공식을 전도시킨 것이다. 낭만주의 그로테스크는 계급 간의 긴장을 부모와 나로 형성된 '오이디푸스' 삼각형으로 전위(轉位)시킨다. 스털리브래스 등이 말하듯이 부르주아 집안의 자녀인 '나'는 네 발로 기어 다니며 청소하는 하녀의 엉덩이를 향한 욕망에 스스로 수치심을 느낀다. 하층계급을 향한 욕망의 이미지가 좀더 고상한 영역인 부모의 성교를 훔쳐 본 '트라우마'로 전위된다. 또한 '쥐'는 슬럼가와 부르주아 주택가 사이를 이동하는 기표로서 계급정치, 욕망, 훈육의 복합적 의미를 갖는다. 그러나 그 기표는 부르주아 담론에 의하여 임의의 개인이 가질 수 있는 심리학적 기표—가령 프로이트의 '늑대인간'과 '쥐인간'—로 전위된다(Stallybrass & White, 1986: 149~170). 요컨대 가정 담론이란 가정 외부의 불결하고 위험한 사회와의 흥분된 관계를 "꿈, 신화, 비극"으로 전위시킨 것이다(들뢰즈와 가타리, 1994: 87). 따라서 가정

내 담론의 암호를 해독하려면 가정 밖 공적 세계의 계급 정치가 참조되어야 할 것이다. 그러나 「하녀」에서 전위와 암호화는 오히려 가정 내부에서 가정 바깥으로 나가면서 발생한다. 「하녀」의 본체를 이루는 가정 내부의 사건은 가정 외부의 은폐된 권력관계를 드러내기 위한 참조대상이다.

「하녀」 서사구조의 골격은 공장에서 가정으로 점진적으로 이행하는 세 단계의 "크로노토프"(chronotope, 서사의 시공간)(바흐친, 1998: 260)로 계열화 되어 있다. 그 배경은 각각 공장(국면 1), 공장과 가정의 중간(국면 2), 그리고 가정(국면 3)이다. 세 국면에서 3자, 혹은 '2+1자'를 구성요소로 한 권력관계는 반복된다. 권력자, 중간계급, 노동계급 대중이거나 권력자, 대중, 이 양자를 형식적으로 포괄하는 화자(동식)의 구조다. '국면 1'에서 이 관계는 가장 명시적으로 나타난다. 중간계급 예술가를 사랑하다가 좌절당한 여성노동자의 비극적 로맨스와 실직과 평판이 두려워 밀고하는 중간계급 지식인의 비겁한 행동, 그리고 여성노동자들의 연애 풍속을 단호하게 관리하는 사감의 냉담한 조치가 그 구성요소들이다. 국면을 거치면서 동일한 권력관계는 변주된다.

'국면 1', 공장 노동자 선영은 직장 동료 경희(엄앵란 분)의 부추김을 받아 공장 음악 선생(동식 역, 김진규 분)에게 연애편지를 보낸다. 그녀들의 예상과는 달리 음악 선생은 편지를 읽자마자 이 사실을 사감에게 고발한다. 사감으로부터 정직 처분을 받고 귀향한 선영은 수치심 속에서 병사(病死)한다.

'국면 2', 선영이 죽자 경희는 피아노 개인지도를 받기 위하여 동식의 집을 들락거리다가 동식에게 노골적으로 사랑고백을 한다. 동식은 생계부양의 절박함을 털어 놓으며 그녀를 거절한다. 경희는 수치심에 사로잡힌 채 동식의 집 밖으로 뛰어 나간다.

'국면 3', 경희의 구애를 거절한 동식은 하녀를 강간함으로써 자신의 욕망을 충동적으로 해소한다. 중절수술을 당한 하녀의 복수로 동식의 아이들이 죽지만 동식의 부인은 소문이 퍼져나갈까 두려워 하녀를 경찰로부터 보호한다.

각 국면의 표면적 이야기 아래에는—'국면 1'의 에피소드를 예로 든다면—다음과 같은 욕망의 정치가 숨어 있다.

① 선영이가 문화자본 보유자인 음악선생으로부터 느끼는 예술적·성적 선망은 신분 상승을 원하는 노동자의 계급적 욕망과 밀접히 관련되어 있다.

② 동식이 연애편지를 읽자마자 황급히 사감에게 고발하는 행동은 실직에 대한 두려움만으로 설명되지 않는다. 그 행동의 단호하고 신속한 측면에는 동식이 애써 부인하는 여성노동자들에 대한 성적 욕망이 내재되어 있다.

③ 사감은 기업의 대행자이자 판옵티콘의 간수 역할을 한다. 사감이 여성노동자와 동식을 내리누르는 압박이 '연애 풍속'에 관련된 것인 한에서 그 진정한 권력 작용은 다른 방식으로 확장될 수 있다. 즉, 사감의 액션은 인격적 권력자나 제도적 처벌을 넘어서 '수치심', '평판관리'와 같은 내적 강박, 응시, 신체에 각인된 훈육의 차원을 향해 열려 있다.

서사의 전개는 위와 같은 동일한 권력관계가 상이한 국면을 통과하면서 어떻게 변조되는가를 보여 준다. '국면 1'은 당시의 주류 감정이었을 (선영의) 인내와 (동식의) 죄의식을 전면에 드러낸다. 의사소통은 간접적으로만 이루어진다. 고백은 편지를 매개로 했고, 거절은 당사자가 아닌 제3자(사감)를 매개로 한 고발과 처벌의 형식을 취한다. 인물의 주관적 심리는 묘사되지 않는다. 규범이 지정한 추상적 신분(음악 선생, 여성노동자, 사감)들 사이의 외재적 행동만이 나타난다. 이 단계는 전형적인 추상적 개념의 세계다.

'국면 2'에서는 자율적이고 독립적인 개인들이 직접 대면하면서 의사소통이 이루어진다. 피아노 레슨을 받던 경희는 동식의 면전에서 구두로 사랑을 고백한다. 편지가 고발되었던 것처럼 이 고백 또한 '고발'되는데 이 단계에서 동식의 고발을 접수하는 주체는 동식의 부채를 관장하는 자본주의적 공리계라고 할 수 있다. 즉, 고발은 외재적인 처벌자를 향해서가 아니라 내재적인 이해관계, 새로 태어날 동식의 아이 때문에 예상되는 경제적 부채에 대한 강박을 향해 이루어진다. 이제 사감이라는 인격적 주체의 매개 없이 고백은 직접적으로 거절되며, 이 거절은 이전에 선영에게 사감이 정직 처분을 내렸던 것과 유사하게 경희를 동식의 가정 밖으로 내쫓는다. '국면 1'의 배경이었던 공장은 '국면 2'에서는 가정과 직장의 중간 (공장노동자의 개인지도) 정도로 이동했다. 주인공들은 박해받는 것을 인내하거나 박해하는 것에 죄의식을 느끼지 않는다. 사람들 사이의 추상적 관계는 독립적 개인들 사이의 감정의 교환관계로 이행했다.

'국면 3'에 이르면 극의 배경은 완전히 가정 내부로 폐쇄되며, 의사소통과 액션 모두에서 사실주의를 초과하는 그로테스크가 나타난다.

'국면 1'의 잠재된 욕망의 층위가 드러나고 끝까지 밀어붙여진다. 수치 속에 죽어 간 선영의 인내는 '하녀'의 복수로 폭발한다. '하녀'는 비련의 여인이라는 세간에 유행하는 추상적 상징도, 열정적 사랑의 실행자라는 구체적 개인도 아니다. 그녀는 더 이상 개인도 아닌데, 쥐떼 혹은 닭떼 가운데 하나로만 표상되는 독특한 생식력으로 나타나기 때문이다. '국면 1'에서 초월적 권위의 압박(경제적 수입과 평판에 관한 걱정)과 욕망(하층계급의 성적 유혹과 위험)의 강박 사이에서 선영을 밀고했던 동식의 죄의식은 '국면 3'에서는 아이들이 죽는 가운데에서도 가치판단이 마비되는 극도의 분열증으로 치닫는다. 연애편지를 피아노에 남겨놓은 '문란한' 사건의 여파가 퍼지는 것을 차단하는 사감의 조치는 동식 아내의 자기 파괴적 액션으로 반복된다. 그녀는 두 자녀가 살해되었음에도 불구하고 가정의 치부가 사회 전체로 새어 나갈 것을 우려하여 하녀를 오히려 경찰로부터 보호한다. 그녀는 가정을 사회로부터 지키는 경찰이다. '국면 3'의 의사소통 및 액션은 외재적이거나 추상적 형태도 아닐뿐더러, 더 이상 자율적이고 독립적인 개인들 사이의 직접적 언어로도 아니다. 집합적 신체를 공통적으로 관류하는 신체변용의 질서에 의하여 세 사람 각각에는 다른 사람들의 정체성이 각인되어 있다.

프라이(Herman Northrop Frye)가 분류하는 문학의 양식체계를 적용한다면 '국면 2'는 사실주의 양식, 그 이전과 이후에 배치된 '국면 1'과 '국면 3'은 각각 로맨스 양식과 아이러니 양식에 해당한다.

만일 주인공이 유혹에 이기지 못하도록 창조되었다면, 그것은 순전히 아이러니 양식이 되고, 만일 그 주인공이 타락할 자유가 없다면 순전히 로맨스 양식이 된다(프라이, 2000: 409).

'국면 1'의 동식에게는 타락할 자유가 주어지지 않는다. 또한 사감은 망설임 없이 선영을 처벌하고, 선영 또한 마치 군인처럼 죽음으로 자신의 죗값을 치른다. '국면 1'의 로맨스 양식이란 등장인물들이 사회적 규율의 명령에 따라 꼭두각시처럼 행동하는 우주다. 반면에 '국면 2'의 주인공들은 주관적 심리, 망설임, 유혹과 타락의 전조를 드러낸다. 경희의 고백, 동식의 갈등, 이를 훔쳐 본 '하녀'의 시기심은 주체화한 개인들이 자유롭게 충돌하는 국면을 형성한다. 마지막으로 '국면 3'의 모든 등장인물들은 "유혹을 이기지 못하도록 창조"되었다. 특히 '하녀'와 부인은 욕망대로 행동하고, 동식은 일층과 이층에서 번갈아 잠을 잔다. 이렇듯 한정된 환경에서 근원적 세계로 거슬러 올라가는 서사의 전개는 로맨스, 사실주의, 아이러니의 국면을 통과해 나간다.

국면들의 계열에 일관성을 부여하는 장치로는 동일한 권력관계의 변주 외에도 매개자로서 경희의 역할이 존재한다. 그녀는 공장에서 선영에게 편지를 쓰도록 조종했고, 선영이 죽자 공장에서 가정으로 들어가 동식과 직접 접촉했다. 마지막에는 '하녀'의 활약을 통해 자신의 자취를 동식의 가정에 남긴다. 경희에 대한 욕망의 억압으로부터 하녀에 대한 성폭행이 이루어졌음을 기억하자. 그렇다면 보기에 따라 중간계급 가정에 대한 여성노동자의 침입은 이미 경희에 의해서 이루어진 셈이다. 그녀는 '선발대'와 '후발대'의 핵심 고리를 차지한다. 그녀의 '침입'이 실패하자마자 침입의 권한은 '내부정보원' 즉, 노동자 세계로부터 부르주아 가정으로 파견한 '쥐-하녀'에게 인수인계되었다. 로맨스의 주체와 그로테스크의 주체를 사실주의적 주체가 중재하는 구조다. '가련'하게 버려진 채 홀로 죽은 선영과 '장렬'하게 동식 가족과 함께 죽은 하녀는 각각 경희의 '문명'적인 얼굴과 '야만'적인 얼굴이라고 보는 것도 가능하다. 요컨대 상수(常數)처럼 주어진 권력구도 안에 교대로 세 명의 여성이 대입되고 있다.

주권의 압박과 대중에의 욕망 사이에서 동요하는 동식에게 선영-경희-'하녀'의 계열을 차례로 마주치게 하는 화자의 목표는 자명해 보인다. '여성노동계급의 인내와 중간계급의 죄의식'로 짝지어진 앙상한 추상적 개념에 끊임없이 신체변용의 진리를 보충하는 것이다. 「하녀」와 그 변주들이 공적 영역에서 사적 영역으로 진입하는 서사구조를 취하는 것은 가정이 공적 사회에 잠재된 갈등들이 자유롭게 투사될 수 있는 일종의 스크린 역할을 하기 때문이다. 공적 공간에서 복합적 사회세력들(노동자, 중간계급, 자본가) 사이에서 벌어지는 투쟁의 생리학적·성적 측면은 그 투쟁의 터전으로 '침실'이라는 예술장치를 요구한다. 침실이 사회적 전쟁터의 모델이 되는 한에서 가정은 성적·계급적·신분적 투쟁을 표현하는 보편적 장소가 되는 것이다. 첫 신의 로맨틱한 사회극에 내재된 진리를 자유롭게 '해부'하기 위하여, 그리고 해부학적 진리의 발표를 막는 공식사회의 규범을 우회하기 위하여, 텍스트는 그로테스크한 가정 실내극으로 조심스럽게 진입한다. 「하녀」는 들뢰즈와 가타리의 다음과 같은 언급을 면밀히 실증하는 텍스트다. "심상(心象)들은 사적인 것들을 공공화하기보다 오히려 공공의 것을 사기업화한다. 세계 전체가 가정 속에서 전개된다"(들뢰즈와 가타리, 1994: 352).

「하녀」를 변주한 후속 작품들에서는 더 많은 "공공의 것"들이 가정 안으로 편입된다. 재봉틀을 돌리던 동식의 아내는 양계장 자영업자(『화녀』, 1971)에서 운수기업 사장(『충녀』, 1972)으로 진화한다. 최초에 가정에 대한 사회적 응시의 작인(agent)이었던 그녀의 위치는 가정 외부세계 권위자로 공공연하게 실체화하며, 그녀가 담당하던 규율자로서의 위치는 경찰에게로 점점 체중의 무게중심을 이동시킨다. '하녀' 또한 가정 외부 사회와 더 교환 가능한 위치로 조정된다. 『화녀』에서 그녀는 직업소개소라는 노동시장의 '상황실'과 지속적으로 연결되어 있다. 『충녀』에 이르러서는 그녀의 직장 동료들이었던 술집 호스티스들은 그녀가 본부인으로부터 박해받자, 본부인의 집으로 난입하여 기물을 부수는 단체행동을 감행한다. 동식의 첩이 된 명자와 동식의 아내가 동식을 12시간씩 나누어 분점하기로 협상하는 장면은 노사협상을 연상시킨다. 후속편으로 갈수록 "공공의 것을 사기업화"하는 암호작업은 더욱 해체되고 '공공의 것' 자체가 가정 안에서 투명하게 드러난다.

한정된 환경을 지배하는 추상적 관념들이 근원적 세계의 기호들로 번역될 때, '인내와 죄의식'은 자신의 피와 뼈를 얻는다. 신파 멜로에서 인내는 비련의 여주인공을 낳고, 공포영화에서 죄의식은 복수하는 원귀를 낳는다. 그러나 정신적 승화과정을 철회하고 생리적 감각으로 소급해 들어가는 순간, 원귀와 비련의 여주인공은 '하녀'의 정체성 안에서 만난다. 공포영화의 '원귀'와 멜로 신파극의 여주인공은 각각 쥐-취약과 통닭-달걀을 '문명화'한 판본이다.[8] 문명화의 대가를 치르는 한에서 복수하는 사람과 인내하는 사람은 겸임이 불가능한, 상호 배타적 관계

---

8 쥐란 선(先)원귀적 정념의 표상이며, 닭은 선(先)비극적 정념의 표상이라고 할 수 있다.

에 놓인다. 여주인공들은 인내를 박차고 귀신이 되어 복수하거나, 복수심을 누르고 인내하다가 죽는 것 가운데 하나를 선택해야 한다. 복수와 인내의 선택을 강요하는 문명적 논리는 원귀 영화와 신파 멜로를 나누는 장르의 장벽으로 표현된다. 그러나 '하녀'는 닭이면서 동시에 쥐다. 두 가지 현실태는 '그리고'의 관계로 그녀의 몸 안에서 집결한다. 이것이 가능한 이유는 그녀는 닭과 쥐 둘 다를 포함하고 두 가지 모두를 넘어서는 '악착 같은 생식력'을 진정한 정체성으로 갖기 때문이다.

2) 괴물의 중의법: 번식의 무용담 & 번식의 공포

「하녀」 등은 반(反)축제를 감각하는 시점에서 축제의 시점을 끊임없이 환기시키는 절충적 구조를 취한다. 돼지가 풍요의 상징이면서 동시에 더러움의 상징인 것처럼 생식력의 중의법이 전개된다. 과도할 정도로 강조된 자연사(自然史)적이고 선(先)사회적 의미를 갖는 생식력과 '하녀' 사이의 연계는 '하녀'의 시점이 텍스트 안에서 작동 가능하도록 보장하는 요인이다. 물론 그녀의 욕망이 순수하게 긍정적으로 드러나는 법은 없다. 그러나 순수하게 부정적으로 채색되지도 않는다. 두 종류의 마술, 혹은 두 유형의 이종결합이 나타난다. 질서를 옹호하는 편에서 재현된 하녀와 무질서를 옹호하는 편에서 재현된 하녀가 영화 안에서 지속적으로 순환한다. 닭과 쥐는 생명정치 주권자의 유리하거나 불리한 이해관계(부인의 시점)에서 일방적으로 부과된 것만은 아니다. 이중적 정체성은 영악한 쥐와 유순한 닭의 가면을 번갈아 쓰는 축제 참여자의 불가사의한 정체성이기도 하다. 하녀는 닭의 유순함을 흡수한 쥐이면서 동시에 쥐의 공격성을 흡수한 닭이다.

한편으로 「하녀」 등은 '하녀-괴물'에 축제적 요소를 끌어들인다. 쥐, 닭, 노동계급, 성적 에너지의 흐름 같은 요소들은 우선 그 흐름에 내재적인 시점에서 기술되는데, 그 기술에서 가장 중핵적인 요소는 다산적 생식력이다. 「화녀」의 명자는 뱃속의 아기를 가리키며 "살려고 악착같이 뱃속에 붙어 있는 걸요. 아무도 손 못 대요. 하느님도요"라고 말한다. 이 대사는 중산층 가정에겐 정당한 '첩 대우'를 받기 위한 명자의 협박으로 의미화할 것이다. 그러나 김기영의 세계 안에서 그 대사가 표현하는 '악착 같은' 생식력은 우선은 글자 그대로의 의미로 이해할 필요가 있다.[9]

축제의 괴물로서의 하녀는 '번식의 무용담'을 만든다(쥐를 흡수한 닭). '하녀'에게 가해지는 박해는 '하녀'의 힘을 더욱 돋운다. 이 흐름은 부르주아적 삶에 대한 계급적 증오를 표현한다. 변재란의 50, 60년대 여성 관객성에 관한 연구(변재란, 2000: 69~92)에 기초하여 박우성은 「하녀」의 주 소비층이 "중간계급이 아니라 여성노동자와 같은 도시의 하층계급이었다"고 논의한다. 물론 여성노동계급들은 주류문화가 부추기는 환상에 '감정모방'할 것이므로, 가정파괴를 고통스러워하는 중간계급 관점의 서사 흐름에 공감할 것이다. 그러나 주인집 남자에게 강간당

---

9 생식력은 「고려장」(1963)에서는 수많은 아이들이 가뭄과 빈곤 속에서 살아남으려고 싸우는 아귀 같은 야만적 힘, 그리고 가족과 공동체의 생존을 위하여 잔인한 의례의 제물로 자발적으로 몸을 던지는 헌신의 힘으로 나타난다. 「파계」(1974)에서는 어릴 적 기아 때문에 절에 몰려든 하층집단 스님들의 일원이 절의 쌀을 훔쳐가며 외부 빈민을 구제하는 노력이다. 그 노력은 궁극적으로 엘리트 스님들에게 점유된 진리를 전복하고 불교 진리를 발견하는 원천이다.

하고 그 부인에 의하여 강제로 유산당하는 '하녀'의 고통 또한 감정모방의 대상이다. 따라서 여주인공이 아무리 죽여도 계속 나타나는 쥐가 되게 하고 쥐와 다를 바 없는 이상한 아이의 엄마가 되게 함으로써, 고통에 굴하지 않는 생식력의 이미지를 얻는 것도 관객의 소원이다.

다른 한편으로 반축제의 관점에서 볼 때 '하녀'는 '번식의 공포'를 체현한다. 생식력은 자기 파괴에 도달하는 욕망의 자극제(닭을 흡수한 쥐)로 전도된다. '하녀'를 타자화하는 위치에서 볼 때, 축제는 파괴를 통해 "비생산적 소비"(바타유, 2000: 32)의 쾌락을 발생시킬 것이다. 「하녀」와 그 변주적 작품들의 서사구조에서 반축제의 시점이 축제의 시점에 대하여 우위에 놓인다는 사실은 의심할 나위가 없다. 축제가 반축제로 해체되는 과정은 최초에는 '하녀'에게서 마지막에는 동식의 가정에서 반복된다. 그 자체로서는 축제적 의미를 가지는 ('하녀'의) 출산이 중절수술로 좌절되는 것은 그녀의 생식력을 강제로 쥐의 번식력과 일치시키는 데 성공했음을 의미한다. 죽음에서 삶으로, 쥐의 영역에서 인간의 영역으로 나가는 '쥐-쥐약-요리-음식'의 계열이 역진(逆進)한다. '하녀'는 일종의 음식으로 '요리'(성적 약취)되고, 번식에 제동이 걸린 쥐의 처지로 전락한다. 동일하게 축제의 유력한 모티프인 공동식사, 음주는 영화의 결말에서 공동음독으로 전도된다. 동식 혹은 동식부부는 하녀에게 '요리'(협박)되고, 독살당한 쥐의 처지로 전락한다.

'번식의 무용담'과 '번식의 공포'는 영화에 상이한 문화정치적 태도들이 개입하고 있다는 사실을 지시한다. 여기에는 적어도 세 가지 입장이 개입한다. 이 입장들은 결코 독립적으로 자신을 재현하지 않고 언제나 다른 입장을 참조하고 어느 정도는 다른 입장과 융합된 채로 제시된다. 첫째, 하녀 측에 이입된 시선은 번식을 축제의 무용담으로 간주한다. 둘째, 동식부인 측에서 이입된 시선은 번식을 반축제의 공포로 조망한다. 셋째, 동식의 시선은 이 양자를 절충하는 위치에 있다. 이 세 가지에 해당하는 주요 사례를 분석하면 아래와 같다.

첫째, 하녀가 축제의 괴물로 재현되는 사례를 들어 보자. 「화녀」에서 유산 당한 명자가 비틀거리며 부엌에 들어가는 장면이 있다. 그녀는 입에 밥을 쑤셔 넣은 채로 거울을 본다. 미키마우스와 비슷한 표정을 지으며 웃는 장면은 불결함의 상징을 만화영화의 세계로 영토화시킨다. 또한 맥줏집에서 명자가 동식에게 '여보'라고 부르자 당황한 동식이 물컵을 떨어뜨리는 에피소드를 생각해 보자. 훔친 걸레의 물을 다시 물컵에 짜 넣는 명자의 익살은 주류사회를 두렵게 한다. 그러나 영화는 그 익살을 부정적으로 채색하지 않고 일종의 선의로서 관객에게 인식시킨다. 명자는 악녀로 변신하는 순간조차도 순진하고 천진한 바보 이미지를 가지고 있다. 그녀의 코믹함은 그녀의 무능력이나 실수를 조롱하는 것이 아니라 그녀의 대담함과 뻔뻔함에 천진함이라는 알리바이를 부여한다. 관객들은 이중 감정을 갖게 될 것이다. 그녀의 광기와 집착에 거북함을 느끼면서도 천진한 미덕으로 무장한, 진압되지 않는 불가사의한 힘을 느낀다. 만약 하녀의 시점이 추구하는 근본적 이념을 순수하게 증류할 수 있다면, 맺힌 물방울은 민중 자치의 유토피아로 나타날 것이다. 축제에 시공간의 제한이 없듯이 그녀가 가는 곳은 어디든지 그녀의 집이 될 수 있다. 공간 정치의 측면에서 볼 때 「하녀」 등에서 상하계급을 대표하는 두 여성이 1층과 2층(혹은 이 집과 저 집)에 이중권력을 분립시키고 생리학적 연대(부인의 관점에서는 '기관의 오염')를 매개로 하여 하층계급이 권력의 분할선을 무력화시키는 이야기다. 그러나 하녀가 보이는 축제적 이념은 직설적으로 표현되는 것이 아니라, 부인의 입장을 고려하는 동식의 '조절작용'을 통해 최종적으로 관객들에게 전달된다.

둘째, 하녀가 반축제의 괴물로 재현되는 사례는 주로 동식 부인의 태도에서 노골적으로 드러난다. 동식이 명자와 동침한 것을 아내에게 고백하였을 때, 그녀는 "그런 더러운 몸으로 어떻게 나하고 동침을 했어요. 내 몸에서 더러운 냄새가 나는 것 같아요"라고 말한다. 아내는 자기 신체의 기관이 간접적으로 다른 신체의 기관과 접촉한 것을 불쾌해 한다. 섹스라는 개인화한 축제를 더럽게 오염시키는 반축제의 위치에 하녀가 자리매김된다. 하녀로 인하여 아내의 기관이 동식에게 갖는 권리는 빼앗긴 셈이다.

셋째, 동식의 관점은 축제의 관점과 반축제의 관점 사이에서 동요한다. 영화를 총괄하는 배역이라는 점에서 그의 신체 상태는 관객 대중의 신체에 헤게모니를 행사한다. 그러나 그 총괄은 실질적으로 종합될 수 없음을 드러내기 위한 총괄이다. 빈사상태로 전락하는 동식의 처지는 동식을 배제하는 상호 배반하는 두 힘의 성격을 더 강조하기 위한 장치다. 동식의 기관들(충동들)은 '쥐-하녀'에 자극받지만, 동식의 신체(인격)는 '식인종-아내'에 자극받는다. 동식이 죽어 가는 장면은 이 양면성을 극단적으로 드러낸다. 그는 본처와의 의리를 상기하고 본처 품으로 달려간다. 하지만 '하녀'는 (부인에게 끝까지 연연하는) 동식과 동반 자살할 수 있기를 소원한다. 이 장면은 별개의 세 사람 사이에서 벌어지는 사건이라기보다는 동식 안에서 대화하는 두 사람의 음성으로 보는 것이 타당하다. 한편으로 동식은 질서, 주권, 부인, 반축제의 편에 가담해 있다. 욕망, 번식, 축제적인 항목들이 그를 타락시켰으므로 초월자의 품으로 도피하는 것밖에는 남지 않았다는 심리가 존재한다. 욕망의 매혹은 그 죄악으로 인하여 초월적 힘의 개입을 요청하는 종교적 체험이 된다. 동식은 이를테면 피에타 상의 예수 위치에 자신을 대입시킬 것이다. 동식에게 하녀는 일면적으로는 숭고한 괴물로 현상한다. 그러나 그를 품에 안는 부인은 초월적 힘의 단순한 대행자일 뿐이다. 왜냐하면 부인이 동식의 등에 칼을 꽂는다 해도 그녀는 가정의 수치를 꾸짖는 가정 외부 시선의 대행자, 곧 말단 형리에 불과하기 때문이다. 다른 한편으로 동식은 무질서, 호모 사케르, 하녀와 함께 죽기를 원하고 있다. 이 관점에 설 때 동식이 추구하는 것은 초월적 검열자로부터 자신의 욕망을 엄폐하기 위한 죽음이 아니라, 오히려 오직 죽음을 통해서만 지킬 수 있는 타인과의 생리학적인 유대다. 이런 유대는 물론 가장 낮은 층위에서 동식이 축제적 괴물로서의 하녀에 매혹되고 있음을 지시한다. 그러나 그 매혹은 언제나 비관적으로 코드화한다. 즉, 생식력은 파괴를 통해서만 지킬 수 있다는 환멸과 냉소가 동식의 심리 한편에 존재한다.

동식의 입장은 곧 이 영화가 토대하고 있는 사회의 표준적 관념이다. 동식은 자신이 겪는 고통의 크기에 비례하여 주권자에 대한 신앙을 키워 가는 한편, 반대로 그 고통을 계기로 민중과 "수동적으로 유대"(마르크스, 2006: 141~143)[10]하기를 원한다. 이 상태는 생명정치의 숭배

---

10 마르크스는 『경제학-철학수고』에서 궁핍을 "인간에게 가장 커다란 부, 다른 인간을 욕구로서 느끼게 하는 수동적인 유대"라고 정의했다. 인간들 사이의 유대임에는 분명하지만 외부 대상을 향한 결핍을 매개로 한다는 점에서 긍정적 의미와 부정적 의미 모두가 포함된다(마르크스, 2006: 141~143).

와 생명정치의 자살적 붕괴에 관한 소원이 병존하는 구도다. 반축제를 매개로 한 숭고함과 축제를 매개로 한 매혹이 절충을 이루는 동식의 관점에서 볼 때 하녀는 결국 비정상적 괴물로 의미화할 것이다. 거기에는 타자화에 굴하지 않는 생식력의 건강한 힘에 대한 동의와 더불어, 주권과 호모 사케르 모두에 대한 냉소가 공존한다. 이와 같은 동식의 동요하는 태도는 「하녀」 등이 개봉된 당시 대중들의 모순된 '표준적' 분위기를 대변한다. 동식이라는 작인은 급속히 부상하는 노동자 계급에 대한 연민과 (그들과의 공모로 인한) 처벌의 공포, 압도적 장악력하에서 생명정치를 수행하는 근대화 프로젝트에 대한 추종심리가 모여서 형성한 회색지대를 단자화(單子化)한 것이다. 그의 무력감은 노동계급과 개발독재 사이의 긴장이 격화하는 현장으로부터 퇴각하길 원하는 일종의 '정치적 마비'였다. 그것은 생득적인 무력함이 아닌, 상반된 신체 변용들의 합력이 조성한 무력함이다.

하길종의 「화분」

— 유신체제 속 독재와 개발의 충돌

「화분」의 공간적 배경인 '푸른 집'—청와대, 재벌의 대저택, 혹은 포괄적인 의미에서 정치경제적 권력의 장소[1]—은 관객이 「화분」의 화자인 단주(하명중 분)를 통하여 집착하는 장소다. 「화분」에서 화자를 회유하고 박해하는 사람은 '푸른 집'에 사는 나이 든 남성 동성애자 현마(남궁원 분)이다. 1960년에 개봉된 「하녀」에서 화자(동식)를 유혹하고 위협했던 타자가 하층민이었다면, 「화분」에서 이에 해당하는 역할은 이제 사회의 최상층부로 이동한다. 「하녀」와 「화분」은 외견상 부르주아 가정 안에 하층계급 젊은이가 들어온다는 동일한 서사구조로 보이지만, 「화분」에서 젊은 주인공이 사는 소형 아파트를 수색하고, 주인공 남녀가 멀리 피신한 해변까지 추적하여 대저택으로 압송하는 주체는 권위주의적

---

1 "물론 1970년대 유신 치하에서 박정희 독재 정권에 대한 암유로 '푸른 색 지붕'을 사용했을 가능성도 충분하다. 그러나 영화 속의 '푸른 집'은 '청와대'만을 협소하게 의미한다기보다는 1970년대적 징후를 폭넓게 상징한다고 보는 것이 바람직할 것이다"(박명진, 2009: 223).

기업가다. 「화분」과 같은 해에 개봉된 김기영의 「충녀」에서도 이와 비슷한 이동이 나타났다. '첩살림'을 동식의 본가로부터 독립하여 차린 명자는 이상한 일(아이의 울음소리, 아이의 실종 등)을 자신의 집에서 겪는다. 관객은 명자와 더불어 명자의 집에 잠입했을 본부인의 음모를 상상하게 된다. 「하녀」가 사회의 '하부'에 집착하는 영화라면 「화분」과 「충녀」는 사회의 '상부'에 집착하는 영화라고 할 수 있다.

「화분」과 「충녀」의 공통점은 3선 개헌(1969)에서 유신헌법 제정 (1972)에 이르는 극도의 정치적 격동기에 개봉되었다는 점이다. 초보적인 수준에서나마 유지되었던 1960년대의 권력을 둘러싼 선거경쟁은 일련의 예외상태에 준하는 조치들—서울 위수령 및 10개 대학 무장 군인 진주(1971. 10.), 국가비상사태선포(1971. 12.), 유신 선포 및 전국비상계엄(1972. 10.)—을 거치면서 뿌리채 뽑혀 나갔다. 권력 엘리트 내의 다원성조차 철저히 억압되었으며[2], "그 시기에 이르러 이미 박정희는 일종의 샤먼(주술자)이 되어 가고 있었다"(조희연, 2007: 111). 기득권을 빼앗길지도 모르는 공포로부터 벗어나기 위해 박정희 정부가 감행하는 선제공격, 다시 말해 유신체제 전환기에 '아래로부터'가 아니라 '위로부터' 이루어진 계급투쟁(김수행, 2006: 449)이 조성한 정세는 이 영화들의 토대가 된다고 할 수 있다. 김기영의 영화에서 가정부의 위협보다는 본부인의 위세가 더 두렵게 나타나지만, 「화분」에서 (「하녀」와 동일하게) 쥐를 마음대로 다루는 가정부 옥녀(여운계 분)보다 기업가 현마의

---

2 "박정희의 핵심 충성 그룹이었던 공화당 내 4인방(김성곤, 길재호, 김진만, 백남억)까지도 중앙정보부에 연행되어 극심한 구타와 고문(1971년 10 · 2 항명 파동)을 당해야 했다"(조희연, 2007: 111~112).

역량이 과대하게 나타나는 현상은 이러한 정세와 유관해 보인다.

이효석의 원작소설에서 화분(花粉), 즉 꽃가루의 의미는 낭만주의 화자 미란의 눈에 비친 군중의 탐욕스러운 욕망이었다. 부르주아의 대 저택인 '푸른 집'의 구성원들은 신분의 고하를 불문하고 무절제하게 혼음(混淫) 관계를 맺는다. 소설 초반에 "군중의 낯짝 하나하나에다가 침을 뱉고 발로 밟아서 까뭉개고 싶은 충동"을 느끼는 주인공(미란)은 소설의 결말에서 '푸른 집'의 타락한 군상들로부터 탈출하는 유일한 성원이다.

그러나 영화 「화분」에서 꽃가루가 갖는 의미는 두 가지 점에서 소설의 그것과 구별된다. 하길종의 언급을 참조하면 꽃가루는 "초현실주의 문학에서 거론되었듯이 메마른 남자의 정액(가루)"(손세일, 1980: 420 재인용)이다. 여기서 꽃가루는 첫째, 여전히 타인을 자극하는 성적 욕망의 전도체를 의미하지만 소설에서와 같이 무정형으로 폭발하는 성적 에너지가 아니라 갈증, 허기, 결핍의 의미를 동반한다. '메마름'의 의미는 구체적으로는 기업가인 현마가 동성애 상대인 단주 때문에 시달리는 욕망의 갈증으로 나타날 것이다. 둘째, 꽃가루가 초현실주의 문학에 전거한다는 언급은 꽃가루의 영향력으로부터 자유롭지 못한 '푸른 집' 내부 화자의 시선에서, '푸른 집'의 우연하고 충격적인 파괴 및 재배열을 꿈꾸는 서사가 재현된다는 것을 의미한다. 그러므로 꽃가루가 편재한 장소는 소설에서처럼 국외자가 내려다보는 무질서한 욕망의 장소('가지를 치지 않아 온갖 식물들이 제멋대로 자란 푸른 집')가 아니라, 내부자의 시각에서 본 붕괴가 예정된 최고 권력의 아성이다. 통치권 안에 있지만 통치권에 회의하고 비판하는 내부자는 곧 이 영화의 화자로서, 당시 박정희체제의 중간계급에 해당한다. 「화분」은 유신체제의 대두와 함께 사회성원 일반이 경험한 공포를 바탕으로, 그 가운데에서도 특히 민주화운동과 체제 순응 사이를 진동했던 자유주의적 중간계급의 고뇌와 극복의지를 표명하는 영화라고 할 수 있다.

열거된 꽃가루의 두 의미는 각각 「화분」의 그로테스크를 형성하는 괴물 및 근원적 세계에 상응한다. 영화는 유신체제 전환기에 대중의 눈에 나타난 주권자를 동성애에 목말라하는 괴물로 재현한다. 이 주권자는 자신의 신체 안에 젊은 생명을 배태하고 또한 억압한다. 영화 첫 신(scene)에 나오는 '푸른 집' 안에 있는 연못의 죽은 물고기는 이 영화가 가정하는 근원적 세계를 집약해서 보여 준다. 연못의 물이 '괴물-주권자'의 신체에 해당한다면, 죽은 물고기는 그 신체 내부에서 자라나는 신선한 생명력(기관)의 죽음이다. 주권자의 신체는 어떤 외부적 힘에 의해서가 아니라, 바로 자기 자신이 양성한 생명력이 죽어감에 따라 함께 오염되어 죽을 것이다. 그것은 신체와 기관이 서로 죽음의 악순환을 벌임으로써 통치권 자체가 자연발생적으로 내파(內破)하길 바라는 소망의 표현이다.

1. 괴물: 갈급한 흡혈귀

기업가인 현마가 자신의 비서 단주에 동성애적 집착을 보이고, 단주가 현마의 처제 미란(윤소라 분)을 사랑하여 현마의 요구에 순응하지 않는 것은 「화분」이 설정한 주요 갈등 구조다. 현마와 단주 사이의 동성애, 단주와 미란 사이의 이성애가 함께 연루됨으로써 한 젊은 남자를 둘러싼 두 남녀의 삼각관계가 형성된다. 영화의 앞 부분에서 미란과 단주가 밤을 함께 지내고 나타났을 때 현마가 분노하는 원인은 처제인 미란을 보호하기 위해서가 아니다. 현마는 자신의 동성애 파트너인 단주가 미란과 동침했을지 모른다는 사실에 질투하는 것이다.

동성애는 무엇의 알레고리일까? 현마가 세란에게 "단주는 나의 꿈이고 야망이다"고 말하는 장면을 통하여 유추하건대, 고압적인 권위자가 젊은 남성에게 출세의 보장을 미끼로 퍼붓는 동성애는 권위자 자신의 생명이 세대를 거듭하여 지속되길 바라는 '꿈과 야망'을 위한 것이다. 현마에게 "단주의 육체는 현마가 자신의 권력과 재산과 명예를 유지하고 확대 재생산할 수 있는 결정적인 매체가 된다. 단주의 육체는 영생불사의 권력을 향한 현마의 도구이다"(박명진, 2009: 229).

단주는 현마만큼의 집착은 아니지만 꿈과 야망이라는 비슷한 목적을 이루기 위하여 현마를 사랑한다. 둘의 관계를 강성률은 이렇게 분석했다.

> 영화 곳곳에서 현마는 단주에게 집착이라고 할 정도의 애정을 보인다. 그러나 단주는 현마에게 애정을 보이지 않는다. 단 한 곳, 현마의 회상신, 현마와 단주가 동성애를 나누는 장면에서 단주가 웃고 있을 뿐이다. 결국 단주는 자신의 출세를 위해 현마에게 접근한 것이라고 볼 수 있다, 그는 현마와 같은 부와 성적 욕망을 누리고 싶은 것이다(강성률, 2005: 117).

미란과 함께 도망간 해변에서 단주는 현마와 자신과의 관계가 "싸우고도 껴안는 관계"이고, '그렇기 때문에' 현마가 반드시 올 것이라고 말한다. 현마의 자동차가 해변에 도착했을 때, 미란은 현마의 팔에 붙잡혀 강제로 탑승하지만 단주는 제 발로 탑승한다. 다시 말해 권위자의 전지전능한 통제능력은 권위자의 대중에 대한 집착 때문만이 아니라, 권위자에 대한 대중의 사랑 때문이기도 하다.

동성애가 이야기의 중심축이 되는 것은 당시 급격히 강화 중인 군사적 동원 체계와 무관하지 않아 보인다. 1960년대 말의 베트남전쟁 파병, 거주지와 일터에서의 향토예비군과 민방위 훈련, 고등학교와 대학에서의 군사훈련은 군사독재 주권자가 욕망하는 동성애적 대상의 자리에 남성들의 신체를 소집하는 것이었다. 그러나 애국심의 고양은 국민이 국가를 사랑하도록 국가가 자극함으로써 만들어지는 것이다. 들뢰즈와 가타리의 표현을 빌리면, 파시스트 지도자는 그 추종자들을 "발기시킨다".

사실 성욕은 어디에나 있다. 관료가 자기의 서류를 애무하는 거동 속에, 부르주아 계급이 프롤레타리아 계급과 남색하는 거동 속 등등에. 리비도가 탈바꿈할 필요가 없었듯이, 여기서도 은유를 사용할 필요가 없다. 히틀러는 파시스트들을 발기시켰다. 기(旗), 발(足), 국가, 군대, 은행은 많은 사람들을 발기시킨다(들뢰즈와 가타리, 1994: 431).

영화에서 동성애로 표상된 것에 상응하는 대표적인 사회 문화적 현상은 '신성한 국방의 의무'에 대한 관념의 전 사회적 확산이었다. 1960년 입영 대상자 중 35%였던 병역 기피자 비율은 1972년에는 4.4%로

떨어졌고 1974년 이후에는 0.1% 이하에서 고정되었다(황병주, 2013: 17~18).

'군대 갔다 와야 사람이 된다'라는 습속이 광범위하게 확산되기 시작했고 일종의 사회적 합의처럼 통용되었다. …… 군대를 통해 정치적 공동체의 남성 주체들은 일종의 운명공동체를 경험하는 것이었다. 억압과 폭력이 난무하는 곳임에도, 오히려 그것 때문에 구성되는 '전우애'는 국민적 동질화의 유력한 징표가 될 수 있었다(황병주, 2013: 18~19).

단주와 현마 사이의 '파시스트적 동성애'는 두 번에 걸친 단주와 미란의 '푸른 집'으로부터의 가출 때문에 균열이 발생한다. 해변에서 '푸른 집'으로 압송된 후, 단주는 현마에게 격심하게 구타를 당하고, 질질 끌려서 광에 감금된다. 단주가 구타당한 채로 광에 갇힌 상황은 영화적 전개에서 중요한 분기점이다. 이때부터 현마의 갈증은 발작적으로 악화될 것이다. 조지훈은 감금된 단주의 이미지가 두드러지게 피학적이고 종교적 양식으로 표현되고 있음을 지적한다.

푸른 집의 파티에 단주가 등장할 때까지 단주는 감금된 채로 있는데 이 과정에서 단주는 거의 종교적인 순교자에 가까운 이미지로 시각화된다. 찢어진 옷과 마치 십자가에 못 박히는 예수와 같이 넓게 벌린 팔, 골고다 언덕을 오르는 듯이 끌려 들어가는 모습, 그리고 그 위에 겹쳐지는 못을 박는 듯이 규칙적으로 들리는 소리. …… 단주는 현마에게 얼어맞고 감금당했음에도 탈출하려 하지 않는다. 앞서 언급했던 바와 같이 일종의 종교적인 순교의 차원으로까지 승화되는 단주의 태도는 두드러지게 피학적이다(조지훈, 2010: 64~65).

주인공이 폭행당하고 감금되어 순교자로 형상화하는 사건이 정치범을 양산했던 당시의 정세에 기반을 둔다는 점은 의심의 여지가 없다. 1971년 당시 대선의 승리를 위한 서승·서준식 간첩단 사건 조작을 비롯하여 중앙정보부, 보안사, 경찰 등 억압적 국가기구를 중심으로 고문 등 각종 폭력이 횡행했다. 그러나 순교의 모티프는 단순히 상처와 고통을 드러내기 위한 것만은 아니다. 이 순간부터 박해자가 박해당하는 과정을 조망하는 '초월적 시점'을 미리 확보하기 위한 예술적 장치이기도 하다. 단주는 푸른 집으로부터 배제당하여 산송장에 근접함으로써 현마와 미란에 고착되어 욕망의 결핍에 허덕이던 현세적 신체로부터 벗어난다. 결핍은 오히려 권위자들의 신체에 부과될 것이다.

단주가 광에 갇혀 있는 상황에서 현마는 세란(최지희 분)과 섹스를 하고 옥녀는 이들의 침실에 쥐를 넣는다. 현마는 갑자기 간질 발작을 일으키다가, '단주'라고 외친다. 세란은 망연자실하게 현마를 내려다본다. 강성률(2005: 112)은 이 장면을 "영화에서 가장 파괴적이다"라고 평가한다. 현마는 지금 단주를 광에 가두고 가혹한 육체적 고통을 가하고 있지만, 세란과 벌이는 격렬한 정사의 환희 속에서 오히려 단주를 찾고 있다. 그만큼 현마에게 가장 중요한 존재는 단주이고, 현마가 단주에게 집착하고 있음에 분명해 보인다. 그러므로 방에 쥐를 넣는 옥녀의 섬뜩한 행동보다도 오히려 현마가 섹스의 절정에서 단주를 부르는 것이 더 충격적으로 나타난다.

그러나 옥녀가 쥐를 넣는 것과 현마가 단주를 찾는 것은 별개의 행동이 아니다. 옥녀는 이 단계에서 단주와 정치적으로 유대하고 있기 때문에,[3] 침실에 쥐를 풀어놓는 행위는, 단주가 현마에게 저주─발작에 이르는 격심한 결핍의 병─를 내리는 과정으로 파악할 수 있다. 여기서 주권자와 호모 사케르의 대칭적 짝이 현마의 결핍된 신체와 단주의 고문당한 몸으로 재현된다. 두 사람은 이 영화의 근원적 세계를 형성하는 스펙트럼의 양극을 차지하는 괴물들이며, 생명정치의 순환 가능한 양극단에 해당한다. 그러나 영화에서 괴물의 특성이 더 강조되는 것은 단주보다는 현마다. 단주는 관조자로 물러서는 한편 현마는 자신의 탐욕을 월등히 초과하는 굶주림에 고통받아야 하는 갈급한 흡혈귀가 된다. 흡혈귀라는 현마의 형상은 정원에서 벌이는 가든 파티 장면에서 돌출적으로 나타난다. 그의 마신적 성격은 파티 참석자들의 행태로 환유된 부르주아 계급 집단의 비윤리성, 부패함을 대표한다.

참석자들은 남녀가 엉켜 퇴폐적인 춤을 추고, 옥녀를 성적으로 모욕하면서 즐거워한다. 이때 옥녀가 풀어 준 단주가 나타나자 현마가 그에게 달려가서 그의 목을 문다. 여기에서 현마는 하층계급인 단주의 피를 빠는 흡혈귀로 표현되고 있다(박명진, 2009: 227).

현마가 단주의 목을 무는 에피소드는 회사가 부도났다는 전화를 현마가 받은 직후에 일어난 사건이다. 그는 일본으로 도피하기 위하여 황

---

3 "옥녀에게 있어 단주는 계급적 유대감을 느낄 수 있는 대상이다"(박명진, 2009: 231).

급히 계단을 '내려오는' 도중에 단주와 마주치자마자, 허겁지겁 그를 껴안고 목을 문다. 현마는 방금 개시된 자신의 몰락을 인식했으며, 자신이 구타하고 방치했던 단주라도 먹어치우려는 몸짓으로, 자본과 권력의 부족분을 채우기를 소망한다. 그의 흡혈은 나락에 빠져드는 권위자의 지푸라기라도 붙잡고 싶은 절박함의 표현이다.

권력자를 비루한 흡혈귀로 재현하는 상상은 파업을 벌이는 노동자들이 수익의 감소로 고통에 처할 탐욕스러운 기업가를 떠올리는 것과 유사하다. 혹은 이러한 상상은 고도성장을 구축해 온 한국사회에 (자본주의의 고유한 경제적 위기인) 불황이 불어닥쳤을 때 기업가들이 곤란에 처한 모습을 그들이 자행해 온 가혹한 착취와 결부시킬 때 생길 수 있다. 실제로 1969년부터 불황의 징후가 한국사회에 나타나기 시작했다.

> 그것은 '실패의 위기'가 아니라 오히려 '성공의 위기'였다. …… 수출 주력 품목이던 섬유 등의 경공업 제품에 대해 미국이 부분적으로 수입을 규제했다. 그에 따라 제품 판매가 점차 어려워졌고, 차관으로 들여온 외채에 대한 원리금 상환의 압박이 가중되었다. 1960년대 수출을 주도했던 기업, 특히 차관을 얻어 만든 기업 가운데 부실기업으로 전락하는 경우가 다수 출현했다. 1969년 5월 9일에는 차관업체 89개 중 45%가 부실이라는 정부 발표가 나왔을 정도였다(조희연, 2007: 131).

불황과 정권에 대한 대중적 지지의 이탈은 (유신이라는) 위기관리 체계로 이행하는 급속한 물살을 낳았다. 자본주의의 내재적 모순이 악화됨에 따라 독재가 주도한 개발이 독재와 갈등하게 되고 이로부터 독재의 반동적 강화가 나타났다. 이 과정에서 대중은 근대화의 혜택과 민주주의의 이상 양쪽으로부터 배제될 수밖에 없었다. 「화분」은 배제된 대중의 대행자인 단주를 초월자의 위치에 대입하고, 그 위치에서 공포에 떠는 주권자의 신체를 조망한다. 그것은 대중에게 공포를 느끼게 만드는 주권자로부터 그 주권자가 느끼는 공포를 발견하는 전략이다.

모순되는 두 종류의 감정의 결합으로부터 괴물이 탄생한다. '위로부터의 계급투쟁'을 주도하는 지배 엘리트의 공격성, 즉 대중에게 공포를 행사하는 그 압도적 힘에 관한 느낌이 하나의 감정 흐름이라면, 다른 흐름은 몰락의 공포에 질려 결핍을 호소하는 지배 엘리트의 절규다. '공격성'은 기존 권력체계의 연장에 위치한 질서의 차원에서 나타나며, '절규'는 체제의 무질서 차원을 나타낸다. 따라서 괴물은 '권위주의적 지배체계(윤리)+지배 엘리트가 봉착한 공포(경험) → 다급하게 갈증을 느끼는 흡혈귀(마술)'라는 식으로 요약된다.

2. 근원적 세계: 내파 중인 '푸른 집'

부도난 현마가 일본으로 도피한 이후 '푸른 집'은 근원적 세계로 돌변한다. 구타당한 단주가 광에 갇힌 시점으로부터 '푸른 집'은 다음 세 국면을 거쳐 갈가리 찢기는 현마의 몸을 상징한다.

> (국면 1) 타락한 부르주아들의 가든파티 도중, 부도난 현마가 가족을 버리고 황급히 일본으로 도주한다. 옥녀의 도움으로 광 밖으로 나온 단주는 멍들고 부은 상태에서 현마에게 목이 물린다.

(국면 2) 파티 다음날 난장판이 된 '푸른 집'에서 세란은 불안하게 현마를 기다린다. 옥녀와 단주는 눈의 초점과 얼굴 표정이 사라진 상태로 '푸른 집'의 이곳저곳을 배회한다. '푸른 집'은 붉은색 톤으로 바뀌면서 기괴한 분위기를 발산한다. 갈수록 커져 가는 옥녀의 다듬이소리, 괘종시계의 추소리, 망치소리의 소음이 세란과 미란을 괴롭힌다. 익살맞고 사나운 표정으로 더욱 시끄럽게 다듬이질하는 옥녀를 세란은 대문 밖으로 추방한다. 추방 즉시 국면 3이 개시된다.

(국면 3) '푸른 집'으로 몰려온 빚쟁이들은 요강에서 미란의 피아노에 이르기까지 가구들을 들고 간다. 세란의 금니를 뽑고 반지 낀 그녀의 손가락마저 자르며 그녀를 윤간한 뒤 사라진다. "'푸른 집'이 빚쟁이들로 인해 파괴될 때 단주와 옥녀는 빚쟁이들 편에 서지도, 그렇다고 이들을 막는 편에 서지도 않는다." 두 사람은 "철저하게 제3자로서의 관찰자에 머문다"(박명진, 2009: 239).

갑자기 채권자들 무리가 난입하여 온갖 만행을 저지르는 '군중의 약탈'이라는 모티프는 영화 전체의 흐름에서 돌출적으로 제시된 것처럼 보이지만, 사실은 '국면 1'의 가든파티의 연속선에 있다. '국면 1'의 가든파티와 '국면 3'의 빚잔치는 모두 축제의 범주에 속한다. 가든파티는 현마의 위세를 뽐내기 위해 개최되었던 축제로서, 축제참여자들의 퇴폐적이고 탐욕스러운 양상은 이 축제가 현마의 신체 내부에서 유기적으로 조화를 이루는 기관들의 운동이라는 사실을 나타낸다. 그러나 이 두 종류의 축제는 부패와 폭력 같은 부정적 측면에서 조망되기 때문에 반축제라고 할 수 있다. 파티 및 빚잔치의 당사자들에게만 축제일 뿐 단주와 옥녀(그리고 관객)는 그 의례를 반축제로 규정하는 위치에 서 있다.

현마가 파티를 개최한 후, 현마의 푸른 집이 채무자들의 습격을 받는 것은 달리 말하면, 주권자에 의하여 오염된 기관들이 주권자의 신체 안에서 치부하고 쾌락에 탐닉하다가 역으로 주권자의 신체를 갉아 먹는 상황이다. 우선 연못의 물이 오염되었기 때문에 물고기들은 부패하지만, 그러한 부패들이 모여서 종국에는 연못 자체가 파괴된다는 설정이다. '갈급한 흡혈귀'는 흡혈귀의 신체를 이루던 기관들이 일으킨 놀이로 몰락하는 최후를 밟는다.

서사적 관습에 비추어 볼 때, '국면 1', '국면 2', '국면 3'의 전개는 그 이전까지의 전개와 매끄럽게 연결되지 않는다. 현마와 단주의 대결이 소멸하는 것과 유령 같은 단주의 위상, 갑작스레 군중이 난입하는 것 등은 서사의 인과적 연결이라는 관점에서는 영화를 독해할 수 없게 만든다. 그러나 이야기의 비약, 현실과 환상의 혼재의 도입은 초현실주의 예술의 기법으로 간주될 때 오히려 그 능동적 의미가 간파될 수 있다.[4] 현마가 떠난 후, 단주가 유사 시체의 상태로 사태의 전개를 관조하는 것은 초현실주의자들이 말하는 '자동기술', 즉 가사(假死)상태에서 꿈꾸는 것을 기술하는 상황으로 보인다. 그것은 부정적 육체활동에 화자 자신의 시점을 집어넣음으로써 역설적으로 현실세계에서 화자의 발목을 잡고 있는 끔찍한 악몽의 기억과 단절하는 전략이다. 현마의 추적을 피해 해변에 당도한 단주와 미란이 두 젊은 남녀의 익사체를 발견하는 장면은 이

---

4 하길종은 『태를 위한 과거분사』(1962)라는 제목의 초현실주의 시집을 출판한 적이 있다. 또한 미국 유학 시절 제작한 단편영화 「An Angle of Mirror」(1964년)도 초현실주의 계열의 영화다.

러한 가사상태로의 돌입에 대한 암시로 해석된다. 자신을 배제하는 세계를 넘어서는 유토피아를 상상하기 위하여 익사체의 관점에 자신을 대입하는 것은 초현실주의의 전형적 기법이다.[5]

또한 '국면 3'에서 묘사되는 일련의 무질서한 사태―군중의 갑작스러운 침입, 무자비한 신체 절단, 푸른 집의 황폐화 과정―는 자동기술법에 의하여 상상된 이미지의 놀이로 파악하는 것이 가능하다. 이 관점에서 볼 때 '국면 3'은 단지 끔찍한 해체인 것만이 아니라, 새로운 합성을 위한 파편의 재배열이기도 하다. 초현실주의의 회화와 시는 "분할되고 파편화된 몸", "혼종성의 몸"(corps hybrid), "몸의 확대와 끝없는 왜곡", "탐욕스러운 몸과 먹을 수 있는 몸"과 같은 그로테스크한 모티프들을 자주 사용한다(조윤경, 2008). '국면 3'은 푸른 집이라는 공간과 그 부속물들, 세란과 미란의 몸, 군중들의 몸으로 구성된 한 세트의 집합적 몸에 그러한 초현실주의적 신체 변용을 적용한 것이다. 하길종의 표현을 빌리면 "광란과 파괴 속에서 건설의 법칙을 발견하고자 했던 초현실주의자들의 생각"이 국면들의 전개과정에서 나타난다(하길종, 1982: 7). 요컨대 화자가 자신을 죽은 자에 대입하는 것, 기관들의 해체와 우연적 놀이를 표현하는 것, 그리고 새로운 신체를 건설하는 유토피아를 꿈꾸는 것은 초현실주의의 문법이다.

앞 장에서 논의했던 그로테스크의 담론들에 관한 논의와 초현실주

---

5 브르통(Andre Breton)은 '익사하는 1분간의 경험'을 정신의 고양이 일어나는 모형으로 제시했다. 화자는 "가장 수동적이거나 가장 수용적인 상태"(브르통, 2012: 94, 109)에 돌입함으로써, 지금은 단절된 과거 저편에 있을 것으로 생각되는 이미지들의 무작위적 회귀―이미지들이 유추적으로 결합하는 비논리적 흐름―를 통해 정신능력의 확장을 도모한다는 것이다.

의의 그로테스크는 어떤 관련을 갖는가? 초현실주의 미학은 화자를 둘러싼 세계가 모두 반축제의 괴물로 돌변한 가운데, 화자가 순교자의 위치에 내몰리는 것이다. 단주는 자기 앞에 펼쳐지는 반축제의 무질서한 이미지를 재조합하고자 고군분투함으로써 숭고의 형이상학을 직관한다고 할 수 있다. 홀로코스트 문학이 그랬던 것처럼 이러한 미학은 폭동을 일으키는 군중에 위협당하는 유약한 소시민이 상황의 초월을 소망하는 정치적 조건에서 발생한다. 그 문화정치적 의미는 심신이 황폐해진 한계 상황에서 최소한의 자기보존을 가능하게 하거나, 벤야민이 "혁명을 위한 도취의 힘"[6]라고 불렀던 실천 의지를 비축하는 것이다. 이와 같은 초현실주의의 문법을 전제할 때, 다음과 같은 세 가지 질문이 제기될 수 있다.

첫째 단주는 왜 자기 자신을 유사 시체의 위치에 대입하는가? 다시 말해서, 서사 흐름은 현마의 구타와 감금이라는 외력(外力)의 산물로 설명하지만, 단주로 대변되는 화자가 자기제거를 능동적으로 욕망하는 원인은 무엇인가? 둘째로 '국면 1'에서 '국면 3'으로의 이행은 현마라는 주권자(혹은 '푸른 집'이라는 상징적 장소)의 신체가 낱낱의 기관으로 해체되는 과정이다. 해체된 기관들의 유희는 왜 채권자들의 돌발적 습격으로 구체화하는가? 셋째 여기서 관찰자로 물러나 있는 단주(화자)가 소망하는 유토피아는 무엇인가? 다시 말해, 그가 관찰자 이외의 역할

---

6 "미하일 바쿠닌 이래 유럽에서는 급진적인 자유 개념이 더는 존재하지 않았다. 초현실주의들이 바로 그 개념을 갖고 있다. 그들은 자유주의적이고 도덕적·휴머니즘적으로 낡아빠진 자유의 이상을 처치해 버린 최초의 사람들이다. ······ 혁명을 위한 도취의 힘들을 얻기, 이것이 초현실주의의 모든 책과 시도가 추구하는 목표이다"(벤야민, 2008b: 162).

없이 푸른 집의 몰락 현장을 끝까지 지키는 것은 무엇을 인식하기 위해 서인가?

1) 자기제거의 욕망: 자유주의의 진보성과 보수성

「화분」은 단주의 욕망이 발생하고 파탄에 이르는 과정을 중계하는 영화다. 단주 주위에는 계급적·계층적 위치가 고정된 세 인물들—주인 부부인 현마와 세란, 가정부 옥녀—이 배치된다. 반면에 세란의 동생인 미란과 단주의 위치는 불안정하지만 상대적으로 자유롭다. 단주와 세란은 푸른 집으로부터의 탈출을 공모한다는 점 이외에도 '마음의 동요'를 보인다는 공통점을 갖는다. 미란과 탈출한 단주가 자신의 현마와의 '파시스트적 동성애'를 고백할 때, 그것은 고백이지 자기비판이 아니다. 흥미롭게도 그가 현마를 증오한다는 증거는 영화 어디에도 없다. '국면 1'에서 현마에게 구타를 당해서 피멍이 든 채로 광에서 나왔을 때에도 단주는 현마를 침묵하며 바라볼 뿐이다. '국면 2'에서 산송장의 모습을 한 단주가 바닥에 앉아 돌을 찧는 모습은 자책의 제스처로 보인다. 단주의 드러난 행동으로 비추어 본다면, 그는 현마와의 동성애적 관계를 적극적으로 철회한 것이 아니라, 미란을 향한 이성애로 옮겨 갔다고 보아야 할 것 같다. 그것은 현마에 대한 변심이라기보다는 미란을 향한 더 강한 욕망의 발견에 가깝다. 따라서 단주의 욕망은 현마와 미란 양쪽 모두와 관계를 맺는다. "푸른 집에서의 안정된 생활에 젖어 남자라곤 형부밖에 몰랐다"고 미란 또한 단주에게 고백하지만, 결국 세란의 품으로 돌아간다. 푸른 집으로 압송되어 단주가 감금되었을 때, 단주에 대한 그녀의 심리적 태도는 영화에서 나타나지 않는다. 분명한 사실은 미란은 단주보다 미란 자신의 안정된 삶을 더 사랑하게 되고 수동적인 방식으로 단주와 결별한다는 점이다. 요컨대 젊은 남녀는 청년세대 내부의 '단합'과 기성 세대와의 '영합' 사이를 오고 간다. 다만 단주는 '영합 → 단합 → 단합의 좌절'로, 미란은 '영합 → 단합 → 영합'으로 나갈 뿐이다. 두 사람은 영화적 화자를 둘로 나누어 인격화했다고 말해도 무방할 것이다. '단주+미란'은 사실은 하나의 목소리를 두 배역으로 분화시킨 것인데, 그들은 정치적·경제적 권위자의 품에서 편하게 양육되는 것과 이들에게 저항하고 탈출하려는 어떤 이상 (및 이상의 좌절) 사이에서 동요를 보인다.

이러한 의미에서 「화분」은 '탐욕스럽고 강력한 권력자 대 순결하지만 약한 화자'의 이항대립에 기초한 영화가 아니다. 화자는 권력자와 외재적으로 대립하는 위치에 있지 않다. 화자는 권력자 신체 내부에서 발생하고 작동하는 기관이며, 그 신체를 벗어나고 싶지만 탈출은 불가능하다. 이것은 대저택의 연못과 물고기의 관계로, 현마와 세란 사이에서 성장한 미란이 자신의 초경을 부끄러워하는 일화로 영화에서 직접적으로 유비되고 있다. 탈출의 불가능성은 비단 권력자의 강제력에 의해서만이 아니라, 권력자가 제공하는 자원에 대한 화자 자신의 욕망에 의해서도 형성된다. 따라서 감금이나 유폐라는 표현은 영화의 갈등구조를 설명하는 데 부정확하다. 갈등의 핵심은 강제와 동의의 결합에 의하여 '푸른 집'의 '가신'(家臣)으로 남을 수밖에 없는 숙명과 그 숙명을 거부하고 싶은 내면적 욕망 사이에서 발생한다. 권력의 강제력에 맞서 투쟁하면서도 권력자에게 은연중에 동의하는 자기 자신을 자책하거나, 혹은 권력자에게 동의하면서도 강제적 억압에 투쟁하지 않는 것에 대한 자책감이 나타난다. 단주의 동요하는 위치는 화자가 속한 1970년대의 중간계급[7]의 자유주의가 갖는 모순적 태도에 기반을 두고 있다.[8] 60년대 후반에서 70년대의 전반기는 경공업 중심의 산업구조가 중화학공업과 대규모 기간투자산업으로 구조조정되는 기간이었다. 1960년대에 형성된 재벌 중심 경제체제는 개발의 성공과 함께 "정부-은행-재벌 관계"로 구성된 "개발주의 제도 형태들"을 확장해 나갔다(김수행, 2006: 449). 이 과정에서 대졸의 젊은이들이 새로운 엘리트로 합류하면서 박정희 체제를 지지했다.

조희연에 따르면 1960년대 초반 도시 산업 분야의 관리직, 대졸 출신의 사무직 노동자들 중 신중간층은 3.4%였으나, 1975년에는 4.3%, 1980년에는 6.3%로 증가했다. 주로 도시에 거주했던 이들 신중간층은 성장의 수혜층으로서 박정희에 대한 지지도가 높았다(조희연, 2007: 217). 또한 이들 개인주의, 자유주의 성향의 중간층과 지식인은 "군사독재에 비판적이기보다는 오히려 순응적이고 복종하는 태도를 취했다"(김동춘, 2005: 142). "군사독재와 유신 파시즘하에서 개인주의, 자유주

---

7 중간계급은 비소유계급이라는 점에서 노동계급과 동일하지만, 다른 피고용자들인 노동자들을 통제하거나 관리한다는 점에서 노동자계급과 다르며, 전문적인 지식이나 기술을 보유하여 독점지대형태로 배타적인 소득을 올린다는 점에서 노동자들과는 다른 피고용자를 지칭한다(Wright, 1997: 19~25).

8 권위주의 정치에 반대하는 한에서 진보적이지만, 계급질서를 지지한다는 점에서 보수적인 자유주의의 양가적 성격은 고전적 자유주의시대로부터 계승된 것이다. "고전적 자유주의의 대리인은 일반적으로 신흥 중산계급인 부르주아에 의해 대표된다. 그들은 토지귀족이나 왕권에 반대하고 자신의 계급적 이해를 관철하기 위해 자유롭고 평등한 인간상을 이상화하여 언급하였다. 그러나 그들의 요구는 실제로 일정의 재산과 교양을 가진 사람들로 대상을 한정하였으며 무교육의 빈곤한 계층의 사람들은 포함하지 않았다. 따라서 당시의 자유주의는 자본가 계급에 의한 자본의 축적을 정당화하는 사상일 뿐 노동자 계급의 이해인 사회보장제도나 교육제도의 확충을 추구한 것은 아니었다"(정치학대사전편찬위원회, 2014).

의 성향의 중간층과 지식인은 군사독재에 비판적이기보다는 오히려 순응적이고 복종하는 태도를 취했다"(김동춘, 2005: 142). 그러나 5·16쿠데타로 좌절된 4·19혁명의 잠복된 기억을 표출한 1970년대 초반의 민주화운동 또한 동일하게 중간계급의 자유주의에 기반을 두고 있었다. "70년대 초 민주화운동의 요구가 경쟁적 선거와 민주사회의 기본적인 권리에 있었다는 점에서 전형적으로 자유주의 정치이념을 토대로 한 것이었다"(신광영, 1999: 245). "20세기 여타 후발국가가 그러했듯이 언론과 사상의 자유, 국가 통제와 간섭 배제, 학원의 자율성 등 부르주아 자유주의 가치를 옹호한 세력은 중간층 일반이 아니라 민주화운동 관련 학생과 재야세력이었다"(김동춘, 2005: 142). 따라서 자유주의 성향의 중간계급은 권위주의 체제에 순응하는 수혜자이면서 동시에 권위주의 체제와 마찰하는 세력이었다. 자유주의의 급진적 부분은 일부 대학교수, 개신교 지도자, 예술가 등 지식인과 일부 대학생이 주도한 민주화운동으로 표현되었고, 좀더 대중적으로는 "개발의 과실을 먹고 자라나는 세대"[9] 중심의 소비주의적 대중문화[10]로 표현되었다.

---

9 국가주의의 지향에도 불구하고, 기존 질서와 긴장관계를 갖는 새로운 세대가 출현하고 있었다. 이전과는 전혀 다른 감수성을 가진 세대는 사실상 개발의 과실을 먹고 자라난 세대였다. 1970년대 후반에 이르自 젊은 세대를 이끌어 가는 대학생의 수가 크게 늘어났다. 대학생은 1960년의 10만 6,000명 수준에서, 1970년에는 14만 6,000명, 1975년에는 20만 4,000명, 1980년에는 무려 40만 3,000명으로 크게 증가했다. 이들 새로운 세대는 일단 일상생활 방식과 문화적 지향에서 이전 세대와는 완전히 달랐다"(조희연, 2007: 221~222).

10 비록 정권은 군부세력이 장악하고 있었지만 1960년대 한국문화는 자유주의가 크게 만연한 시기였다. 이런 분위기 속에서 자본주의 대중문화가 성장하기 시작했는데, [1969년에는] 역대 최다관객 동원 기록을 수립하는 등 르네상스를 맞이한 한국영화가 가장 만개한 대중문화였다면, 윤복희의 귀국과 함께 미니스커트 열풍이 부는 등 패션과 유행도 새로운 모습을 드러내기 시작했고, 대도시를 중심으로 지하상가와 같은 대중소비 공간이 들어서기 시작했다. 특히 미국 대중문화의 급속한 보급과 월남전 참전 등의 경험으로 인해 이들 세대를 중심으로 아메리칸 드림이 확산되기 시작했다"(문화과학 편집위원회, 2010: 41).

(1) 단주: 자유주의의 이중성

미란과의 탈출에 실패하고, 미란으로부터 결별당하며 현마에게 영합하는 자신을 자책하는 단주의 이야기는 자유주의의 이중성—저항과 복종—이 내포하는 불안정성을 자기부정으로써 반성한다고 할 수 있다. 단주에게 탈출의 계기가 되는 것은 미란과의 만남이다. 그녀는 독재체제가 양육한 '개발의 과실'을 상징한다. 권력자의 총애를 받던 단주가 (민주화투쟁을 함의하는) 탈출에 나서는 것은 자본주의 수혜와의 마주침을 계기로 한 것이다. 비록 개발의 주도자가 군사독재라 할지라도 자본주의의 내재적 성장은 재화, 정보, 인력의 자유로운 이동을 보장하는 부르주아 민주주의에의 요구를 필연적으로 강화시킬 것이다. 따라서 현마, 단주, 미란의 삼각관계는 '개발독재체제' 자체에 내장된 '개발'과 '독재' 사이의 잠재적 모순이 단주의 신체 안에서 형성한 갈등으로 읽을 수 있다. 그러나 근본적 차원에서 볼 때 「화분」은 '독재'에의 저항이 분쇄되는 것에 비통해할 뿐 아니라, '개발'의 본질적인 반동적 성격에도 비통해하는 영화다. '개발'은 매우 한시적으로만 (영화적으로는 오직 '푸른 집'으로부터 탈출을 시작하는 데까지만) 민주화투쟁의 에너지가 될 수 있다. 미란의 역할은 단주가 현마의 손아귀에서 탈출하도록 부추기는 선까지로 그친다. 탈출이 패배로 그치자마자 미란은 단주를 돌아보지 않을 것이다. '개발의 과실'은 독재와 싸우는 토대를 마련해 주지만, 그 싸움이 급진화하는 순간 독재의 편으로 돌아선다. 자유주의가 기반으로 삼는 부르주아적 성격, 자본주의 성장의 편익에 의존하는 계급적 성격은 (독재에 이어) 결국 단주를 배제하는 또 다른 권력으로 나타날 것이다. '독재'뿐 아니라 '개발' 또한 단주를 배제한다는 점은 단주가 옥녀,

세란과 관계 맺는 다음 두 가지 에피소드에서 나타난다.

(2) 옥녀: '나'의 양심을 자극하는 불편한 타자

첫째 에피소드는 단주와 옥녀의 관계에서 나타난다. 단주가 수인(囚人)
으로 전락했을 때 광으로 들어와 그를 위로하고 문을 열어 주는 것은 하
층계급인 옥녀다. 옥녀는 감금된 단주에게 이렇게 말한다.

> 왜 이 집을 안 떠나는 거지? 단주는 떠나야 해. …… 단주는 미란에게도
> 아무에게도 필요 없는 아이야. 돌아가. 옛날의 단주로 돌아가.

이 대사는 민주화운동을 지탱하는 자유주의의 이념(이 이념은 단주
와 함께 탈출한 미란으로 상징되었다)이 민주화투쟁이 패배로 돌아간 정
세에서는 친독재적이고 부르주아적 성격을 드러내는 현실을 지시한다.
세란은 동생 미란이 이 '비천한' 젊은이와 자유연애로 맺어지지 않고,
부르주아 예술가인 영훈과 '계급 내 혼(婚)'으로 맺어지길 원한다. 세란
이 미란을 대하는 태도도 동성애적인데 자매의 관계는 부르주아 집단
의—이를테면 재벌가의—경제적 지위를 영속화시키려는 욕망을 표시
한다. 단주는 현마의 훼방이 아니더라도 계급 차이로 인하여 미란과 맺
어질 수 없다. 권위주의 체제와 대결하는 한에서 부르주아 집단은 자유
주의라는 기치 아래 '민주투사'와 연대하지만, 그 투쟁이 실패하는 한에
서 자유주의는, 그 '민주투사'가 (부르주아와 구별되는) 중간계급임을 일
깨워 주는 다른 이름일 뿐이다. 미란은 영화의 마지막에는 몰락하는 부
르주아 집안의 대열에 합류한다. 미란과 단주가 화자의 동일한 분신이

라고 한다면, 미란의 몰락은 결국 화자의 한 부분을 점유하고 있는 경제 권력에 영합하는 요소를 파괴하는 의례에 불과하다.

또한 옥녀의 말은 단주로 대표되는 중간계급이 '이 집을 떠나지 않는' 기회주의 속성에 대한 민중의 힐난이기도 하다. 푸른 집의 가신(家臣)으로 머무르는 것에 대한 화자의 반성은 오직 하층계급인 옥녀의 시야에 의존할 때에만 가능해진다. 그러나 옥녀와 단주의 유대는 동등한 연대라기보다는 부르주아 계급과 구별되는 중간계급의 자의식을 드러내는 지렛대의 역할로 그친다. 그 근거는 다음 두 가지다.

우선, 옥녀와의 유대는 단주가 현마, 세란, 미란 모두로부터 배제되었을 때에야 비로소 가능해지는 한시적인 것이다. 단주가 현마나 미란과 사이가 좋을 때 옥녀는 단주의 시야 바깥에 있다. 다음으로 영화가 옥녀를 재현하는 방식에는 암암리에 화자에 의한 타자화가 배어 있다. 가정부 옥녀는 주인집 사람들의 동향을 몰래 엿본다. 이효석의 원작에서 옥녀의 엿보기는 욕망에 들뜬 관음주의의 발로였지만, 영화에서 옥녀의 표정은 기밀을 탐지하는 '수상한' 정치적 타자의 그것에 근접해 있다. 당시의 정세에서 노동자 등 생산대중의 권리와 이해를 표명하는 행동에는 직접적으로 정치적 낙인이 찍혔다. "[공권력이] 노동자의 분류를 국가안보의 저해 요인으로 간주하고 노동자의 투쟁을 불온시했기 때문에, 진압도 간첩작전처럼 수행한 것이다"(조희연, 2007: 162). 극우파의 냉전 이데올로기가 한국전쟁 이후 남한 사회에서 공공연하게 맹위를 떨쳐온 현실에서, 진보적이라고 할 수 있는 하길종의 영화조차도 노동자를 불온시하는 사회 저변의 통념들로부터 자유로울 수는 없었다. 단주로 대변되는 화자는 푸른 집의 부르주아 가족으로부터는 열등감을 느끼지만, 동시에 노동자에 대해서는 부지불식간에 냉전 이데올로기에 편승하여 타자화하는 우월한 위치에 있다.

(3) 세란: '나'를 욕망하면서 혐오하는 권력자

둘째 에피소드는 단주와 세란 사이에서 발생한다. 상층 부르주아로부터 겪는 중간계급의 수모는 영화에서 주로 세란의 단주에 대한 모멸스러운 언사로 나타난다. 대표적 에피소드는 파티 그다음 날('국면 2') 세란이 단주와 성관계를 상상하는 몽환적 신이다. 여기서 단주와 이성적 관계를 맺는 푸른 집의 성원은 미란이 아니라 세란이라는 점을 확인해 둘 필요가 있다. 이러한 인물의 교체는 단주가 꿈꾸었던 자유주의가 (현마와의 대립 국면에서 미란으로 표현되었던) 그 생기발랄한 가면을 벗어던지고 자신의 계급적 탐욕을 유감없이 드러낸다는 점을 나타낸다. 배회하는 단주와 마주쳤을 때 세란은 단주를 욕하면서 욕망한다. 그녀는 "나는 옥녀와는 다르단 말야. …… 나는 너 같은 천한 사람하고는 어울릴 순 없어"라고 외치면서 그의 몸에 탐닉한다. 세란에게 단주는 옥녀와 다를 바 없는 혐오스럽고 전근대적인 유사 야만인으로 평가되고, 그러한 한에서 부르주아 가정 안에서 충족되지 못한 일탈적 욕망의 대상이 된다. 이러한 세란의 태도는 경제 권력집단의 중간계급에 대한 억압과 약취를 상징한다.

자유주의에 기반을 둔 중간계급의 동요는 「화분」이 궁극적으로 화자의 자기제거를 욕망하게 하는 토대가 된다.[11] 파시스트적 동성애가 자본주의의 성장을 이끄는 한에서 단주는 현마를 버릴 수 없다. 그러나 현마의 권위주의가 상징하는 박정희 체제란 "동질화한 집단 내부에서 엄격하게 질서 잡힌 위계화된 분업체계"(황병주, 2013: 15)이다. 단주는 독재가 양성한 개발의 힘을 토대로 독재에 저항한다. 민주화투쟁이 실패로 돌아갈 때 단주는 자신을 추동했던 '개발'이 지닌 독재에 영합적인 성격에 좌절한다. 독재와 개발의 상보적 성격과 마찰하는 성격 사이에서 단주는 배제되고 그 배제는 단주 자신의 기회주의를 고발한다. 저 아래 세계에 있는 하층민의 꾸짖는 시선으로부터 그는 벗어날 수 없다. 이러한 출구가 보이지 않는 자기반성으로부터 단주의 '시체-되기'의 욕망, 능동적 자기삭제의 욕망이 비롯된다.

2) 탐욕스러운 군중: 4·19세대의 자동붕괴론

푸른 집의 부패에 공모했던 부르주아들이 자신들의 권위자를 잔혹하게 해체하는 스펙터클은 가사 상태에 돌입한 단주가 꿈꾸는 초현실주의적 이미지라는 점이 고려되어야 한다. 즉, '국면 3'의 혼돈은 단주의 내면적 혼돈에 동기화되어 있다. 빚쟁이들과 세란·미란 자매 사이의 관계

---

11 하길종 감독이 3년 후에 발표한 『바보들의 행진』(1975)에서도 군사독재의 권위주의와 자본주의의 자유주의 사이를 왕복하고 결국 양쪽으로부터 배제되는 주제가 반복된다. 이 영화의 첫 장면과 마지막 장면은 동성애의 대상이 되는 남성 신체에 대한 당대의 양가적 태도를 보여 준다. 신체검사를 하는 첫 장면에서 군복을 입은 검사관은 나란히 도열한 청년들의 팬티 속을 차례로 보며 웃음 짓는다. 현마의 쾌락과 유사한 쾌락이 여기서 재현되는데, 영화의 중간 부분은 어떤 점에서 군사적 권위주의자의 시선을 피해 '대학가의 낭만'이라는 자유주의 세계로 도피하는 과정이다. 그러나 젊은이들은 철학과를 졸업한 후 경제적으로 무능력할 것이 분명한 자신들의 미래 때문에 좌절할 수밖에 없다(병태의 이러한 약점을 지적하는 사람은 자유주의 문화의 표상인 영자다). 따라서 마지막 장면에서 병태의 군 입대는 이성애적이고 자유주의적인 민간사회의 계급적 배제를 피해, 동성애적인 군주의의 세계로 도피하는 행위로 해석할 수 있다. 결국 군사적 권위주의와 자유주의는 모두 애증의 대상이자, 폐쇄적 타원의 양 초점이다. 영철의 자살은 이러한 왕복운동의 진실이 양쪽 모두에 의한 신체의 배제라는 사실을 상징적으로 드러내는 사건이다.

는 주권과 호모 사케르의 대칭구도를 백일하에 드러낸다. 박해를 가하는 자와 박해를 당하는 자가 각각 단주의 신체와 기관을 자극할 것이다. 그러므로 그의 욕망은 '국면 3'에서 표현된 공격자와 공격 대상 모두에 잠입해 있다. 신체가 절단되고 윤간당하는 세란, 피아노를 잡고 질질 끌려가며 울부짖는 미란의 모습은 끔찍하지만 연민을 자아내게 한다. 화자는 그녀들이 그렇게 되길 바라면서, 동시에 그렇게 되지 않길 바란다. 이러한 중의법적 연출은 공격자의 입장에 선 단주의 가학적 의지와 피해자의 입장에 선 단주의 애착을 동시에 표현한다. 마찬가지로 채권자들의 만행을 표현하는 방식 또한 중의법을 따르고 있다. 채권자들은 채무를 독촉하기 위한 '합리적' 경제 행위자들이 아니라, "일종의 혁명, 민란, 무정부 상태"(박명진, 2009: 228)의 정치행동에 나선 대중으로 나타난다. 대중의 봉기에 의한 '수탈자의 수탈'이라는 이미지에는 이미 두 번에 걸친 단주의 탈출로 표현된 바 있는 민주화투쟁의 욕망이 스며들어 있다. 그러나 채권자들의 여성을 상대로 한 가공할 억압은 민주화투쟁의 패배에서 비롯된 화자의 열패감, 대중에 대한 배신감으로밖에는 달리 해석할 길이 없다. 투쟁에의 열망(질서의 차원)과 그 열망에 대한 환멸(무질서의 차원)이 혼돈스럽게 결합할 때, '탐욕에의 광기에 도착된 대중의 혁명적 봉기'라는 기괴한 이미지가 형성된다.

　　푸른 집의 붕괴 과정에 대한 묘사는 1970년대 진보진영에 널리 퍼져 있었던 '파국론' 혹은 '붕괴론'에 기반을 두고 있다. '붕괴론'은 외채로 개발에 성공한 나라는 외채를 갚지 못해 붕괴될 것이라고 전망한다. "(붕괴론은) 한국경제가 곧 경제적 위기—외채 위기이건 경상수지 위기이건 간에—에 직면하여 파국을 맞고 붕괴할 것이라는 인식이다"(조희연, 2007: 97). 외채의 누적으로 인하여 한국경제가 자연히 붕괴할 것이라는 전망, 혹은 차라리 그렇게 되기를 암암리에 바라는 소원은 철학에서 말하는 '기계적 결정론'에 속한다. 능동적 실천의 개입 없이 사태의 자동적 진행을 전망한다는 점에서 철학적 오류라고 말하기는 쉽다. 그러나 오늘날의 관점에서 그 당시 진보진영의 붕괴론을 판단하는 데는 신중히 고려해야 할 문제가 있다. 기계적 결정론은 이론적 과학성으로 판단되기 이전에 아래에서 그람시(Antonio Gramsci)가 말하듯이 투쟁에 실패한 사람들이 끈기 있게 인내하고, 의지의 강력한 활동을 집요하게 보존하는 감정의 표현이기 때문이다.

투쟁의 주도권을 갖고 있지 않을 때 그리고 투쟁이 일련의 패배들로 끝날 때 기계적 결정론은 도덕적 저항과 응집과 끈기 있고 집요한 인내의 뛰어난 동력원이 된다. '나는 일시적으로는 패배했지만 멀리 보아서는 사물들의 진행은 나의 편에 서 있다' 등등의 논리가 그것이다. 실재의 의지는 역사의 일정한 합리성에 대한 믿음으로 전환된다. 즉, 고해적 종교들의 예정설과 은총을 대체하는 열정적 목적론의 경험적이고 원초적 형태에 대한 믿음으로 전환한다. 이 경우에조차도 의지의 강력한 활동이 존재한다는 것을 강조해야만 한다(알튀세르, 1997: 121에서 재인용).

압도적 화력으로 무장한 공격이 위로부터 침입하고 있고, 이 때문에 저항자들의 신체가 패배의 표상에서 헤어나올 수 없도록 자극받을 때, "열정적 목적론"에는 자신의 도덕성과 저항의식을 지켜 나가는 긍정적 요소가 존재한다. 「화분」의 화자는 자신으로부터 씻어 내고 싶은 모든 더러운 것이 그 더러움의 힘에 의하여 자동 붕괴할 것이라고 전망한다. 저항과 공모가 교착하여 발생한 모든 수치, 죄의식, 애착이 탐욕스러운 군중의 자기파괴적 축제를 통해서 한꺼번에 쓰레기통에 던져지길 바라는 소망을 표현하고 있다. 이로부터 '푸른 집'은 단주와 옥녀의 적극적 개입 없이도 자동적으로 내파될 수밖에 없는 운명을 지닌 앙시앙 레짐으로 파악된다(박명진, 2009: 240). 다시 말해 비록 민주화투쟁의 역량은 좌절하였지만, '외부로부터의 공격 없이도 스스로 무너질 구체제'라는 이미지로 박정희 체제를 규정한다. 또한 「화분」의 결말은 하길종과 1970년대 초의 비판적 지식인들에게 하나의 상처이자 미해결의 과제로 남았던 4·19혁명의 독특한 회상을 반영한다. 회상의 핵심에는 희열이 일순간의 처절한 패배로 바뀐 실의(失意)의 경험이 있었다.

하길종에게 4·19혁명은 각별한 의미를 지닌다. 그의 동세대들이 자신들을 규정할 때 흔히 4·19세대라고 하는 데서 알 수 있는 것처럼, 그들은 4·19를 통해 혁명의 가능성을 보았다. 새로운 시대의 가능성, 민중의 힘을 보았다. 자신들이 독재정권을 무너뜨렸다는 확신과 희열을 지니고 있었다. 그러나 그것으로 끝이었다. 민주당은 무능했고, 이것을 빌미로 박정희 중심의 5·16 쿠데타가 일어났다. 그들의 희열이 일순간 처절한 패배로 바뀐 것이다. 당시 많은 사람들이 그런 것처럼 하길종은 실의에 빠지게 된다. 4·19혁명의 실패가 싱싱한 젊음의 희망을 잃게 만들었던 것이다(강성률, 2005: 69).

4·19세대의 기억은 「화분」의 화자가 군사적 권위주의에 대하여 비판적인 만큼이나, 권위주의를 타도하는 대중에 대한 불신을 드러내는 배경이 된다. 화자는 대중의 봉기가 군사독재체제의 대안이 될 수 없다는 점을 보이는 듯하다. 독재자의 자리를 대신할 자유주의에 충실한 대중들은 상호 약취적인 군중이다. 스피노자가 『정치론』(1677)에서 말하는 "대중으로의 복귀"(발리바르, 2005: 170, 237), 즉 무정부 상태에 빠진 대중의 한 부분이 다른 부분을 공격하는 최악의 상황이 상상되고 있다. "국가의 최고권력이 종종 다중에게 넘어가는 일이 일어날 수밖에 없다. 그것은 극단적이며 지나치게 위험한 변화이다"(스피노자, 2009: 152). 현마로부터 단주가 받았던 박해와는 다른 차원의 부정적 사태 즉, 독재 정권 타도 이후 대안 정치의 문제를 우려의 심정으로 전망하는 관점이 나타난다. 현마에 의한 억압이 군중에 의한 억압으로 이어지는 사태는, 자유주의가 독재정부를 밀어낸다 하더라도 민주정부를 수립하는 궁극적 대안이 될 수 없다는 암시로 읽을 수 있다. 자유주의의 자본주의적 탐욕은 처음에는 단주에 대한 세란의 경멸로 표현되었지만, 중간에는 퇴폐적 가든파티로, 최종적으로는 자본주의 공리계에 편입된 대중들의 자기 파괴적인 무정부적 소요로 나타난다.

3) 화자의 소망: 혁명적 니힐리즘

붕괴가 예정된 권위주의적 체계와 부르주아적 자유주의에 오염된 군중 양쪽 모두를 거부할 때, 「화분」의 화자가 꿈꾸는 대안은 "아직 정처는 없지만 이 상태를 넘어서 나아가려는 깊은 욕망"(윌리엄스, 2007: 122)

이 된다. 조각난 기관들의 무작위적 결합으로부터 형이상학적 재합성을 꿈꾸는 초현실주의자의 태도는 그런 욕망의 한 유형이다. 초현실주의로부터 '혁명적 도취'를 발견했던 벤야민도 극단적 몰락으로부터 구원의 기미를 찾았다.[12]

> 몰락의 현상들은 전적으로 안정된 것이며 구원은 유일하게 거의 기적과 신비에 가까운 어떤 특별한 일로부터만 기대될 수 있다는 생각이다 (벤야민, 2007: 84).

몰락으로부터 구원이 기대된다는 벤야민의 논지는 "혁명적 니힐리즘"(벤야민, 2008b: 150)을 통한 분별력의 획득으로 이해할 수 있다. 굴욕의 고통스러운 감각만이 "정신을 바짝 차리게" 할 수 있고, "원한의 내리막길이 아니라 반란의 오르막길을 닦게 되는 그날까지 자기 자신을 단련시킬" 수 있다(벤야민, 2007: 87). 또 인류의 경험 전체가 빈곤해지는 상황은 앙소르의 그로테스크한 회화[13]가 재현하듯 사람들을 흉측한 야만성으로 이끌지만, 이 야만성으로부터 적은 것을 가지고 웃으면서 새로운 일을 꾸려 나가는 "새로운 긍정적인 개념의 야만성"이 태동한다(벤야민, 2008b: 174).

「화분」의 태도도 벤야민이 말하는 혁명적 니힐리즘과 다르지 않아

---

12 「바보들의 행진」에서 병태와 영자의 묘지에서의 데이트 장면도 이와 유사한 사유가 나타난다. 영자가 죽은 사람이 불쌍하다고 말하자, 병태는 죽은 사람은 늘 꿈을 꿀 수 있다고 대답한다.
13 이 설명에 대해서는 저자의 박사논문을 참고하라.

보인다. 배회하는 유령이 된 단주의 모습은 원한을 품은 귀신과는 거리가 멀다. 그는 끔찍한 사태의 고통스러운 감각을 직접 느끼고 보기를 욕망한다. 기정사실화한 죽음에 직면하여, 스스로 '시체-되기'를 선택함으로써 모든 사회성원이 생리적으로 도덕적으로 몰락한 파국적 상태에 일부러 자신의 눈높이를 일치시킨다. 이렇게 의도적으로 굴욕, 고통, 야만의 상태에 가담하는 것만이 자신을 단련시키고 차후의 반란을 준비할 수 있기 때문이다. 파멸적 상황에의 몰입을 경유하여 혁명을 준비하는 이러한 문화정치적 전략은 스피노자의 의미에서는 매우 작은 완전성으로 자신의 역량을 축소시키는 것이다. 영화는 이 방법을 통해서 파시스트적 동성애와 자유주의의 탐닉에 영합한 자신의 욕망을 철수시키고, 나아가 독재와 개발(권위주의적 주권자와 탐욕적 대중)의 악순환으로부터 탈출하는 출구를 발견한다.

3

다산성과 생명정치의 대결

「하녀」 등의 괴물들은 명시적인 것과 암시적인 것으로 쌍을 이룬다. 전자는 쥐와 닭의 이미지들 사이를 오고 가는 노동계급 여성이며 후자는 생명정치의 주권을 행사하는 식인주의적 부인이다. 괴물들은 질서로서의 생명정치와 무질서로서의 '번식'하는 노동계급이 결합의 비율을 달리하여 생산한 이미지들이다. 「하녀」 등의 근원적 세계는 두 여성 사이에서 모호한 태도를 취하는 동식을 중심으로 구성된 가정이다. 동식의 혼돈된 가치관은 급속히 부상하는 노동자 계급에 대한 연민과 그들과 공모하는 것에 대한 처벌의 공포, 압도적 장악력하에서 생명정치를 수행하는 근대화 프로젝트에 대한 추종 심리들의 혼재에서 비롯된 것이다. 가정은 아무리 죽여도 계속 번식하는 노동계급, 먹을 자원을 용의주도하게 양생(養生)하는 생명정치가 충돌하는 장소로서 1960, 70년대 한국사회 전반을 파생시키는 곳이다. 이 근원적 세계의 성원들은 고갈의 과정을 거쳐서 공멸할 것이다.

「화분」은 '푸른 집'에 사는 권력자를 갈증을 심하게 느끼는 흡혈귀로 묘사한다. 이 괴물은 더욱 경화하는 전체주의의 질서와 이중의 공포가 야기하는 무질서를 병치시킨 것이다. 이중의 공포란 한편으로 유신체제 전환기 비상정치를 실시한 박정희정권에 대한 대중의 공포와, 다른 한편으로 불황과 대통령 선거의 불안한 결과로 박정희정권이 대중으로부터 느끼는 공포의 결합이다. 「화분」이 제시하는 근원적 세계는 절대적 종말을 맞이하는 권력 핵심부다. '푸른 집'은 정적을 깨고 느닷없이 들이닥친 폭도들에 의해 유린당한다. 영화는 자유주의 지식인의 피학적 요소를 포함하는데, 그 피학은 '광란과 파괴'로 뒤덮인 극한의 억압적 상황에 자기 자신을 내던짐으로써 중간계급에 뿌리를 둔 기회주의적 욕망을 반성하고 탈각하는 장치다. 따라서 '푸른 집'의 붕괴는 화자 자신의 해체이기도 하다. 그 궁극적 소원은 민주화투쟁에 실패한 현재 상태로부터 사회 전체의 재생으로 나가는 혁명적 니힐리즘이다.

근대화 프로젝트에 대한 지지와 (위협적 하층민의 도시유입 등) 산업적 공포 사이의 이율배반 경향, 그리고 유신체제 전환기 독재와 개발 사이의 이율배반 경향은 각각 김기영과 하길종의 영화에서 괴물을 상상하는 조건이 되었다. 「하녀」는 위협적인 하층계급을, 「화분」은 탐욕스러운 권력자를 '괴물'로 간주하지만, 동일하게 박정희정권의 생명정치를 비판한다. 이 영화들의 '근원적 세계'는 생명정치의 전락담(轉落談)을 재현한 것이다. 즉, 개발독재가 확장한 생식력이 결과적으로 군중의 반란을 부추겨 사회가 총체적으로 붕괴하고 야만의 나락에 빠진다. 붕괴 상황은 파괴자를 강조할 수도, 파괴행위의 결과로서 지배체제의 파열을 강조할 수도 있다. 「하녀」의 근원적 세계가 파괴자, 즉 하층계급의 계급적 복수를 강조한다면, 「화분」의 근원적 세계는 지배체제가 균열에서 파열로 이어지는 과정을 내부자의 시각에서 묘사했다.

「하녀」 등과 「화분」은 개발독재기의 대표적 그로테스크로서 세 가지 공통점을 보인다.

첫째, 생식력 혹은 번식의 에너지를 은유하는 성(性)이 그로테스크의 대표적인 모티프로 사용된다. 성은 한편으로 주체할 수 없이 팽창 중인 대중의 에너지를 표현한다. 쥐와 갓난아기의 지속적 출몰, 걷잡을 수 없는 붕괴의 발단이 된 소녀의 첫 생리가 그 예들이다. 성은 다른 한편 한 집단이 다른 집단에 행사하는 약취를 표현한다. 동식이 '하녀'를 겁탈한 사건, 강제 유산, 처첩을 거느린 남성권력자가 집착하는 동성애, 푸른 집에 난입한 군중의 윤간 등이 이에 해당한다.

둘째, 괴물은 계급·계층적 계서제(階序制)의 최상층이나 최하층에서 출현한다. 중간적 위치에 있는 화자와 괴물 사이에는 좁힐 수 없는 신분의 차이가 존재한다. 이들 사이의 차이는 고착된 공간 사이의 지리적 거리로 표현된다. 「하녀」 등에서 1층과 2층 사이의 계단, 큰 집과 작은 집의 분리, 「화분」에서 '푸른 집'과 단주 아파트 사이의 거리, 파티 장소와 광 사이의 오솔길 등이 그 예들이다.

셋째, 비극적으로 끝나는 서사의 내용과는 대조적으로, 커다란 폭발력이 표현 영역에서 제시된다. 「하녀」의 공동음독, 「화분」의 '푸른 집' 몰락은 겉보기에는 순수하게 끔찍한 와해를 보일 뿐이지만 이를 통하여 두 영화는 사회비판 메시지를 감춘 채, 전체주의를 넘어설 수 있는 박력을 전한다.

후속하는 장들에서 우리는 개발독재 시기에 정립된 성의 그로테스크가 해체되고 그 해체된 파편으로부터 신자유주의 체제가 재료를 공급받는 과정을 살펴볼 것이다. 21세기 전환기에 이르면 성은 더 이상 어떤 생산적 에너지라든가, 집단 사이의 권력 작용을 의미하는 것이 아니라, 개인의 자율적 욕망을 추동하는 반(反)생식적 에너지로 전용된다. 또한 공간은 더 이상 고착되지도 않을뿐더러 공간 사이의 거리가 그로테스크를 발생시키지도 않을 것이다. 섬뜩한 사건은 오히려 그동안 분리되었던 등장인물들의 거주지가 한 장소로 통합되거나, 사건이 발생하는 공간이 무작위로 이동하는 경향에서 나타난다. 마지막으로 「하녀」와 「화분」에서 발견되는 에너지와 파괴력을 우리는 아직까지 발견하지 못하고 있다. 신자유주의로 이행하는 영화들은 종종 명시적 사회 비판을 수행하는 순간조차도, 허무적 순응 경향을 비판의 암묵적 전제로 내장하고 있기 때문이다.

1

박철수의 「301, 302」
— 호황기의 금욕과 탐욕의 생리학

장정일의 시 「요리사와 단식가」(1988)[1]를 영화화한 「301, 302」는 80년대 말부터 시작하여 외환위기가 도래한 1997년 말까지 약 10년간 지속된 '1990년대의 호황경기와 소비주의'를 반영한다. 한국사회는 1980년대 중반의 이른바 '3저 호황' 이래 본격적으로 소비사회로서 성장하였다. 이렇게 형성된 " '과열 소비풍조'는 이후 경제성장이 크게 둔화된 상황에서도 기본적으로 지속되면서 1990년대 전체를 관통했다"(주은우, 2010: 322).

경제적으로 독립한 독신 여성들이 '새 희망 바이오 아파트'라는 중간계급의 이상적 공간에서 살아간다. 당시 유행했던 로맨틱 코미디와 마찬가지로 이 영화 또한 공적 삶의 문제로부터 상대적으로 격리된 개인주의적 삶의 반경에서 일어나는 사건들을 다루었다.[2]

요리광이자 식욕이 넘치는 송희(방은진)의 공간 301호는 전 공간의 부엌, 식당화를 보여 준다. 반면 거식증에 몸/욕망에 관한 글쓰기(다이어트, 식욕과 성욕의 관계 등)를 하는 프리랜서 윤희(황신혜)의 공간 302호는 전 공간을 서재화하여 도서관을 상기시킨다. …… 탐식과 거식 …… 이제 둘은 '요리하기-버리기'라는 극단적인 대조를 보이는 행동으로 상호배신적 소통에 들어간다(유지나, 2007: 241~244).

풍요로운 소비주의의 외양과는 달리, 1990년대 중반에는 권위주의의 시대와 신자유주의 시대의 경계 시점에 고유한 긴장이 넘쳐났다. "87년 체제의 정치적 성격은 과거 개발독재시대의 유산과 새로운 신자

---

1 다음은 「요리사와 단식가」의 전문이다.
"1. 301호에 사는 여자. 그녀는 요리사다. 아침마다 그녀의 주방은 슈퍼마켓에서 배달된 과일과 채소 또는 육류와 생선으로 가득 찬다. 그녀는 그것들을 굽거나 삶는다. 그녀는 외롭고, 포만한 위장만이 그녀의 외로움을 잠시 잠시 잊게 해준다. 하므로 그녀는 쉬지 않고 요리를 하거나 쉴 새 없이 먹어대는데, 보통은 그 두 가지를 한꺼번에 한다. 오늘은 무슨 요리를 해먹을까? 그녀의 책장은 각종 요리사전으로 가득하고, 외로움은 늘 새로운 요리를 탐닉하게 한다. 언제나 그녀의 주방은 뭉실뭉실 연기를 내뿜고, 그녀는 방금 자신이 실험한 요리에다 멋진 이름을 지어 붙인다. 그리고 그것을 쟁반에 덜어 302호의 여자에게 끊임없이 갖다 준다.
2. 302호에 사는 여자. 그녀는 방금 301호가 건네준 음식을 비닐봉지에 싸서 버리거나 냉장고 속에서 딱딱하게 굳도록 버려 둔다. 그녀는 조금이라도 먹지 않기 위해 노력한다. 그녀는 외롭고, 숨이 끊어질 듯한 허기만이 그녀의 외로움을 약간 상쇄시켜 주는 것 같다. 어떻게 하면 한 모금의 물마저 단식할 수 있을까? 그녀의 서가는 단식에 대한 연구서와 체험기로 가득하고, 그녀는 방바닥에 탈진한 채 드러누워 자신의 외로움에 대하여 쓰기를 즐긴다. 한 번도 채택되지 않을 원고들을 끊임없이 문예지와 신문에 투고한다.
3. 어느 날, 세상 요리를 모두 맛본 301호의 외로움은 인육에게까지 미친다. 그래서 바싹 마른 302호를 잡아 수플레를 해먹는다. 물론 외로움에 지친 302호는 쾌히 301호의 재료가 된다. 그래서 두 사람의 외로움이 모두 끝난 것일까? 아직도 301호는 외롭다. 그러므로 301호의 피와 살이 된 302호도 여전히 외롭다"(장정일, 1988).
2 90년대 초반 한국 로맨틱 코미디에 등장하는 인물들이 대부분 독립적이고 개인주의적이라는 사실은 그들이 곧 신세대로서, 같은 세대들의 공감과 다른 세대들의 호기심을 얻기에 충분했음을 의미한다. 로맨틱 코미디가 80년대 일부 한국영화의 경향과 달리 정치적 상황이나 배경을 제시하지 않고 두 남녀의 지극히 개인적인 사생활에만 집중한다는 점도 신세대의 특성과 관계가 있다(윤성은, 2010: 150).

유주의적 경제질서 출현의 과도기적 상황을 둘러싼 각 계급 간의 경제 투쟁의 성격을 띠고 있었다는 것이다"(조희연, 서영표, 2009: 162).[3] '87년 체제'에는 고유한 이율배반이 존재했다. 한편에는 소비주의, 탈권위주의 및 민주화, 자기계발의 열풍을 긍정하는 흐름이 있었으며, 다른 한편에는 잔존한 권위주의의 망령과 싸우고 점증하는 신자유주의의 경쟁 압력에 쫓기는 부정의 흐름이 있었다. 「301, 302」는 누구의 간섭도 받지 않는 자유로운 소비·자기계발 주체의 긍정적 외관 아래에서 필사적으로 진행 중인 두 종류의 압박—권위주의 시대의 잔존하는 망령과 신자유주의 시대가 강요하는 자기계발—을 생생하게 기술한다. 301호에 사는 윤희(황신혜 분)는 방송국 작가로 자립하기 위하여 발버둥치고, 302호에 사는 송희(방은진 분)는 요리의 기예를 익히는 데 광적으로 몰두한다. 자본의 압박은 성적 육체 영역으로 전이되어 성과 식사의 강박을 형성한다. 두 여성들은 자신의 과거로부터 탈출하려는 투쟁을 통하여 결핍을 상징하는 '거식증'과 탐욕을 상징하는 '요리강박증'에 각각 걸린다. 영화의 시작과 더불어 두 사람은 이미 '탐식'과 '거식'을 대변하는 괴물인 채로 등장하지만, 영화의 마지막에 이르면 두 사람은 더 큰 괴물을 창조해 낼 것이다. 두 사람은 한 사람으로 합체되기 때문이다. 각자로부터, 그리고 융합에 의해서 두 단계 공정에 걸친 괴물의 창조 과정은 신

---

3 '87년 체제'의 기간은 1987년으로부터 '97년 체제'가 성립하기 전까지, 즉 1996년까지다. 두 체제의 차이에 관해서는 아래 언급을 참조하라. "87년 체제가 성립한 이후 97년 체제가 성립할 때까지 대중들의 아래로부터의 다양한 저항들은 민주주의적 정치공간에서 자신의 요구를 실현하는 방향으로 작동하였다. 그러나 97년 체제하에서 반독재 신자유주의가 대중들의 민주 개혁적 정치요구를 일정하게 실현하였지만 이제 신자유주의적 자본주의의 요구들을 전면화하게 됨으로써 대중들에게 민주주의가 대중 자신의 무기로 작동하지 못하는 상황이 발생하게 된 것이다"(조희연, 서영표, 2009: 170).

[그림 3] 「301, 302」에서 괴물 생산의 두 단계

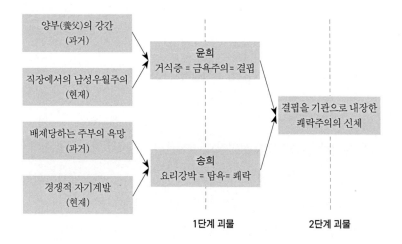

자유주의로 나아가는 과도적 시기에, 다가오는 새로운 사회 환경에 적합한 인간형이 창조되는 신화를 제시한다고 할 수 있다. 오늘의 관점에는 매우 자연스럽게 통합된 주체로 보이는 신자유주의의 개인이 역사적으로는 어떤 불가능한 과정을 강제로 경유하여 출현했는가의 우화가 제시된다([그림3] 참조).

이 작품은 로맨틱 코미디가 주류였던 당대 영화의 흐름(윤성은, 2010) 안에서 예외적으로 사회비판적인 텍스트였다. 게다가 여성주의의 주제를 그로테스크로 표현하는 것은 대중에게 전적으로 생소했기 때문에 크게 주목받지 못했다. "팔자가 요상한 여자들에 대한 요상한 영화로 여겨져 외면당했고, 너무 쉽게 잊혀졌다"(구번일, 2005: 141). 그럼에도 미학적으로는 2, 3년 후에 유행할 그로테스크 영화들의 기본적 문법을 선취하고, 문화정치적으로는 신자유주의적 주체가 권위주의의

유습에 대한 반발로부터 탄생하는 과정을 생생하게 보여 주는 의미심장한 텍스트다.

1. 괴물: 거식증 환자를 집어삼킨 요리강박증 환자

「301, 302」에서 누군가가 제공한 음식을 먹는 것은 제공자와 성교하는 것을 의미한다. 불평등한 성정치로 점철된 과거의 상처를 '성교=식사'의 등식으로 이해하는 두 여주인공은 현재 거식증(anorexia nervosa), 대식증(bulemia), 요리에의 강박에 시달릴 수밖에 없다.

윤희는 고등학생 시절 정육점을 운영하는 의붓아버지로부터 상습적으로 성폭행을 당했다. 그녀가 기억하는 가족의 식사에서 의붓아버지가 윤희의 입에 쑤셔 넣던 고기는 그의 성기와 동일시된다. 그녀의 거식증은 자신의 몸이 의붓아버지가 공급한 고기들로 채워져 있다는 피해의식에서 나온 것이다.

> 그래요. 내 몸속에 더러운 걸로 가득한데, 근데 어떻게 내 몸에다 남자를, 음식을 처넣겠어요? 이대로 없어지고 싶어요(「301, 302」).

음식은 남자이며, 식사는 성폭행의 연속이다. 그녀의 상상에서 '요리-음식-식사-기관'의 사슬은 자신의 기관이 권위자의 신체에 소화되는 과정이다. 따라서 그녀의 신체는 자신의 더러워진 기관이 제거되길 바란다. 기관이 없는 텅빈 신체만이 그녀를 정화해 줄 것이다. 하지만 자신의 기관을 꾸짖는 그녀의 신체는 누구의 것인가? 윤희는 그녀의 기

관에 형벌을 가하는 권위자의 쾌락에 가담하고 있다. 프로이트의 용어로 설명하자면,

> 윤희의 자아는 초자아의 도덕적 양심에 의해 공격[당하고 있다]. ……
> 그녀는 양부의 변태적인 성적 욕망과 어머니의 맹목적인 물질적 욕
> 망의 희생자임에도 불구하고 스스로 죄의식을 가진다(이수연, 1997:
> 15~16).

그녀의 기관은 불결함, 죄, 음탕함이 집약된 타자로 규정된다. 기관을 타자로 판정하는 그녀의 신체는 그녀 자신이 증오하는 심판자의 것이다. 심판자는 더럽혀진 '나'의 기관을 초월하고 싶은 욕망을 '내'게 심어 준다. 요리, 음식. 식사, 기관 모두를 배제하는 실천은 초월의 진리를 입증하기 위한 수단이다. 따라서 거식증 환자의 포즈는 금욕주의적 수도사의 순교자적 퍼포먼스와 닮아 있다.

송희의 경우를 살펴보자. 남편은 가정주부인 그녀가 요리한 음식에 싫증을 냈고, 외도했다. 송희는 남편이 그녀보다 더 사랑하는 애완견을 삶아서 내놓는다. 이혼법정에서 남편은 송희가 과도하게 요리공세를 퍼부었고 애완견에 이어 자기도 요리할 것 같은 광녀라고 비난한다. 그녀에게 '요리-음식-식사-기관'은 애초에는 재생적 의미의 공동식사, 대등한 남녀 사이의 사랑을 의미했다. 그러나 남편으로부터 약취자로 내몰리고, 남편에게 반격하는 과정을 통해 그녀는 정말로—윤희 아버지와 유사한—약취자가 된다. 송희가 이웃에 사는 윤희에게 맨 처음으로 대접한 음식은 소시지 요리였다. 이를 윤희가 거부하자 송희는 "섹스

를 싫어하나 보다. 강간당했어요? 섹스가 뭐가 더러워. 사랑이 더럽지"
라고 말한다. 송희는 남성우월주의로부터 쾌락주의의 신체를 물려받았
다. 그리하여 자신이 요리한 음식이 타인의 내장들을 점령해야 한다는
강박에 휩싸인다. 타인이 그녀의 음식을 먹는 것은 성적인 의미에서는
타인의 기관이 그녀의 신체 안으로 흡수되는 것, 즉 '타인을 먹는 것'이
다. 따라서 그녀가 생산한 음식을 소비하기를 거부하는 타인의 기관은
배제해야 할 타자다.

두 사람을 따로 떼어 놓고 독립적으로 관찰한다면 두 사람 모두 주
권자의 성분과 호모 사케르의 성분을 지닌다고 해야 할 것이다. 윤희는
철두철미한 금욕으로 자신의 기관을 호모 사케르로 간주하는 주권의
신체를 가지고 있다. 송희는 주변 사람들에게 강제로라도 급식하여 그
들을 호모 사케르로 만들고 싶어 하는 주권자이지만, 그녀가 타인에게
무언가를 강박적으로 먹이는 자동기계가 된 것은 가부장적 문화로부터
추방된 호모 사케르이기 때문이다. 그러나 두 사람의 결합관계에서 윤
희는 호모 사케르 역할로, 송희는 주권자 역할로 특화한다. 왜냐하면 송
희는 윤희를 먹임으로써 윤희의 몸에 자신의 '통치권'을 관철하려 하고,
윤희는 송희가 주는 음식을 먹는 것을 거부함으로써 스스로 '통치권' 밖
으로 추방되려고 하기 때문이다.

이 영화의 주제를 드러내는 핵심적 행위는 '먹는다'와 '먹힌다'가
아니라 '먹인다'이다. 두 여성 사이에 '먹인다'의 집행과 제지를 둘러싼
투쟁이 시작된다. 한쪽에서는 '먹인다'를 집요하게 추진하고, 다른 쪽에
서는 그 '먹인다'를 반복해서 거절한다. 요리강박과 거식증의 불가능한
화합이 이루어지려면 어떤 일이 발생해야 하는가? 영화가 제시하는 마

술은 강박적 요리사가 거식증 환자를 먹음으로써 두 사람 모두 괴물의 영역에 진입하는 일이다. 이 영화의 최종적 괴물은 두 인간의 합체로 만들어진 한 명, 즉 두 사람의 정체성을 모두 구비한 잡종 인간이다. 괴물을 형성하는 윤리(질서)와 경험(무질서)의 성분은 각각 송희와 윤희에서 비롯되는 것이다. 한쪽에서는 "어떻게 안 먹을 수 있는가? 내가 만든 것을 왜 먹지 않는가?"라고 분노한다. '과열 소비풍조가 지배적인 90년대의 호황국면'은 소비물품을 공급하는 기업의 입장에서는 '먹인다'라는 행위가 강박적 윤리로 부상하는 상황이다. 또한 "6공 정부가 정권 안정화를 위한 중간층 포섭 전략의 일환으로 일으킨 마이카, 증권투기, 부동산투기의 3대 붐"(주은우, 2010: 323) 또한 사회 전체로 퍼져 나가면서 자연스러운 질서로 인식되는 상황이다. 그러나 다른 쪽에서는 "어떻게 먹을 수 있는가? 나의 현실적 본질이 속이 텅빈 신체인데 어떻게 배를 더 채울 수 있는가?"라는 항변이 존재한다. 신체를 해체하여 '강도 제로'의 무기체에 도달하는 것, 결핍의 추구를 쾌락의 추구만큼이나 신성하게 생각하는 금욕이 강조된다. 쾌락의 추구를 '윤리'로 제시하는 목소리와, 결핍의 추구로서 배고픔의 정당성을 주장하는 '반윤리적' 경험이 양립한다. 요컨대 요리강박증 환자와 거식증 환자가 융합하여 탄생한 괴물이란 '먹여야 한다는 강박'(질서의 차원)과 '먹일 수도, 먹을 수도 없는 좌절'(무질서의 차원)이 결합하여 형성한 마술이다.

윤희의 거식증과 송희의 대식증·요리강박이 발생하는 사회조건은 무엇인가? 영화가 제시하는 표면상의 원인은 과거 권위주의 문화정치의 사적·성적 환유인 가부장주의·남성우월주의의 여성 박해다. 그러나 동시에 영화는 과거만이 아니라 현재 측에도 원인이 있음을 암시한다. 첫 신은 301호의 윤희가 실종된 사건을 수사하는 형사(김추련 분)가 302호를 방문하는 것으로 시작한다. 음산함은 플래시백(flashback)으로 소개된 과거만이 아니라, '지금 이곳'의 '새 희망 바이오 아파트'에도 속해 있다. 두 여성의 생리학적 신경증은 권위주의와 신자유주의의 경계선 상에서 나타나는 대중적 강박의 탁월한 환유다. 아래에서는 거식증과 요리강박 모두가 과도적 사회역사적 조건이 만들어 낸 현실 세계의 '마술'들이라는 사실을 살펴 볼 것이다.

거식증 성립에는 두 가지 조건이 요구된다. 그것은 음식의 의미가 생리적인 것에서 상징적 실체로 변형될 수 있을 정도로 음식이 충분히 공급되는 상황과, 여성들이 전통적 성역할에서 벗어나 '현대 여성'이 되고자 준비하는 상황이다. 거식증은 20세기 후반의 고유한 상황에서 여성들이 겪는 병리현상으로, 19세기와 프로이트 시대에 여성들이 겪었던 히스테리에 상응하는 증세다.[4] 거식증은 교육받은 야심만만한 여성들이 공적 영역에서 남성우월주의에 대항하여 전투적으로 싸워 나가고자 하는 단호한 의지에 의해 추동된다. 거식증 환자가 본질적으로 거부하는 것은 '매력 있는 여성으로 승인받고 싶다는 갈망' 자체다. 그녀들은 자신이 여성이라는 사실에 말 그대로 질려 있다. 그러므로 거식증은,

자신의 의지력과 자신의 욕구에 대한 완전정복을 단언하는 여성의 질환

---

4 "거식증은 대부분의 현대 여성이 경험하고 있는 고통이 과장되어 나타나는 예다. 1980년대 미국 여성의 압도적 대다수가 이런저런 종류의 식사장애를 겪었고 그 가운데 거식증은 대략 19%의 환자들이 죽을 정도로 가장 극적이고 치명적이었다. 과거에는 부유한 백인 여성이 이 질병의 후보자들이었지만 이제 거식증은 계급과 인종의 경계를 건너 대체로 15세에서 40세 사이의 여성들에게서 일어난다"(프라드, 1993: 3).

이다. 그녀가 주장하는 완전한 자율은 결국 그녀로 하여금 해골처럼 보이도록 하고, 전혀 강하고 자율적이지 못한 것처럼 보이게 한다. 거식증은 스스로를 '알맞게 보이도록' 하려고 필사적으로 노력하지만 결국엔 스스로를 허약하게 만들고 마는 여성들의 질병이다(프라드, 1993: 4).

윤희가 방송국 관계자와의 통화에서 작가 자리를 거절당하는 장면은 그녀를 압박하는 '현재'가 그녀의 '과거'만큼이나 거식증을 부추기는 원인이라는 사실을 암시한다. 그녀는 자립적으로 살아남기 위해서 자신의 몸을 배반하는 일을 해야 하는 모순적인 위치에 처해 있다.

이런 식으로 여성 저항의 병리학은 정확히 저항하고 있는 것을 변형하기보다는 오히려 재생산하면서, 그것들을 생산한 문화적 조건들과 공모하는 역설적인 상황에 처하게 된다. …… (거식증은) 양육자라는 전통과 여성주체의 자기표현이라는 모더니티 사이의 갈등의 장이며, 현재의 기대치와 우리가 지금 막 벗어나고 있는 과거의 기대가 충돌하고 있음을 보여 준다(변재란, 1997: 16).

과거로부터 물려받은 남성우월주의와 가차 없는 생존경쟁이 요구되는 현재적 환경 사이에서 자기 파괴적 거식증이 나타난다. 여성주의는 남성우월주의와 대립하는 과정에서 남성우월주의와 똑같은 이분법에 갇히게 된다. 남성을 이기기 위해서는 남성이 되어야 하고 자신이 여성임을 혐오할 수밖에 없다. 그런데 혐오와 박해의 상징으로 여성성에 낙인찍는 순간, 남녀간의 권력관계는 공고하게 인정되는 셈이다. 다시 말해 야심 찬 여성들이 자신의 육체를 거부하는 것은 (투쟁하기 위해서라도) 성에 근거한 권력관계 즉, 남성우월주의를 인정하는 것이다. 그러므로 거식증은 남성우월주의를 인정(질서의 차원)하는 동시에 그러한 인정이 허용되지 않는 공적 경쟁(무질서의 차원) 사이의 이율배반의 상황에서 당사자의 욕망이 만들어 낸 '마술'이라고 할 수 있다.

송희의 요리강박에 관하여 살펴보자. 우선 그녀의 '요리강박'은 결혼생활의 가부장주의가 발명한 것이다. 그녀를 이혼으로 몰고 간 계기는 그녀의 '과도한 식욕과 성욕'에 대한 남편 측의 비난이었다. 그러나 음식에 대한 여성 욕망의 통제는 여성성을 지배하는 규칙의 구체적인 표현이라는 사실에 유의할 필요가 있다. 공적 영역의 이데올로기는 '남자들은 먹고 여자들은 준비한다'고 가르친다. "아내이자 어머니의 만족은 자기가 먹는 것보다는 오히려 다른 사람을 먹이는 것에서 찾아야 한다"(변재란, 1997: 14). 그러한 표준화한 믿음으로부터 남편을 과도하게 먹이는 송희의 요리강박이 생겨난다. 이에 근거하여 송희는 남성의 신체와 영혼을 고갈시키는 '위험한 여성'으로 낙인찍혔다.

섹슈얼리티로서 여성의 식욕은 매혹이나 찬사보다는 오히려 공포와 혐오로 충만한 여성혐오적 이미지로 더 자주 재현된다. 영화 안에서 여성에 의해 시작되고 욕망되는 성행위는 흔히 먹는 행위로 시작되며, 이는 욕망하는 대상의 구체화와 파괴를 의미한다. 대상화되어 먹히는 것에 대한 남성의 두려움은 여성의 성적 욕망이 축소되고 통제되어야 한다는 입장을 낳았다. 그들은 '위험한 여성'(femme fatale)이며 남성의 신체와 영혼을 고갈시키기 때문이라는 것이다. 이런 것이 여성 섹슈얼리티와 독립을 처벌하는 일련의 대중영화의 부상을 낳았다(변재란, 1997: 11~12).

그러나 「301, 302」는 여기서 한발 더 나간다. 이혼 전까지의 '요리 강박'이 남성우월주의에 의해 발명된 것이라면 이혼 후의 그녀는 상당량의 재산을 분할받은 유한계층이다. '요리강박'에 새로운 의미가 부여된다. 남편으로부터 굴욕당했던 과거를 저주하면서 그녀는 요리의 기예를 끝없이 상승시킨다. 날이 갈수록 더 특이한 요리재료를 원하고, 요리 일기를 꼼꼼히 적어나가며, 고급 수준에 이른 자신의 요리를 누군가 탄복하며 먹어 주기를 원한다. 그녀의 행로는 신자유주의와 더불어 보편화한 인적 자본의 논리를 밟아 나간다. 요리강박이란 '요리 그 자체를 위한 요리'의 계속적 반복이다. 이는 생산을 위한 생산에 매진하는 자본의 운동과 닮았는데, 그 운동을 멈추게 하는 장애물은 오직 시장에서의 실현과 원료 공급에 문제가 있을 때뿐이다. 이와 마찬가지로 그녀의 곤란은 더 이상 새로운 요리 재료가 없다는 것, 그리고 자신의 생산물을 소비할 다른 사람이 없다는 것, 그리하여 최악의 경우—기업의 구조조정처럼—음식을 스스로 처분하여 비만증에 시달려야 한다는 것이다. (송희는 비만과 다이어트를 반복한다.) 그렇다면 그녀가 사람을 요리해서 먹는 영화의 결말은, 요리가 계속되어야 한다는 확고한 믿음과 요리가 좌절될 것이라는 공포가 결합하여 생성한 '마술'이라는 해석이 가능하다. 그녀의 식인주의는 투입할 혁신적 재료와 먹을 '입'이 바닥난 한계상황(무질서의 차원)에서 '요리를 위한 요리 운동'이 영원무궁해야 한다는 소원(질서의 차원)이 만들어 낸 미신이다.

송희가 사는 302호는 영화 첫 신에서 방문한 형사가 경탄하듯이 내부 전체가 고급 레스토랑화한 공간이다. 그곳은 거주지라기보다는 상업적 장소에, 그리고 단순히 소비의 공간이라기보다는 이혼한 여성이 창업한 공간에 더 가까워 보인다. 요리강박으로 표현되는 인적 자본의 운동은 외견상 "자기가 먹는 것보다는 오히려 다른 사람을 먹이는" 가부장제하에서 억압당하는 여성의 행동과 동일해 보인다. 그러나 송희는 더 이상 아무도 믿지 않을뿐더러, 그녀의 음식 생산과 공급은 다른 누군가를 위해서가 아니라 오직 자신의 쾌락을 위한 것이다. '먹이는 것'은 이제 소비를 촉구하는 기업의 이해관계로 변형된다. 그녀의 302호가 상업화한 공간으로 나타나는 장면은 이것을 암시한다. 영화가 풍자하는 것은 1990년대의 소비주의를 넘어서 소자본창업과 자기계발 열풍에 숨어 있는 도착된 욕망이다.

자신의 상품을 소비하지 않는 타인에게 적개심을 품는 것은 점증하는 신자유주의적 정세를 반영한다. 이러한 요리강박은 윤희의 거식증과 마찬가지로, 과거로부터 존재하는 피해의식을 더 이상 지속시키지 않으려는 단호한 의지가 결합하면서 빠져든 권위주의의 개악이다. 가족주의적 예속의 망령과 싸우고 그것으로부터 탈출하는 것이 그녀의 동력임에는 틀림없지만, 가족주의와 가족주의적 기업 사이의 거리는 한 뼘도 안 된다. 외부와의 단절을 특징으로 했던 가족이기주의가 개인 기업인의 형상으로, 그것도 소비자의 소화기관을 무한히 채울 수 있다고 자신하는 기업주의로 재탄생하고 있다. 그러나 송희가 기업주의에 전유되는 과정은 다음에서 푸코가 말하듯이, 어떤 개인이 거대한 경제 메커니즘에 속박되는 과정이 아니다. 그 과정은 자신을 투자와 소득 사이의 간격에 배치하고, 자기의 행동양식 전체를 "자기 자신의 기업"이라는 관점으로 운용할 때 생겨난다.

문제는 그런 현상을 경제메커니즘의 순수한 효과들로서, 요컨대 개인들을 넘어서서, 이른바 개인들을 그들 자신이 통제할 수 없는 하나의 거대한 기계에 속박하는 것으로서의 경제 메커니즘의 효과들로서 설정하는 것은 아닙니다. 그것이 아니라 거기에 기능하게 되는 것은 그런 행동양식 전체를 개인 기업이라는 관점, 투자와 소득으로부터 형성되는 자기 자신의 기업이라는 관점에 입각해 분석하는 것입니다(푸코, 2012a: 326).

두 여성이 호모 사케르와 주권자의 짝을 이루는 괴물이 되는 조건을 정리해 보자. 윤희의 경우는 공적 영역에 참여한 현대 여성에 대한 허구적 긍정에서 벗어나지 못한 채, 금욕주의적 자기 부정을 하기 때문이다. 반면에 송희의 경우 그 원인은 과거 가정주부였던 자신에 대한 허구적 부정에서 벗어나지 못한 채, 쾌락주의적 자기 긍정을 하기 때문이다. 두 경우 모두 지워지지 않는 권위주의적 과거의 악몽이 그 악몽을 극복하려는 현재적 의지와 결합하면서 빠져나오기 힘든 악순환, 자기 파괴성을 형성한다.

2. 근원적 세계: 금욕과 쾌락을 교직하는 302호

영화의 결말에서 윤희와 송희는 송희가 윤희를 요리해 먹기로 합의하고 실행에 옮긴다. 근원적 세계는 식인이 발생하는 302호다. 그곳은 당사자들의 주관적 의식 속에서는 공동식사, 향연, 축제의 장소로 포장되어 재현되지만 객관적으로는 끔찍한 일이 벌어지는 장소다.

순전히 서사적 인과관계의 관점에서 본다면 이러한 결말은 필연적이다. 윤희와 송희가 서사의 전개과정에서 해결하지 않으면 안 된다고 촉구했던 문제들을 극적으로 해소하기 때문이다. 식인주의에의 합의는 윤희의 입장에선 두 가지 점에서 만족스럽다. 첫째, 거식증 환자의 내부에서 고함쳤던 '기관을 제거하라는 신체의 명령'이 이행되었다. 그녀는 자신의 의지로 자신을 '완전정복'함으로써 금욕주의자의 이상을 성취했다. 둘째, 그녀의 금욕은 남성의 신체에 흡수되는 것을 거부하는 데서 비롯된 것이다. 이제 윤희는 자신과 동성애적 관계에 있는 송희의 신체를 '착용'함으로써 쾌락을 추구할 수 있다. 송희의 입장에서도 두 가지가 만족스럽다. 첫째, 그녀가 요리하지 못할 재료는 이제 없다. 그녀의 기예, 공급능력은 궁극적 극치에 도달했다. 둘째, 윤희가 자신의 음식을 먹지 않는 것은 쾌락주의의 관철이 거부되는 상황이었다. 윤희를 제거함으로써 거부되는 음식에 집착할 필요가 없을 뿐 아니라, 윤희는 송희 뱃속에 들어간 상태에서 송희가 먹는 음식을 언제나 함께 먹을 것이다.

윤희의 기관과 송희의 신체가 하나의 몸으로 결합하는 동일한 사태는 내부적으로 관찰될 때에는 축제로, 외부로부터 관찰될 때에는 반축제로 규정된다. 즉, 그 사태는 당사자들에게는 공동 식사 안에서 유대를 추구하는 축제적 의례지만, 관객이 보기에는 식인주의적 잔혹함에 전율하게 하는 반축제에 다름 아니다. 영화의 마지막 신은 완전히 축제적 외양을 띠는데, 이때 등장하는 송희가 원래는 윤희와 송희 두 사람이었다는 것을 아는 관객은 이 평화로운 신체와 기관의 결합이 살인이자 악한 행위라는 것을 알고 있다. 이와 같은 축제와 반축제의 절충 모델은 서로 다른 계급 사이의 역관계에 기초하여, 분리된 인격들에게 정상과 비정상을 배당했던 낭만주의 그로테스크와는 다르다. 「301, 302」에서 축제와 반축제는 한정된 환경과 근원적 세계 사이의 괴리가 각각의 개인에게 적용되어 파생된 결과라고 보아야 할 것이다. 한정된 환경이란 이 영화의 경우 '301호와 302호에 이웃해 사는 중간계급 독신 여성들 사이의 관계'다. 이 한정된 환경에서 서로를 위로하는 그녀들 사이의 동성애적 유대가 형성되고 이웃 간의 우호적인 파티가 열린다. 반면에 그녀들이 서로 죽고 죽이는 반축제의 개최자들이라고 평가하는 관객은 그 한정된 환경에 내재되고, 한정된 환경을 파생시키며, 한정된 환경의 붕괴와 함께 마지막에는 잘린 머리와 식인종으로 전경에 드러나는 근원적 세계를 본다. 그녀들이 주관적으로는 그녀 자신들을 만족시키는 어떤 쾌락—동성애적 유대든, 거식과 요리강박의 성취든—을 아무리 주장한다고 하더라도, 근원적 세계는 어마어마한 결핍을 매개로 연결된 개인들 사이의 미시적 생명정치를 보여 준다. 그녀들은 자살하거나 식인을 해도 결코 허기를 가시게 할 수 없다. 한정된 환경에서 풍요로운 파티를 추동한 것도 사실은 바로 이러한 근원적 세계이며, 그 파티는 결국 근원적 세계 자체로 무너져 내릴 것이다. 결핍으로 추동되는 쾌락, 쾌락으로 더 촉진되는 결핍이 등장인물의 몸 안에서 길항작용을 벌인다.

영화가 제시하는 생명정치 모델은 쾌락과 금욕을 주관과 객관으로, 혹은 개인과 사회로 배당하고 독특한 순환체계를 설정한다. 즉, 송희와 윤희의 합체된 몸은 '주관적으로는 자신이 쾌락주의자라고 믿지만 객관적으로는 금욕주의적인 신체', 혹은 '금욕주의적 개인들로 형성된 쾌락주의적 사회'를 자신의 생명정치 모델로 하는 근원적 세계를 제시하고 있다. 자본주의의 역사에서 금욕과 쾌락의 분리와 그 재생산관계로의 결합은 항상 존속해 왔다. 그 두 가지는 제2차 세계대전 이전의 미국 상황에서 전형적으로 드러나듯이 과거에는 상이한 계급집단에 별도로 배분되었다. 포디즘과 금주법은 노동자들에게 금욕주의적 여가를 촉구했고 부르주아들에게는 위선적이게도 낭비적 소비를 부추겼다. 이 시기의 사회적 긴장은 피지배계층들에게 성적 충동의 억제를 미덕으로 부르짖는 지배계급 자신이 금주법을 위반하고 여성을 중심으로 '상류사회'를 만들어 나가는 등 "'동물적' 행동으로 흐르는 '사회적 위선'의 분위기"에서 연유했다(김진균, 1993: 27~28). 금욕주의와 쾌락주의는 제 2차 세계 대전 후 황금기의 소비주의를 거치면서 융합하기 시작했다.

독점자본주의는 상품의 대량생산에 상응하는 상품소비를 조장하고 달성해야만 하는 문제에 직면하게 되었다. 그것은 단지 자연적인 소비에 의해 해결될 수는 없었다. 이러한 상황에서 심리학은 주요한 명제를 제공하였다. 즉 인간의 잠재된 본능 또는 욕구를 계속해서 자극하면 그것을 충족하고자 욕구가 발현된다는 것이다. 바로 이것이 신문, 잡지, 라디오와 같은 대중매체의 발전을 자극하고 광고를 마케팅의 선두주자로 나서게 했다. 즉 '청교도적인 억제' 대신에 욕구를, 욕망을 분출시켜주어야 했던 것이다. 원래 미국 독점자본의 수중으로 넘어 가게 되고 독점자본이 영화를 통해서, 영화의 주인공인 배우를 통해서 대중적 욕망을 창출, 조절, 관리하는 데에 이르러서는, 더욱더 '반청교도적' 욕망의 늪으로 소비자 대중을, 노동계급을 몰아넣었다. 바야흐로 노동계급 대중은 생산현장에서 녹초가 되는 심신을 밖에 나와서도 감각적이고 일차적인 육체 반응만으로 정의되는 욕망의 늪으로 떠밀려 들어 갔다(김진균, 1993: 30).

그러나 「301, 302」에서 금욕주의와 쾌락주의의 합체는 소비 영역이 아닌 직접적으로 생산 영역에서의 사안이다. 거식증은 직업세계에서 경쟁하는 20세기 후기 여성들의 금욕주의이며 요리강박은 개인의 욕망을 자본기계의 욕망과 일치시키는 인적 자본의 쾌락주의다. 인적 자본의 관점에서 볼 때, 푸코가 아래에서 요약하듯이 소비는 '자기'라는 자본의 자유로운 운용을 위한 투입 비용이다.

소비에 대해 그것을 그저 단순히 교환의 절차에서 몇몇 생산품을 획득하기 위해 구매를 하고 통화의 교환을 행하는 것 따위로 생각해서는 결코 안 된다. 소비하는 인간, 그것은 교환에서의 여러 항들 가운데 하나가 아니다. …… 소비를 기업 활동 같은 것으로 봐야 한다. 이런 기업 활동으로서의 소비를 통해 개인은 자신이 자유롭게 운용할 수 있는 어떤 종류의 자본에 근거해 자기 자신을 만족시키는 어떤 것을 생산하게 된다(푸코, 2012a: 320).

따라서 영화 마지막의 소름끼치는 식인주의적 결말은 금욕과 쾌락이 동일한 신체 속으로 합류하여 인적 자본을 형성하는 사태를 드러낸다. 그 사태는 불가피하면서 부조리하다. 한편으로는 '301호'와 '302호'의 독특한 조우는 사회역사적 기정사실로 굳어지고 있지만 다른 한편으로 그러한 일은 어떤 불가능성을 함축한다는 것이다.

송희와 윤희는 각각 "탐식과 거식이라는 과잉과 결핍"을 상징하지만, "겉은 달라도 내면은 연결"되어 있다(유지나, 2007: 248). 두 사람이 각각 대표하는 금욕주의와 쾌락주의, 거식과 식인은 동일한 개인 내부의 이면관계일 수 있다. 이는 비단 성정치에 국한된 문제가 아니라 90년대 중반 사회성원들이 겪은 더 일반적인 욕망의 작동 메커니즘에 관한 해부학이다. 두 여성이 각각 기관과 신체의 자격으로 결합했을 때 들뢰즈와 가타리가 말하는 "욕망에 내려지는 3중의 저주"가 동일한 개인 안에 통합된다. 그것은 21세기인 우리의 시대에는 더 이상 신비하고 불가능한 마술로 느껴지지도 않을 정도로 익숙하게 된 '생활화한 마술'이다.

욕망이 배반당하고 저주받아 그것의 내재성의 장에서 떼어져 나갈 때면 언제나 거기에는 사제가 존재한다. 사제는 욕망에서 3중의 저주를 건다. 부정적 법칙의 저주, 외재적 규칙의 저주, 초월적 이상의 저주를 …… 욕망에 결핍이라는 부정적 법칙을, 쾌락이라는 외적 규칙을, 환상이라는 초월적 이상을 새겨 넣는 새로운 수단을 발견했다(들뢰즈와 가타리, 2003: 296).

결핍, 쾌락, 환상의 통일적 결합은 한 사람으로 합체된 윤희와 송희의 몸이 지시하는 바다. 두 여성에 따라붙는 남성우월주의의 악몽은 '결핍'이라는 부정적 법칙으로 일반화되어 탈권위주의 시대에도 지속할 것이다. 다음으로 '쾌락'은 인적 자본의 욕망을 견인하는 외재적 규칙이다. 마지막으로 결핍과 쾌락의 결합에 기초하여 '새 희망 바이오 아파트'에서의 유복한 삶, 시민 사회의 개인주의적 '이상'(理想)이 형성된다.

부정적·외재적·초월적 법칙이 삼중으로 교차하는 근원적 세계는 개인주의의 판타지에 전유된 시민사회를 생명정치의 평면에서 재조명하게 해준다. 시민사회의 개인은 탈정치화한 추상적 관점에서는 재산을 배타적으로 소유하거나, 자유롭게 소비할 권리를 가진 능동적 주체로 나타난다. 그러나 생명정치의 관점에서 볼 때 새로운 노동시장에서 탈락하지 않기 위한 자기포기의 강박과 기업 간 경쟁에 참여를 준비하는 자기혁신의 강박이 '자율적 개인'들을 구성하는 실제적 역선(力線)이다. 전자의 극단적 형태는 자살로, 후자는 식인주의로 귀결될 것이다. 그러므로 근원적 세계의 개인들은 자살의 욕망을 표시하는 수직선들과 식인주의의 욕망을 표시하는 수평선들이 직교하는 위치들로 나타난다. 신자유주의 시대의 개인, 이른바 '시민'이란 바로 자기포기의 금욕주의와 자기혁신의 쾌락주의의 융합으로부터 탄생한다고 할 수 있다.

요약하면 「301, 302」는 윤희와 송희 두 사람 각각에게 해결되지 않는 문제들이 매우 잔인한 교직(交織)에 의하여 강제로 봉합되고, 이로부터 인적 자본의 탄생비사가 발원한다는 사실을 보여 준다. 외재적 쾌락과 부정적 결핍이 한 사람의 신체 안에서 직교하는 과정을 각각의 당사자들은 주관적으로는 즐거운 축제처럼 추구한다. 그러나 그 교직은 먹고 먹히는 반축제적인 과정이다. 그 반축제적 면모는 개인적 주관 내부에서가 아니라 개인 외부에서 오직 사회적 견지에서만 조망될 수 있다.

그러므로 「301, 302」는 개인 차원에서는 스스로를 축제적 괴물이라고 믿지만 군중 차원에서는 반축제적 괴물을 조성하는 사회에 관한 이야기다. 각자는 즐거움 속에서 서로를 잡아먹고, 기꺼이 잡아먹힐 것이다. 따라서 이 영화는 외견상 풍요로운 개인주의 문화를 해부하여 그 안에 내재된 악취와 불안정함, 자기붕괴의 가능성을 지시한다.

「301, 302」가 표현하는 '시민의 해부학'은 중간계급의 유복한 삶에 관한 신화가 대중들 사이에 지속하는 한에서만 가능한 것이다. 그로부터 5년 후 개봉된 같은 감독의 「봉자」(박철수, 2000)는 「301, 302」에서의 두 여성에 관한 이야기가 경제공황의 심연을 건너면서 현격하게 축이 이동하는 궤적을 보여 준다. 분식점에 취직하여 수시로 정종을 들이키며 김밥을 마는 봉자(서갑숙 분)는 송희의 후신(後身)이다. 송희는 이제 요리노동을 '사회화'한 셈이다. 자두(심이영 분)는 성폭행을 일삼는 사이비교주를 살해함으로써, 가정 안에서 유사한 박해를 당했던 윤희의 소원을 해결했다. 남성우월주의에 대한 증오가 「봉자」에서도 잔영을 드리우고는 있지만, 영화의 진정한 주제는 봉자와 자두가 쪽방 안의 고립한 존재가 되도록 '개인주의'를 강제하는 빈곤이다. 개인주의의 의미는 계급 추락과 함께 재정의된다. 「301, 302」에서 개인주의는 여성 작가, 유복한 이혼녀 등이 홀로 거주하는 중산층 아파트로 상징되었다면, 「봉자」에서는 아무 집이고 잠입할 수밖에 없는 부랑자의 처지, 주류사회로부터 배제된 알코올 중독에 걸린 임시직 노동자의 처지로 나타난다. 알코올 중독——이것은 송희가 앓았던 대식증의 변주다——을 이유로 봉자는 해고되어 김밥 행상으로 전락한다. 또 윤희에게 여성이라는 신체는 죄 많은 대상이었지만, 오히려 자두에게는 길거리 매춘을 통하여 돈을 벌게 해주는 유일한 생계수단이다. 자살의 욕망과 식인주의의 욕망은 「봉자」에서도 중심적 감정 흐름이다. 그러나 그 성격은 「301, 302」에서처럼 고립된 당사자들의 자기욕망의 구현에 의해서가 아니라 사회경제적 압력에 내몰린 것이다. 거리의 시민들과 도축장에 끌려가는 돼지가 충돌 몽타주로 연결되고, 시체가 되어 널브러진 주인공들의 몸 위에 지폐 다발이 여기저기 뿌려져 있다. 이와 같은 잔혹한 컷들이 가난한 봉자와 자두 사이의 훈훈한 동성애적 연대를 묘사하는 에피소드 사이사이에 돌출적으로 삽입된다. 따라서 영화를 관통하는 자살 욕망은 경제공황의 총체적 암울함을 상징한다. 또한 두 여성은 경제공황에 무책임한 국가를 처단하고 싶은 욕망을 남성 경찰관을 김밥으로 말아서 총살하는 코믹한 의례로 표현한다. 식인주의란 그녀들을 궁지로 내모는 정치경제적 억압을 요리해 먹어치우고 싶은 소원이다. 요컨대 「봉자」는 「301, 302」의 개인주의가 한시적이고 취약한 호황기의 신화라는 사실을 반증한다.

「301, 302」에서 「봉자」로의 이행은 경제공황과 함께 대중의 에너지가 쇠퇴하고 무력하게 되는 경로를 보여 주지만, 외환위기 당시의 그로테스크한 영화들이 모두 그런 것은 아니었다. 다음으로 분석할 영화들은 가혹한 경제 위기의 공포에 왕성한 탐욕이 결합하는 과정을 보여 줄 것이다. 자영업자의 자기구제 욕망, 계급투쟁의 격화, 개발독재 잔영의 청산 등 새로운 현안들과 맞물리면서, 전례 없이 역동적인 감정을 표현하는 그로테스크한 한국영화들이 21세기 전환기에 쏟아져 나왔다.

2

김지운의 「조용한 가족」

─ 파산상태의 냉소와 유희

한국사회는 1997년 말 '경기(景氣)의 공포'라는 전례 없는 권위와 마주쳤다. 「조용한 가족」(1998, 김지운), 「신장개업」(1999, 김성홍), 「하면 된다」(2000, 박대영) 등의 영화는 경제공황의 경험을 배경으로 가족, 자살(자해), 자영업이라는 세 가지 소재를 끌어들였다. 이 소재들이 그 당시에 갖는 의미는 아래와 같다.

첫째, 가족이 부상한 것은 노조든, 정당이든, 국가든 대량 실업과 파산의 문제를 대변하는 조직이 없었다는 사실과 관련이 있다. 모든 고통이 개인의 책임으로 전가되면서 사회와 국가의 부조 기능을 대신한 것은 한국의 오래된 가족주의였다(신광영, 2004: 239).

둘째, 신자유주의의 도래와 더불어 한국사회에서는 서구의 19세기 자유주의 국면에서 전형적으로 드러난 것과 같은 "항구적이며 정상적인 사태로 안착한 이상적 흥분"(뒤르켐, 1999: 246~247, 278)이 사회 저변에 침투했다. 1997년 외환위기 이전에는 인권, 남북통일, 민주화 등의 이념을 위해 자살하는 이타적 자살이 많았지만, 외환위기를 기점으로 이기적 자살 유형과 아노미적 자살 유형이 가파르게 증가했다(김용해, 2011: 117). 그러나 오늘의 시점까지도 자살률이 가파르게 상승 중이라는 사실을 감안하면, 외환위기 당시의 자살률 증가는 더 오랜 기간 지속하는 추세—1990년대 초반부터 확산되어 온 신자유주의 정책—의 한 계기로 파악되어야 한다(심현주, 2011: 150). 외환위기를 계기로 급상승한 아노미형 자살 현상은 탈권위주의 시대에 보편화한 욕망의 새로운 작동방식을 '기념비적'으로 표상했다.

셋째, 꾸준히 감소하던 자영업자의 수가 외환위기를 계기로 급증하는 현상은 공황을 탈출하려는 사회성원들의 재활 의지를 시사한다.

> IMF 경제위기 이전 1997년 6월 자영업자 총수는 4,295,000명이었으나, 1년 후인 1998년 6월에는 4,427,000명으로 132,000명이 늘었다. ······ 1999년 6월에는 4,565,000명으로 1년 전에 비해서 138,000명이 더 늘어났다. 이것은 고용주의 일부와 노동자 가운데 실업이 된 사람들이 다양한 자영업으로 진출하여 일어난 변화이다(신광영, 2004: 226).

자영업은 고용주와 노동자 출신의 실업자들이 집결하는 일종의 '갯벌', 재출발의 장소였다. 공적 세계로부터 축출된 자들의 마지막 배수진인 가족과 자영업이 결합하면서, '가족 자영업 영화'의 형태로 재기(再起)를 향한 갈망이 나타났다.

경제학과 생리학의 호환성은 이 영화들에서 그로테스크를 생성하는 주요한 논리다. 경제공황을 계기로 자살이 급증하는 경향은 경제적 손실이 생리적 고통으로 전이되는 것이라고 할 수 있다. 역으로 고통을 겪는 신체가 숙박업, 식당, 생명보험의 고객일 경우 생리적 고통은 직접적으로 경제적 손익으로 전가된다. 손실과 고통의 호환성은 고전적으로는 니체가 『도덕의 계보』에서 논의했던 채무를 갚지 않으면 형벌로 배상했던 고대 사례(니체, 2002)에서 그 기원을 찾을 수 있다. 그러나 공황기에는 니체가 가정했던 채권자와 채무자, 범죄자와 국가 사이의 일대일 관계와는 달리, 한 경제주체의 채무가 다른 경제주체의 채무로 연쇄적으로 전이되어 많은 사람들이 거의 동시에 파산하거나 실직 당한다. 영화들은 공황과 자살(자해)이 중첩되면서 돈이 곧 시체(혹은 기관들)와 등가로 취급되는 매우 부산스럽고 혼돈으로 가득찬 상황을 다룬다. 세 영화 모두에서 '죽음을 매개로 한 손실의 전이', '손실을 매개로 한 죽음의 전이'의 전개가 주인공 가족을 포위하고, 강력하게 그들을 압박한다. 그로테스크는 그 압력을 막기 위하여 가족들이 기울이는 노력에 담긴 두 요소들—사업적 동기, 생리적 동기—사이의 융화하기 힘든 차이로부터 발생한다. 자영업 수익의 추구에 강박적인 가족들은 시체 암매장 작업을 즐기기까지 하고(「조용한 가족」), 오히려 시체를 찾아나서며(「신장개업」), 심지어 산 사람을 시체로 만드는 일(「하면 된다」)을 주저하지 않는다. 경제학적으로 이러한 일련의 행위들은 '질서' 있는 행위지만, 생명정치의 측면에서는 '무질서'를 재촉하는 일이다. 이로부터 이전 영화들에서는 보기 힘든, 죽음이나 신체훼손에 초연해 하는 냉소주의와 역설적이게도 혐오스러운 시체들과 한데 어울리는 일을 마다하지 않는 축제적 요소가 서로 절충하게 된다.

자살(자해)과 결부된 가족 자영업자 영화들에서 죽음이 전염되는 모티프는 좀비, 흡혈귀, 신종 바이러스를 포함하는 서구의 그로테스크 영화와는 다르다. 서구영화의 경우 괴물과 인간 사이의 직접적인 생리학적 전염이나 신체훼손을 묘사하는 경향이 강하지만, 한국영화의 경우에 생리학은 경제학에 매개되고 경제학은 생리학에 다시 매개된다. 이 말이 동시대 서구 영화의 그로테스크한 모티프들이 (정치)경제학의 병리 현상을 표현하지 않는다는 말은 아니다. 다만 한국영화는 서구의 그로테스크에 비하여 순박할 정도로 직접적으로 생리학적 현상과 (정치)경제학적 현상의 호환성을 드러내고 있다. 이렇게 된 원인은 서구의 경우, 공포·범죄 영화의 장르화의 오랜 역사 과정에 의하여 직접적 사회문화적 경험으로부터 유리된 자율적인 재현 관습이 두텁게 형성되었기 때문인 듯하다.[1] 반면에 경제적 고통과 생리학적 고통의 직접적 호환

---

1 '분석'을 통하면 서구의 그로테스크가 함의하는 현대사회의 정치경제학적 긴장의 테마들을 밝혀낼 수 있다. 아래의 네 가지 유형의 연구 사례들은 그 정치경제학적 테마가 소비주의, 기업간 경쟁, 계급 모순, 위험사회 등임을 보여 준다. 첫째 연구경향으로는 소비주의의 과도한 확산으로 파악하는 논의들이 있다. 연쇄 살인 영화는 피해자들을 반복적이고 순차적으로 소비되는 고기처럼 재현한다. 이는 소비주의의 물화(reification)과정, 그 부패성을 반영하고, 소비 주체의 불안을 주제화한다는 논의다(르페브르, 2005; 바톨로비치, 2005; 킬고어, 2005). 둘째로는 시장에서의 상품 판매가 실패할 것에 집착하는 기업가들의 두려움이 대중들에게 침투했다는 논의다. 비즈니스 저널리즘에서 '먹어치우기'(Cannibalism)라는 용어는 새로운 수요를 창출하는 대신 다른 상품의 판매를 잠식하는 상품을 내놓거나, 기존 영역을 특정한 판로와 함께 과잉 공급함으로써 자기 자신 혹은 경쟁자의 시장 점유를 (그리고 이윤을) '독식'한다는 의미다. 이러한 수사법이 퍼져나가면서 그와 함께 기업가의 강박이 사람들에게 전이된다는 견해다(바톨로비치, 2005). 셋째, 사람들의 자본가에 대한 원망(怨望)이 자본가를 노동력을 빨아먹는 흡혈귀로 이미지화하고, 자기 자신을 포함한 대중들을 좀비처럼 피에 대한 갈증 속에만 "오래 사는 죽은 노동자"로 이미지화하는 경향에서 비롯된다고 해석한다(크래니어스커스, 2005; 필립스, 2005). 네번째로는 사회적 재난에 대한 공포로 인해 "감당할 수 없는 위협에 대한 반응"이라는 해명들이 있다. 그 재난에는 과거의 냉전과 베트남전, (한국의 경우) 외환위기, 공중보건의 무능력을 입증하는 전염병의 창궐, 그리고 특히 9/11 사건 이후에는 '위험한' 국경통과자들로부터 받는 통제 불가능한 위험 등이 포함된다(Saunders, 2012; Nasiruddin, Halabi, Dao, Chen and Brown, 2013; Birch-Bayley, 2012; 문재철, 2006b; 김윤아, 2008).

성을 강조하는 한국영화의 그로테스크는 덜 장르 관습적이고 실제 생활의 경험에 더 밀접해 보인다. 가령 「신장개업」에서 '인육 짜장면'이 두려운 것은 그 직접적인 생리학적 공포 때문이 아니다. '인육 짜장면'으로 고객을 독점한 경쟁 음식점 때문에 주인공의 음식점이 파산 위기에 몰렸기 때문이다. 「하면 된다」에서의 신체 절단은 보험사기라는 경제행동의 목적을 위한 생리학적 수단이다. 한국의 '가족 자영업자 영화'에서 주인공들이 싸우는 대상은 한꺼번에 덮치는 추상적 전체성으로서의 공포—상존하는 '사회적 위험'의 표상—가 아니라, 연쇄적 부도, 연쇄적 자살, 대량 해고와 같은 경제공황의 구체적이고 직접적인 경험들이다.

1. 괴물: 경제학과 생리학이 조우하는 몸과 건물

「조용한 가족」에서 '안개산장'은 투숙객에게는 '쉬는 곳'이며, 숙박업을 운영하는 가족에게는 '영리를 추구하는 곳'이다. 경제공황의 컨텍스트가 텍스트에 매개되면서, 쉬는 곳과 돈 버는 곳은 각각 자살하는 곳과 시체를 암매장하는 곳으로 패러디된다. 쉬는 것은 삶을 떠나 영원히 쉬는 것으로 과장되고, 프라이버시를 제공하는 서비스업(숙박업)은 고객의 몸을 영원히 사회로부터 격리시키는 것으로 과장된다. 일군의 자살 지원자들이 산장 객실에서 시체로 발견된 이후, 우연한 사건이나 사소한 실수로 방문객들은 연이어 죽고, 또 연이어 묻힌다. 가족들은 본의 아니게 '산역꾼'이 된다.

만약 사업이 정상적으로 운영되었다면, 경제학과 생리학 사이에 직접적인 호환관계는 성립하지 않을 것이다. 안개산장을 통과하는 (고객) 신체의 흐름과, 가족들에게 지불되는 현금의 흐름은 통상적으로는 서로 접촉하지 않기 때문이다. 생리학은 고객의 프라이버시에 속한 것이며, 그들의 몸은 오직 교환가치로 추상화함으로써만 가족 자영업자의 몸과 마주칠 것이다. 그러나 자살한 고객의 시체는 생리학의 흐름과 경제학의 흐름을 강제로 융합시킨다. 이 영화의 괴물은 그러한 강제 융합에 기반을 두고 조성되는데, 괴물의 구체적 형태는 서사의 전개에 따라 고객의 시체에서 산장 전체로 확장해 나간다. 그러나 괴물의 구체적 형태와는 무관하게 괴물을 생성시키는 질서와 무질서의 변증법적 대당(對當)은 언제나 동일하다. 한편에는 신자유주의의 규칙을 대변하는 주권자의 질서가 존재하며, 다른 한편에는 시체와 잘려진 기관들을 통하여 사회해체의 경험을 토로하거나 재시작의 가능성을 제시하는 호모 사케르의 무질서가 존재한다. 질서와 무질서의 변증법이 전개되면서 괴물의 구체적 형태는 점차 자신의 외연을 동심원적으로 확장할 것이다. 최초에는 자살한 시체라는 매우 함축된 형태로, 마지막에는 시체들을 자신의 '몸 속으로 삼키는' 산장이라는 공간적 형태로 나타난다.

먼저 자살자들의 시체가 괴물로 나타나는 근거를 살펴보자. '아노미-이기적' 유형의 자살이 발생하는 원인은 뒤르켐에 따르면 '무한을 향한 욕망'이다.

욕구의 수준은 달성될 수 있는 한계보다 훨씬 멀리 있기 때문에 그것을 안정시킬 수 있는 것은 아무도 없다. 그와 같이 들뜬 상상에 비하면 현실은 너무나 무가치하다. 그리하여 마침내는 현실은 포기되며 모든 가능성도 포기된다. 새로운 것과 익숙하지 않은 쾌락·감각 등을 쫓게 되며, 지금까지 익숙했던 즐거움은 잃게 된다. 따라서 그러한 사람은 사소한 실패도 견뎌 낼 능력을 갖지 못한다(뒤르켐, 1999: 246).

'무한함'이 욕망을 붙들어 매고 이 때문에 현실을 포기하는 상황은 스피노자의 표현을 빌리면, '외적 원인이 유(有)를 유지하려는 자기의 본성을 정복하는 경우'다.

덕의 기초는 고유한 유(有)를 유지하려는 노력 자체이며 행복은 인간이 자신의 유를 유지할 수 있는 것 안에서 성립한다. …… 자살하는 사람은 마음이 무력하며 자기의 본성과 모순되는 외적 원인에 전적으로 정복당하는 사람들이라는 결론이 나온다(스피노자, 1990: 4부 정리18 주석).

(신)자유주의의 도박판에서 패배한 자살 후보자의 욕망은 그 자신의 것이라기보다는 그 도박판이 부추긴 높은 기대수준에 예속되어 있다. 자살은 손실을 만회하려는 그 기대수준이 좌절당한 현재 상태의 자신을 자신의 장애물로 간주할 때 발생한다고 할 수 있다. 혼란스러운 현재를 탈출하기 위해서 그들의 육체는 배척해야 할 타자인 셈이다. 탄핵하는 주권자와 탄핵당하는 호모 사케르가 한 몸이라는 점에서 자살자의 해부학은 기본적으로 거식증 환자의 그것과 동일하다. 자살자는 (「301, 302」호에서 다른 남성들과 경쟁해야 하는 현대 여성이 핸디캡인 자신의 여성적 신체를 완전정복의 대상으로 보았던) 거식증 환자(윤희)의

여성주의적 고군분투를 정치경제학적 고군분투로 확장한 것이다. 그러므로 자살자들의 시체에는 서로 융화하기 힘든 질서와 무질서의 흐름이 관류한다. 자살자는 신자유주의 규칙을 대변하는 주권자(질서)이면서, 동시에 이 체제 아래에서 겪을 수밖에 없는 사회 해체의 경험을 입증하는 호모 사케르(무질서)다. 이들은 죽어서도 여전히 질서의 편에서 신자유주의의 매혹을 선동하고 있으며, 동시에 구역질나는 고기로 전락한 해체된 신체를 이 체제의 무질서한 성격에 관한 생생한 증거로 제시하고 있다. 자살자의 신체는 정치경제학과 생리학의 잡종, 추상적 공리계와 고통당하는 육체의 잡종 괴물인 것이다.

영화 마지막에 이르면 괴물은 시체와 가족을 요소로 포함하는 산장임이 판명된다. 「조용한 가족」의 주요한 테마 가운데 하나는 산장의 외부에 하나둘 묻었던 시체들을 점점 산장의 마당으로 집결시키는 과정이다. 가족은 매장 지역에 공공도로가 놓인다는 사실에 전전긍긍하며 끊임없이 시체를 다시 파서 산장 마당에 재매장할 수밖에 없다. 이 때문에 산장은 살아 있는 고객이 아니라 죽은 고객으로 만원을 이룬다. 종결부에 이르면 안개산장 마당의 지표면 위로 노출된 시체의 기관들 때문에 산장은 묘지를 방불케 한다. 그 과정에서 가족들은 갈수록 더 많은 부상을 입고, 죽음에 대해 더 무감각해진다. 그들은 자신이 매장해서 없애고자 하는 시체의 상태에 점점 더 접근해 간다. 그러므로 '산장=묘지=가족+시체'로 사태는 수렴한다.

앞에서 우리는 '죽음을 매개로 한 손실의 전이', '손실을 매개로 한 죽음의 전이'에 관하여 논의했다. 죽은 채로 발견된 고객은 숙박업자의 손실이며, 숙박업자의 손실은 숙박업자의 죽음의 전조다. 그 자체로는 생리적 사건인 투숙객의 계속된 사망은 숙박업의 파산을 재촉하는 경제적 사건이지만 가족의 파산은 가족들의 죽음을 재촉하는 새로운 생리적 사건의 전조다. 따라서 목전의 시체는 최악의 경우에는 숙박업자 자신의 어른거리는 미래의 모습인 셈이다. 산장에 시체가 집결되는 흐름은 손실과 죽음 사이에서 상호 전이가 추진되는 내재적 논리를 보여준다. 발각과 파산을 면하기 위하여 가족들은 시체를 산장의 마당에 반복해서 묻을 수밖에 없다. 그러므로 산장을 시체의 행렬들로부터 분리시키려는 바로 그 악전고투에 의하여 산장 자체가 묘지에 수렴하는 것이다. 경제학과 생리학이 교차하는 그 사슬로부터 탈출하려는 바로 그 노력에 의하여 암매장은 걷잡을 수 없는 사태로 확대 재생산된다.

이러한 가족의 행동은 파산의 경제학에 관한 은유를 포함한다. 서비스 판매자들은 원래는 소비되어 화폐로 실현되었어야 할 이전에 공급한 서비스 상품을 비용(시체들)으로 돌려받고 있고, 그 비용을 자신의 생산수단인 안개산장(소자본의 신체)에 묻으면서 생산수단 가치 하락의 위험을 자초하고 있다. 이 상황을 조금 더 일반화시켜 보자. 공황기에 기업은 손실을 내부화한다. 상품이 팔리지 않을 경우 그 상품은 재고로 방치되며 물류비와 감가상각비를 발생시킨다. 혹은 기일이 돌아온 어음이나 인건비 등을 지불하기 위해 사업자들은 부채에 의존해야 한다. 또 위축된 수요에 대응하고 경쟁자를 패퇴시키기 위해서는 상품을 원가 이하로 판매하는 일을 감수해야 한다. 어느 경우든, 이윤이 발생하지 않는 상황에서 사업을 보존하려면 사업자는 손실을 손실로 방어해야 한다. 영화 속 시체는 출고되지 않은 상품, 악성 부채, 판매된 상품의 마이너스 이익 등의 은유다. 극적인 전환점을 맞이하지 않는 한, 손실을 자산으로 계속 편입하는 운동은 결국 기업을 파산에 이르게 할 것이다.

그러나 암매장의 확대에 관한 영화적 기술이 파산의 경제학으로 온전히 환원되는 것은 아니다. 영화가 다루는 범위는 경제학과 생리학의 결합이다. 돈의 문제는 고통, 더러움, 잔인함, 부패 같은 신체의 체험과 호환관계에 있다. 암매장의 이야기는 공황기 사업자들이 수행하는 악전고투를 생명정치의 프레임으로 조망한 것이다. 그러므로 '죽은 것을 살아 있는 산장이 먹는다'는 묘사에는 순수한 경제학 용어인 '손실의 내부화'를 넘어서서 사회성원들의 주관적 고통과 능동적 욕망의 의미가 포함되어 있다. '손실의 내부화'란 인격적 기업가의 체험에서든, 혹은 생명으로 간주된 기업이라는 집단적 몸의 감각에서든 신체의 일부가 썩는 것이다. 이러한 고통의 경험은 이미 「301, 302」의 송희가 타인이 소비하지 않는 음식을 스스로 먹어야만 하는 상황에서 예고한 것이다. 송희는 「조용한 가족」에서는 산장이라는 공간으로 변화하는데, 이를테면 산장은 썩은 음식을 반복해서 섭취함으로써 신체의 비율이 일그러지는 대식증 걸린 송희에 상응한다.

사업장 마당에 시체를 반복해서 암매장하는 이야기는 경제학으로 볼 때에는 기업이 파산을 면하기 위하여 그 손실을 생산수단에 합산시키고, 그 결과 오히려 몰락의 상태에 접근하는 자본 운동의 우화다. 생명정치의 입장에서 볼 때 파산하는 기업은 더 많은 죽은 것들을 자기 신체의 일부로 편입시켜 '배부른 시체'에 접근한다. 기업은 그 동안 자신이 억압해 온 호모 사케르가 정말로 죽었음에도, 그치지 않는 배고픔에 호모 사케르의 시체마저 먹고 자신도 호모 사케르로 전락하는 주권자다. 자살하는 사람들에게 적용되었던, '미움'의 대상을 '나'에서 찾도록 욕망을 폭주하게 하는 작용과는 정반대로, 외부 대상에 대한 '사랑'도 폭주할 수 있다. 거식증 환자와 자살자들이 자기 육체가 하나도 남지 않을 때까지 자기 자신을 비워 낸다면, 파산에 직면한 기업의 운동은 자신의 육체가 기형이 되고 '소화불량'[2]에 걸릴 때까지 외적 대상을 먹어치운다.

2. 근원적 세계: '21세기형 시민'을 배출하는 '안개산장'

가족 사업이 이루어지는 안개산장은 동시대 한국사회가 종결되고 재시작하는 근원적 세계다. 사회성원들은 고객의 자격으로 이곳에 들어와서 산장이 보유한 자살자 수를 증가시키는 데 기여할 것이다. 이 점은 산장이 사회 전체의 상징적 종결 지점임을 설명한다. 반면에 영화 처음에는 사업 초보자였던 가족이 우여곡절을 거쳐서 '사회에 적응'하는 과정은 '가족-자영업'을 통한 재시작이다. 어떠한 재시작인가? 이 근원적 세계로부터 파생되는 것은 무엇인가?

'가족-자영업자'는 기업가인 동시에 노동자다. 명예퇴직자 '아버지', 실업자 '삼촌', 전과자 '아들' 등으로 구성된 이 가족은 다른 누군가의 희생 없이는 파산의 위협에서 빠져나올 수 없는 자본가인 동시에, 사회로부터 퇴출된 막노동꾼이다. 정체성의 이중적 성격으로 인하여 이 영화의 근원적 세계는 축제적 요소와 반축제적 요소를 불안정하게 절

---

2 외환위기가 발발한 1997년 12월 23일, 「월 스트리트 저널」은 한국의 대기업들을 "소화불량에 걸린 거대한 괴물 리바이어던(leviathan)"이라고 비꼬았다(『조선일보』 1998.1.1. 4면).

충한다. 이웃이 아무리 죽어도 돈만 생각하는 비열한 이기주의는 '시체-군중'의 습격에 자기방어의 태세를 취하는 고립된 개인, 즉 반축제의 문화 정치와 연관된다. 하지만 사회와 삶의 한계점에 놓인 산역꾼의 위치에서 활달하게 육체노동 하는 정체성은 재활의 건강한 의지, 즉 축제의 문화 정치와 연관된다.

가족의 자본가 정체성부터 살펴보자. 이 정체성은 시체로 발견된 고객과의 만남에서 두드러지게 나타난다. 생리학적 실재는 경제학적 지표로 환산된다. 죽은 투숙객의 몸은 '가족 자영업자'에게는 경제적 손실이다. 시체와 가족의 대당은 여기서 '순수한 고기'(생리학의 영역) 대 영리적 주체'(경제학의 영역)로 양극화한다. 가족들은 자살자들의 시체에 영리(營利)적으로 반응하고, 기민하게 암매장한다. 방금 창업한 '안개산장'이 입을 경제적 타격의 공포가 다른 모든 공포들—흉측하게 죽은 몸에 대한 살아 있는 몸의 거부반응, 국가에 신고하지 않았을 때 닥쳐올 법적 처벌에 대한 두려움—을 압도한다. 시체와 가족의 쌍에서 시체는 산장에서 추방해야 할 호모 사케르로, 가족은 도덕적 법적 규제에 아무런 제약도 받지 않는 주권자로 나타난다. 가족에게서 경제학적 감정 흐름은 생리학적 감정 흐름을 압도한다. 관객들은 최초에는 객실에서 발견된 시체에 놀라겠지만 다음 단계에서는 가족들의 냉소주의적 반응에 놀랄 것이다. 가족들이 화목하게 식사하면서 매장 작업을 성공적으로 마친 것을 두고 서로 치하하는 장면은 냉소주의를 강조하기 위한 에피소드다. 요점은 자살 사건을 은폐하는 반사회적 행동이 아니라 그 은폐를 장난처럼 여기는, 모든 법적, 도덕적 규율을 초월한 듯한 냉정하고 비열한 감정 상태다.

이와 같은 성향의 텍스트들은 역사적으로는 (이전 시대의 엘리트들이 정치권력의 획득에 연연했던 것과 달리) 경제적 이해에 몰두하는 신흥 시민계급이 부상할 때 등장하는 경향이 있다. 가령 위철리(William Wycherley)의 「못생긴 상인」(The Plain Dealer, 1676)은 "돈과 재산에의 집착을 시인하는 상스러운 솔직성"을 재현한 풍속 희극의 대표적 사례다. 17세기 후반기의 영국 풍속 희극들은 "타산적이고 기만적인 세속의 길(way of the world)"을 주제화함으로써 부상하는 시민문화를 재현했다. 세계를 "냉정한 현실이면서 동시에 게임 정도로 이해하는—사실은 그렇지 않다고 변명할 수 없는 사람들이 현실적으로 지니고 있는 —냉소주의"(윌리엄스, 1984: 169~170)는 그 희곡들의 기조 감정이었다. 물론 「조용한 가족」의 가족은 부상한다기보다는 몰락의 위기에 놓여 있다. 그럼에도 불구하고 17세기 후반 영국에서 부상했던 시민계층의 세속적·유희적·냉소적 성격과 유사한 원인은 무엇일까? 요점은 「조용한 가족」이 공황이 아니었으면 관심 밖의 소재였을 소자본 창업에 관한 이야기, 즉 재시작하는 경제활동에 초점을 둔다는 점이다. 이 이야기에서는 공황 이전에는 대기업의 화이트 칼라, 노동자, 부랑자 등 고착된 수직 체계에 배치되었을 사회성원들이 기존 질서의 와해를 통해 새로운 단위에서 규합하고 부상을 준비한다. 그런 의미에서 영화 속 가족들의 두려움에 질리지 않는 냉소주의적 철면피라는 이미지는 몰락의 상태에서 사회 전반적으로 새롭게 태동 중인 시민 감정을 대변한다고 볼 수 있다.

다른 한편으로 가족들은 막노동꾼이기도 하다. 가족들이 견지하고자 하는 영리적 태도와는 무관하게 그들은 상황의 강제에 의하여 생리학의 영역에 개입하지 않을 수 없다. 그들은 시체를 만지고, 옮기며, 묻어야 한다. 그들에게 시체는 단지 추상화한 경제적 결핍(장부상의 마이너스 숫자)을 나타낼 뿐 아니라, 직접적인 감각의 대상(촉각적이고 무게 나가는 실존하는 신체)으로 의미화한다. 이것은 시체와 가족 사이에 최초에 성립했던 '순수한 고기(생리학의 영역) 대 영리적 주체(경제학의 영역)'의 대당 관계를 허물어뜨리는 계기가 된다. 영화의 모든 익살스러운 요소는 시체를 파묻는 액션에서 발생한다. 맨 처음 자살자를 매장하는 과정에서 '아들'(송강호 분)은 시체의 "머리통"이 어느 쪽인지를 몰라 당황해 하고, '아버지'(박인환 분)는 구멍이 작으니 시체의 몸을 구부리자고 의견을 제시한다. '삼촌'(최민식 분)은 실수로 구덩이 안으로 미끄러져 들어간다. 두번째 매장에서는 아직 완전히 죽지 않은 청년의 얼굴이 근접화면으로 나타나고 그와 가족들 사이에 몸싸움이 벌어진다. 또 그들은 적당한 매장지를 찾아 시체를 다시 꺼내어 손수레에 싣고 우왕좌왕한다. 의심할 나위 없이 이것은 산역꾼들의 익살극이다. 익살극이라는 측면에서 볼 때, 시체, 가족, 산장 전체는 축제의 괴물이다. 그들이 겪는 삶의 무질서는 사업적 관점에서는 분명히 불행한 재난임에도 불구하고, 직관적으로는 활력의 계기로 경험된다.

매장 작업으로 몸이 더러워지고 구덩이에 미끄러지면서 그곳에 묻힐 시체와 점점 닮아 가는 이 가족들에게는 열악한 환경에서 일하는 육체노동자의 형상이 투영되어 있다. 영화가 재현하는 축제의 상징들은 가족이 포함하는 하층민으로서의 속성을 포착한 것이다. '사회의 한계'에 내몰린 가족은 '삶의 한계'에서 일하는 산역꾼이나 묘지 관리인에 비유되는 순간, 시체를 매개로 축제에 참여하는 자들이라는 의미를 부여받는다. 시체에 관련된 작업이 축제의 실천으로 나타난 것은 그로테스크의 오래된 전통이다. 「햄릿」에서 자살한 오필리아의 시신을 매장할 구덩이를 파는 '광대 1'은 자살이 기독교에 위배됨에도 귀족이라는 이유로 장례가 치러지는 것을 비아냥거린다.

> 광대1: 귀족들이야 우리처럼 천한 것보다, 물에 빠져 뒈지거나 목을 매거나, 편리하게 돼먹은 세상인 걸. 자. 내 삽 좀 주게. 귀족집안이란 게 조상을 캐보면 다 정원사, 도랑치기, 산역꾼들이지. 아담의 직업을 물려받았으니깐(셰익스피어, 2008: 154).

산역꾼이 천한 신분이라는 자의식과 더불어, 신분제도 자체의 부조리가 지적되고 있다. 그러나 묘는 최후의 심판 날까지 버티는 '최고로 튼튼한 집'이라는 점에서 광대1은 산역꾼이 석수, 조선공, 목수, 교수대 제작자보다 더 튼튼한 걸 만드는 것에 자랑스러워한다. 시체를 다루는 육체노동자는 이처럼 영원불멸의 건물을 짓는 평등한 공동체를 꿈꾸는 민중의 대행자다.

「조용한 가족」의 결말부에는 산장 앞마당에 집결한 시체의 더미가 나타난다. 러닝타임 내내 전개되어 온 묘파기에 관련된 동작들—땅을 파는 노동, 시체를 만지거나 옮기는 일, 죽는 상황의 장황한 묘사—은 종합되어 가족들에게 묘지관리인의 정체성을 부여한다. 또한 시체를 쌓아놓고 창고에서 불태우는 장면은 중세 축제에서 수수깡으로 만든 마녀 화형식을 연상하게 한다. 「율리시즈」에서 묘지관리인에 대한 묘사는 육체적 재생의 이념을 충실히 따르고 있다. 묘지관리인은 아이가 여덮이나 되는 "이상하게도 번식력이 강한 사나이"이며 그는 "모두가 좋게 생각하는" 긍정적 인물이다(조이스, 2011: 190~192). 친구의 장례를 마치고 묘지에서 나오면서 화자는 아래와 같은 생각에 잠긴다.

> 시신에는 무수하게 구더기가 생길 거야. 틀림없이 땅 곳곳에서 구더기가 소용돌이치고 꿈틀거리고, 그것을 생각하면 머리가 어지럽다. 귀여운 해변의 아가씨들을 봐도 머리가 어지럽지만. 저 사나이는 그런대로 명랑한 얼굴로 그것을 바라보고 있어. 다른 사람이 자기보다 먼저 묻혀가는 것을 보면 힘을 느낄 테지. 그는 인생을 무엇이라 생각할까? 그는 농담을 해서 사람 마음을 훈훈하게 한다(조이스, 2011: 193).

이 기술은 '끔찍한 기관→성적 활력→훈훈한 농담'의 이행과정을 보여 준다. 묘지관리인은 이러한 상상의 이행 전체를 포괄하는 재생의 상징이다.

막노동자의 정체성과 연관시켜서 가족 자영업자를 볼 때 시체, 가족, 산장은 축제적 괴물로 나타나지만, 자살자들의 고통, 가족의 냉소, "소화불량 걸린" 기업의 탐욕이라는 측면에서 볼 때 동일한 과정은 반축제의 괴물로 의미화한다. 축제와 반축제의 이중화는 자영업에 내재된 노동자와 기업가의 양가성에서 비롯된다. 산장의 가족은 동기야 어떻든, 많은 시체를 자신의 영토 안에 유치한 자들이며, 시체를 보호하고 관리하지 않으면 안 된다. 이로부터 '죽은 것의 풍요함', '반어적 생산성', '시체를 생산하는 활력'과 같은 긍정과 부정이 절충된 느낌이 생성된다. 이것과 동일한 느낌을 벤야민은 17세기 독일 바로크 비애극에서 간파했다.

> 죽음의 입장에서 보면 시체의 생산이 삶이다. 시체적인 요소들이 육체로부터 한 조각 한 조각 떨어져 나가는 현상은 사지가 잘려 나간다거나 늙어감에 따라 육체가 변형된다거나 하는 데에서만 비로소 벌어지는 현상은 아니다. 그것은 육체가 배설하거나 정화되는 모든 과정에서도 벌어진다. …… 중세적, 바로크적 인간에게서 나타나는 죽음의 포화상태는, 삶의 종말에 대한 사고가 이들을 억누르고 있었다는 식으로는 결코 이해될 수 없다(벤야민, 2008a: 292).

이와 같은 이중성은 외환위기 당시의 관객들이 자영업자 등장인물에 자신을 동일시함으로써 절반은 파산에 몰린 기업가의 심정에, 절반은 명랑한 육체노동을 통한 밑바닥부터 다시 시작하고 싶은 심정에 공감하고 있음을 지시한다.

반축제의 흐름과 축제의 흐름은 「조용한 가족」에서 경향적으로 각각 실내 장면과 실외 장면에 배분된다. 실내 신에서 가족들은 경제적 탐욕에 휩싸여 있거나 암매장이 외부에 발각될지도 모른다는 두려움에 강박되어 있다. 가령 이장(里長)의 상속 문제로 투숙객의 살해를 공모하거나, '아버지'가 '삼촌'을 (투숙객의 생명을 구했다는 이유로) 사정 없이 구타하고, 암살자 및 경찰의 몸에 칼이 꽂히고, 이장이 계단에서 추락사하는 사건은 모두 실내에서 발생한다. 초월적 심판자로부터의 응시, 암매장과 암살에 관한 음모, 살인, 가장의 고압적인 권위주의가 폐쇄적 공간에 연계된다. 반면에 명랑함이 넘치는 장면들은 야외에서 구덩이를 파는 가족협업노동에 집중되어 있다. 시체들의 수는 계속 증가하고, 한 곳에 정착해 있지도 않기 때문에 가족들은 동분서주할 수밖에 없다. 실 외 신은 바쁘게 돌아가는 일련의 육체적 흐름들—시체의 공급, 매장을 둘러싼 소동, 새로운 시체의 공급, 이장(移葬), 묶인 채 도주하는 피랍된 고객—을 재현한다. 반축제가 협소한 '장소'에, 축제가 '흐름'에 배분되어 있다는 점은 명확해 보인다. '장소'는 좁은 공간에서 더 넓은 공간으로 확장되는 점층법으로 표시된다. 최초에는 '안개'가 '안가'(安家)로 잘못 표기된 안개산장의 표지판으로부터 산장 자체로, 다음으로 산장을 감시하는 파출소를 거쳐서, 마지막에는 (TV에서 가족들이 내다버린 시체를 공비 토벌의 승리로 잘못 보도하는) 위선적인 국가로 확장된다.

아리기(2008: 65)는 세기 전환기에 치열하게 갈등하는 두 종류의 공간을 "흐름의 공간"(space-of-flows)과 "장소의 공간"(space-of-places)이라고 명명한 바 있다. 전자는 국경을 이동하는 금융자본의 흐름을 의미하며, 후자는 영토에 기반을 두고 전쟁을 벌이는 국가와 산업자본이다. 세계 자본주의의 재조직화란 흐름의 공간이 장소의 공간을 뒤흔들고 전자가 후자의 지형도를 재편하는 과정이다. 16세기 서유럽의 장시(場市) 이래로 "흐름의 공간"은 상업적·산업적 활성화에 따른 민중 문화의 부상을 수반했고[3] 이에 따라 '축제의 세계 감각들'이 예술 텍스트들에 출현하는 계기를 형성했다. 「조용한 가족」은 "장소의 공간"

---

3 16세기 런던의 정기시(定期市)는 그 대표적 예였다. "런던의 바솔로뮤 정기시 역시 '대단한 상품 교환'을 목적으로 하는 것이라기보다 단순히 일반 민중들이 즐기기 위해서 모이는 곳 이었다. 활발한 것이든 그렇지 않은 것이든 모든 정기시들이 자아냈던 카니발, 방종, 뒤집혀 진 삶과 같은 분위기를 환기시키는 일은—그럴 필요가 있다면—아직 이렇게 남아 있는 군 소정기시들이 맡게 되었다"(브로델, 1996: 113).

에 가족주의, 기업주의, 국가주의를, "흐름의 공간"에 자살자들의 기관에 연접한 산역꾼의 행위들을 배치한다. 영화 속 가족들은 자살자들이 제공한 기관의 놀이에 가담하는 동시에, 기업의 이해(利害)와 국가의 감시에 짓눌려 있다. "흐름의 공간"은 "장소의 공간"을 조롱하고 비웃는다. 그러나 그 조롱은 부정 그 자체를 위한 것이 아니라 놀이의 일부다. 이로부터 등장인물들이 타격받는 강도는 갈수록 더 커져도 결코 비극으로 기울지 않는 애니메이션 같은 서사흐름이 형성된다. 한편으로 기관들의 축제로 무질서가 증가함에 따라 가족들은 부상당하고, 참혹한 살인극이 발생하며, 국가는 조롱당할 것이다. 그러나 다른 한편으로 이런 부정적 흐름은 결코 암울하지도 종말론적이지도 않다. 이와는 반대로 누적되는 신체훼손은 극복 가능한 역경으로 재현되고 있다. 애니메이션과 유사한 미장센이 이를 표현하는데 시체는 경직된 자세와 과장된 얼굴 표정, 환상적이거나 풍자적 양식으로 표현된다. 고통의 과정은 최대한 축약되고, 고통의 최종 결과물, 즉 훼손된 신체의 고도로 양식화한 재현이 나타난다. 지나친 폭력을 축제적 행동으로 전환시키는 스타일 전략은 민중적 그로테스크의 유산이다. 서구의 전통 인형극 「펀치와 주디」(Punch and Judy)가 그 대표적 예다. 만약 사실적으로 묘사되었다면 결코 웃음을 주지 못했을 잔인한 폭력들은 인형극 양식을 매개로 재현됨으로써 축제적 유쾌함을 생산한다.[4]

---

4 "이 인형극 속에서 미스터 펀치는 창밖으로 자신의 아기를 내던지고 자기 마누라 주디를 때려 죽인다. 또한 그를 체포하려던 경찰을 살해하고, 자신에게 교수형을 집행하는 형리까지도 자기 대신 목 매달아 죽게 만든다. 산 사람만이 아니라 유령까지도 살해하고, 심지어는 악마까지도 마음대로 조롱한다. 그러나 그는 결코 죽는 법이 없는 주인공이다. 여전히 살아서 시골 곳곳을 누비며 젊은이와 늙은이 모두를 즐겁게 해주는 것이다"(성완경, 1998).

「신장개업」과「하면 된다」에서 축제의 영역과 반축제의 영역은 변주된다.「조용한 가족」이 고객과의 관계에서 서비스 자영업자가 겪는 사건을 다룬다면,「신장개업」의 내용은 동일한 고객을 사이에 두고 경쟁하는 중국음식점들 사이에서 겪는 사건이다. 대형 중국음식점인 경쟁사 '아방궁'이 사람들의 시체로 음식을 만들어 시장을 장악했다고 판단한 영세 음식점 '중화루' 측 (유사)가족은 자신들도 요리 재료로 쓸 시체를 찾아 공동묘지로 나선다. 이 텍스트에서 반축제의 괴물은 악한 타자로 묘사된 경쟁업자에게, 축제의 괴물은 주인공 측에게 배분된다. 기관들은 경쟁업자에게 투입되면 기업적 이윤을 산출한다. 그들은 음험한 요리 비법을 감춘다는 점에서나, 인육요리를 만든다는 점에서 반축제의 괴물들이다. 이들은 시체를 가지고 손실의 누적이 아니라 이익의 수확을 가져온다. 이는 외환위기시에 구조조정이나 감원으로 성공한 기업, 혹은 한국사회성원들 대다수가 고통을 겪은 대가로 이익을 본 IMF에 대한 풍자다. 시체 흐름이 고스란히 현금 흐름으로 전환하는 대형 중국음식점 '아방궁'은「조용한 가족」의 가족이 겪는 곤경으로부터 오히려 성공한 반대편 세계다.「신장개업」의 '중화루' 측 인물들은 경쟁사를 따라잡기 위해 공동묘지를 파헤침으로써 축제의 괴물이 된다.[5] 시체를 고구마 캐듯이 땅에서 캐서 상품화하고 이걸 가지고 경제난국을 돌파하겠다는 그들의 낙관성은 산역꾼 특유의 익살에 속한다. 수많은 시체가 누워 있을 공동묘지에서 벌이는 희극은 자살 사태가 급증했던

---

5 사장(김승우 분)은 "여기 있는 시체 다 꺼내 먹을 거야!!"라고 외치고 주방장(박상면 분)은 "썩은 고기가 대부분일 텐데요?"라고 의구심을 표현한다. 하지만 다시 사장은 "찾아보면 싱싱한 것도 있어"라고 답한다.

'사회적 공동묘지 정국(政局)'으로부터 재생적 활력을 추출하고자 하는 대중적 욕망의 반영이다.

「하면 된다」는 2000년에 개봉된 만큼 코스닥의 치솟는 주가[6]와 이에 동조했던 전 국민적 도박 심리가 많이 반영되어 있다. "불행을 희망으로 바꿔 드리는 게 보험입니다. 보험은 사고만 당하면 확률 100%이고 반면에 복권의 확률은 아주 낮습니다"라고 보험설계사는 열을 올리며 선전한다. 영화 전반부에서 가족은 축제의 괴물이지만 후반부로 접어들면 그들은 반축제의 괴물로 변신한다. 가족은 전반부에서 파산으로 살 길이 막막해지자 자해를 하여 보험회사로부터 보상금을 얻는다. 자신의 지체(肢體)들을 직접 절단하는 장면은 기관 일부를 죽여서 수익의 확대를 도모하는 것이므로 축제의 문법을 따른다. 그러나 후반부에 면 친척이나 사위를 끌어들여 살해하고 생명보험금을 타려 하는 행위는 반축제의 문법이다. 타인의 기관을 현금화하여 착복하는 가족의 행위는 기업주의적 식인행위에 다름 아니다.

다양한 변주가 존재하지만 세 영화 모두, 신자유주의적 기업 환경에서 매우 개연성 높은 갈등들—서비스업과 고객 사이의 상거래, 동일업종에 새로 진입한 대기업과 중소업체의 상품 경쟁, 시민들의 고통에서 수익을 얻는 금융자본의 지배—에 기초한다. 타인의 기관을 통해 손실을 방어하거나 이익을 얻으려는 냉소적이고 기업주의적인 태도가 나

---

6 1998년 이후에는 코스닥시장 활성화를 위한 여러 가지 특례가 인정되는 가운데 벤처열풍이 일어나면서 1999년 초부터 2000년 초까지 지수, 거래량, 거래대금 등의 측면에서 연일 '사상최고'의 기록이 쏟아졌다(한국민족문화대백과 한국학 중앙연구원. 2015. 1. 11. 검색. http://terms.naver.com/entry.nhn?docId=572725&cid=46630&categoryId=46630).

타나는 동시에, 활기찬 산역꾼의 시점에서 감정을 모방하면서 경기회복을 낙관하는 충동이 저변에 존재하고 있다. 이들 영화들이 상상하는 근원적 세계는 아노미적 축제의 경향과 질서화의 반축제 경향 사이의 길항작용을 보인다. 한편으로는 무질서의 찬양이 이루어진다. 기관으로 해체되는 신체, 해체된 기관에 관련된 코믹한 육체노동 등은 재생을 지향하는 축제의 기호다. 다른 한편으로 해체된 기관들을 매장하여 기업의 파산을 필사적으로 방어하는 냉소적 노력이 나타난다. 영화들은 표면적으로는 그 악마적 사업들을 비판하지만, 심층에서는 외환위기 당시 대중들이 임시방편으로 귀의한 가족주의의 틀을 지지한다. '가족-기업'이라는 (무질서를 헤치고 나가는) 질서에의 찬양이 부지불식간에 이루어진다. 그러므로 세 영화의 공통점은 질서의 차원에서는 냉소적인 가족 기업주의를, 무질서의 차원에서는 막노동의 유희를 벌이는 혼종적 괴물을 형상화한다는 점이다. 이 괴물은 반축제와 축제를 절충한 것으로 그 내재적 원인은 자영업자들의 모순적 계급성에서 기원한다.

영화들이 표현하는 가족 기업주의에 관하여 살펴보자. 가족과 그 외부 사회성원 사이에는 명백한 구별과 긴장이 존재한다. 사회에 대한 불신과 위선이 가족 내적으로는 정당화된다. 사실 매장의 모티프는 위선을 주제화하는 전통적 표현수단이었다.[7] 사회로부터 버려진 가족이

---

7 T. S 엘리어트(2004: 58)가 쓴 「황무지」의 다음 문단은 시체 매장의 의미에 담긴 민중적 재생의 주제가 '위선'의 주제로 전도되는 궤적 자체를 시 안에서 일목요연하게 보여 준다.
   "작년 뜰에 심은 시체가 싹이 트기 시작했나?
   올해엔 꽃이 필까?
   혹시 때 아닌 서리가 묘상을 망쳤나?
   오오 개를 멀리하게, 비록 놈이 인간의 친구이긴 해도
   그렇잖으면 놈이 발톱으로 시체를 다시 파헤칠 걸세!

사회를 다시 약취함으로써 경제적으로 소생할 것이라는 '가족주의적 정당방어'의 논리가 일종의 '윤리'로 나타난다. 가족의 외부는 위험한 환경이거나, 퍼올려야 할 자원이다. 시체들 혹은 타인의 기관들은 자신의 가족적 삶을 유지하기 위하여 외적 세계로부터의 오염을 막거나, 나아가 외부 세계를 약취해야 한다는 강박의 상징이다. 요컨대 시체와 절단된 기관이 쇄도하는 붕괴된 세계는 '소자본-되기'의 눈으로 가치평가된다.

영화 속 가족 내부에는 집단과 개인의 구별이 거의 존재하지 않는다. 가족은 독특한 개인들의 집합이 아니라, 한 명의 개인이 내면에서 가질 수 있는 이러저러한 동요를 분리된 인물로 전개한 것이다. 가장(혹은 사장)의 권위주의에 의하여 구성원들의 액션은 거의 통합되는데, 「조용한 가족」은 물론이고, 「신장개업」에서의 중국음식점을 운영하는 부부와 두 명의 피고용자들, 「하면 된다」의 가족들에서도 집단의 통합성은 경향적으로 관철된다. 이것은 가족의 중요성이 부상될 수밖에 없는 공황기의 대중심리 이외에도 더 영속적 요인으로 한국의 기업세계에서 가족주의를 빙자한 권위주의가 지속하는 경향을 감안하지 않고서는 설명되기 힘들다. 세 텍스트가 '가족주의적 정당방어'의 주체를 하나의 기

그대! 위선적인 독자여! 나와 같은 자 나의 형제여"
개가 시체를 파헤칠 거라는 우려는 진실의 은폐를 원하는 자들의 강박을 상징한다. 즉, 시체의 매장은 위선과 위선에 동반되는 정신적 고통을 의미한다. 호러영화라고 말할 수 없을 정도로 아주 온건하게 마을 공동체의 불안을 묘사한 히치콕의 「해리의 문제」(The Trouble With Harry, 1955)에서도 매장되지 않고 방치된 시체는 사람들의 위선을 지시한다. 마을 공동체가 누리는 행복감, 그 우아한 매너와 선물을 나누는 공동체의 유대감은 시체에 대한 무관심과 병치됨으로써 비인간적인 것으로 드러난다. 공동체 성원이 합심하여 한 사람을 시체로 만들고 그 대가로 풍요롭고 쾌활한 삶을 누리는 대표적인 텍스트로는 뒤렌마트(Friedrich Dürrenmatt)의 희곡, 「노부인의 방문」(2011)을 참조할 것.

업이자 가족으로 설정한 점은, 국가 수준에서 절차적 민주주의가 도입된 이후에도 가부장주의적 권위주의가 한국의 기업 문화에서 관철되는 현실에 기초한 것으로 볼 수 있다.

3

식인과 자살의 기이한 융합

거식증 환자와 강박적 요리사가 한 몸으로 융합한 신체는 「301, 302」가 제시하는 괴물이다. 괴물은 '87년 체제'에 고유한, 질서와 무질서의 이율배반으로부터 상상된 것이다. 질서의 축은 3저 호황에 토대한 소비주의 및 민주화 정세를 긍정하고 자기계발의 붐에 순응하는 사회 분위기다. 무질서의 축은 잔존한 권위주의와 투쟁하고 점증하는 경쟁 압력 때문에 좌절하는 흐름이다. 질서와 무질서가 융합하여 괴물을 형성하는 과정은 구체적으로는 두 단계를 거친다. 첫 단계는 거식증과 요리강박의 발병 과정이다. 두 가지 병리현상 모두 (성정치로 환유된) 권위주의 시대의 억압으로부터 탈출하려는 노력과, 1990년대 중반 (노동자 간·기업 간) 시장 경쟁의 압박이 중첩되는 이행기의 증상이다. 두번째 단계에서 탐욕의 상징(요리강박)은 금욕의 상징(거식증)을 먹어치움으로써 인적 자본을 형성한다. 식인의 우화(寓話)는 '자율적 개인'의 형성이 사실은 '한 사람이 된 두 사람', 즉 쾌락을 추구하는 운동의 부속품으로 결핍을 내장하는 과정이라는 사실을 지시한다.

「301, 302」의 근원적 세계는 301호의 거주자가 자발적 동의에 의하여 302호의 거주자에게 잡아먹히는 302호다. 그곳은 '시민사회'의 원천이 되는 장소다. 이웃관계였던 301호와 302호는 서로 죽이고 죽는 참혹한 공동식사를 통하여 하나의 장소로 통합된다. 그곳을 진원지로 축제의 외양을 띤 한정된 환경이 파생될 것이다. 한정된 환경이란 민주정부, 호황, 과열 소비풍조로 특징지어진 당시의 낙관적 한국사회다. 그러나 한정된 환경은 자살(결핍, 금욕, 자기포기)과 식인(쾌락, 탐욕, 자기계발)을 매개로 성립한 근원적 세계의 지탱 없이는 지속 불가능하다. '시민' 각자는 즐거움 속에서 서로를 잡아먹고, 기꺼이 잡아먹힐 것이다. 따라서 영화는 외견상 풍요로운 개인주의, 중산층 중심의 시민 문화를 해부하여 그 안에 내재된 악취와 불안정함, 자기붕괴의 가능성을 보여준다.

97년 말에 발발한 경제공황은 「조용한 가족」에서 자살자가 속출하고, 파산을 면하기 위해 가족자영업자가 전전긍긍하는 이야기를 낳았다. 경기(景氣)의 공포에 떠밀려 경제학과 생리학의 현상들이 강제로 통합하고 이로부터 괴물이 탄생한다. 괴물은 우선 자살한 시체다. 시체의 한 성분은 생전의 욕망을 충동질했던 신자유주의 경제 질서이며, 다른 성분은 구역질나는 기관들을 통하여 사회해체의 경험을 토로하는 생리학적 무질서다. 이야기의 전개와 더불어 괴물은 산장 자체로 확장될 것이다. 산장은 가족이 운영하는 소자본(산장사업)의 신체다. 시체들을 산장에 묻는 것은 소자본이 자신의 손실(죽은 고객)을 '먹는' 것이다. 죽은 고객을 먹고 묘지로 변하는 숙박업소는 손실을 내부화하는 파산의 경제학에 관한 은유일 뿐 아니라, 위기에 몰린 기업이 주관적으로 느꼈을 생리학적 감각을 기술한 것이다. 식인주의적 산장은 자신이 억압해 온 호모 사케르들이 정말로 죽었음에도, 그치지 않는 배고픔 때문에 호모 사케르의 시체마저 먹고 자신도 호모 사케르로 전락하는 공황기 '자본=주권자'를 나타낸다.

산장은 외부에서 유입하는 고객의 흐름에 대해서는 "괴물 탐식자"[1]라고 할 수 있지만, 내부의 가족들에게는 재출발을 가능하게 해 주는 근원적 세계다. 가족들이 활약하는 산장은 자본가의 요소와 노동자의 요소를 절충한다. 그곳은 영리(營利)에 강박된 냉소적 태도와, 민중축제의 요소가 병존하는 장소다. 그 모순적 성격은 외환위기 당시 한국사회 성원들이 밑바닥으로부터 재기하고자 하는 노력의 이중적 특성을 보여준다. 한편으로는 "돈과 재산에의 집착을 시인하는 상스러운 솔직성"과, 다른 한편으로는 (익살스러운 산역꾼 같은) 명랑한 육체노동자의 위치에서 다시 시작하고 싶은 욕망이 근원적 세계로부터 파생되어 나온다. 기업가와 막노동자의 두 얼굴을 한 새로운 시민적 정체성이 확산될 것을 영화는 예고한다.

「301, 302」와 「조용한 가족」은 외환위기 전과 후에 위치한 1990년 대의 호황기와 공황기를 각각 대표한다. 두 영화는 천당과 지옥 같은 경제 국면의 차이를 반영한다. 「301, 302」는 겹겹이 쌓아올린 기름진 음식들의 진동하는 썩은 냄새를 전하고,[2] 「조용한 가족」은 겹겹이 쌓아 올린

---

1 엄경(1994)에 따르면 졸라는 소설의 주요 공간들을 등장인물들을 먹어치우는 "괴물 탐식자"(monstre mangeur)의 이미지로 표현한다.

시체 더미 한가운데에서 솟아오르는 익살을 전한다. 전자는 편재한 긍정성 밑바닥에 내재하는 공포를, 후자는 편재한 부정성 밑바닥에 내재하는 희망을 보여 준다. 그러나 두 영화 사이에는 차이만이 아니라 아래와 같은 90년대에 고유한 공통점이 존재한다.

첫째, 개발독재시기에 유행했던 성의 그로테스크를 식사의 그로테스크가 전유하고 있다. 「301, 302」의 두 여성은 이전에 당했던 성적 약취의 경험을 탐욕스러운 식사의 기호로 번역한 후 그 식사의 프레임 아래에서 성적 고통을 회상한다. 성에서 식사로의 이동 궤적을 표시하는 것 자체가 서사의 주축이다. 「조용한 가족」에서 성의 그로테스크는 동반자살을 앞둔 연인들의 에로틱한 의례에서 나타난다. '괴물 탐식자'로서의 산장에게 성교는 산장이 고객을 먹는 식사의 에피타이저인 셈이다. 이전 시대에 성의 그로테스크는 솟구치는 대중의 에너지와 피억압의 굴욕을 지시했다. 그러나 90년대 들어서는 소비주의의 부패하고 도착적이며 병리적인 본질을 폭로하기 위해 도입된다. 반면에 이전 시대에 탐욕스러운 권력자의 묘사에만 한정되었던 식사(식인, 흡혈)의 그로테스크는 탐욕이 저변화한 90년대에는 모든 등장인물을 묘사하는 기호로 확산된다.

둘째, 주인공들은 고립적이거나 자립적인 존재다. 주인공들은 소속 집단이 불명료한 '순수한' 개인 혹은 가족으로서, 그들을 둘러싼 환경은 생략되거나 추상적으로 처리된다. 60, 70년대 그로테스크의 화자는 위

---

2 「미지왕」(김용태, 1996)의 핵심 모티프도 '구역질나는 풍요'다. 영화는 결혼식장 하객들의 호화로운 향연을 돼지우리처럼 묘사한다. 「미지왕」은 비록 본문에서 분석하지는 않았지만, 90년대 중반의 분위기를 집약하는, 그로테스크한 성향이 강한 영화다.

계적 공동체 안에 강력히 결속되어 있었다. 중간계급인 화자로부터 최상층 및 최하층까지의 권력 거리는 괴물을 형성하는 토대였다. 그러나 90년대의 그로테스크에서 괴물은 서로에 대하여 독립적 경제 주체(아파트 이웃, 고객과 기업, 기업과 기업)들이 벌이는 공동 소비, 거래, 경쟁으로부터 형성된다.

셋째, 각자의 욕망에 따라 하나는 자발적으로 죽고, 다른 하나는 죽은 그것을 먹는다. 호황기와 공황기의 차이에도 불구하고 「301, 302」, 「조용한 가족」에서 '자살-식인'에 의해 복수의 주체가 단수의 주체로 수렴하는 패러다임은 일관되게 관철된다. 가령, 「301, 302」에서 분리된 아파트 거주 공간은 식사를 매개로 단일한 공간으로 통합되고, 「조용한 가족」에서 상이한 경제주체(소비자와 공급자)는 하나의 몸으로 합친다. 한 세대 전의 그로테스크에서도 계급·계층의 혼종(하녀와 동식의 결합, 단주와 현마의 결합)은 그로테스크 생성의 동력이었다. 그러나 「하녀」의 동식이 아무리 자기 집의 1층과 2층을 왕복하고, 「화분」의 단주가 해변가와 저택을 왕복한다고 하더라도, 공간들 사이의 분리는 엄존했다. 괴물은 더 이상 개발독재 시기처럼 화자에게 타자로 다가오는 대상이 아니다. 괴물은 이제 화자의 권력 위치와 대등한 이웃, 고객과 우연히 마주치는 사건을 계기로 화자 내부에서 발생하는 타자, 화자 자신의 이상한 변용으로 나타난다.

다음 장에서 우리는 식사의 그로테스크가 신체훼손의 그로테스크에 재빨리 전유되는 과정을 볼 것이다. 또한 90년대 영화에서 나타나는 '순수한' 개인(가족)과 불특정 공간의 짝은 계급/국가/민중을 노골적으로 대변하는 인물들이 벌이는 전형적 사회갈등으로 대체된다. 그러나

21세기 초의 그로테스크가 90년대 그로테스크에서 나타나는 '복수의 주체가 단수의 주체로 수렴하는 패러다임'을 벗어나는 것은 아니다. 그 패러다임은 실존하는 다양한 권력의 분할선으로부터 다시 차근차근 유도될 것이다. 90년대 그로테스크가 다소 추상적이고 가설적 형식으로 선취한 것을 21세 초 그로테스크는 광범위한 실증적 자료들과 대조해 가며 복기해 나간다.

1

박찬욱의 「복수는 나의 것」
― 계급투쟁과 구경꾼

「복수는 나의 것」은 1997년 말 경제공황의 여파가 여전히 지속하지만 가장 혹독한 시기가 지나간 시점에서, 상황에 거리를 두고 종합적인 반추를 시도하는 영화다. 화자는 투쟁하는 양 계급 사이에서 동일한 거리에 위치하고 상층계급과 하층계급 모두에 대한 동정심과 적대감을 드러내 보인다. 한편으로는 사회성원들이 계급투쟁에 몰입하는 것을 일종의 자연법칙적 불가피함으로 기술하면서도, 그러한 투쟁이 가져올 부조리한 귀결을 입증하려는 양가적인 입장을 드러낸다. 영화가 표현하는 생리적 잔혹함은 주인공들이 대변하는 실재하는 계급들 사이의 커다란 권력 차이 및 그들 사이의 극단적 상호갈등에 토대한 것이다. 주요 등장인물들은 범죄자, 노동자, 혁명 운동가, 자본가 등 네 부류다. 이들은 대부분 죽을 때까지 서로 약취하고 보복하기를 반복한다. 「복수는 나의 것」은 「301, 302」(박철수, 1995)나 「조용한 가족」(김지운, 1998)에서처럼 모순적인 정체성을 갖는 중간계급의 이야기가 아니라 상하 권력 집단이 격렬하게 상호 투쟁하는 영화다. 이러한 양상은 60~70년대의 그로테스크한 영화 「하녀」(김기영, 1960), 「화분」(하길종, 1972)에 더 가까워 보인다. 유혈적 권력 투쟁과 욕망에 들뜬 냉소적 사회 분위기를 배경으로 정치적 딜레마에 봉착한 지식인의 회의주의가 표현되고 있다.

1998년 이후 3, 4년간의 혹독한 사회경제적 위기의 기간에는 상반된 것처럼 보이는 두 종류의 감정 흐름이 공존했다. 한편으로는 투기적 욕망이 유발하는 일종의 '번뇌'와 다른 한편으로는 계급 갈등·해고·파산으로 인한 '분노 및 좌절'이 사회 안에 공존했다. 「복수는 나의 것」은 이 두 흐름, 즉 쾌락의 흐름에 휩쓸리는 익명적 대중의 분위기와 빈곤·해체·자괴감에 시달리는 구체적 개인의 고통을 조합한다. 「복수는 나의 것」은 어떤 의미에서는 「태양은 없다」(김성수, 1998)와 「와이키키 브라더스」(임순례, 2001)가 말하고자 하는 것을 통합한 영화다. 「복수는 나의 것」과 같은 시기에 개봉된 두 영화는 각각 '들뜬 번뇌'의 감정 흐름과 '분노 및 좌절'의 감정 흐름을 대변하는 탁월한 영화적 사례들이다. 「태양은 없다」의 두 청년은 경마로 빚더미에 올라 조직 폭력배로부터 신체 절단의 위협을 받으면서도, '꿋꿋하게' 새로운 투자 아이템을 의논한다. 가진 것이 아무것도 없는 가운데 투기적 수익에 중독된 들뜬 감정과 젊은이들 사이의 끈끈한 우정을 조합하는 영화다. 「와이키키 브라더스」는 나이트클럽에서 연주하는 남성 4인조가 불경기로 인해 지방 출장 밴드를 전전하는 이야기다. 밴드 구성원들은 하나둘씩 사라지고 뿔뿔이 흩어진다. 침통한 분위기가 말 없고 무표정한 주인공들을 러닝타임 내내 짓누른다.

'들뜬 번뇌'의 감정 흐름은 DJ 정부가 실시한 경기부양정책의 효과였다. 김대중 대통령은 1998년 9월 말 끝나는 금융기관 구조조정과 관련하여 "이는 한국 금융기관들이 경쟁력을 갖추게 되는 것을 의미한다"며 "이제 정부는 사업 주도도 적극적으로 하는 등 경기부양에 나설 생각"이라고 밝혔다.[1] '재테크'에의 광신적 열정—주식 투자, 부동산 투기, 카드 소비—이 사회 전반을 휩쓸었다. 특히 기술주식이 한참 가파르게 상승할 때에는, 주식투자에 대한 "사랑의 번뇌" 현상이 불길처럼 번져 나갔다. 로웬슈타인(Lowenstein. R)의 다음 언급은 비록 미국 사회에 관한 것이지만, 미국 주식시장에 동조하는 현상을 보였던 한국사회에서도 똑같이 적용될 수 있다.

> 1998, 1999년 인터넷에 대한 열광은 극에 다다랐다. 사람들은 이제 생각하기를 멈추고 그저 다른 사람이 하는 대로 따라했다. 회사의 기본적인 재무현황조차 들여다보지 않았다. …… 사랑의 번뇌에 빠진 사람에게 세상이 예전과 달라 보이듯, 시장거품에 빠진 사람들의 생각도 크게 변했다. 사고체계와 평가기준이 완전히 변했고, 새로운 척도가 과거의 척도를 무력화시켰다(로웬스타인, 2012: 161, 191).

2000년 말부터 기술주식의 가격은 붕괴했고, 부동산 시세는 계속 치솟았다. 2002년 말에는 카드 사태와 함께 신용불량자가 대거 양산되었다(김순영, 2011). 한국의 대중들은 유사 이래 최초로 경기변동의 상

---

1 『매일경제』(1988.9.22.)

시적 성격에 적응해야 했다. 끝없이 돈을 잃으면서도 희망을 잃지 않는 도박가의 심정이 아노미 시대의 정상적 심리로 안착했다. 아노미 현상의 전형적 지표인 자살률은 외환위기가 발생한 1998년에 인구 10만 명당 18.4명으로 정점에 도달했다가 2001년에 14.1명으로 감소했으나, 2003년에는 22.6명에 도달함으로써 1998년의 자살률을 능가했다.[2]

'분노 및 좌절'의 감정 흐름은 구조조정 과정에서 사회 및 삶으로부터 고립된 노동자와 자본가로부터 발원한 것이었다. 특히 자본주의 공황의 손실은 노동자들에게 집중적으로 전가되었다. IMF 프로그램에 따라 무급휴직, 명예퇴직, 정리해고에 처한 노동자가 속출했다.[3] 기업가들 또한 파산과 가동률 저하, 구조조정의 곤란에 쫓기는 상황이었다.[4] 부도 난 국가를 일으켜 세워야 한다는 자발적 국가 사랑의 의지는 1987년 이래 전투성으로 이름났던 한국의 노동자 대중조직(민노총)조차도 1998년에서 1999년에 걸쳐 가입과 탈퇴를 반복하게 만들었다.[5] 국가위기관

---

2 통계청 마이크로데이터서비스시스템(MIDSS).

3 "경제위기는 '노동계급의 위기'였다. 실업자의 대부분이 노동계급 출신이었지만, 스스로 자신들의 이해를 표출하기 위하여 단체를 조직하고 공개적으로 활동할 가능성도 매우 적었다"(신광영, 2004: 241).

4 "IMF 긴급구제금융 직전인 1997년 12월 고용주 수는 약 164만 명이었으나, 1999년 6월 136만 명으로 약 28만 명이 줄어들었다. 특히 12월부터 1998년 6월까지 6개월 동안 고용주 수가 13.5%, 22만 명 줄어들어 142만 명에 달했다. 고용주의 수가 1980년 이후 지속적으로 증가하여 1990년 6월 111만 명에서 1997년 12월 163만 명에 이르기까지 연평균 0.47%씩 증가하였다는 점을 고려할 때, 이러한 변화는 외환위기의 충격이 얼마나 컸는가를 잘 보여 주고 있다"(신광영, 2004: 225).

5 "김대중정부는 정리해고, 변형근로제, 파견근로제를 노사정위원회에서 민주노총의 합법화와 노동조합의 정치활동 허용 등과 맞교환해 통과시켰다"(김수행, 2006: 486). 민주노총 제2대 위원장이었던 이갑용(2005)은 노사정위의 탈퇴와 관련하여 다음과 같이 회고했다. "노사정위에서 합의하면 무조건 실행될 수 있는 제도가 없는 한 그 합의는 무용지물이다. 실제 권한을 가진 기구를 만들자고 요구했지만 받아들여지지 않았다. 결국 노사정위 무용론이 제기되었고 1999년 민주노총 대의원회에서 만장일치로 탈퇴를 결의한 것이 오늘에 이르렀다."

리에 동참해야 한다는 노동조합 상층지도부의 견해와 이를 타협주의로 비판하는 공장 '현장'으로부터의 목소리가 빈번히 맞섰다. 그러나 전국적 조직 수준에서는 민주화 및 사회적 합의의 희망과, 산별노조로의 전환에 대한 기대감이 더 우세했다. 고통의 해결을 위해 80년부터 의존하던 전투적 투쟁을 계속하는 것은 시대착오적이며 정부와의 정책교섭으로 비중을 이동해야 한다는 견해가 퍼졌다(한국노동연구원, 2001: 650~651). 노동자들의 집합적 신체는 현장 단위 수준에서는 절규·절망·환멸의 감정을 쏟아 내고, 전체 조직 수준에서는 전투성을 조롱하는 느낌이 병존하는 감정의 균열을 경험했다.

「복수는 나의 것」의 그로테스크는 주인공들이 겪고, 타인에게 가하는 엄청난 크기의 고통과 그 고통에 관한 희극적 묘사에서 발생한다. 박찬욱 감독은 어떤 인터뷰에서 「복수는 나의 것」은 "관객한테도 육체적인 반응이 생기는 영화"라고 말한 적이 있다. "정서적으로나 지성적으로 반응하는 게 아니고 …… 뭔가가 어떻게 찔리거나 하면 관객도 만져보게 될 만큼 그렇게 육체적인 감각을 느끼게" 하는 영화라는 것이다(정미, 2006, 198). 요동치는 정세와 냉혹한 권력다툼을 생생한 육체적 감각으로 스크린에 표현하기 위해 이 영화가 선택한 방법은 사회를 일련의 계속되는 복수의 연쇄 작용으로 파악하는 것이었다. 각각의 복수에서 집요하게 추진되는 강렬한 정념, 그리고 상호 파괴적인 복수 게임 자체의 환멸감들은 근접화면으로 잡힌 그로테스크한 육체들을 전경(前景)에 배치한다. 인간의 내장은 다른 사람에게 먹히고, 신체는 감전되고, 묶인 채로 물속에서 아킬레스건이 끊기며, 달려드는 테러리스트들의 수만큼 칼에 찔린다. 그것은 복수하는 자에게 모욕당하고, 비명을 통해 무언의 주장을 하는 신체들의 리스트다. 이 신체들이 그로테스크한 것은 단지 엄청난 고통을 상징하기 때문인 것만은 아니다. 그러한 신체는 우스꽝스럽기도 하다. 신체 훼손의 양상은 부정적 고통과, 희화화된 구경거리의 의미를 동시에 갖는다. 복수의 도미노에 끼워진 신체에는 김영진(2008: 46, 54)이 말하는 것처럼, "큰 슬픔과 헛웃음"이 병존하기 때문에 관객은 "진지한 참여와 희극적인 거리 두기 사이에서" 갈팡질팡할 수밖에 없다. 이러한 고통과 웃음의 결합 관계는 축제적인 것이 아니라 반축제적이다. 즉, 웃음은 고통을 극복하는 것이 아니라, 도리어 고통을 비웃는 것이다.

영화는 계급 간의 적대를 다루지만, 다음 세 가지 방식으로 계급투쟁을 기술하는 전형적 담론에서 빗나가 있다. 첫째, 계급투쟁을 지나치게 가속화함으로써 아무것도 아닌 (무의미한) 것으로 만든다. 노동자와 자본가는 격렬한 상호 항쟁 끝에 결국 사람들의 사회적 소속에 관한 식별이 불가능한 시체 더미 안으로 환원될 것이다. 투쟁은 죽음을 향하여 차이의 체계 자체를 무차별하게 만드는 도정에 있다. 둘째, 계급 당사자들을 지배와 피지배로 분할된 견고한 권력체계가 아니라, (예외상태에서처럼) 손쉽게 역전 가능한 호모 사케르와 주권자의 위치에 배치한다. 그러나 이러한 배치는 혁명적 상황을 의미한다기보다는 홉스가 말한 인간이 만인에 대하여 늑대가 되는 야만상황에 더 가까워 보인다. 셋째, 계급 당사자 간의 유혈 낭자한 투쟁은 비가시적 군중의 흥미진진한 구경거리가 된다. 그 모든 항쟁은 궁극적으로는 경기장 관중을 위한 오락으로 제공되는—로마시대 노예 검투사들의 그것과 같은—유혈투쟁이다. 경기장 한가운데에는 처절한 계급투쟁이, 관중석에는 탐욕스러운 구경꾼이 있다.

「복수는 나의 것」은 상호 항쟁하는 검투사의 시점에서만 세계를 볼 수 있게 시야를 제한한 영화다. 따라서 괴물은 우선, 상호 항쟁하는 계급의 이편에 속한 화자가 계급의 적을 노려볼 때 생긴다. 그것은 박해받는 자가 가해자를, 가해자가 박해받는 자를 노려볼 때 나타나는 이미지다. 괴물은 계급적대의 지형 위에 모종의 변용이 가해지고 계급투쟁의 이념과는 다른 메시지가 부가되면서 나타난다. 하지만 괴물의 두렵고도 우스꽝스러운 이중적 성질이 세부적으로 분석되려면 결국 우리는 구경꾼을 포함한 경기장의 시스템 즉, 근원적 세계를 모델화하지 않으면 안 된다. 이 모델을 통하여 탐욕스러운 구경꾼과 투쟁하는 계급들로 분할된 감정구조가 한국사회에서 갖는 의미를 탐색할 수 있을 것이다.

1. 괴물: 모호한 계급의 적

영화는 계급 간의 적대를 다룬다. 괴물은 우선 계급적대 감정이 팽만한 사회 공간 안에서 재현된 계급의 적이다. 하지만 계급투쟁의 전개에 따라 그 계급의 적은 나 자신과 나를 둘러싼 사회 일반으로 뭉뚱그려질 것이다. 어느 계급의 시점에서 이야기는 진행되는가? 결론부터 말하면 이 영화의 모든 등장인물은 다른 등장인물에 대하여 계급의 적이다. 주요 등장인물들은 ⓐ불법 장기매매사업을 하는 세 명의 범죄자 가족, ⓑ장애자이자 해고노동자인 류(신하균 분), 그의 누나와 여자 친구 차영미(배두나 분), ⓒ차영미가 속한 무정부주의 혁명조직, ⓓ류를 해고한 회사와 그 회사 사장의 친구인 중소기업 사장 동진(송강호 분), 이렇게 네

[표2] 「복수는 나의 것」에서 복수의 당사자와 복수의 순서

	노동자 측	자본가 측
사회적 실재	해고되어 가족과 함께 자살한 팽 기사/ 해고된 장애인 류	팽 기사를 해고한 동진/ 류를 해고한 기업
정상	류 ③ 영미 ②	동진
괴물	영미가 가담한 혁명 조직 ④	불법 장기매매 조직 ①

(화살표는 복수의 방향, 번호는 복수 진행의 순서)

그룹이다. 그러나 네 그룹은 [표2]에서처럼 좀더 압축될 수 있다. 장기 매매집단(ⓐ)은 해고당한 노동자의 눈에 비친 기업(ⓓ)의 악마화한 음영이다. 자본주의적 블랙마켓의 사업가들인 장기매매집단의 약취는 열악한 환경에서 육체노동을 하던 류가 공장에서 쫓겨나는 영화 초반부의 에피소드를 패러디한 것이다. 노동자를 해고하는 '정상적'인 기업 행정은 신체 변용의 세계로 표현할 때 노동자의 기관을 절취하는 것과 다름 없다. 그들은 류의 신장을 적출하고, 그를 발가벗긴 채 종적을 감췄다. 또한 혁명가 조직(ⓒ)은 자본가의 눈에 비친—그를 당혹하게 하고 약취하는—노동자들의 악마화한 음영이다. 할복 시위하는 해고노동자 팽 기사, 유괴사건을 벌인 류와 영미는 자본가인 동진 편에서 보면, 떼 지어 다니는 무자비하게 폭력적인 군중들 즉, 마지막 신에서 느닷없이 등장하여 동진을 처단하는 무정부주의 활동가(혹은 냉혹한 테러집단)들

로 나타난다. 그러므로 류를 해고한 기업 관료들과 장기매매업자가 맺는 관계는, 해고노동자(류와 팽 기사)가 혁명조직과 맺는 관계와 같다. 네 개의 집단은 '노동자 측'과 '자본가 측'의 이원론적 구도로 환원된다. 양측은 자기 내부에서 낮과 밤으로 분화된 얼굴, 즉 정상적 세계의 등장인물로 표상된 '추상적 개념'의 얼굴(ⓑ, ⓓ)과 근원적 세계의 등장인물로 표상된 '괴물'의 얼굴(ⓐ, ⓒ)을 갖는다.

노동자와 자본가는 연쇄적으로 복수가 발생하는 흐름에서 고도의 대칭적 위치에 있다. 복수의 연쇄 법칙은 다음과 같다. 내가 핍박하는 신체는 '나'의 계급적 타자다. 그러나 다음 순간 '나'는 다른 '나'의 핍박받는 계급적 타자로 전락한다. 류는 장기매매업자에 복수하며, 동진으로부터 복수당한다. 동진은 영미와 류에 복수하며, (영미가 속한) 혁명가 조직으로부터 복수당한다. 노동자든 자본가든 각각 상대측의 두 가지 얼굴과 투쟁한다. [표2]는 이를 정리한 것이다.

그런데 과연 복수를 주고받는 당사자들이 자신의 경험을 계급투쟁의 일부로 의미화할까? 복수의 세계에서는 세계의 나머지로부터 완전히 분리된 '나와 적' 두 가지만이 외로운 섬처럼 나타나고 이 두 가지조차도 한데 혼합된다. 기업가가 장기매매집단으로, 노동자들이 테러집단으로 나타나는 것은 상대로부터 나에게 가해진 박해와 그 박해로 인하여 상대에게 투사된 나의 감정이 혼용된 것이다. 벙어리 해고노동자 류의 경우를 분석해 보자. 그가 장기매매조직에게 복수하는 직접적인 계기는 신장을 빼앗겼기 때문이 아니라, 누나가 자살했기 때문이다. 그러나 누나가 자살한 원인은 비단 류의 신장 강탈 사건에 국한되지 않는다. 류가 숨겼던 해고 사실을 류의 옷을 세탁하다가 알아차렸고, 자신이 앓고 있는 병이 류에게 주는 부담에 비관하고 있으며, 류를 사랑하는 등 복합적 요인들이 작용한다. 황진미가 "죄의식의 전가", "부당한 분풀이", "증오범죄"라고 비판했던 것은 이런 맥락에서다.[6] 영화가 보여 주는 근친상간과 증오범죄 사이의 연계성은 류의 행동이 적과 아(我)가 혼재된 폐쇄적 세계 안에서 진행되는 안갯속의 악전고투임을 보여 준다. 류가 누나의 몸을 씻기고, 여의사에게 대신 마약 주사를 놓아 주는 장면 사이의 호환성을 상기하자. 류-누나-여의사는 분리된 개체가 아니라 무차별적으로 혼융된 자기파괴적인 감정 덩어리다. 동진에게도 동일한 논리가 적용된다. 딸을 포함해서 그가 가진 모든 것이 하층계급에게 '장물'로 취급되는 것은 그에게는 원통한 일이다. 그가 류와 영미에게 복수하는 일은 주관적으로는 전혀 계급적 행동이 아니다. 단지 사랑하는 딸을 잃었기 때문에 상대가 누구든 고통을 초래한 자에게 앙갚음하는 것이다. 동진과 근친상간 관계를 맺고 있음을 영화가 암시하는 동진의 딸은 영미와 호환관계에 있다. 동진은 딸을 사랑스럽게 안고, 전기 고문 집게를 꽂기 위해 영미의 귀를 핥는다. 동진-딸-영미는 류의 경우와 마찬가지로 증오와 슬픔의 열정에 도착된 혼합적 개체다.

---

6 황진미는 「복수는 나의 것」에서 진정으로 잔혹한 것은 폭력적인 장면이라기보다는 "죄의식의 전가'라는 폭력의 작동기제"라고 논의한다. 폭력을 당한 사람은 아무런 "주체의 의지나 결단" 없이 마치 점화식의 수열처럼 다른 사람에게 폭력을 전가한다. 복수극은 정당한 복수극인 양 가장한 '부당한 분풀이'이다(황진미, 2004). 황진미와 마찬가지로 김지미도 이 영화가 한국사회의 모순을 극단적 폭력의 연쇄작용과 육체적 고통으로 형상화했다고 본다. 김지미는 육체적 고통과 언어적 침묵 사이의 함수관계에 주목한다. 언어를 통해서 신체적·심리적 고통을 전달하는 것이 불가능하기 때문에, 자신의 고통을 해소하기 위하여 과다한 폭력을 행사하고, 폭력은 또다시 타인의 입을 막음으로써 재생산된다(김지미, 2006). 두 사람의 논의는 폭력의 연쇄가 발생하는 문화의 단층을 해명하는 의미가 있다. 그러나 폭력이나 고통이 희화화하는 부분에 관하여는 도외시하고 있고, 또한 두드러지게 표현된 계급 갈등에 대한 고려가 없다.

근친상간의 죄의식은 19세기 이래로 부르주아 계급을 포위한 하층 계급으로부터의 압력을 부르주아 가족 내부의 금기 위반으로 순화하고 사사(私事)화하는 장치였다. 현대사회에 이르러 이 부르주아의 신화는 사회성원 모두에게 적용되는 시민적 이데올로기로 보편화했다. 「복수는 나의 것」의 복수는 그러한 사사화 장치를 원래의 공적 세계의 갈등으로 해체하는 것이 아니라, 반대로 모든 공적 갈등에 사사화한 세계의 규칙을 적용한다. 따라서 사회집단 사이의 갈등에 혈연적이고 피아(彼我)의 구별이 뭉개진 암투가 적용된다. 계급투쟁은 가족 내의 갈등으로, 심지어는 자기 내부의 싸움으로 암호화할 것이다. 이 암호화는 「하녀」(1960)가 공적 세계에서 사적 세계로 진입하면서, 공적 세계에 은닉된 모든 적대성을 사적 세계의 언어로 투명하게 드러냈던 것과는 정반대의 진행이다. 따라서 계급의 적을 괴물로 전환시키는 작업은 「복수는 나의 것」의 경우에는 계급투쟁을 변질시키는 작업이다. 사회관계 내부의 투쟁은 근친상간 신화가 가정하는 궁극적 심판자의 비웃음에 대한 반항, 무언가를 욕망하는 자기 자신에 대한 학대와 자책, 자신의 욕망을 자극하는 외부 세계 일체를 향한 증오범죄로 변질될 것이다. 이러한 혼란은 외환위기 이후 구조조정의 정세에서 산업현장에 팽만했던 감정의 일단을 추론하게 한다. 물론 영화가 보여 주듯이, 직접적인 이해관계자인 계급의 적이 원한의 대상이 될 확률은 매우 높다. 그러나 진정한 문제는 원한의 대상이 누군가가 아니라 원한이라는 감정의 성질이다. IMF 프로그램에 따라 노동자와 기업가가 겪었던 곤경은 정상 시기의 계급적 적대를 (자기 자신, 가족, 사회 일반이 한 덩어리가 되어) 모든 차이가 와해된 무차별적이고 뭉뚱그려진 '괴물'에 대한 막연한 적개심으로 퇴락시킬 것이다.

그러나 영화는 괴물을 규정하고 처벌하는 행위들을 대칭적으로 구조화함으로써 이성적 인식의 가능성을 열어 놓는다. '내'가 어떤 대상을 괴물로 규정하는 인식은 '내'가 다른 사람의 괴물로 규정되고 있다는 인식과 결합할 때, 반대감정을 조직한다. 이로부터 능동적 인식의 기회가 형성될 것이다. 그것은 타자를 두려워하는 나의 행동이 그 타자를 두렵게 한다는 인식의 종합 과정이다. 물론 이 과정은 신체가 극히 위축되고 수동화한 상태에서 이루어지는 인식이다. 그러나 "수동적인 감정은 우리가 그것에 대해 명석 판명한 관념을 형성하는 순간 더 이상 수동적이지 않다"(스피노자, 1990: 5부 정리3).

복수에 성공한 사람들이 복수의 피해자가 되는 과정은 마치 자동기계의 작동과 유사해 보인다. 복수하는 사람은 복수당하는 사람의 위치로 조만간 미끄러질 것이다. 이때 우연, 실수와 같은 사소한 계기는 장래에 복수당할 자에게 거대한 습격을 불러일으키는 방아쇠다. 누나를 매장하는 데 몰두해 있던 류는 동진의 딸이 익사 직전에 지르는 소리를 듣지 못한다. 딸을 유괴했다는 사실이 아니라, 딸을 실수로 죽게 했다는 사실이 동진이 복수에 나서는 계기다. 마찬가지로 동진은 전기고문 말미에 영미가 말하는 이야기—자신이 죽으면 혁명조직이 동진에 복수할 것이라는 영미의 경고—를 흘려듣는다.

우연과 실수로 말미암아 겪어야 하는 연쇄적 몰락의 법칙은 그가 누구든 함정에 걸리게 만드는 사회 자체의 야만 상태를 드러낸다. 복수하는 자의 자폐적 소우주에서 나의 고문으로 인한 상대의 고통과, 그 고통으로 인한 나의 쾌락은 여타의 출구를 갖지 않는 외길로 나타났었다.

그러나 타자의 고통으로부터 현재 내가 얻은 쾌락이, 우발적으로 미래에는 타자의 쾌락을 안겨 주기 위한 나의 고통을 결과한다는 연계관계가 나타난다면 사정은 달라진다. 인식의 범위는 '나와 적'의 고립된 세계로부터 부조리한 사회 전체로 확장된다. "우연의 희생물이 되는 인물, 파르마코스(pharmakos) 즉 산 제물"의 이야기가 지시하는 것은 인간의 무력함이 아니라 '사회 자체의 죄'다(프라이, 2000: 111~113).

> 파르마코스는 죄가 있는 것도 없는 것도 아니다. 고함소리로 산사태를 가져온 등산가처럼 자기가 저지른 행위에 비하여 그에게 닥친 불행이 결과로서는 훨씬 심각하다는 의미에서 그는 죄가 없다. 그러나 그가 죄에 물들어 있는 사회의 한 구성원이라는 의미에서 또는 죄를 짓는 행위가 피할 수 없는 존재의 일부가 된다는 의미에서 그도 죄가 있는 것이다(프라이, 2000: 113).

산사태를 불러일으키는 등산가의 메아리는 인간이 공모할 수밖에 없는 사회 전체의 병리적 상태를 말하기 위한 것이다. "아무리 그가 몹쓸 악인이라 할지라도 작가가 한 개인에 대한 사회의 복수라는 주제를 지나치게 고집하다 보면, 그것은 우리로 하여금 나쁜 것은 그보다는 오히려 사회 쪽이라는 느낌을 갖게 한다." 그러므로 파르마코스의 추방은 개인의 특수한 액션을 넘어서 "사회적 견지"에서 접근해야 할 주제다(프라이, 2000: 118).

「복수는 나의 것」에서 복수를 당하는 자의 극렬한 고통은 모든 등장인물이 상호 항쟁 끝에 똑같이 몰락한다는 점에서 시스템으로 조직된 고통, 고통의 체계다. 그러나 '모두의 몰락'이라는 문제는 복수하는 자들의 가학의 정념과 함께 결합하여 나타난다. 한편에서는 부글부글 끓는 호전적 감정들, 서로가 서로의 등 뒤에 비수를 꽂는 야비한 투쟁의 양상이 나타나고, 다른 한편에는 공동체 자체의 몰락에 대한 공포가 나타난다. 가해자와 피해자 사이의 팽팽한 긴장 속에 관객은 염세주의에 빠질 수도 없지만, 등장인물 가운데 누군가에 대한 연민을 가질 수도 없다.[7] 경쟁관계가 도입되면서 관객이 한 사람의 죽음에 대하여 품을 수 있는 동정심은 그를 죽이는 자에 대한 동정심과 충돌한다. 한 사람에 관한 비극은 다른 사람에게는 고통의 배상이다. 또한 그들의 몰락은 '죽음충동'의 표명과도 아무런 상관이 없다. 이 영화가 형성하는 세계상은 모두가 죽기 위해 살아가는 것이 아니라, 모두가 살기 위해 서로 싸우다가 죽은 것이다. 영화의 지나친 잔혹함, 그것이 유발하는 공포는 염세주의나 허무주의에 접근하고자 하는 관객의 감정을 격퇴시킨다. 주인공들의 몰락은 한없이 빠져드는 자멸의 느낌을 자아내는 것이 아니라 그 무시무시한 귀결로 인하여 관객을 흠칫 놀래키고, 죽음을 향해 굴러떨어지던 운동에 제동을 건다.

주인공들이 비극적 상황으로 추락하지만, 결코 동정심을 허용하지 않는 점은 부뉴엘의 「잊혀진 사람들」(Los olvidados, 1950)과 상당히 유사해 보인다. 이 영화의 주인공 가운데 한 명인 맹인 노인을 앙드레 바쟁(André Bazin)은 "동정심을 불러일으키지 않는 불구자"라고 명명했

---

7 이 영화의 영어 제목인 "Sympathy For Mr. Vengeance"는 '연민(sympathy) 금지'라는 주제의식의 반어적 표현으로 보인다.

다. 선하지 않은 자들의 불행한 상황을 탐구하는 것은 "현실의 가장 밑바닥 그 근저에 도달하고자 하는 욕망"에 다름 아니다. 그것은 선회점의 타진이다. 거기서는 아무도 "더 이상 가난해지지 않는다"(바쟁, 1995: 74).

> 그를 괴롭힌 사람보다 조금이라도 선한 면이 그에게 있는가? 모두가 가난하고 모두가 뭐든 무기가 될 만한 것을 가지고 서로 싸우는 이런 세상에서는 그 누구도 근본적으로 '더 이상 가난해지지 않는다'……. 진정 중요한 문제는 행복이 존재함을 아는 것이 아니라 인간이 얼마나 불행해질 수 있는지를 안다는 데에 있다는 것이다(바쟁, 1995: 75~76).

정리해 보자. 「복수는 나의 것」에서 괴물이 형성되는 과정은 21세기 초 한국사회의 계급투쟁에 내재한 질서와 무질서 사이의 충돌을 보여 준다. 우선 각 계급 집단이 계급적 타자의 절멸을 바라는 소원은 그 집단의 관점에서는 윤리적이다. 해고되거나 파산한 자가 계급적 타자를 공격하고 싶어 하는 욕망은 계급정치의 맥락에서는 질서의 차원에 속하기 때문이다. 그러나 투쟁의 실행은 곧바로 공황기의 무질서에 편입될 것이다. 노동자는 자신을 해고한 기업이 아니라, 자신의 신장을 앗아간 괴물(장기사업자)들에 대항하여 그 자신도 똑같은 괴물이 되어 싸우고 있다. 자본가도 자신이 집행한 해고의 살인적 여파를 반성하지 않고 폭주하는 야수처럼 행동하다가, 결국 자신과 똑같은 괴물(혁명가 집단)의 희생양이 될 것이다. 이로부터 각 집단은 거울 관계에 놓인 괴물들로 변신한다. 충동과 충동 사이에서 정념의 연립이 발생한다. 대중들은 고삐 풀린 정복의 충동으로도, '사의 찬미'로도 빠질 수 없으며, 그렇다고 방관자의 안이한 연민으로 도망갈 수도 없다. 허무주의와 섣부른 위선적 의분(義憤)의 거부, 그리고 사유를 통해 더 이상 불행해질 수 없는 상황의 한계점을 타진하는 경향은 괴물들이 교직하여 형성된 대중들의 긴장된 정신세계다.

2. 근원적 세계: 공개 처형장의 계열

[표2]에서 보았던 네 개의 그룹 사이에서 벌어지는 네 건의 복수극은 각기 다른 장소에서 벌어진다. 「복수는 나의 것」의 근원적 세계는 고정된 장소가 아니라 복수가 이루어지는 임의의 장소다. 개발독재기의 그로테스크에서 권력 차이는 고정된 공간과 다른 고정된 공간 사이의 거리(가령 「하녀」에서 1층과 2층 사이)로 표시됐었다. 그후 90년대 그로테스크에서 공간적 차이의 문법은 폐지되었지만, 이 시기에도 여전히 근원적 세계는 고정된 특정 장소로 나타났다. 이제 「복수는 나의 것」의─그리고 「살인의 추억」에서도─근원적 세계는 단지 사건 발생에 부수하는 이동 가능하고 무작위적인 장소다. 불특정한 사건들이 발생하는 공간들임에도 불구하고 근원적 세계인 한에서 그 공간들은 어떤 공적 담론이 정하는 잔인한 의례가 집행되는 비범한 장소들이다.

계급투쟁을 복수의 사슬로 전락시키는 것은 공적 담론을 사적 담론으로 해체시키는 것처럼 보인다. 만약 이것으로 그쳤다면 모든 이야기는 깜깜한 어둠 속에서 서로 칼을 휘두르는 맹목적인 개인들의 이야기로 끝났을 것이다. 그러나 영화는 계급투쟁의 담론을 해체한 후 새로운 공적 담론으로 다시 조합한다. 앞에서 이 영화의 근원적 세계를 노예 검투사와 탐욕스러운 구경꾼으로 분할된 경기장에 비유했지만 실제 영화는 이보다 훨씬 복잡하다. 복잡성은 복수하는 자와 구경꾼 사이의 호환성에서 나온다. 한 개인은 구경꾼이면서 동시에 두 계급 어딘가에 속하여 복수를 수행하는 계급의 성원이기도 하다. 이로부터 무시무시하게 잔인한 복수극과 쾌락주의적인 군중들 사이의 복잡한 순환 관계가 형성된다. 군중의 웃음과 그 군중을 구성하는 개인의 비명은 「복수는 나의 것」의 근원적 세계의 특징이다. 아래에서는 영화의 장면들을 분석하여 비가시적 위치에 군중들이 실존한다는 사실을 도출해 내고, 복수에 몰입한 등장인물들과 탐욕스러운 군중들 사이의 관계를 해명할 것이다.

복수는 그것이 아무리 비제도적 영역에서 이루어지는 개인 간의 액션이라 할지라도, 공적 성격을 맹아적으로 내포한다. 복수 행위는 직접적으로는 개인 사이에서 복수하는 자가 누리는 권력의 재천명이다. 복수는 당사자 간의 상호 모욕을 통해 "불균형하고 체계가 잡히지 않은 권력관계를 교정하는 기능을 한다"(바버렛, 2007: 230). 싸움은 처음에 강압적 힘에 의해 망신당하는 단계를 거쳐, 이에 대한 반격으로 자존심과 지위의 회복을 위해 자신의 권력을 재천명하는 단계로 나간다(Mcdougall, 1948: 120). 그러나 복수는 기본권의 주장에 연관된 도덕적 분개의 가장 원시적 형태이기도 하다. 복수심은 대상이 부정의(不正義)하다는 느낌의 배후에 있는 기본적 감정들 가운데 하나(Moore, 1978: 17)이며, 나아가 "정의와 그것의 평등한 집행의 수호자"(Smith, 1982: 35) 역할을 할 수 있다. 따라서 복수는 관련 당사자의 권리회복 영역을 넘어서 "공공 정의의 제도(the institution of public justice)의 주요한 원천들 중"(Mcdougall, 1948: 120) 하나가 될 수 있다.

그렇다면 「복수는 나의 것」에서 복수하는 자가 스스로 그것의 대행자라고 자임하는 공동체의 성격은 무엇인가? 어떤 공동체의 규범이 암시적으로라도 복수의 당사자들과 관련을 맺는가?

「복수는 나의 것」에서 그 공동체는 텍스트에 체화된 관찰자의 시선으로 모습을 드러낸다. 영화 속 등장인물들의 신체가 당하는 크고 작은 핍박은 한순간도 빠짐없이 조롱당한다. 영화 관객은 네 건의 복수 장면에서 모욕(복수)당하는 신체와 모욕(복수)하는 자, 그리고 모욕(복수)하는 자의 등 뒤에서 모욕을 즐기고 지지하는 가상의 관중들, 세 가지를 동시에 보게 된다. 살인이 수반되는 복수 장면들을 제외한 영화의 나머지 부분은 서사적으로 볼 때, 복수를 준비하거나 이미 발생한 복수의 효과가 나타나는 구간이다. 이 나머지 부분에서 주인공들은 (죽음에 비하면) 약한 고통을 겪는데, 모욕하는 자는 여기서 등장하지 않고 고통받는 자와 그 고통을 즐기는 가상의 관중들 사이의 이원적 관계를 보게 된다. 박재철(2006: 91)은 이를 다소 온건하게 표현했다. 관객은 "한편으로 고통스러운 인물이나 상황을 보게 되지만 그와 동시에 그 고통에 무관심한 관찰자"[8]를 보게 된다.

---

8 박재철이 무심한 관찰자라고 지적한 것을 이효정과 김영진은 비극적 서사와 희화화한 스타일 사이의 균열이 관객의 즉각적인 도덕 판단을 중지시키고 높은 차원의 사유를 촉구하는 의미로 해석한다. 이효정은 박찬욱 영화의 스타일이 내러티브를 위해 희생하는 것이 아니라 스타일 자체가 자율적으로 움직임으로써 허구 세계에 균열을 가한다고 논의한다. 그 균열이란 "의미를 공백 상태로 놓아둠으로써 무엇도 쉽사리 판단할 수 없는 상태를 만드는 것"이다. 따라서 관객은 관찰자로서 그 간극에서 발생하는 모순적 상황을 즐기고 비판의 감각을 유지한다고 말한다(이효정, 2008: 50). 김영진에 따르면 이 영화에서 이질적 "정서적 단위"가 한 장면 안에서 집결시키는 것은 하나의 감정으로 포섭되지 않는 세계를 재현하면서, 관객으로 하여금 그 세계를 직시하게 하기 위한 것이다. 외형적으로 평온하지만 속으로 대립

관찰 대상과 "무관심한 관찰자"의 관계는 영화 속에서 어떻게 재현되는가? 그 방법은 일률적이지 않다. 종종 관찰자는 영화 내부에 인격적 상징으로 침투해 있다. 영화의 첫 쇼트는 라디오 DJ가 병든 누나의 사연을 담은 류의 엽서를 읽는 장면이다. 카메라는 유리창 너머 DJ를 '관찰하는' 스태프의 뒷모습을 담는데, 아나운서의 애틋한 목소리와 스태프의 등 긁는 소리가 병치된다. 다른 쇼트에서 류의 누나는 신장병으로 고통스러운 비명을 지르고, (류는 이를 듣지 못하지만) 옆방의 네 청년들은 그 소리를 들으며 수음(手淫)을 한다. 또 다른 예로는 영미 방에 놓인 교통 경찰관 마네킹이 고문당하는 영미를 내려다보는 쇼트가 있다. 방송 스태프에게 '무심하게 관찰'되었던 고통의 호소가 청년들에게는 무심함을 넘어서 성교하는 여성의 소리로 통역되어 전달되며, 고문으로 영미가 지르는 비명은 공권력이 향유하는 쾌락으로 이어진다. 타인의 고통을 관조하는 즐거움은 점차 강화되고 있다.

대부분의 경우에 이 잔혹한 관찰자는 미장센의 형식으로만 나타난다. 신장을 빼앗긴 후 마취에서 깨어난 류는 나체 상태다. 그가 치부를 가리고 구부정한 자세로 택시를 잡는 장면은 류에게는 매우 비참한 상황이지만 롱 쇼트로 잡힘으로써, 우스꽝스러운 외형적 동작이 강조된다. 딸을 유괴당한 동진이 류와 영미에게 현금 가방을 빼앗긴 후 전봇대에 묶여 있는 장면은, 그의 절박한 내면적 심리와는 무관하게 얼굴에 뒤

하는 부조리한 세계를 관객이 응시하고 견디도록 만드는 장치라는 것이다(김영진, 2008: 54). 두 사람의 논의는 이종결합의 미학을 추구하는 예술 텍스트나 모더니즘 계열의 대다수 작품에 적용될 수 있는 포괄적인 것이다. 텍스트에 공백, 간극, 균열, 부조리가 존재한다면 그것은 구체적으로 한국사회의 어떤 딜레마, 모순에 대한 반응인지가 해명되어야 할 것이다.

집어 쓴 검은 비닐이 호흡으로 커졌다 작아졌다 하고, 그 옆에 요란하게 짖는 개를 배치함으로써 코믹하게 장면화한다. 해고노동자 팽 기사의 절규와 자해 행위도 뒤집어진 카메라 각도와 익살스러운 배우 연기에 의해 조롱된다. 몽타주도 종종 동원되는 방법이다. 류가 죽는 장면에서 "칼과 송곳으로 신체를 베는 순간은 관객에게 거리를 요청하듯 익스트림 롱 숏(extreme long shot)으로 포착되는 반면 그 결과 생긴 자상의 이미지는 관객을 압도할 만한 클로즈업 숏(close up shot)으로 포착되며 그 둘은 서로 교차하고 있는 것"도 "유머와 동등한 효과를 낳는다"(박재철, 2006: 92).[9]

박해받는 자의 크고 작은 고통이 스타일 언어를 통해 코미디 요소로 나타나는 것은 등장인물 가운데 누구의 심리를 대변하는 걸까? 그것은 가해자도 피해자도 아닌 싸움구경에서 즐거움을 느끼는 구경꾼의 것이다. 본격적인 처형들에서 가해자의 연기는 자못 비장하다. 그들은 웃으면서 죽이는 냉소주의자가 아니다. 그들의 표정은 종교적 의식을 치르는 사제를 방불할 정도로 뻣뻣하고 무겁다. 또한 코미디 요소는 극한적 고통을 당하는 피해자들의 심리와도 관련이 없다. 영미의 죽음이 대표적인 경우다. 그녀가 전기고문을 당할 때 동진은 그녀의 몸에 담

---

9 박재철은 먼저 익스트림 롱 숏과 클로즈업 숏의 몽타주가 유머와 유사한 효과를 낳는다는 점을 분석한 후, 유머가 갖는 초자아 환기의 기능을 지적한다. 초자아의 관점에서 서게 되면 관객은 무력감으로부터 벗어나 어떤 일도 유한하고 사소한 일로 간주할 수 있게 된다(박재철, 2006: 91). 그의 논의는 프로이트가 말하는 유머의 순기능만을 강조하는 경향이 있다. 비극과 유머의 이화(異化)효과가 관객의 거리두기를 가능하게 해주는 것은 사실이다. 그러나 유머에는 피억압자의 고통을 조롱하고 관객이 안전한 위치에서 그 고통을 쾌락적으로 소비하게 하는 기능도 있다. 따라서 유머가 맞닿아 있는 동시대의 정세를 추적하지 않으면, 거리두기의 복합적 의미가 해명되기 힘들다.

요를 뒤집어씌운다. 관객은 그녀의 몸 대신에 펄럭이는 담요의 운동만을 보게 된다. 이 장면은 그 자체로는 아동용 애니메이션에 나오는 유령들의 코믹한 몸짓과 유사해 보인다. 만약 담요를 덮어쓰지 않았다면 배뇨까지 하며 비명을 지르는 영미의 격렬한 파토스가 관객의 웃음을 몰아냈을 것이다. 아리스토텔레스에 따르면 '무해한 실수나 결점'을 벗어나지 않는 범위에서만 관객은 웃을 수 있다(Aristoteles, 1961: 29). 담요에 의하여 시각적 참상이 은폐되고, 몸동작의 과대한 운동성만을 선택적으로 걸러냄으로써 코미디의 요소가 성립하는 것이다. 이러한 잔혹한 희극은 프로이트가 말하는 "상황의 희극"을 극단적으로 밀어붙인 것이다. 상황의 희극 안에서는 어떤 사람도 "우스꽝스러워질 가능성에 무방비 상태로 노출"(프로이트, 1997: 248)된다. 프로이트는 "누군가의 발을 걸어 그를 미숙아처럼 넘어지게 함으로써 바보처럼 보이게" 하는 상황이 웃음을 발생시킨다는 점을 지적했다(프로이트, 1997: 248). 그 웃음은 우스꽝스러워 보이는 자의 내재적 상태와는 아무런 상관이 없다.

그렇다고 그 상황을 조성하는 것이 영화 관객의 소원에서 비롯되었다고 할 수도 없다. 관객은 (가학적) 웃음을 포함한 여러 요소들 사이의 배열을 음미할 것이다. 관객은 가해자의 비장함과 피해자의 고통 그리고 피해자의 고통에 덮어씌워진 웃음, 이 세 가지 감정을 동시에 인지하고 상호 대조한다. 피스터르스(Patricia Pisters)에 따르면 아주 일반적인 의미에서도 영화 "관객은 제3의 입장이며, 때때로 카메라에 의해 의식적으로 초점이 맞춰지며, 가끔은 주인공 중 하나의 시점으로 나타나기도 하지만, 단순히 동일화보다는 분명하게 관계의 네트워크의 일부분"이다(피스터르스, 2007: 76). 비가시적 관찰자의 감정까지 산입(算入)할 때 「복수는 나의 것」의 영화 관객은 '제4자의 입장'에서 "관계들의 게임"(피스터르스, 2007: 43)에 참여한다고 할 수 있다.

「복수는 나의 것」에서 고통에 무관심하거나 고통을 조롱하는 관찰자는 인격적 상징, 콜라주, 미장센, 몽타주 등[10] 영화 스타일에 의해 형성된다.[11] 서사에 독립적인 기능을 한다는 점에서 이 관찰자는 들뢰즈가 말하는 '카메라 의식'(들뢰즈, 2002a: 43)으로 작용한다. 카메라 의식은 서사를 관객에게 전달하는 투명한 창이 아니라, 독립적 발언을 하는 불투명한 매체 역할을 한다. 그것은 통시적으로 전개되는 서사의 매 상황에 공시적으로 간섭하여 등장인물의 목소리에 자신의 목소리를 중첩시킨다.

가해자, 피해자, 관찰자가 병존하는 특징은 가해자가 관찰자인 익명의 다중에 의해 응원받고 있다는 관념과 밀접하게 관련된다. 네 건의

---

10 "(「복수는 나의 것」은) 관습적인 해결방식이라고 할 수 있는 몽타주보다는 미장센과 콜라주로 복잡한 사건의 배열을 행하고 있다"(김무규, 2006: 171).
11 사회적 소재와는 상관없이 현란한 스타일에 탐닉하는 (작가의) 자기도취적 성향을 비판하는 논의들이 존재한다. 문제철은 이 영화가 "비록 도발적인 이미지를 선보이고 있기는 하나 정치적으로는 그다지 급진적이지는 않다"고 진단한다. "이 영화에서 아이러니가 도입하는 거리는 삶의 깊이를 통찰하기 위한 수단이라기보단 관객의 습관적인 지각 경험을 비틀어 유희하려는 스타일적 실험에 가깝다"(문제철, 2006a: 59). 홍성남은 스타일의 과잉은 진정성이 결핍된 나르시시즘의 발로라고 지적했다(홍성남, 2002). 김려실에 따르면 이 영화는 "테마와 형식을 갱신하지 않는 매너리즘, 이데올로기가 부재한 자기 충족적 형식주의가 과장된 폭력, 적나라한 노출, 억지 유머를 조장하는 영화들과 다를 바가 없[다]". 이 영화의 스타일은 "작가주의에서 정의되는 '스타일'이라기보다는 레디메이드와 같은 장르영화에서 자기만의 흔적을 남기려는 블록버스터 감독의 욕망"의 소산이다(김려실, 2006: 32~33). 이 논의들은 결코 조롱되거나 희화화해서는 안 되는 피억압과 저항의 이슈들(사회 운동, 해고노동자, 장애인 등)이 불경한 스타일에 의해 훼손되는 것을 명시적으로든 암시적으로든 비판한다. 하지만 스타일을 서사를 수식하는 '포장'이나 작가주의적 문체로 간주할 것이 아니라, 서사로부터 독립한 하나의 목소리로서 파악할 수는 없을까? 가령 차마 웃어서는 안 되는 텔레비전 화면에 연출자가 의도적으로 삽입한 방청객 웃음 같은 것으로 간주된다면 스타일과 서사 사이의 대위법 효과 자체가 논의 대상이 될 수 있다.

복수는 각각 식인의례, 경찰고문, 종교적 침례, 사형집행이라는 다양한 수준의 의례 형식으로 표현된다. 의례들은 각각 원시 종교·사법 경찰·교권주의·국가주의의 뉘앙스를 띤다. 그것은 외견상 개인 사이의 복수로 나타나는 사건이 사실은 익명의 다중(관찰자)에게 보이기 위한 공개처형이라는 사실에 대한 강력한 암시다. 고통의 희화화를 작가주의적 악취미나 감독의 가혹한 취향이라고 말해야 할까? 고통스러운 비명(피해자)과 비장한 엄숙함(가해자) 그리고 조롱 및 야유(군중)의 삼각관계는 인류 역사에서 매우 익숙한 감정모델이다. 그 가장 직접적인 표본은 중세의 공개적인 신체형이다. 중세의 공개적 신체형 또한 군주의 권리를 침해한 것에 대한 복수였다(푸코, 1994: 91). 형리는 군주주권이 행사하는 거대한 복수의 대행자로 나타난다. 짐멜(Georg Simmel)이 고귀한 가문의 하인들이 보이는 수치심 없음, 그 '뻔뻔함'에 관하여 설명했듯이 형리에게는 위축될 개성이 없다. 군주의 이해관계가 곧 법인 상황에서 개인은 집단 안으로 숨고, 집단의 이해관계가 객관적 규범을 대신하기 때문이다(짐멜, 2005: 237). 공개 신체형 모델에서 육체의 난자(亂刺)는 대중의 기쁨이다. 프라이가 희극적 아이러니에 대하여 했던 설명은 여기에도 적합하다. "이와 같은 세계에서는 무력한 희생자에게 고통을 가하는 것이 희극이며, 그 고통을 참는 것이 비극인 것이다"(프라이, 2000: 119). 요컨대 「복수는 나의 것」에서 희극성은 고문대에 매달린 희생자에게 야유와 조롱을 보내는 (비가시적) 군중으로부터 나오며, 뻣뻣한 엄숙함은 군주의 말단 공무원인 고문하는 형리로부터, 고통의 비명은 사형수의 신체로부터 나오는 것으로 해석할 수 있다.

　피해자, 가해자, 관찰자 사이의 '관계 게임'은 어떻게 작동하는가?

우선 관찰자의 즐거움에 대하여 살펴보자. 공개 처형이 진행되는 고문대 위를 관찰하는 민중들은 군주주권의 유감 없는 집행을 보게 된다. 주권의 진정한 실현을 보면서 그들이 공포를 느낄 것은 자명하다. 그러나 15세기 공개 신체형에 대한 하위징아(Johan Huizinga)의 분석에 따르면, 민중들이 느꼈던 공포는 역설적으로 그들 사이에 열광적인 축제 분위기를 형성했다. "형 집행의 잔혹성에 있어서 우리를 놀라게 하는 것은 범죄 자체의 사악함이라기보다는 오히려 민중들이 거기서 맛보는 동물적이고도 짐승 같은 쾌락이며 축제와도 흡사한 기쁨이었다." "가련한 죄수들은 속히 끝내 달라고 애원했지만, 사람들은 백성이 보다 오래도록 고문 광경을 즐기게 하기 위해 형 집행을 질질 끌었다." 희생양을 공동체로부터 추방하는 "호화로운 신체형"은 "물릴 줄 모르도록" 재밌는 민중 참여적 의례로 나타났던 것이다(하위징아, 1997: 30~31). 물론 형 집행은 군주통치의 본보기일 뿐이다. 공포정치의 진정한 대상은 바로 그 처형의 스펙터클을 관람하는 군중들이다. 그러나 형리와 죄수의 액션으로 통치의 적나라한 얼굴이 드러나자마자, 사람들은 스스로 군주 신체의 기관이 되고, 형리와 자신을 동일시한다. 축제 분위기의 공개 처형은 "백성들 스스로 영주가 가하는 가장 혹독한 형벌을 인정"하는 상황이었다(하위징아, 1997: 30). 형리와 사형수의 관계는 구경꾼들이 군주의 억압 아래에서 겪는 일상생활의 곤란을 극단적으로 투사한 것이다. 고문대는 구경꾼들 세계의 총괄적 반영이다. 그러나 두려움의 현장은 바로 그 두려움으로 인하여 쾌락의 현장으로 변용된다. 이것은 공포정치가 민중 축제를 영토화하는 절차다. 죄수의 입장에서 반축제인 것이 군중의 입장에서는 축제다. 반축제를 군주의 시점으로 전용(轉用)함으로써 죄수는 희생양이나 순교자가 아니라, 순수한 호모 사케르로서 축제의 장난감이 된다.

「복수는 나의 것」에서도 동일한 감정의 회로가 발견된다. 사형수와 형리의 배역은 서사의 전개에 따라 계속 바뀌지만, 에너지와 활력은 전적으로 형리 배역의 인물에게 속한다. 복수하는 자인 한에서 영화 전반부의 주인공은 노동자인 류이고, 영화 후반부의 주인공은 기업가인 동진이다. 카메라 의식으로 구현된 가상의 관찰자들은 그가 누구든 형리의 위치에 올라온 사람에게 자신을 투사할 것이다. 복수당하는 자의 자상(刺傷)이 참혹할수록, 그가 공포 앞에서 비굴한 모습을 보일수록 관찰자의 즐거움은 증가한다. 하지만 공포가 즐거움으로 변용되는 지렛대는 관찰자 자신이 복수당하는 자의 위치에 들어갈 수 있는 가능성을 알기 때문이다. 관찰자들은 자신의 세계에 내재된 비극의 현실화한 모습을 주인공들의 세계에서 발견하고 있으며, 자신이 피해자가 될 수 있다는 공포를 부인하기 위하여 가해자 편에 서서 웃는 것이다. 웃는 관찰자들은 가해자와 피해자가 발생하는 이야기의 맥락에 전혀 관심이 없다. 관찰자는 노동자와 자신을 동일시하기도 하고 부르주아에 자신을 동일시하기도 한다. 그들의 관심은 오직 피해자가 되는 것을 모면하는 것이기 때문에, 주어진 순간 싸움의 승자가 누군인가만이 중요하다.

하지만 영화 관객들이 전적으로 익명의 구경꾼, 즉 공개처형의 군중에 동일시되는 것은 아니다. 관객들은 류와 동진의 비극으로 치닫는 서사에도 동일시된다. 영화 관객은 영화 내부의 다양한 요소와 더불어 네트워크를 구성하는 복수(複數)의 요소 가운데 하나인 것이다. 피비린내 나는 복수극은 삶을 밑바닥까지 해부하고, 관객에게 묵상과 정동(情

[그림 4] 「복수는 나의 것」의 근원적 세계

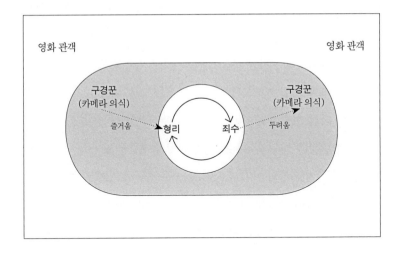

動)을 불러일으키는 영역이다. 특히 고통당하는 신체가 그 자체로는 전혀 우스꽝스럽게 될 수 없다는 것을 영화 관객은 안다. 나아가 고통에 비례해서 우스꽝스러움이 증가하는 서사와 스타일 사이의 함수관계로 인하여 주인공들의 고통은 더 크게 인지된다. 류와 동진의 비극은 외부 시선에 의해 희화화된다는 사실에 의하여, 그리고 그러한 희화화를 당사자들이 모른다는 점에서 비극적이다([그림 4] 참조).

페데리코 펠리니(Federico Fellini)의 영화 「카비리아의 밤」(Le Notti Di Cabiria, 1957)은 주인공이 군중들에 둘러싸여 조롱당하고 있다는 사실을 모르는 채 그들 앞에서 내면적 진실을 고백할 때, 우스꽝스러움을 넘어서 비극적 상황에 내몰리는 모델의 선례다. 이 영화에서 주인공 카비리아는 마술 공연을 관람하는 도중에 마술사의 권유에 못 이겨 무대에 올라가서 최면술에 걸린다. 그녀는 최면에 걸린 상태에서 자신이 꿈꾸는 진정한 사랑에 대한 장광설을 늘어놓게 되고, 관객들은 이런 모습을 보고 낄낄대고 웃는다. 「복수는 나의 것」과 이 영화에는 적어도 두 가지 공통점이 있다.

첫째, 카비리아는 마술공연의 관중 가운데 임의로 뽑혀 올라갔지만 최면에 걸려 무대 위에 자신이 있다는 사실을 모른다. 그녀가 공중 앞에서 상황희극의 미숙아로 이미지화하는 것은 그녀와 공중 사이의 앎의 차이에 관련된다. 「복수는 나의 것」의 임의의 구경꾼 또한 언제든지 류나 동진의 처지로 뽑혀 나갈 수 있으므로 주인공들과 호환관계에 있다. 그러나 류 및 동진과 구경꾼 사이에는 정보의 비대칭성이 있다. 류나 동진은 누나와 딸을 잃은 것의 원인을 다른 개인에게 있다고 간주하고, 사안의 계급적 본질을 깨닫지 못한다. 사적 세계의 입장에서 볼 때 공적 세계는 비가지적(非可知的)이다. 그러나 사적 세계가 군중들에게 볼 만한 오락거리가 되는 것은 그 개인이 고립되어 있다고 스스로를 간주하는 한에서 그러하다. 사회로부터 버려진 개인의 아픔은 더 진실되게 토로할수록 군중들에게는 더 우스꽝스럽다. 축제의 한가운데서 그에 걸맞지 않게 비가(悲歌)를 부르는 가수는 그 내면적 유연함이 두드러질수록 뻣뻣한 자동인형처럼 나타날 것이다. "우리를 웃게 하는 것은 세심한 융통성과 민첩한 유연성이 요구되는 상황에서의 어떤 기계적인 경화(硬化)이다"(베르그손, 1992: 18). 사람들은 유쾌한 군중의 자격에 머물러 있는 한에서 바로 그 군중을 구성하는 개인의 비극을 비웃는다. 그것은 물론 비극에 대한 방어기제로서 주권자 편에 가담하는 비열한 웃음이다. 그러나 사람들은 비극의 당사자가 자기 차례로 닥쳐오는 순간, 자신의 시련이 군중의 비웃음과 결부되어 있다는 사실을 알아채지 못한다.

그들은 사적 세계 안에서 문제를 해결하다가 더욱 큰 파국을 맞이한다.

둘째, 주인공들의 고통은 구경꾼들의 악의를 비판하는 준거가 된다. 카비리아가 내몰리는 비극적 상황이 심각해질수록 무대시스템 전체의 부조리는 영화 관객들에게 더 명확하게 드러난다. 「카비리아의 밤」의 카메라는 최면술사, 관객, 카비리아를 번갈아 비추면서 그녀가 당하는 모욕이 어떤 시스템에서 비롯되었는가를 영화 관객에게 판단하게 한다. 복수의 톱니바퀴에 몸이 짓이겨지는 「복수는 나의 것」의 상황 또한 노동자들의 빈곤, 장애자의 무력함, 계급대립에 휘말리는 부르주아 성원 등 사회 부조리의 생리학적 진실을 폭로한다.[12] 이것은 사회고발의 주제를 구경거리로 전락시키는 관점 자체를 영화 관객이 비판적으로 관조할 수 있게 해준다. 어떤 심각한 사회적 주제와 그 주제를 희화화하는 과정 사이의 충돌 자체가 영화 감상의 대상이 되는 것이다. 상반된 양쪽 방향의 힘이 교착하기 때문에, 희화화로의 견인에도 불구하고 "사회고발"은 단순히 "구경거리"로 전락하여 녹아 없어지지 않는다. 이는 '페르소나(persona) 기법'[13]이라고 알려진 오래된 사회 풍자 기법에 속한다. 여기서 작품의 화자는 반드시 작가 자신의 입장을 대표하는 대변인이 아니며 오히려 작가가 공격하려는 대상의 속성을 지닌다(류

---

12 김려실은 「복수는 나의 것」이 상업영화에 불과하다는 점을 논증하는 과정에서 이 영화의 중요한 특징을 지적했다. "오늘날의 사회고발 영화는 종종 사회고발도 구경거리의 하나가 될 수 있다는 것을 관객에게 구경시켜 주는 영화로 전락하고 만다"(김려실, 2006: 41). 이 언급은 조금만 심화시키면 이 책의 관점과 만날 것이다. 이 영화에 "사회고발"을 "구경거리"로 변용시키는 작용이 존재한다는 사실은 의심할 여지가 없다. 그러나 추가해야 할 것은 그 역방향에 해당하는 것 즉, "구경거리" 또한 "사회 고발"되고 있다는 점이다. "사회 고발"을 "구경거리"로 전락시키는 것에 대한 거북한 감정 자체가 「복수는 나의 것」이 관객에게 주문하는 반응이다.

13 가상의 인물이 어떤 특정한 상황과 환경 속에서 어떻게 행동할 것인가를 묘사하는 수법.

경희, 2003: 276). 예컨대 스위프트의 『겸손한 제안』(*A Modest Proposal*, 1729)에서 화자는 기아에 허덕이는 아일랜드 빈민 아동들을 귀족의 식탁을 풍성하게 해줄 식량자원으로 삼자고 엄숙한 어조로 말한다. 아이들의 고통은 희화화된다. 하지만 고통을 희화화하는 화자가 희화화의 궁극적 대상이다. 핍박받는 자들의 고통을 포함하는 사회문제들이 공중에게 노출되어 노골적인 웃음거리가 되는 과정을 기술하는 것은 오히려 피해자들이 처한 상황의 잔인함, 당사자들의 고립과 그들을 박해하는 지배문화를 폭로하는 효과가 있다.

이상의 논의로부터 피해자, 가해자, 구경꾼 사이의 '관계 게임'을 종합하여 보자. 개인은 절규하지만 집단은 웃는다. 개인의 고통은 모여서 집단의 쾌락을 형성하며, 집단의 희극은 잘게 쪼갰을 때 개인의 비극으로 나타난다. 동일 인물의 시각에서 말한다면, 군중의 일원인 한에서 각각의 사회성원은 파르마코스(희생양)에 돌팔매질하는 야만적 폭도다. 그러나 개인의 자격으로 돌아왔을 때 그는 자신이 파르마코스라는 사실도 모르는 채 사회로부터 추방당하는 가련한 존재가 된다.

「복수는 나의 것」은 앞에서 '홀로코스트 문학'에서 전형적으로 나타났다고 논의했던 반축제의 문화 정치—이 세계는 어디를 가도 죽음이 따라 붙는 지옥이며, 인간이 인간에게 늑대인 상황에서는 초월적 힘의 개입 없이는 구원이 힘들다—를 제시한다. 이 영화는 다음 두 가지 요소를 도입하여 반축제 혹은 숭고의 그로테스크를 세련되게 만들었다. 첫째는 스스로는 축제를 하고 있다고 믿으면서 실제로는 반축제를 수행 중인 폭력적 군중들을 효과만 남기고 화면에서 삭제했다. 이것은 정상적 시기의 배후에서 기표 없이 오직 효과로만 작동하는 예외상태의 적절한 유비로 보인다. 고통의 희화화는 적나라한 박해의 생명정치가 얇은 벽 저편에서 작동 중이라는 증거다. 둘째 반축제의 희생양과 형리의 자리에 앉힐 배역을 고정시키지 않고, 반축제의 군중으로부터 교대로 뽑아서 로테이션시켰다. 따라서 누구나 그 위치에 갈 수 있다는 공포를 관객은 느낀다. 또한 관객은 특정 등장인물이나 계급 대변자의 시선에 이입하는 것이 아니라 군중, 형리, 죄수를 연결하는 시스템 내부를 모의 여행하게 하고, 이 시스템의 감정 구조 자체를 익히게 된다.

「복수는 나의 것」에서 관객이 모의(模擬) 여행하는 근원적 세계와 가장 유사한 현실의 모델은 아마도 경마장의 광경일 것이다. 경주마들의 출발과 함께 마권을 흔들며 관람객들은 열광적으로 함성을 내지른다. 그들의 군중행동은 명백히 축제적이며 기쁨을 지향하는 것이지만, 조만간 닥쳐올 손실 때문에 개인을 엄습할 공포로 추동되는 것이기도 하다. 열광은 사람들과 함께하지만, 손실의 고통은 각자의 몫이다. 여기서 집합적 쾌락과 고립된 결핍은 상대를 추동하는 이면관계다. 그것은 대다수의 개인이 패배자로 전락할 것을 목표로 하는 한에서만, 바로 그 개인들로 구성된 군중의 집합적 열광이 성립하는 것이기 때문이다. 그리고 열광하는 군중의 일원이 되는 경험을 기억하는 한에서 쓴맛을 보는 개인은 갑자기 집단으로부터 버림받았다는 느낌에 사로잡힐 것이기 때문이다. 이런 상황에서 수익을 향해 환호하며 달려가는 군중들과, 그 군중을 구성하는 분자적 개인의 절망감은 두드러지게 대조될 수밖에 없다. 승리자 편에 서서 의도적으로 패배를 도외시하는 익명의 다수와, 패배할 운명을 우울하게 예감하는 개인은 사회성원들을 장악한 모순된 감정이다.

그렇다면 복수에 스며든 도덕 감정이 자임하고자 하는 주권이란 결국 한국사회성원들의 욕망을 포획한 신자유주의의 거대한 물결이라고 할 수 있다. 중세의 공개처형을 즐기는 민중들과 마찬가지로, 대중들은 두려움을 중핵으로 한 기쁨에 들떠 있었다. 앞에서 논의했듯이 경기 부양정책으로 1998~2002년 한국사회의 대중들은 경마장을 방불케 하는 들뜬 분위기에 편승했다. DJ 정부가 이전의 YS정부가 실패했던 신자유주의적 개혁에 성공할 수 있었던 것은, 국가가 부도상태에서 영원히 벗어나지 못할지도 모른다는 공포를 등에 업었기 때문이다. 이 공포 덕분에 구조조정을 강행하는 "비상대권"(윤소영, 2008: 48~49)은 계엄령 같은 금압(禁壓)정책과는 반대로, 오히려 욕망의 부추김과 선동에 의존할 수 있었다. 「복수는 나의 것」에서 익명의 구경꾼들이 대변하는 감정은 이런 신자유주의 시대의 공포와 희망이다.

「복수는 나의 것」에서는 노골적으로 더 악한 사회를 갈망하는 목소리와 계급적 육체의 비통함이 맞선다. 한편에는 신흥공업국 특유의 산업적 활력을 반영하는 계급 간의 날카로운 대립 구도가 존재한다. 노동자의 해고와 기업의 처분이 주요 소재가 되고 있으며, 노사 간의 엄청난 에너지를 동반한 유혈극이 나타난다. 다른 한편으로는 계급투쟁을 조롱하는 사회 여론의 냉소적 시선이 존재한다. 그것은 일찍이 전간기(戰間期) 서구사회에서 유행했던, "분노 자체가 하나의 관습으로 변해 버렸고, 인간의 고통을 병적인 낡은 농담에 불과하다고 여기며, 그런 농담에는 오히려 도덕적 안정감마저 존재한다고 속삭이는 경향"(윌리엄스, 1985: 292)과 동일하다. 이 두 경향—모욕당하는 신체들과 탐욕스러운 대중의 대치, 혹은 격렬한 계급투쟁과 신자유주의 시대에 탄생한 절망적 냉소—의 결합은 독특한 정치적 태도를 형성한다. 강남좌파의 태도라고 일반적으로 알려진 다음과 같은 모순된 명제는 이 영화의 가장 저변에 존재하는 정치적 기조에 적합해 보인다. 변혁이 불가능하다는 것을 아는 한에서 사회의 진보를 희망하는(강준만, 2011: 70), 탈출구 없는 정치학이 그것이다.

2

봉준호의 「살인의 추억」
― 민중의 사악함과 명랑함

봉준호의 영화들이 그로테스크하다는 데는 많은 평자들이 동의하고 있다. "그의 영화에는 모순적이게도 심각함과는 어울리지 않는 코믹함이 함께하고 있다. …… 그로테스크하다 할 정도의 묘한 분위기"(문재철, 2008: 94), "기이한 명랑함의 세계"(송경원, 2008: 121), "섬뜩한 이야기임에도 내내 반짝반짝 빛나는 유머"(이동진, 2009: 223) 등의 평가들이 그 예들이다. 그로테스크한 느낌이 생기는 대표적인 원인은, 봉준호 자신이 아래에서 설명하듯이, 잔혹하고 엽기적인 사건에 바보 같은 인물들이 주인공으로 등장하기 때문이다.

> 「살인의 추억」도 엄청 무서운 연쇄살인인데 포복절도할 웃음이 나왔는데 왜 그렇게 될까 생각해 봤다. 내가 기본적으로 시나리오의 구조나 설정을 짤 때 그렇게 될 가능성이 농후한 것 같다. 일단 못난 인물이 나온다. 「플란더스의 개」의 이성재, 배두나도 그렇고 「살인의 추억」의 한

심스러운 형사들도 그렇다. 「괴물」도 평범 수준을 밑도는 가족이 나와서 자신들이 감당 안 되는 상황이나 사건에 노출된다. 연쇄살인이라는 현대 범죄에 적응 안 된 형사들처럼, 「괴물」의 주인공들도 마찬가지다. 수퍼히어로가 이런 상황에 처하면 웃음이 유발될 가능성이 떨어지는데 그들이니까 가능해진다(김은형, 2006).

진지하고 참혹한 상황을 명랑한 바보들이 헤쳐 나가는 모순적 이야기는 문화정치적 세력관계의 급격한 변동 및 그 내부에서 화자의 위치가 이동하는 문제와 밀접히 관련되어 있다. 세력관계 및 화자위치의 변화는 「살인의 추억」의 경우, 2003년 현재의 관점에서 1980년대 말의 경험을 종합하고 현재화하는 '기억투쟁'의 양상을 통해 나타난다. 서사의 골격은 1986년에서 1991년까지 계속된 화성연쇄 살인사건을 2003년 현재 시점에서 전직 수사관이 회상하는 구조다. 살인사건은 1986년의 부천성고문사건과 1987년의 박종철 고문치사 은폐조작사건 등 권위주의 정부의 탄압이 최고조에 달하던 격렬하고 어두운 정세에서 발생했다. '회상되는 시기'와 '회상하는 시기' 사이에는 유사성이 존재한다.

전자의 시기가 (1961년 5·16 군사 쿠데타 이래로 지속된) 개발독재 체제가 붕괴의 위기에 몰린 시기였다면, 후자의 시기는 한국사회의 발전주의 국면이 경제공황 및 연이은 활황과 함께 금융팽창 국면으로 이행하던 정세였다. 그 결과 두 시점 사이의 독특한 공명, 혹은 현재적 위기의식에 기초하여 과거의 위기의식을 재구성하는 지층화가 영화 내부에서 나타나고 있다. 「살인의 추억」은 "한국사회가 경험한 '발전국가 모델의 종언', 그리고 이른바 '87년 체제'로의 이행, 그리고 그것이 한계에

[그림 5] 80년대 지식인 담론과 「살인의 추억」의 세력 관계

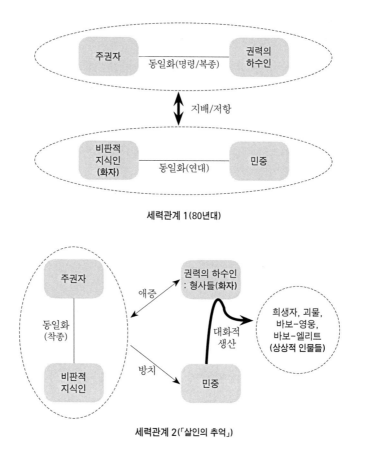

세력관계 1(80년대)

세력관계 2(「살인의 추억」)

처한 상황이 오늘날의 '기억 투쟁'에 다 연관되어 있(다)"(천정환, 2006: 129).

치안에 무관심하고 정권 방어에 몰입한 국가, 산업화에 의해 해체 중인 농촌 공동체를 배경으로 한 엽기적 살인 그리고 이 양자 사이에서 좌절하는 형사들이 형성한 삼각구도는 「살인의 추억」의 서사를 성

립시키는 모형이다. 그 모형은 1980년대의 사회정치 문제를 소재로 삼고 있지만, 영화가 그려 내는 세력관계는 1980년대의 비판적 지식인들이 주도했던 이항대립적 구도와는 구별되는 2000년대 초반 상황에 고유한 것이다. 80년대 사회운동 담론들은 지식인과 민중이 연대한 '저항 블록'과 권력 및 권력의 하수인으로 구성된 (명령과 복종 관계로 동일화한) '지배 블록'이 정면충돌하는 세력관계를 가정했다. 그러나 「살인의 추억」은 1980년대식 이항대립 관계를 아래와 같이 변형시킨다([그림 5] 참조).

첫째, 국가의 중심 문제를 권위주의 정치에서 무능한 생활 치안의 문제로 축을 이동시킨다. 영화는 정치적 인권, 의사소통의 보장에 관한 민주주의 문제의 비중을 약화시키고, 민중을 "죽게 내버려 두는"(푸코, 2012a: 278) 생명정치의 문제를 부각시킨다. 예컨대 용의자를 고문하여 거짓 자백을 받는 경찰은 모순되게도 대중을 범죄자로부터 구하는 시민영웅이기도 한데, 살인마에 대한 공포 때문에 관객은 고문수사를 비난하기보다는, 형사가 시민영웅으로 활약하기를 더 기대하게 된다. 그 결과 '범인을 잡아야 한다'는 강박에 관객을 몰입시키는 바람에, 엄중히 다루어야 할 공권력의 횡포를 희화화·추상화했다는 비판(임인애, 2003)이 제기되기도 했다. 그런 의미에서 영화의 정치적 태도에는 반독재 문제의식의 하강 경향과 국가에 대중의 안전을 촉구하는 문제의식의 상승 경향이 중첩되어 있다. 이는 1990년대의 대형 참사들,[1] '증오범

---

1 성수대교 붕괴(1994년, 32명 사망), 서울 아현동 가스폭발(1994년, 12명 사망), 대구 지하철 공사장 폭발사고(1995년, 101명 사망), 삼풍백화점 붕괴(1995년, 502명 사망) 등이 있다.

죄'의 급상승,[2] 1998~2000년의 경제공황을 거치면서 사회경제적 재난 및 범죄로부터 대중을 보호하지 못하는 정부에 대한 불신이 권위주의 시대의 기억 위에 지층화한 결과로 보인다.

둘째, 「살인의 추억」은 화자의 위치를 비판적 지식인에서 권력의 하수인(하급 관료)으로 이동시킨다. 하수인인 '나'는 통치체계의 상급자에 충성하는 행동을 하지만 동시에 통치체계에 대하여 잠재적인 적개심을, 즉 애증의 감정을 품는다. 기존의 '지배 블록'은 해체되는 대신, 화자를 고립시키는 모호하고 비가시적인 권력의 작용이 나타난다. 화자를 소외시키는 권력의 범주 안에는 국가와 비판적 지식인이 함께 포함된다. 국가와 투쟁하는 학생운동을 비롯한 사회운동세력은 민중을 위험으로부터 방치하는 데 공모한다는 점에서 권력과 착종된 동일한 타자다. 가령 주점에서 대학생들과 조 형사(김뢰하 분)가 엉켜 붙어 패싸움을 벌이고, 이 때문에 용의자였던 백광호(박노식 분)가 발작하여 죽어 버리자 박 형사(송강호 분)는 당혹해 한다. 박 형사의 경험은 '권력자+비판적 지식인'으로 구성된 사회적 블록과 민중(희생양) 사이에서 고뇌하는 '나'의 위치를 전형적으로 보여 준다. 「살인의 추억」은 이러한 화

2 "1970년대는 자신과 아무 관계도 없는 타인을 살해한 경우가 13%에 불과하였으나, 2000년대에는 무려 22.9%로 증가하였다. …… 1980년대 초반까지는 살인의 원인이 원한, 이재, 치정 등이 많았지만 민주정부 시기[YS정부와 DJ정부가 집권한 1993~2002년]에는 기존의 살인범죄와는 다른 무동기에 의한 증오살인(hate murder)과 연쇄살인(serial murder) 그리고 반사회적 인격 장애에 의한 살인(psychopathy murder), 아동성폭력살인이라는 양상을 보이는 것이 특징이라고 할 수 있다. 즉, '부자만 보면 죽이고 싶었으며, 부자를 죽일 때는 희열을 느꼈다'는 정남규 사건, '더 죽이지 못한 게 한'이라던 지존파 사건, '막가는 인생'이라는 막가파 사건, '자신의 나이만큼 여성을 살해하겠다'는 온보현 사건, '여성만 보면 살인충동을 느꼈다'는 강호순 사건, '연쇄살인을 직업으로 여겼다'던 유영철 사건, '아동성폭력살인'을 한 정성현 사건 등은 이러한 예를 잘 보여 준 사건이라고 할 수 있다"(김창윤, 전대양, 2010: 145~146).

자의 위치를 21세기 초 관객의 '표준감정'으로 가정하는데, 이러한 가정이 갖는 설득력은 흥행의 성공으로 부분적으로 입증되었다고 할 수 있다. 화자인 '나'는 통치권 자체를 지지하거나 직접적으로 비판하는 영역으로부터 거리를 두는 냉소적 개인이다.

화자의 위치가 이동하는 현상은 2000년대 초반이 "70~80년대에 군사정권으로부터 핍박을 받았던 세력이 권력을 획득하거나 권력의 일부로 구성"되던 정세였다는 사실과 무관하지 않은 것으로 보인다(천정환, 2006: 136). 이는 김대중정부와 노무현정부가 교차하던 상황에서 여론을 주도하는 중간계급 지식인이 제도 정치 일반에 대하여 취했던 (적대라기보다는) 환멸의 태도를 반영한다고 할 수 있다.

셋째, 명랑한 바보들의 무용담은 '권력 하수인'의 자격으로 텍스트에 개입하는 화자가 자신과 애착 및 환멸 관계에 있는 민중과의 대화를 상상한 결과다. 「살인의 추억」은 국가권력의 통치역량에 회의하는 화자가 통치권의 안전망 안에 위치하면서 통치권 저 너머에 방치된 민중의 순진무구하거나 괴물화한 얼굴들을 재현한다는 점에서 낭만주의 그로테스크의 문법을 따른다. 1980년대 말을 2003년의 시점에서 회상하는 서사구조는 과거에 동거 동락했던 민중의 삶과 결별하는 과정에서 화자의 민중에 대한 애착, 죄의식, 두려움 등의 복잡한 감정을 적절히 표현하기 위한 장치다. 형사로 분장한 낭만주의 그로테스크의 화자는 점점 멀어지는 민중과의 상상적 대화를 통해 지극히 연약한 희생자(피해 여성들)들로부터 전능한 범죄자에 이르는 민중적 표상의 스펙트럼을 생산한다. 권력의 희생자(용의자들)와 '바보-엘리트'(형사들)들은 그 스펙트럼의 중간 어딘가에 위치한다. 민중의 다양한 표상들이 한편으로 익살맞으면서도 다른 한편으로 음산한 이유는 권력과 민중 사이에서 마음의 동요를 일으키는 화자가 민중적 대상과의 복잡한 상호작용을 지속하기 때문이다.

국가권력과 범죄자 사이에서 혼란에 빠진 침울한 회의주의자의 목소리와 권력에서 배제된 순박하고 익살맞은 민중의 목소리가 조합함으로써 무시무시한 사건들을 겪는 명랑한 바보의 역설이 성립한다. 권력 및 민중과 (연대나 적대가 아닌) 모호한 관계를 맺는 화자의 위치 이동은 「살인의 추억」이 그로테스크를 생산하는 근본 조건이다.

1. 괴물 : '절대악'으로 신화화하는 미지의 범인

봉준호는 영화 저널 『키노』와의 인터뷰에서 「살인의 추억」의 화자가 갖는 욕망을 다음과 같이 설명했다.

> 사실 난 간절히 바랐는데, 이루어지지 못한 것에 관심이 많거든. 당시 형사들은 얼마나 범인을 잡고 싶었겠어. 그런데 그러질 못했으니 얼마나 열이 받고 한이 맺히고 미칠 것 같았겠어? (손태웅, 2003: 125)

과거에 이루지 못한 강렬한 소망은 「살인의 추억」의 골격을 이루는 욕망이다. 범인이 누군지를 '알고', 그를 체포하여 '구속'하는 것은 지식-권력을 실행하는 과정이다. 영화는 지식-권력의 대행자인 형사가 과거에 겪었던 좌절감으로부터 2000년대 초반 관객들의 마음상태를 표현하는 동시대적 표상을 발견한다. 욕망을 좌절시키는 커다란 고통은 괴물이라는 표상을 산출할 것이다. 괴물의 궁극적인 중심에는 (영화가 끝까지 밝히지 않는) 미지의 범인이 있다. 존재하는 것이 분명하지만 누군지 알 수 없는 범인을 중심으로 동심원이 형성되는데 여기에는 '범행 장소, 범행 수법, 살인자의 실루엣, 희생자들의 사체' 등을 포함하는 한 세트의 이미지가 포함된다. 그 이미지는 상이한 감정들이 연합하여 창출한 마술이다. 관객은 자신의 것이라고 승인하는 지식-권력에 대한 믿음(질서와 윤리의 차원)과 그 믿음을 위기에 빠뜨리는 공포(무질서와 경험의 차원)를 합성하여 괴물이라는 마술을 생산한다. 이 생산과정은 두 단계로 나누어 볼 수 있다. 첫째, 수사를 미궁에 빠뜨리는 범죄의 애매한 원인, 둘째, 범인 검거의 불가능성이 농후해짐에 따라 지식-권력이 점점 미신적 형태로 변용하는 과정 등이 그것이다.

1) '부재하는 범죄의 원인' : 국가의 능동적 개입에 의한 불개입

범죄 원인의 애매함은 영화가 의도적으로 강조하는 주제 가운데 하나다. "「살인의 추억」을 가장 이상하게 만드는 것은 범인이 누구인지(또는 아닌지)는 알겠는데, 아무리 들여다보아도 그가 왜 범죄를 저질렀는지를 알 수 없다는 것이다"(정성일, 2003. 6: 190). 범죄자 개인, 범죄의 특수한 동기에 대한 설명이 완전히 삭제되고 세 번에 걸친 등화관제, 경찰력을 시위진압에 집중하여 생긴 화성지역에서의 치안공백 등이 범죄의 원인을 설명하는 논리를 대신한다. 구체적 개인들의 행위를 매개로 표현될 때에만 사회구조와 특정한 사건 사이의 관계는 판명하게 인식될 수 있다. 그러나 개인화, 구체화, 특수화의 논리적 매개 없이 사회적 배경이 범죄의 유일한 원인으로 제시될 경우, 범죄의 배후에 초월적 힘이 작동한다는 모호한 느낌이 형성된다. 파괴된 사회질서에 형이상학적 원인이 개입한다는 인식은 미신적 실천의 배경이 될 것이다.

등화관제 훈련은 여중생의 죽음에 얼마나 연관되어 있는가. 그것은 여중생 피살의 원인이기도 하고 원인이 아니기도 하다. 즉 이는 일종의 '부재하는 원인'(absent cause)이다. 영화에서의 '80년대'는 전체적으로 이런 방식으로 그려진다(천정환, 2006: 159).

'부재하는 원인', 즉 '부재' 자체가 작동하여 실존하는 것들에 영향을 미치는 신비한 과정이 사회구조와 개인이 겪는 사건을 논리적으로 매개한다. 이러한 관념은 역사와 사회에 관한 인식에서 혼란을 빚고 있는 화자의 상태를 제시하는 것이다. 물론 영화는 범죄가 개인 사이의 문제에서 발생하는 것이 아니라, ─'등화관제'로 비유된─군사독재가 "인위적으로 어둠을 만드는 행위"[3]로부터 발생한다고 말한다. 그러나 '어둠' 자체가 사건의 단서로 제시될 경우 의미의 이중화는 불가피하다. 권위주의 체제의 억압이 원인이라는 메시지 이외에도, 누가 어떻게 '나'를 억압하는지 알 수 없다는 불가지성(不可知性)의 의미가 생산된다.

범죄원인의 불가지성에 관한 관념은 왜 발생하는가? 스피노자에 따르면 무(無)의 표상은 배제하는 유(有)가 작용한 사후 효과다(스피노자, 1990: 5부 정리7 주석). 범죄의 원인을 알 수 없는 것이 아니라 서로

---

3 봉준호가 인터뷰에서 사용한 표현이다(김소희, 2003: 42).

를 상쇄하는 범죄의 원인들이 합력을 이룰 때, 범죄의 사회적 원인이 '존재하지만 부재한다'는 애매한 관념이 성립한다. 80년대 말의 등화관제와 치안공백은 각각 국가의 지나친 개입과 지나친 불개입의 결과다. 연쇄살인은 공권력의 압제로부터 대중이 느끼는 공포와 공권력의 부재로 인하여 대중 내부의 상호 파괴가 야기하는 공포가 연합한 표상이라고 할 수 있다. 두 가지 공포가 교직되는 현상은 80년대 말에는 주로 화성과 같은 변두리 지역에서 나타났다.

그러나 21세기 초에 들어서면 도시와 농촌을 막론하고 이런 현상은 전 사회적으로 확장된다. 2003년은 국가의 가시적 정책에 의하여 신자유주의적 구조조정이 사회 전반에 걸쳐 한참 추진되던 시기였다. 이 시기의 대중들에게 신자유주의 질서는 오늘날의 자연화한 느낌과 달리, 전(全)지구적 자본주의의 경제 패러다임에 압박을 받는 국가가 능동적으로 주도하는 위로부터의 정책으로 경험되었을 것이다. 이 경우 국가로부터 느끼는 공포는 사적 세계로부터 국가가 점점 사라져 가는 공포라고 할 수 있다. 노동시장의 유연화, 금융자본 규제의 완화, 사영화(私營化) 등으로 인한 사적 시장에서의 무정부적 일탈은 국가가 IMF의 프로그램에 맞추어 수행한 정책의 산물이었다. 이로부터 국가의 (무책임한) '부재' 자체가 국가의 (포악한) '현존'에서 비롯된다는 역설적 관념이 형성된다.

영화는 논두렁, 야산, 공장 어디에서든 살인마로부터 습격당할지 모른다는 편재한 불안을 국가가 제공해야 할 안전 서비스의 부재와 결부시킨다. 그러므로 국가의 능동적인 개입에 의한 불개입, 국가의 작위(作爲)에 의한 부작위(不作爲)적 민중 살인이라는 화성 연쇄 살인 사건의 특수한 성격은 그 사건을 회상하는 2003년 한국사회에는 일종의 기원적 모델로 나타난다. '부재하는 원인으로 살인 사건에 작용하는 사회'라는 이미지는 신자유주의로의 재편기의 대중들이 군사독재 말기의 화성지역 사건에서 적합한 표상을 찾은 결과라고 할 수 있다.

2) 지식과 권력의 악순환: 미신숭배와 용의자의 발명

범죄의 원인도 단서도 알 수 없는 연쇄살인사건 앞에서 지식-권력 체제는 미신적으로 변용된다. 만약 증거의 확보와 범인의 체포가 순조롭게 진행된다면 지식-권력 체제는 자신의 합리적인 외양을 유지하면서 안정적으로 작동할 것이다. 그러나 백광호는 증거부족으로, 조병순(류태호 분)은 새로운 살인사건의 발생으로, 박현규(박해일 분)는 유전자 불일치로 석방될 수밖에 없다. 거듭되는 석방들로 위기에 봉착한 수사관들은 초자연적인 작인에 더욱 매달릴 수밖에 없고, 그러한 미신이 지명하는 희생양을 무고한 사람들에게 덮어씌운다. 수사과정에서 순차적으로 고조되는 좌절의 단계마다 다음 세 가지 계기가 끼어든다.

첫째, 하나의 미신이 다른 미신과 경쟁하고 그 두 가지가 궁극적 실패 안에서 만난다. 점집을 찾는 박 형사와 FBI의 과학수사를 맹신하는 서 형사(김상경 분)의 경쟁관계는 흥미로운 서사적 긴장을 유발한다. 두 형사가 대변하는 전근대와 근대의 표상은 압축적으로 성장한 한국사회가 필연적으로 포함하는 이질적 현상들이다. 두 형사 사이의 경쟁관계는 서사의 추동력을 형성하지만, 두 사람 모두 실패하는 서사의 결말이 보여 주듯이 그들의 차이는 본질적인 것이 아니다. 기존의 여러 논의는 전통문화의 믿음과 서구주의의 믿음 사이의 대립, 혹은 농촌공동체 문화와 (레미콘 공장으로 대표된) 실증적 합리주의 사이의 마찰로 인한 한국사회의 "의사(擬似) 근대성"이 사건을 해결 불가능하게 만드는 핵심이라고 지적해 왔다(김경욱, 2006; 김철, 2006; 김용수, 2006; 심영섭, 2003). 그러나 내적 균열과 중층결정 자체가 근대성의 속성이라는 점에서, 층위들 사이의 대립이 본질적 문제라고 보기는 어렵다.

> 서류를 믿느냐, 점을 믿느냐를 두고 근대와 전근대를 구분하는 발상은 '근대'를 잘못 이해하기 때문에 나온다. …… '의사'(擬似)[근대성]라는 규정은 '진짜' 근대성이 있다는 생각을 전제한 것이기 때문이다. 즉 근대성을 일자적인 이념형으로 사고하는 오류이다. …… 오히려 '자아'의 자립적인 사유가 결여된 채 신화에 빠져 있는 것은 점집을 찾아다니거나 '무모증'에 매달리는 시골 형사 박두만이 아니라, FBI의 서류에 연연하는 서울 형사 서태윤이다. 유전자 검사 결과라는 것은 신화화된 과학일 뿐이다. 과학 자체가 근대의 신화이다. 서태윤이 매달린 것은 좀 다른 방식으로 점을 치는, 서태윤 류의 인간에게 '용하다'고 소문난 점집일 뿐인 것이다. …… '야메' 주사를 맞고, '야메'인 '나이스' 운동화를 신고 다닌다. 그것을 '야메'로 만드는 본원적인 것과 그 기준은 물론 서울이나 미국에 있다고 간주된다. 하지만 그 본원적인 것은 사실 아무데도 없다. 화성이 곧 서울이며, 서울은 곧 미국의 화성이다(천정환, 2006: 152~155).

오히려 중요한 점은 위기를 타개하기가 불가능할 수도 있다는 생각이 고조됨에 따라, (그 위기에 대한 단말마적 반응으로서) 다기한 형태의 미신들이 활성화하고, 그 미신들이 지식-권력 체제의 균열을 봉합하기 위해 협업한다는 점이다. 알튀세르(Louis Althusser)가 중층결정의 원리에 관하여 설명했듯이 "절대적으로 상이한 흐름들"은 그 이질성에도 불구하고 총체적 위기가 커져 감에 따라 "탁월한 정합성"으로 용해된다 (알튀세르, 1997: 114). 따라서 두 형사의 인식과 믿음의 체계가 차이화하는 것은 두 사람이 공통으로 기반을 둔 지식-권력 체제의 붕괴를 막기 위한 미신적 노력들 사이의 비적대적 모순이다.

둘째, 미신의 구체적 속성은 거기에 상응하는 괴물을 구성한다. 세명의 용의자의 계열은 도무지 재현되지 않는 괴물(범인)을 지식-권력 체제가 자신의 방식으로 재현한 것이다. 용의자 계열의 전개는 괴물의 재현이 '개선'되는 과정이기도 하다. 그들은 "정신지체 장애인, 변태 성욕자, 일상 속에 숨어 있다고 판단한 정상인"(김경욱, 2006: 30)으로 이동한다. 서구의 역사는 괴물의 재현이 언제나 역사적으로 변하는 지식-권력 체제의 거울상이었음을 보여 준다. 16세기 말, 17세기 초의 샴쌍둥이, 18세기 말, 19세기 초의 양성성(兩性性), 19세기의 자위행위를 하는 어린이는 각각의 시대에 지식-권력 체제와 거울관계에 있던 괴물의 리스트였다(푸코, 2001: 77~87). 정신지체 장애인 백광호가 관상학을 믿는 박 형사의 음화라면, 운동권 학생의 이미지로 또박또박 항의하는 박현규는 이성적 합리성을 믿는 서 형사의 음화라고 할 수 있다.

셋째, 미신이 구성한 괴물을 처벌하는 방식에 변화가 생긴다. 강압적 고문수사는 경향적으로 지속하지만, 후반으로 갈수록 고문에 의존하는 일이 어려워진다. 용의자의 자백만으로도 증거가 충분할 것이라는 영화 초반의 자신감은 첫번째 용의자의 석방 이후 흔들리기 시작한다. 후반 들어 용의자 구타는 수사반장에 의하여 명시적으로 금지된다. 영화 초반에 고문에 의한 조작 수사를 비웃었던 서 형사는 마지막에 "목격자고 나발이고 다 필요 없어. 자백만 받아 내면 돼. 박현규 그 새끼를 죽도록 두들겨 패는 거야, 씨팔"이라고 중얼거린다. 미쳐 가는 서 형사의 심리 변화는 고문을 하지 않고서는 범인 검거가 불가능하지만 고문을 더 이상 마음껏 할 수 없도록 가로막는 민주화된 정세의 압박에 토대한다.

위의 세 가지를 종합하면, 지식-권력 체제는 수사가 난항을 거듭해 감에 따라 더 지능적인 미신을 숭배하고, 더 지능적인 괴물을 재현한다. 샤머니즘(박 형사의 부적과 관상학)에 의존하는 수사는 바보(백광호)를 범인으로 지정한 후 고문한다. 이것이 좌절되자 과학적 서구주의(서 형사의 문서와 FBI에 대한 믿음)는 지식인 성향의 용의자(박현규)를 범인으로 지정하지만, 그에 대한 처벌의 불가능성 때문에 박현규는 서 형사의 심리적 강박대상이 된다. 권력은 궁지에 몰림에 따라 자신이 기존에 정해 놓은 지식체계(법질서)를 스스로 위반하고 초법적 권력을 집행한다. 폭력 남용이 연장(延長)의 세계에서 벌어지는 일이라면 사유(思惟)의 세계에서는 괴상한 지식체계가 등장한다. 요컨대 지식과 권력은 악순환하면서 상대를 질곡에 빠지게 한다.

범죄의 원인이 부재해 보이고, 잡히지 않는 범인 때문에 수사가 주술화하는 현상들의 공통점은 무엇인가? 전자가 서사의 토대를 이루는 암묵적 전제라면 후자는 서사의 표면을 장식하는 사건들이다. 두 가지는 서사의 심층과 표층에, 그리고 서사의 원인과 결과에 배당되어 있다.

그러나 좀더 높은 위치에서 보면, 그 두 가지는 국가의 적극적 개입과 적극적 철수의 공존이 조성한 견딜 수 없는 긴장으로부터 파생되어 나온 것이다. 이미 논의했듯이 '부재한 범죄의 원인'은 '국가의 작위에 의한 부작위'가 조성한 환상이다. 마을 공동체의 치안병력이 철수된 것은 의도적 국가정책의 산물이다. 마찬가지로 21세기에 민간경제로부터 국가가 철수하기 시작한 것도 구조조정이라는 이름의 '합목적적' 정책 덕분이다.

다음으로 수사를 위한 지식−권력의 적극적 개입이 그토록 히스테릭해지는 것은 민중생활의 세부적 국면까지 침투했던 권력의 영향력이 약화될 수밖에 없는 조건에서 나온다. 더욱 포악해져 가는 고문수사는 수사가 점점 불가능해져 가는 흐름에 대항하는 단말마다. 수사관들의 폭력은 역설적이게도 '국민의 요구'를 수용한 것이다. 그들은 "민간부분으로부터 국가가 철수하는 일이 그토록 시급한 일이라면, 보호받지 못하는 국민생활의 안전문제는 어떻게 해결할 텐가?"라는 여론의 항의 앞에서 전전긍긍한다. 그렇다면 괴물이란 유동적 금융자본(무질서)과 권위주의 권력(질서)의 융합체가 대중과 형성한 긴장을 토대로 세워진 표상이다. 사실 연쇄살인범죄의 행태는 지배질서의 두 가지 속성에 대한 미메시스라고 할 수 있다. 신출귀몰함이 금융자본의 유동성을 모방했다면, 그 잔혹함은 경찰서 지하실의 고문과 유사하다. 범인이 눈에 안 보이는 비결은 권력과의 근친성이 보호색 역할을 하기 때문이다. 미지의 범인이 획득한 절대악의 이미지는 '신자유주의의 유동성+관료적 치안권력'을 인격적 단자(單子)로 응축한 것이다.

2. 근원적 세계: 민중의 양가성이 투사된 '하부공간'

절대악은 절대악의 효과를 묘사하기에 적합한 일련의 장소들을 도입한다. 프롤로그와 에필로그의 논두렁 옆 배수로, 경찰서 지하의 고문실, 시체가 발견된 야산, 버려진 터널을 리스트에 올릴 수 있다.[4]

> 「살인의 추억」에서 나에게 가장 강력하게 남는 것은, 인간의 힘이 미치지 못하는 절대악의 문제였다. 그래서 악마와 싸우는 인간, 존재와 심연, 동굴, 이런 단어를 연상했다. 영화의 미장센도 좁은 배수구에서 시작해서 거기에서 끝나고, 용의자는 악마처럼 꼬리를 보일 듯 말 듯하고, 심지어 보리밭의 이미지조차 심연의 이미지와 맞닿는다(김소희, 2003: 46).

일련의 '하부공간'들은 낭만주의의 비평용어인 '존재의 비밀을 간직한 심연'과 밀접하게 연관된다. 이 용어는 카이저가 그로테스크를 설명하는 핵심 개념이었다. 『레 미제라블』(1862)의 하수구, 『검은 고양이』(1843)의 지하실 벽, 『모비딕』(1851)의 해저, 『모래 사나이』(1817)의 탑 아래 등은 하나같이 섬뜩하고, 불결하며, 비밀을 감춘 신비한 하부공간이다. 그러나 낭만주의 텍스트에서든 봉준호의 영화에서든 그러한 장소들이 '절대악의 신비'라는 한 가지 의미에 의해서만 규정되는 것은 아

---

4 봉준호가 감독한 다른 영화들에서도 유사한 미장센이 나타난다. 「지리멸렬」(1994)에서 아파트 지하실의 전기밥솥, 「플란다스의 개」(2000)에서 아파트 보일러실 벽, 「괴물」(2006)의 한강 다리 밑, 「마더」(2009)에서 소녀가 죽은 어두운 골목길과 고물상이 여기에 해당한다.

니다. 앞에서 설명한 것처럼 낭만주의 그로테스크는, 비록 불건강한 이미지로 해체되고 관찰자의 서정적 음조로 채색되긴 했지만, 민중축제의 익살과 에너지를 포함하기 때문이다.[5] 봉준호의 표현을 빌리면 그곳은 단지 엽기적인 사건이 발생한 장소인 것이 아니라, '바보들이 엽기적인 사건을 경험하는 장소'라고 할 수 있다.

왜 '하부공간'은 무시무시할 뿐 아니라 웃음을 자아내는가? 왜 영화는 살인이 이루어지는 상황을 직접적으로 묘사하지 않고 바보 백광호의 우스꽝스러운 표정과 내레이션을 매개로 전달하는가? 이 질문에 관한 답은 그 하부공간들을 상반된 운동의 합력이 작용 중인 장소로 이해할 때 가능해진다. 그곳에서 괴물을 재현하고자 하는 지식-권력체제는 도리어 괴물에 포박된다. 그것은 아래에서 푸코가 말하듯이 '목소리 없는 괴물이 법을 꼼짝 못하게 가두는' 상황이다.

괴물은 실제로 법을 반박한다. 그것은 위반이며 이 위반은 극단으로 치닫는다. 그러나 위반이면서도 (날것 상태의 위반이라고 할까) 그것은 법 측면에서의 법적인 대응이라고 할 수 있는 어떠한 대응도 하지 않는다. 괴물이 사람들을 불안하게 만드는 것은 법을 위반하면서도 목소리 없이 하기 때문이다. 그는 자신이 침해하고 있는 법을 꼼짝 못하게 가두고 있다(푸코, 2001: 76).

근본적 차원에서 볼 때에 괴물은 사법의 일방적 구성물이 아니라,

---

5 이 책 95~102쪽을 참조할 것.

"사법-자연적 혼합물"(푸코, 2001: 86)이다. 예컨대 프랑켄슈타인 박사에게 쫓기는 괴물은 사법적 주체인 박사의 피조물, 박사의 신이 되고자 하는 편집적 야심의 음화이기만 한 것이 아니다. 움직이는 괴물은 낭만주의 화자의 눈에 비친 불결한 민중, 부르주아적 규율정치를 벗어나고 규율정치를 위협하는 민중의 자립적 이미지이기도 하다.

「살인의 추억」이 제시하는 일련의 하부공간들은 근원적 세계라고 규정할 수 있다. 이 근원적 세계로부터 21세기 초의 한국사회 전체가 파생되고 있다고 영화는 주장한다. 그 공간의 근원적 성질을 간명하게 드러내는 예는 고문실 용의자들의 캐릭터다. 용의자들은 미지의 범인으로부터 현실 세계로의 파생이 막 시작되는 길목을 지키는 위치에 있다. 궁극적 실체가 애매한 범인은 일련의 용의자로 구성된 시뮬라크르(simulacre)를 끊임없이 파생시킨다. 용의자들은 원본 괴물이 무엇인지 알 수 없도록 가리는 베일 역할을 하면서도 동시에 원본 괴물의 부단한 활동을 입증한다. 이로부터 근원적 세계의 신비주의적 외관이 성립한다. '전지전능한' 범인의 암약은 '부재 자체가 생산하는 자율적 운동'이라는 형이상학적 신비로 나타날 것이다. 이를 설명하는 논리로 근원적 세계를 형성하는 핵심적 힘은 현대인들의 보편적 불안이나 죄의식이라든가, 지배체제 내부의 불화(가령 앞에서 논의한 신자유주의와 권위주의 사이의 긴장)라고 말할 수도 있다. 물론 무고한 사람을 용의자로 만드는 것은 지배체제 쪽이다. 또한 지배체제 내부의 이율배반이 괴물의 신화를 만든다. 그러나 용의자들은 단지 지배체제의 가련한 희생양인 것만이 아니라, 지배체제를 조롱하고 가지고 노는 역할도 한다. 괴물이 부재하면서도 움직이고, 그것의 운동으로 인하여 지식-권력 체제가 위험에 처하는 양상은 지배와 저항의 합력으로 이해할 필요가 있다. 하부공간이라는 근원적 세계는 억압의 문제만이 아니라 저항의 문제를 동시에 포함하는 것이다.

"이 시대의 말뚝이"(송경원, 2008: 133), "동네 바보", "논리적으로 이해 못하는 행동을 하는 사람들"(이동진, 2009: 196, 198)로 평가되는 주인공들은 텍스트 내부에 광범위하게 진입해 있는 축제의 괴물들이다. 세 용의자는 ── 중세 이래로 소설에 도입된 축제 세계의 세 인물로 바흐친이 꼽는 ── 악당(rouge), 광대(clown), 바보(fool)와 거의 일치한다. 이들 인물유형은 "계급이 존재하기 이전의 민속이라는 깊은 심연으로부터 르네상스에 이르기까지" 발생한 것으로 "인습에 대항하여 인습을 폭로"하기 위해 발명된 예술 장치다. 악당은 침착하고 쾌활하고 영리한 꾀를 부리며, 광대는 풍자적인 조롱을 하고, 바보는 순진한 몰이해의 가면을 쓰고 있다. "답답하고 우울한 기만에 대해서는 악당의 명랑한 속임수가, 탐욕스러운 허위와 위선에 대해서는 바보의 이기적이지 않은 단순성과 건강한 몰이해가, 인습적이고 거짓된 모든 것에 대해서는 풍자적 폭로를 위한 종합적 형식인 광대가 대항하고 있다"(바흐친, 1998: 355~369). 정신지체아 백광호가 영화에서 하는 역할은 바흐친이 말하는 바보를 통하여 "몰이해의 구성적 잠재력"(바흐친, 1998: 358)을 작동시키는 것이다.

'몰이해' ── 작가 편에서는 의도적이고 주인공들 편에서는 어리석고 순진한 ── 라는 장치는 잘못된 인습을 폭로해야 한다는 문제가 생길 때는 항상 커다란 구성적 잠재력을 발휘하게 한다. 일상생활과 관습, 정치,

예술 등등에서 이런 식으로 폭로되는 인습은 대개 그 인습에 동조하지 않으며 또한 그것을 이해하지 못하는 사람의 관점에서 묘사된다(바흐친, 1998: 358).

백광호의 "몰이해"는 그를 둘러싼 세계의 부조리─형사들의 가혹 행위와 발자국 증거 조작, 어린 시절 그를 불 속에 던져 버린 아버지의 폭력, 그를 발작으로 내몬 고문의 공포, 범인이 희생자에게 가한 세부적인 범행 수법 등─를 관객에게 알려 주기 위한 장치다. 두번째 용의자 조병순은 붉은 팬티만 입은 우스꽝스러운 모습으로 고문당하는데, 그는 형사들이 원하는 대로 진술한 다음, 자신의 모든 진술이 꿈에서 본 것이라는 말로 진술을 마친다. 조롱하는 광대의 역할을 조병순이 맡는다면, 세번째 용의자 박현규는 침착하고 영리한 악당의 역할을 맡는다. 물론 앞서 논의했듯이 세 용의자의 계열은 지식-권력이 발명한 괴물의 리스트이기도 하다. 그러나 용의자들에서 느껴지는 융화되지 않는 감정의 병존─바보 같으면서도 심오한 비밀을 감춘 듯한 백광호, 비굴하면서도 능구렁이같이 저항하는 조병순, 심약해 보이면서도 순응하지 않는 박현규─은 그들이 범인일지도 모른다는 의혹의 저변에 축제 담론이 잠입한 결과라고 할 수 있다.

봉준호의 영화들에서 축제의 괴물은 배역에서만이 아니라 집합적 행동, 말투와 몸짓, 공간적 배경으로도 나타난다. 「플란다스의 개」(2000)에서 지하실에서의 도축·요리·공동식사, 학장과의 공동음주, 두 여주인공이 문방구에서 함께 춤추는 장면, 할머니의 욕, 침 뱉기, 경비원의 사투리, 문방구 내부를 가득 채운 알록달록한 물건들, 「괴물」

(2006)에서 합동 분양소에서의 코믹한 구타, 군중을 쫓는 괴물의 난동,[6] 한강변 매점 내부를 채운 형형색색의 상품 등이 그 예다. 축제와 반축제 사이의 동요는 봉준호 영화들의 전편에 걸친 일관된 특징이지만, 「살인의 추억」의 경우 축제의 괴물은 대부분 반축제의 괴물로 전도되어 나타난다. 그 대표적 사례는 피살자들이 자신의 속옷이나 휴대품으로 포박되거나 난자되고, 팬티를 뒤집어 쓴 채 발견되는 장면이다. 의복을 위아래로 뒤집어 착용하는 것은 축제적 행동의 하나다. 사체의 몸에 달린 물품들을 재배열하는 것 또한 기관의 해체와 재결합을 통해 재탄생하는 축제적 그로테스크의 문법에 기반을 두면서 그 의미를 전도시킨 것이다. 의복과 휴대품의 재배열은 기관들을 절단하고 무질서하게 배열하는 잔혹한 토막 살인의 온건한 판본이다. 이러한 해부학의 유희는 대상을 괴물로 호명하는 지식-권력의 압박이 강할수록 불가피하게 더욱더 기형적으로 나타나는 민중적 신체의 변용능력에 추동된다. 범인이 갖는 모든 위력은 역설적이게도 그것과 전혀 유사해 보이지 않는 민중에 잠재된 재생의 활력으로부터 공급받음으로써 탄생하는 것이다. 그러므로 「살인의 추억」은 살인수법과 시체의 형상에 축제의 괴물을 도입함으로써, 민중의 자기 파괴적 돌연변이, 죽음에 이르는 내재적 변용을 암시한다.

버려진 민중이 그 내생적 역량 때문에 오히려 더 비뚤어지고, 그 결과 지식-권력 체제에 의하여 괴물로 지목되는 이야기는 「플란다스의

---

6 봉준호는 "스페인의 산 페르민 축제 때 난폭한 소를 풀어놓고 질주하게 해서 백주 대낮에 사람들이 쫓기면서 달리는 장면"을 「괴물」의 제작에 참조했다고 말했다(이동진, 2009: 235).

개」에서 아파트 지하실에 숨어 살다가 검거된 노숙자, 「괴물」에서 미군이 한강에 방류한 포름알데히드로 탄생한 '괴물'의 에피소드에도 해당한다. 그러나 「플란다스의 개」와 「괴물」에서는 순수한 축제적 인물인 '바보-영웅'들—박현남(배두나 분)과 강두(송강호 분)—의 활동 영역이 중심을 이루지만 「살인의 추억」에서 축제의 기표들은 그 접합 부분을 관객이 눈치 채지 못하도록 반축제의 기표와 '항상 이미' 결합된 상태로 제시된다.

근원적 세계에서 반축제의 요소와 축제의 요소는 어떻게 결합하는가? 아래에서는 영화에서 드러나는 두 가지 의미화의 결합 과정을 세 가지 단계로 구분하여 분석할 것이다. 첫째, 두 종류의 의미화들이 민중의 원형적 범주로부터 분화하는 과정이다. 화자와 민중의 대화가 그 분화의 동학으로 설명될 수 있다. 둘째, 분화된 표상들이 결합하는 과정은 민중과의 대화를 종합하는 화자의 존재적 불안정성으로 소급할 때 해명될 수 있다. 권력과 민중 사이에서 동요하는 화자의 위치와 대화 사이의 함수관계를 분석할 것이다. 셋째, 축제와 반축제의 스펙트럼이 산출하는 대표적 양극단은 '절대악'과 '바보-영웅'이다. 이들의 활동을 통해 영화가 동시대의 사회역사적 상황을 비평하는 방식을 살펴볼 것이다.

1) 형사와 민중의 대화

영화가 제시하는 최초의 근원적 세계는 배수로다. 프롤로그의 이 공간은 예외적이게도 반축제로의 의미화와 축제로의 의미화가 분화하는 동학을 매우 선명하게 보여 준다. 영화 나머지 부분의 균열 없는 근원적 세계가 여기서는 요소들의 분리된 배치로—선언적으로—제시되고 있다. 프롤로그는 아래와 같은 순서로 전개된다.

① 보리밭에서 여치를 잡는 소년의 얼굴이 근접화면으로 나타난다.

② 박 형사를 태운 경운기가 멀리서 다가온다.

③ 소년은 여치로 가득 찬 유리병을 재빨리 몸 뒤로 감춘다.

④ 배수구에 다가온 박 형사가 소년에게 "야 너 저쪽으로 가라니까"라고 말한다.

⑤ 소년은 박 형사의 말을 따라서 중얼거린다.

⑥ 박 형사는 논두렁에서 주운 거울 조각에 반사된 빛을 컴컴한 배수구 내부에 비춘다.

⑦ 시체 피부 위의 개미들이 밝은 빛을 받고 어둠속으로 흩어진다.

⑧ 한 떼의 아이들이 보리밭 속에 흩어져 있던 희생자의 옷들을 흔들며 즐거워한다.

⑨ 박형사는 "야 임마 그거 중요한 거니까 손대면 안 돼!"라고 외친다.

⑩ 배수구 위에 앉아 있던 최초의 소년은 박 형사의 말을 낮은 목소리로 따라한다.

⑪ 박 형사가 하늘을 쳐다보자, 하늘에 영화 제목 "살인의 추억"이 나타난다.

이 장면을 구성하는 세 요소인 박 형사, 소년, 시체 사이의 관계를 분석하여 보자([그림 6] 참조). 박 형사는 유사한 두 가지 대상을 동시에 상대한다. 하나는 여치로 가득 찬 병을 감춘 천진난만한 소년('소년-여

[그림 6] 「살인의 추억」에서 형사와 민중의 대화

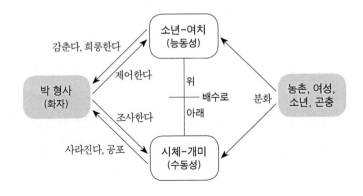

치')이며, 다른 하나는 개미가 얼굴 위를 기어 다니는 피해자 여성의 시체('시체-개미')다. 두 대상과 박 형사가 맺는 관계는 모두 '은폐'(소년은 박 형사가 다가오자 여치를 감추고, 개미는 빛을 비추자 어둠 속으로 흩어진다), '조사와 제지'(시체를 살펴보고, 소년의 접근을 만류한다), '반영'(시체를 비추는 거울과 소년의 따라하는 행동에 공통된 반영의 모티프)을 포함하므로 유사관계에 있다. 이 유사성으로부터 우리는 두 대상을 통합하는 원형적 범주가 존재한다는 사실을 추론할 수 있다. 시체와 소년을 소급해 올라가면 '여성, 아이, 농촌'으로 구성된 민중을 상징하는 동일한 범주에 도달할 것이다. 여치와 개미 또한 곤충 일반에서 분화되어 나온 것이다. 여치가 농업의 풍요로운 수확, 대지의 재생능력, 전원생활의 향수에 관련된 표상이라면, 개미는 시궁창, 이동, 연쇄살인 등과 결부된다. 박 형사의 시점에서 볼 때, 민중을 상징하는 하나의 범주가 밝은 모습과 어두운 모습으로 분산된다. 전자는 배수로 아래 컴컴한 장소의 끔찍한 면모로 나타나고, 후자는 배수로 위 밝은 장소의 천진난만한 면모로 나타난다. 요컨대, 민중 일반은 지식-권력의 대행자가 보기에 축제의 괴물과 반축제의 괴물로 분화한다.

축제의 괴물과 반축제의 괴물은 모두 경찰관으로부터 숨고, 경찰관에게 조사당하거나 제지당하며, 경찰관의 내면을 외부적으로 반영하는 공통점이 있다. 둘 사이에는 차이점 또한 존재한다. 시체는 단지 여성의 죽은 신체를 의미할 뿐 아니라, '범죄 사실-범죄의 단서-적합한 용의자'라는 계열의 출발점에 해당한다. 따라서 시체는 괴물을 생산하는 지식-권력체제를 구동하는 방아쇠의 위치에 있다. 반면에 소년은 경찰의 통제를 따르지 않을뿐더러 오히려 경찰을 조롱한다. 소년의 행동은 피해자의 물품을 가지고 노는 한 무리의 아이들에 의하여 경찰의 무능한 수사능력을 조롱하는 일반적 의미로 확대된다. 그러나 이러한 축제의 괴물들을 형사인 화자가 자신의 수사능력을 자조하는 자의식의 반영, 혹은 독백이라고 보기는 힘들다. 오히려 아이들의 놀이는 화자에게 완전한 타자로 나타나는데, 아이들은 단지 놀기 위해, 혹은 모든 권위를 똑같이 다룸으로써 결과적으로 권력의 권위를 공격하기 때문이다. 즉, 지식-권력을 비판하는 목적으로 축제의 괴물이 배치되는 것이 아니라, 반대로 축제의 유희를 위한 한갓 장난감으로 아무렇지도 않게 피살자의 유품들이 다루어진다. 축제의 자연스러운 결과로 권력을 부정하거나 비판하는 축제적 그로테스크의 공식이 부분적으로 관철되고 있다.

이상의 의미에서 '소년-여치'와 '시체-개미'를 분리하는 표면적 분할은 박 형사와 민중적 대상 사이의 더 근본적인 분할을 횡단하는 어떤 운동의 파생적 효과라고 할 수 있다. 화자(형사)와 대상(민중) 사이에서는 은폐, 반영, 제지, 조사, 조롱, 유희 등과 같은 자극의 교환이 일어난다. 화자는 상황을 종합하여 관객에게 전달하는 역할을 맡고 있지만 그것은 화자의 독백이 아니다. 형사와 민중의 목소리가 혼재된 대화 내용을 화자(형사)의 시점에서 종합한 것이다. 소년과 시체는 화자 내부의 변증법적 긴장을 함축한다. 지식-권력의 대행자로서 '해부하는 자'의 관점에서 조사할 때, 민중적 대상은 시체의 형상으로 화자 자신을 반영한다. 이 끔찍한 민중적 타자는 박 형사의 범인에 대한 강박, 수사관의 민중에 대한 배제욕망의 표상이다. 그러나 형사가 지식-권력에 상대적 거리를 유지하면서, 권력체계에 회의하는 자로 서 있을 때, 민중적 대상은 소년의 형상으로 화자 자신을 반영한다. 천진한 민중적 타자의 표상은 화자에 내재된 천진한 충동이 민중으로부터 자극받는 상황을 나타내며, 민중적 대상의 천진함에 화자가 감정모방하고 있음을 지시한다. 요컨대 소년과 시체로 복수화한 민중의 표상들은 지식-권력 체제에 속한 화자와 민중 사이의 대화를 거쳐 생산된다.

2) 중간계급의 동요와 괴물들의 분산

한 걸음 더 들어가면, 민중을 끔찍하게 혹은 선하게 묘사하는 것은 민중과 대면한 화자가 지식-권력 체제 내에서 갖는 모호한 위치에서 연원한다고 할 수 있다. 다시 말해 화자의 권력관계 안에서의 불안정한 위상은 그가 대화적으로 생산하는 복수의 표상들과 모종의 함수관계를 갖는다. 권력과 민중을 연결하는 수직적 권력질서는 「살인의 추억」에서 등화관제 훈련과 살인 사건을 연결하는 선분으로 나타난다. 선분의 양 끝점은 외견상 '저 위'의 국가와 '저 아래' 마을 주민들을 직접 연결하는 것처럼 보이지만, 사실은 그 중간에 위치한 형사의 관점에서 중계되는 것이다. 서 형사와 여중생의 에피소드를 분석해 보자.

① 서 형사는 등화관제 훈련으로 살인사건이 예상되자 비탄에 잠긴다.
② 그는 학교에서 군사훈련을 하다가 상처 입은 여중생을 탐문수사한 것을 계기로 간호하게 된다.
③ 그는 등화관제 시간 동안 사망한 여중생의 몸에서 자신이 붙여 준 반창고를 발견한다.
④ 분노한 서 형사는 자신이 범인으로 단정한 박현규를 수갑을 채운 후 구타하고 총을 쏜다.

서 형사는 살인을 부추기는 군사적 동원 정치에 적개심을 품고 있으며, 대중을 보호하려 한다. 그러나 공무원인 그는 국가와 싸울 수 없다. 심지어 그는 국가의 실책으로 범죄가 발생할 경우 범죄의 원인을 억울한 젊은이에게 뒤집어씌우는 독재정치의 대행자다. 그는 권력과 대중 사이에서 마음의 동요를 보인다. 그는 대중에게 연민을 느끼기도 하고, 범인을 색출하기 위해 무고한 사람에게 폭력을 휘두르기도 하며, 사회를 식별 불가능한 총체적 어둠으로 인식하기도 한다. 진동하는 그의 위치에서 민중은 천진난만한 여중생, 여중생의 오염된 죽은 몸, 범인인지 아닌지 알 수 없는 불가사의한 용의자 등의 스펙트럼으로 전개된다.

스펙트럼의 전개와 화자의 동요하는 위치 사이의 관계는 「플란다스의 개」(봉준호, 2000)를 참조할 때 더 명료하게 나타난다. 이 영화에서 제시되는 개의 세 가지 의미로의 분화는 화자의 중간계급적 위치로 인하여 민중의 표상이 발산하는 전형적인 예다. 화자인 윤주(이성재 분)는 부패한 학벌사회의 이데올로기에 대한 순종과, 과거에 부정부패를 비판하다가 매장된 민중의 기억 사이에서 동요한다([그림 7] 참조). 그는 윤리적 삶을 위해서는 학장에게 로비해서는 안 되지만, 생계를 위해서는 1980년대에 부패와 싸우느라 죽은 보일러 김 씨의 교훈과 결별해야 한다. 이로부터 개의 표상은 그를 비웃는 '개-소리', 외로운 사람들의 반려동물인 '개-친구', 아파트 지하실의 인물들이 먹는 '개-고기'로 분화한다. '개-소리'는 고학력 실업자로 살아가는 윤주가 자신의 모멸감을 일방적으로 이웃의 개에게 투사한 것이다. 다시 말해 학력의 상승과 교수직의 획득이 일치할 것이라는 믿음이, 자신이 개의 위치로 전락할지도 모른다는 공포에 변양되어 괴물의 이미지를 개에게 부과한다. 그 결과 '개-소리'는 반축제의 괴물이 된다. 그러나 그가 죽인 개는 다른 관점에서는 축제의 재료가 된다. 하층계급의 삶의 회로에 편입될 때 '개-고기'는 활기 넘치는 향연의 출발점이 된다. '개-친구'는 개가 반축제의 의미와 축제의 의미로 분화되기 이전의 원형으로 영화가 간주하는 것이다. 그가 괴물로 간주하여 죽인 개가 축제의 재료로 전환될 때, 관객은 윤주를 매개로 세 가지 감정을 느낄 것이다. 그 감정은 ① 개고기를 먹는 하층계급의 익살, 즉 향연의 활력에 대한 감정모방, ② 개를 사지(死地)로 몰아넣은 죄의식, ③ 개를 요리해서 먹는 잔혹한 사람들에 대한 두려움과 멸시 등이다. 이러한 감정의 분화는 부패한 출세의 길 앞에서 망설이는 윤주가 보일러 김 씨로 상징되는 민중으로부터 느끼는 착잡함과 동일하다. 보일러 김 씨의 전설은 건강한 명랑함과 그를 매장한 '우리'의 죄의식, 그리고 정의롭지만 고통스러운 경험으로부터 이제는

[그림 7] 「플란다스의 개」와 「살인의 추억」에서 화자의 동요와 대화적 상상

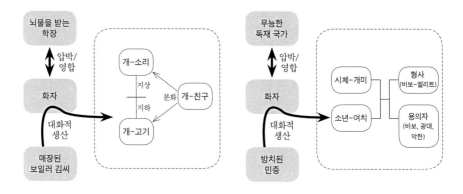

탈출하고 싶은 '우리'의 초조함을 동시에 느끼게 한다. 그러므로 '개-친구'로부터 분화한 '개-소리', '개-고기'의 놀이가 만들어 내는 복합적 감정은 사실은 화자가 민중적 대상과의 대화를 통하여 상상적으로 생산한 것이다.

서 형사와 여중생의 에피소드도 동일하게 감정모방, 죄의식, 결별의 욕망을 지시한다. 서 형사가 매료되었을 여중생의 천진함, 그녀의 죽음에 대한 부채의식, 투쟁의 목표가 분명했던 과거와 결별하는—1980년대 '추억'에 관한 마지막 장면에서 범인을 밝히는 사투(死鬪) 자체를 '터널의 심연'에 매장하는—의례가 그것이다.

「살인의 추억」에서 '시체-개미', '소년-여치'는 「플란다스의 개」에서 '개-소리'와 '개-고기'에 해당한다. 형사들은 윤주와 마찬가지로 무능하고 부패한 권력자에 영합하거나 압박당하는 통치권의 말단에 위치한 엘리트다. 그들은 방치된 민중들과 권력자의 사이에서 동요하는 위

치에 있다. 프롤로그에서 선언적으로 제시된 민중의 두 표상(시체와 소년)은 영화의 전개와 더불어 상황과 인물 속에 다양한 비율로 혼합된다. 세 명의 용의자 및 세 명의 형사들에게 잔혹함, 음산함, 광기와 같은 부정적 성격과 익살, 연민, 명민함과 같은 긍정적 성격이 배분된다([그림 7]참조).

3) 절대악과 '바보-영웅'의 의미

이러한 지식-권력과 민중 사이, 그리고 축제와 반축제 사이를 오가는 괴물로부터 귀결되는 흐름은 다음 두 가지 특징을 갖는다.

첫째, 「살인의 추억」에 등장하는 주요 요소인 등화관제를 집행하는 국가, 방황하는 형사, 억울한 용의자, 희생자들, 미지의 범인 가운데 서사를 추진하는 가장 강력한 에너지원은 미지의 범인뿐이다. 범인, 곧 절대악의 역량이 나머지 요소들의 역량을 압도한다. 영화가 연쇄살인을 지지하는 것은 결코 아니지만, 범행의 폭주를 막을 수 없다고 보는 것은 분명하다. 「괴물」의 마지막 장면에서도 동일한 메시지가 암시되고 있다. 강두의 최선은 암약하는 괴물에 대하여 경계심을 늦추지 않은 채 겨우 생존을 이어 가는 것이다. '고립된 나 대(對) 사회 전체'의 구도로 판단하는 세력 관계에 대한 인식이 나타난다. 무기력의 토로는 화자의 저변에 깔린 기축적인 감정이다.

「살인의 추억」은 아직까지도 잡히지 않고 있는 냉혹한 살인범을 향한 분노의 영화고, 자신을 지켜 주지 못하는 사회 속에서 비참한 최후를 맞아야 했던 희생자들에 대한 슬픔의 영화지만, 동시에 삶의 무기력과 시간의 무의지에 대한 영화이기도 하다(이동진, 2009: 223).

봉준호 자신이 "시스템이 개인을 구원할 수는 없다는 비관론이 저에게는 있는 것 같아요"(이동진, 2009: 247)라고 언급한 바 있으며, "봉준호의 차가운 냉소주의"(정성일, 2010: 357), "봉준호 영화를 사로잡고 있는 어떤 패배주의"(심영섭, 2003: 91)와 같은 평단의 비평이 나오는 것도 그러한 이유에서다.

그러나 강조해야 할 점은 「살인의 추억」이 방치된 민중의 돌연변이로부터 이전의 독재정부의 권력을 능가하는 역량이 나타날 가능성을 지적한다는 사실이다. 21세기의 정세를 감안할 때 그것은 민주화 시대에 '죽도록 내버려진' 민중으로부터 대두할지도 모를 파시즘 위협의 징후라고 해석할 수 있다. 팩스턴(Robert O. Paxton)이 강조하듯이 파시즘은 20세기 초 유럽 대륙에 처음 등장했을 때, 개발독재나 제3세계 권위주의 통치 체제와 완전히 구별되는 새로운 현상이었다. 파시즘은 민주주의가 이미 구축된 사회에서 그 민주주의가 위기에 처할 때 발생한 '진정으로 대중의 광범위한 지지를 얻은 자발적 정치운동'이다. 따라서 민주주의 성립 이전의 독재체제에 관해서는 '파시즘'이라는 용어를 사용하면 안 된다고 그는 주장한다(팩스턴, 2005: 466, 471, 482). 파시즘에 관한 그의 정의를 따를 때, 한국사회는 개발독재기를 벗어난 우리의 시대에야 비로소 파시즘이 발생할 가능성이 있는 지역이 된다. 버려진 민중들의 파괴적인 일탈적 욕망이나, 대중주의에 기초하여 발생할지도 모를 민중의 분노, 증오, 불안을 「살인의 추억」이 미지의 절대악으로 형상화하는 작업은 한국사회에서 향후에 득세할지도 모를 파시즘의 위험을 경고한다고 볼 수 있다.

둘째, '바보-영웅'(「플란다스의 개」의 박현남, 「살인의 추억」에서 박 형사의 부분적 요소, 「괴물」에서 강두 가족)이 상황을 타개할 수 있는 희망으로 제시된다. 영화가 유발하는 웃음은 그 자체는 아이의 웃음 같은 천진한 것이며, 사회시스템에 대한 조롱과 냉소는 그 웃음에 권력의 부조리를 대입했을 때 나타나는 사후적 효과다.

> 그의 영화는 무리하지 않고 작위하지 않는다. 불능의 세계를 웃음으로 우회하며 견디고, 지난한 삶을 생명력으로 지탱해 버틴다. 폭압적인 시간의 두터운 퇴층 속에서도 끝내 살아 있는 작은 불씨를 발견하고, 자리를 뜨지 않은 채 그저 계속 입김을 불어넣을 뿐이다(이동진, 2009: 171).

'불가능성을 우회하는 웃음', '지난한 삶을 버티는 생명력'은 민속적 전통의 바보에 기댄다기보다는, 외환위기 이후 젊은 세대가 형성한 '루저 문화'와 더 유사해 보인다. 음악, 소설, 만화, 인터넷 콘텐츠 등에서 유행한 '루저 문화'는, 안상욱에 따르면 21세기 초 한국사회에 출현한 축제적 성향의 현대적 민중문화다.

> 성공하지 못한, 또는 성공에 대한 전망을 거부당한 '패배자'(loser)의 자조적 정서를 담아내는, 그러나 그것이 직접적인 우울함이나 열등감 같은 심각한 형태로 드러나기보다는 오히려 유쾌한 웃음의 형태로 표출되는 문화 현상이 오늘날 루저 문화라고 불리고 있다. … 루저 문화

의 웃음은 바흐친이 말한 카니발의 웃음과 너무나 닮아 있다(안상욱, 2011: 1, 89).

자조적이면서도 유쾌한 이 문화의 장점은 자기방어에 있다. '루저 문화'의 생산자들은 허무적 패배주의자로 위축되거나 사회에 대한 무차별적 증오의 주체로 변질되는 것을 방어하는 데는 어느 정도 성공하고 있다. 그러나 '루저 문화'의 정치적 성향을 진보적이라고 단정지을 수는 없다. 이 문화는 "정치적인 각성과 자기 학대의 중간 정도"(한윤형, 2009: 349)에 위치한 불안정하고 모호한 성격을 갖는다. 이런 현상은 동일하지 않은 상반된 욕망들이 균질적이지 않게 집단화하면서 나타나는 것으로서, 「플란다스의 개」가 탁월한 모형을 제시한 바 있다. 그 영화에서 '루저 문화'는 고학력 실업자[7]의 자학하고 절망하는 요소와 상업 고등학교를 나와 유연 노동[8]에 종사하는 젊은이의 역설적 건강함이 한 덩어리의 문화로 뭉뚱그려졌을 때 나타난다. 두 주인공 모두에게 출세주의의 야심과 약자의 고통에 연대하는 마음이 공존하는 것 또한 루저 문화의 특징이다. 봉준호 영화의 웃음은 단지 '루저 문화'의 희망적 측면,

---

7 2003년 8월 통계청 발표에 따르면 청년 실업률은 6.9%로 전체 실업률 3.3%의 2배에 가까운 수준인 것으로 나타났다. 더욱 심각한 것은 97년 외환위기 이후 청년계층 상당수가 비정규직이나 인턴사원으로 취업한 상태이므로 실질적 실업률과 더불어 고용이 불안정적이라는 사실이다. 그리고 청년 실업 문제는 단순히 청년 취업자가 일자리를 구하지 못하고 있다는 상황에 국한되지 않으며, 매년 청년 실업자 수의 누적, 청년실업자 중 대졸 이상 고학력자의 비중이 상승하면서 청년 실업이 사회문제화 되고 있다(박형근, 2005: 17).
8 외환위기 이후 노동시장 유연화의 특징을 살펴보면 해고 규제의 완화, 이직률 증대, 비정규 노동자 비율 증대를 통해 수량적 유연화가 추진되었고, 저임금 노동자, 임금격차 등을 고려해 볼 때 임금 유연화가 추진되었다는 점을 확인할 수 있다. 뿐만 아니라 비정규노동자 비율이 임금노동자의 55%를 차지하는 등 임금노동자들이 상당수가 노동시장 유연화를 경험하고 있다고 할 수 있다(성은미, 2008: 54).

그 일부 요소인 노동 계급으로서의 활력에 내기를 건 것이다. 이러한 균질적이지 않은 루저 문화의 특징은 외환위기 당시에 20대를 겪은 이른바 'IMF세대'의 분열적 성격을 고스란히 반영한다.

> 97년 이후 부르주아계급이 노골적인 배제 전략을 취하면서 프롤레타리아 의식 형성을 위한 가능성의 공간이 열리고 있음을 보여 준다 하겠다. IMF세대는 1990년대 말 이후 더욱 강화된 신자유주의와 이로 인해 극심해진 생존경쟁 속에서 자신의 안위만을 챙기는 무한이기주의로 경도되거나, 직접 보고 겪은 계급적대의 현실과 절망감 속에서 계급의식을 형성할 수 있는 가능성을 모두 가지고 있다고 할 수 있다(문화과학 편집위원회, 2010: 56).

'무한 경쟁 및 이기주의'와 '프롤레타리아 의식의 형성'의 혼재를 반영하는 루저 문화는 최악의 경우 좌절한 젊은이들이 차라리 사회가 파국으로 치닫기를 꿈꾸는 위험한 욕망으로 변질될 위험도 있다. 「살인의 추억」이 '아래 세계로부터의 공포'를 통해 경고하는 것은 이 측면이다. 그러나 이 영화에 공급되는 축제적 괴물들의 불가사의한 명랑성 또한 '아래 세계'로부터 나온다. 권력을 풍자하고 용의자들의 저력을 입증하기 위해 잠입한 천진한 웃음은 혹독한 사회경제적 상황을 통과하면서도 자신의 건강성을 유지해 나가는 젊은 노동계급의 에너지로부터 공급받은 것이다.

3

장준환의 「지구를 지켜라!」
─ 분투하는 노동자와 자본의 재생

노동자가 자신을 불행에 빠뜨린 악덕 기업주에게 린치를 가하는 행동은 계급적 분노로 평가될 수 있다. 그러나 외계인 색출을 이유로 그 기업주를 고문한다면 그 행동의 의미는 공상적인 것으로 의심될 수밖에 없다. 외계인 신비주의, 혹은 외계인 오컬티즘(occultism)은 "감히 대적할 수 없는 힘과 능력을 가진 외계인이 지구의 주민을 감시하고 관찰하고 있다는 비합리적인 주장"으로 정의된다(되링만토이펠, 2008: 365). 「지구를 지켜라!」에서 외계인 신비주의는 양가적 의미로 도입된다. 노동자 병구(신하균 분)의 아지트에 접근한 추 형사(이재용 분)의 의심을 없애기 위하여 병구가 외계인 신비주의에 관한 장광설을 늘어놓는 장면을 떠올려 보자. 한편으로 외계인 신비주의는 병구가 자신의 '계급투쟁'을 경찰의 수사를 피해 계속하기 위한 위장담론이다. 그 신비주의는 궁지에 내몰린 노동자가 신비주의의 가면을 뒤집어씀으로써만 비로소 사회적 발언권을 얻을 수 있는 정세를 돌파하기 위하여 사용하는 속임수라고 할 수 있다. 다른 한편으로 추 형사가 느낄 병구의 사이비교도 같은 모습은 이 영화 전반에 걸쳐 재현된 병구의 편집증적 광인의 모습과 일맥상통한다. 따라서 외계인 신비주의의 또 다른 의미는 정치적 유토피아를 좇는 노동자의 우스꽝스러운 모습이다. 그 모습은 진보적 실천 자체를 경원시하는 신자유주의 시대 대중의 통념에 따라 재현된 이미지다. 요컨대 외계인 신비주의는 노동자의 투쟁을 정당화하기 위하여, 그리고 비판하기 위하여 도입된다.

외계인 신비주의가 이렇게 정반대의 의미로 이중화하는 것은 1990년대 노동운동의 퇴조 경향과 관련된다.[1] 가령 전노협이 결성된 1990년에서 민주노총이 결성된 1995년으로의 이행기에서 노동자들은 '전투적-변혁 지향적 흐름'이 빠른 속도로 희석화하는 경험을 했다. 이른바 '전노협 정신'은 경제사회구조의 근본적 변혁을 당연히 여겼던 80년대 말~90년대 초 노동자 대중운동의 관점이었다. 그러나 민주노총 1기의 노선이 표방하듯이 90년대 중반 이후 노동운동 주류의 관점은 계급 타협주의의 옹호로 기울었다.[2] 특히 외환위기를 거친 21세기 초에 이르러

---

1 "90년대 전반적 노동운동의 약화는…노동조합과 조합원 수, 노동쟁의의 전체적 감소 경향에서 뚜렷하게 확인된다.…물질적 조건이 권위주의 독재시기보다 나아지고 노동자 권익이 어느 정도 향상되었다는 사실 역시 노동운동의 약화에 영향을 미쳤다"(이정은, 2011: 120).
2 "1990년 1월에 결성된 전노협은 창립선언문에서 '노동자의 처지를 근본적으로 변화시킬 수 있는 경제사회구조의 개혁과 조국의 민주화, 자주화, 평화적인 통일'을 주창함으로써 우회적으로 근본적인 변혁을 주창했으며, '노동해방'과 '평등사회 앞당기는 전노협'이라는 구호를 자신의 운동의 핵심적인 구호로서 제기하였었다. 이와는 달리 1995년에 결성된 민주노총은 '노동자의 정치·경제·사회적 지위를 향상하고 전체 국민의 삶의 질을 개선하며, 인간의 존엄성과 평등을 보장하는 통일 조국, 민주사회 건설'을 내세움으로써 체제 내에서 노동자의 지위와 삶의 질을 향상하는 개량이 목표임을 분명히 했다. … 민주노총 1기의 노선은 ①변혁 지향성의 포기와 체제 내적 개혁의 추구, ②('국가 경쟁력 강화'와 '생산성 향상'과 같은) 상위적 자본 이데올로기의 수용과 계급 타협주의의 옹호, ③시민 운동적 성격의 운동 추구를 특징으로 한다"(김세균, 2002: 227-228).

서는 노동자 대중운동은 정치세력화는 고사하고 실업과 해고의 방어에 전력을 다하는 선으로 후퇴했다.[3] 이처럼 방금 전까지 메아리치던 충만한 사기와 급작스러운 후퇴의 참담함이 공존하는 격변하는 정세에서는 전투적 흐름을 지지하는 목소리와, 이를 시대착오로 여기는 목소리가 노동자 대중운동에 관한 사회적 여론을 중층적으로 결정할 수밖에 없다. 기업가 일반(이른바 '총자본')에 대적하는 것은 외계인과 싸우는 것만큼이나 철 지난 황당한 일이라는 인식과, 마치 외계인의 지구 지배처럼 조여 오는 사회적 구조조정의 시기에 '총자본'의 통제력에 맞서 분투해야 한다는 상반된 의견들이 날카롭게 병존하는 것이다.

노동운동에 관한 지지의 관점이든, 비판의 관점이든 외계인 담론이 계급투쟁 이데올로기의 자리를 대체하는 현상은 「지구를 지켜라!」의 그로테스크를 생성하는 조건이 된다.

「지구를 지켜라!」에는 두 개의 이야기가 들어 있습니다. 하나는 상상력 부족한 UFO광이 썼을 법한 싸구려 SF이고 다른 하나는 80년대쯤에 만들어졌을 법한 사회비판적인 사실주의 드라마입니다(듀나, 2003).

"사회비판적인 사실주의 드라마"와 "싸구려 SF"의 결합으로부

---

3 "21세기로 들어서서도 노동상황은 여전히 엄혹했습니다. 외환위기는 빠른 시기 안에 모면하였지만 자본의 노동에 대한 구조조정 공세는 일상화되었고, 노동시장에서는 실업사태와 유연화가 범람하였습니다. …… 비정규직 및 중소기업, 영세기업 노동자들은 스스로 노동조합을 조직하여 생존권과 민주적 권리를 사수하기 위한 노력을 경주하지만 그 성과는 부진하였습니다. 그리고 생존의 사각지대에 방치된 비정규 노동자들은 우리가 잘 기억하고 있는 것처럼 분신투쟁으로 절박한 요구를 제기하였습니다"(이원보, 2005: 159~160).

터 잔혹한 고문·구타, 신체 절단 및 독살 등 무거운 장면들이 역설적이게도 환상적이고 명랑하게 표현된다. "기괴한 SF영화"(정성일, 2003: 189), "B급영화의 특징인 기괴하고 돌발적인 상상력과 비틀린 혼종의 태도"(김지훈, 2003: 1295), "키치적인 코믹함과 잔인함의 균형"(최은영, 2005)과 같은 그로테스크함에 대한 평가들이 쏟아져 나왔다.

혼종적인 표현 형식은 영화 내부에 공존하는, 복수의 사회집단 관점들 사이의 통합되지 않는 상호작용에서 탄생한 것이다. 「지구를 지켜라!」에는 크게 보면 세 가지 서로 다른 목소리들이 대화하고 있다. 서로 충돌하는 강력한 두 목소리와, 이 두 목소리를 종합하면서 슬며시 자신의 목소리를 집어넣는 약한 하나의 목소리가 존재하는데, 앞의 두 목소리가 노동자와 자본가의 목소리라면 뒤의 약한 목소리는 앞의 두 목소리들을 종합하는 지식인 화자의 목소리다([그림 8] 참조). 노동자의 입장을 대변하는 배역은 해고노동자 병구와 줄타기 곡예사 순이(황정민 분)가 맡고 있으며, 자본가의 배역은 유제화학 사장 강만식(백윤식 분)이, 지식인의 배역은 '서울대 출신의' 김 형사(이주현 분)와 (그의 하부자아 격인) 추 형사가 맡고 있다. 영화는 결코 하나의 목소리를 중심으로 나머지 목소리들을 재단하지 않는다. 노동자는 자본가에게 억압당하는 약자라는 점에서 관객의 지지를 얻지만, 동시에 자본가가 구원해 주길 바라는 어리석은 존재다(A). 노동자가 단호하고도 날카로운 비판을 퍼붓는 대상은 자본가가 아니라 오히려 지식인이다(D). 이 영화는 노동자를 지지하면서 동시에 자본가를 매혹적으로 재현한다. 자본가는 교만한 억압자이기만 한 것이 아니라, 인간의 고통을 슬퍼하는 창조자이기도 하다(B). 노동자와 자본가의 독립적 목소리가 충돌하는 가운데 결국

[그림 8] 「지구를 지켜라!」에서 세 목소리 사이의 대화

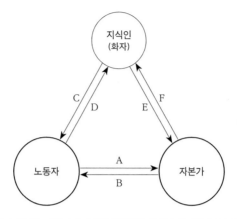

A: 노동자는 자본가가 자신을 억압하고, 동시에 구제한다고 느낀다.
B: 자본가에게 노동자는 겁쟁이에 불과하지만, 동시에 연민의 대상이다.
C: 지식인은 노동자의 불행이 안타깝지만 어쩔 수 없다고 느낀다.
D: 노동자는 지식인의 자본가 공모에 항의한다.
E: 지식인은 자본가에 대한 지원(공모)을 의무적으로 느낀다.
F: 자본가에게 지식인은 암묵적으로 통제 가능한 대상이다.

허무주의로 나갈 수밖에 없는 기회주의자라는 유죄선고가 지식인(화자)에게 내려진다(C, D, E, F).

「지구를 지켜라!」의 서사 전개는 노동자, 자본가, 지식인이 상호 외재적으로 갈등하는 국면에서 세 주체의 목소리가 점차로 접혀지면서 하나의 목소리로 응축하는 방향으로 진행된다. 영화의 전반(만식이 형틀에 못 박히기 전)은 노동자가 사태를 주도하지만, 후반(만식이 형틀에서 빠져나온 후)은 (노동자의 목소리를 흡수한) 자본가의 목소리가 주도하고, 최종적인 결말에서는 (노동자와 자본가의 목소리를 흡수한) 허무주의적인 지식인의 목소리가 이전까지의 이야기를 누적적인 방식으로

종합한다. 따라서 영화는 노동자가 주인공인 축제적 투쟁에서 자본가가 주인공인 승리주의의 신화로, 그리고 지식인의 종말론에 대한 집착으로 이어지는 3단계를 밟는다. 이와 같은 영화적 흐름은 민중운동이 진출하던 1980년대에서, IMF 프로그램에 순응해야 했던 1990년대 말, 그리고 사회성원 대다수가 구조조정의 불안을 개인의 심리로 내면화한 21세기 초엽의 상황으로 이어져 온 20여 년간의 한국 현대사를 연대기적으로 보여 주는 듯하다.

1. 괴물: 유쾌한 다수에서 숭고한 주권자로

병구는 순이와 힘을 합쳐 악덕자본가 만식을 납치한다. 영화는 크게 두 가지 국면으로 나뉜다. 먼저 만식이 외계인임을 자백하도록 병구가 고문하는 국면이다(이 국면을 전기라고 하자). 이때 만식은 자신이 외계인임을 극구 부인한다. 다음으로 고문에 못 이겨 만식이 외계인처럼 행동하는 국면이다(이를 후기라고 하자). 만식의 주장에 따르면 외계인은 지구를 파괴할 권능도 있지만, 기본적으로는 인류를 사랑하는 창조주다. 병구는 외계인처럼 행세하는 만식의 진술을 믿는다. 이로 인해 병구 어머니(예수정 분), 순이, 병구, 지구 전체는 차례로 몰락한다.

1) 축제의 괴물들

전기에서 등장인물은 정도의 차이는 있지만 모두 축제의 괴물이다. 먼저 병구 편에 속한 살아 있거나 죽은 다섯 명의 인물들이 있다. 피해망

상증에 시달리며 환각제를 먹어야 겨우 정상적 정신 상태를 유지하는 병구는 광인이다. 병구가 정신적 기형이라면 순이는 육체적 기형에 특화되어 있다. 황정민이 연기한 순이의 배역은 "균형이 맞지 않는 이목구비의 한 여자…… 좀처럼 보기 힘든 얼굴과 체형의 「길」의 젤소미나를 연상시키는 여자"(장준환, 2003: 3)라는 시나리오에 따른 것이다. 그녀는 결정적인 순간마다 (특히 약 기운이 떨어진 병구가 위기에 처할 때) 괴력을 발휘하여 병구를 돕는다. 5년째 식물인간 상태인 병구 어머니는 크게 치켜 뜬 눈으로 천장을 보는 살아 있는 시체의 형상을 하고 있고, 노동운동을 하다 죽은 병구의 전 애인(정보훈 분)은 피범벅이 된 팔을 뻗으며 병구의 환상 속에서 환생한다. 탄광사고로 팔이 잘리고, 어머니에게 광기 어린 폭력을 휘두르다가 장난감 우산이 머리에 꽂혀 죽은 아버지(장영주 분)에 관한 병구의 기억은 우스꽝스럽고 불쌍하며 무섭다.

다음으로 지식인 화자 편에 속한 인물로 병구의 아지트를 방문한 추 형사가 있다. 그는 공금횡령 사건으로 억울하게 강등되어 경찰본부 구내식당 조리실에서 요리 일을 한다. 꽁치로 컴퓨터 자판을 누르고, 칼질을 하는 그의 모습은 그로테스크 예술사에서 도축하는 요리사의 소재를 도입한 것이다. 그는 씻지 않아 냄새가 나고, (사건 현장에서 주운) 환각제를 소주에 타먹으며 마약을 즐긴다.

마지막으로 납치된 자본가 만식은 반짝거리는 붉은 팬티만 입은 대머리의 차력사다. 영화의 전기에서 만식은 축제적 재현체계에 전유된, 무섭지 않은 유쾌한 괴물로 재현되지만, 후기에 가면 바로 그 축제의 역량을 반축제로 전도시켜 지구를 파괴하고 인간들 위에 군림할 것이다.

열거된 일곱 명의 공통점은 사회제도·규범으로부터 부여받은 서로 다른 상징적 위치를 대변함과 동시에, 그 위치에 걸맞지 않은 일탈과 무질서를 보인다는 점이다. 질서의 표상과 무질서의 표상이 공존하는 한에서 그들은 괴물이다. 가령 광부였던 병구의 아버지가 미친 듯이 어머니를 폭행할 때 아버지는 감독의 표현을 빌리면 "어쩔 수 없는 악"이다.

> 병구의 아버지 같은 경우도 어쩔 수 없는 상황 때문에 나빠지게 된 건데, 그 어쩔 수 없는 악함 같은 게 나한테는 중요한 것 같다. 그래서 아버지가 죽을 때도 병구를 바라보는 눈에 눈물이 맺히게 되는 거고. 하다 보니 얘기가 자꾸 슬퍼지네(웃음)(최은영, 2005).

화자에게 아버지는 여전히 애틋한 아버지인 한에서 (가족) 질서의 한 위치를 점하지만, 아버지는 가족을 파괴하는 무질서의 차원에도 속한다. 아버지가 희비극적으로 회상되는 것은 이러한 이율배반이 형성한 괴물이기 때문이다. 추 형사 또한 경찰조직의 모함에 의하여 '어쩔 수 없는 악한'으로 전락한 인물이다. 그는 여전히 정의를 추구하지만 주변인을 상징하는 그의 더러운 외모, 냉소적인 말투, 마약에 중독된 정신은 그의 무질서한 세계를 지시한다.

인물들에서 나타나는 괴물성은 따로따로 분리해서 볼 경우에는 비극적 성격이 강조될 수도 있다. 그러나 영화는 의자에 묶여 있는 만식의 코믹한 모습 주위에 나머지 여섯 명의 이미지를 배치함으로써 각 인물의 괴물성을 축제적 괴물성으로 도열시키고 축제적 군중의 집합적 서사로 상승시킨다. 즉, 우스꽝스러운 모습의 만식은 일곱 명으로 구성된 축제 참여자들의 구심점을 형성한다. 그의 역할은 중세 유럽 축제 행렬에서 그 행렬을 주관하는 것으로 설정된 '임시 왕' 혹은 그 다양한 변주들—'임시 교황', '카니발의 왕', '마녀 마네킹'—이다. 축제 참여자들은 임시 왕을 운반하고, 임시 왕을 따라 이동한다는 점에서 임시 왕의 신하들이다. 그러나 축제 참여자들은 임시 왕을 마음껏 욕하고 온갖 오물을 퍼부을 수 있다. 축제의 절정에 이르면 임시 왕은 모두의 환호 속에 화형에 처해질 것이다. 영화는 납치되어 고문을 받는 상황에서도 만식을 군주의 형상으로 제시한다. 화면 중앙의 권좌에 군주처럼 만식이 앉아 있는 모습은 영화 전체의 전개에서 주축을 이루는 장면이다. 온갖 욕설을 내뱉고 호통 치는 만식은 바깥세상에서 가졌던 위세를 지하실에서도 과시한다. 그의 한쪽 성분이 '군주'라는 점은 의심할 나위가 없지만 동시에 그는 열광하는 군중들에 포위되어 모욕당하는 '호모 사케르'의 성분도 갖고 있다. 머리를 깎이고, 나체에 붉은색 팬티만 입었으며, 그의 배설 장면은 사람들의 공공연한 구경거리다. '물파스 고문'은 임시 왕에게 오물을 끼었던 전통을 현대화한 것이다. 축제의 재현체계 안으로 기업가를 영토화하는 것은 지하실이 노동자 측의 해방구임을 암시한다. 서커스 같은 영화 전기에서 괴물들은 무섭기보다는 비극적이고, 비극적이라기보다는 익살맞다. 그것은 약자의 윤리, 병구의 관점이 「지구를 지켜라!」의 전기에서 승리하고 있기 때문이다.

고문하는 병구의 주장을 좇아 만식이 스스로를 외계인이라고 승인하는 순간 영화의 전기는 끝이 난다. 관객들은 처음에는 이러한 만식의 자백이 만식의 발목을 자르려는 병구의 협박 등에 못 이겨 거짓으로 진술된 것이라고 생각할 수밖에 없다. 그러나 만식이 자신이 외계인이라고 자백한 후 늘어놓은 진술들을 병구가 곧이곧대로 믿고 자신의 어머니를 독살하면서 역설적으로 만식에게는 노동자를 통제할 수 있는 권력이 부여된다. 병구가 그의 두 손바닥을 십자가 모양의 나무에 못 박았을 때 그는 기독교의 예수처럼 재현된다. 다음으로 그가 병구가 없는 틈을 타 완력으로 (못을 손바닥에서 뽑는 것이 아니라) 두 손바닥을 못으로부터 뽑아낼 때, 이제 그는 숭고한 순교자이면서 동시에 일반적 인간의 능력을 넘어서는 초인의 이미지를 획득한다.

2) 반축제의 괴물

등장인물 모두의 서커스 무대로 보였던 지하고문실은 점차 만식의 독무대가 된다. 강만식은 신성(神性)에 전혀 의존하지 않고도 순전히 인간 수준의 육체적·정신적 역량으로 여타 인간들을 제압한다. 영화 마지막에 비행접시에 탑승한 후 지구를 파괴하는 그의 초자연적인 역량은, 그가 인간과 대등한 조건에서 지구상에서 벌인 전투를 통해 자신의 권위를 입증하는 일련의 사건이 있고 난 후의 일이다.

만식은 수갑으로부터 손목을 빼내기 위하여 자신의 엄지손가락을 완전히 뒤로 꺾어서 부러뜨린다. 병구와 전투하는 도중 두 차례나 드릴 날이 허벅지와 발등에 박히지만 그때마다 통증을 참아 가며 뽑아낸다. 지하실로부터 탈출하기 위하여 환풍기를 뜯어내려 하다가 감전되자 그는 공중으로 튀어나가 마네킹의 팔다리 사이에 처박힌다. 실패할 때마다 만식은 아픔에 비명을 지르고 심지어는 어린아이처럼 울기도 한다. 내용적 서사는 불굴의 의지로 탈옥을 시도하는 숭고한 드라마임에 틀림없지만, 표현하는 장면화 전략은 코미디의 흐름 속에서 이루어진다.

왜냐하면 그는 반짝거리는 붉은 팬티만 입은 대머리의 모습일 뿐 아니라, 영화 후반에는 발달된 상체 근육에 전혀 어울리지 않는 여성용 블라우스를 걸치고(사실 이성의 옷을 걸치는 것은 축제적 관습의 일부다) 자신의 괴력을 연출하기 때문이다. 만식의 육체 훼손·고통·인내 과정에 대한 묘사는 서커스 차력사의 공연을 원형으로 한 것이다.

만식은 병구가 주최한 축제와 적대적 관계에 놓인 반축제의 괴물이다. 그에게 노동자가 벌이는 축제는 형벌로 체험되고 그의 소원은 노동자의 축제를 파괴하는 일이다. 그럼에도 유의할 점은 만식의 외형이 축제적 기표로 재현되었다는 사실이다. 병구의 축제를 차근차근 파괴하는 만식의 용의주도한 행동을 영화는 축제적 형상 안에서 다룬다. 만식의 행태를 축제의 유쾌한 괴물이 환기되도록 주의 깊게 형상화한 것은 기업가가 니체적 의미의 '초인'이라는 것을 관객이 수용하도록 하기 위한 전략으로 보인다. 축제의 인물들은 순진무구하다. 니체에 따르면 초인이 되는 것은 양심의 가책이 고안되기 전인 순진무구한 상태—그가 스피노자의 세계라고 간주한—로 돌아가는 것이다. 초인은 형벌을 받게 된 상태에서조차 자책하지 않는다.

급히 형벌을 받게 된 악행의 장본인이 수천 년 동안 자신들의 '범행'에 대해 느꼈던 것도 스피노자와 다르지 않았다. 즉 "이 일에서 생각지 않은 나쁜 일이 벌어졌구나"하는 느낌이었지, "그런 일을 하지 말아야만 했을 것"이라는 느낌은 아니었다(니체, 2002: 429).

만식은 자책하지 않고 자기 역량만큼의 권리를 향유하는 것에 만족하는 니체적 인간형에 점점 수렴한다. 이러한 묘사의 영화적 의도는 그의 신체가 갖는 익살스러우면서도 굴하지 않는 힘을 보고 관객이 위화감 없이 경탄하기를 바라는 것이다. 그 연출 전략은 병구 부모나 병구 전 애인이 고통 속에 추락하고, 병구의 경우에는 열등감, 증오심, 가책에 시달렸던 것과는 정반대다. 악한이었던 만식의 익살스러운 초인의 면모는 관객에게 매혹과 위협의 양가감정을 느끼게 한다. 한편으로 악한의 힘이 거대해지고 아무도 그를 처단할 수 없기 때문에 관객은 두려움을 느낄 수 있다. 자본가가 서커스 차력사처럼 익살맞은 모습을 해도 관객은 웃기보다는 그의 저력에 전율할 것이다. 그러나 다른 한편으로 외부 자원에 의존하지 않는 그의 내재적인 강함 때문에 관객은 만식에게 매료될 수 있다. 이제 자본가의 권위는 민중에게 폭력적으로 강요되는 것이 아니라 민중적 축제 안에서 검증받고, 축제하는 민중의 역량으로부터 자라 나오는 경로를 그린다. 그 이전까지 노동자의 목소리가 주도했던 영화 흐름에서 자본가의 목소리가 주도하는 흐름으로 영화는 이행한다.

만식은 교만한 착취자의 자격으로 지하 고문실에 입장했다가 모종의 교육 과정을 이수했다는 듯이 그곳을 나올 때는 오히려 '정화'된다. 하층계급으로부터 혹독한 단련을 당한 후 그는 육체적으로만이 아니라 정신적으로도 고양된 인격을 갖추었음이 드러난다. 가령 그는 지하실을 빠져나오기 직전 병구의 일기장을 훔쳐보고는 너무 슬퍼서는 절규하며, 병구·순이와의 최종 격투에서 승리한 이후에는 두 패배자를 측은한 눈빛으로 바라본다. 그는 숭고한 존재에 접근해 간다. 그가 비행접시에 탑승하는 것은 하나의 영화적 반전으로 나타나지만 탑승하기 전까지의 행적에서 그는 이미 혼자만의 힘으로 심신 모두에서 남녀 주인공을 제압하는 신화적 존재가 되어 있다. 전기에서 만식은 천박한 기업가에 불과했었다. 그러나 후기에서 그는 지구인 모두를 죽일 수도 살릴 수도 있는 주권자임이 밝혀진다.

> 외계인 강만식은 지구에서 자본가로서 억압적 타자로 존재하지만, 또한 최후에 밝혀지는 그의 모습은 법의 안과 밖을 선언할 수 있는 주권권력자의 모습으로 그려진다(엄상준, 2014: 28).

그의 신체는 우주 자체와 동일시되며, 지구는 그의 신체가 자유롭게 교체할 수 있는 하나의 기관에 불과한 것으로 나타난다. 지하공간에서 노동자계급과 엉겨 붙어 이전투구하던 자본가계급이, 갑자기 털털한 시골 형님 같은 모습으로 관객 모두가 공감할 만한 초인으로 재탄생하는 이야기가 의미하는 것은 무엇인가? 그것은 적어도 1990년대까지는 극에 달했던 '저 하늘 위'의 상류사회 타자와 '저 아래' 육체 노동계급 간의 전형적 싸움이 이제는 시민적 삶 전반에 침투한 자본가 되기의 매혹적 욕망—가령 2000년과 2001년에 각각 베스트셀러 3, 4위를 기록했던 『부자아빠, 가난한 아빠』(안선희, 2008: 90)가 촉구하는 바와 같은—으로 국면전환하고 있다는 의미가 아닐까? 지하고문실에 끌려 들어간 전형적 산업자본가가 하층계급에게 혹독한 수모를 당한 후, '계급장을 떼고' 벌거벗은 몸 그 자체로서 승리하는 이야기는 밑바닥 세계로부터 초인적 역량을 갖추어 나가는 것이 얼마나 값진 자수성가의 성과를 만끽할 수 있는가를 관객에게 자연스럽게 설득한다. 이 점은 이 시기에 유행한 자기계발을 통한 '인적 자본-되기'의 열풍에서 덕(德)을 찾는 풍조와 매우 유사해 보인다.[4] 만식이 가공할 권력자로 등극하는 과정이 축제적 역동성으로 나타나는 것은 개인들 욕망의 근저로까지 침투해 들어오던 만인의 '자본가-되기' 열풍(창업, 자기계발, 주식투자자 되기 열풍)을 영화가 포착한 것이다.

전기와 후기의 관계를 살펴보자. 한 다스의 괴물들이 어울려 노는 전기의 그 모든 다채로운 이야기들의 화자는 노동자다. 후기로 이행하면 민중적 축제로부터 솟아나오는 입지전적 무용담의 화자는 그 무용담의 당사자인 자본가다. 그 이행은 "약자-피해자(노동자-정신질환자)의 망상적인 복수극에서 전능한 강자-가해자(자본가-외계인)의 의지의 드라마로 전환되는 양상"(박진, 2008: 486)으로 나타난다. 분산된 축제적 괴물들이 집약된 반축제적 괴물로 이행하는 괴물 유형의 변화는 계급투쟁 역관계가 역전되는 상황의 직접적 산물이다. 즉, 노동자가 자본가에 대항한 싸움을 주도하는 국면에서 노동자들이 기업가에게 질질 끌려 다니는 국면 변화의 상관항이다. 역관계의 변화에 따라 전기와 후기에서 질서와 무질서에 배정되는 가치의 무게중심은 정반대 위치로 이동한다. 영화는 관객의 지지를 얻는 익살맞고 해방적인 이야기(무질서의 찬양)로 시작해서 관객이 원치 않는, 외계인이 지구를 폭파하는 이야기(질서의 찬양)로 끝난다. 전기는 일군의 축제적 괴물들의 이야기이며 후기는 단 하나의 반축제적 괴물의 이야기다. 두 유형의 괴물 모두

---

4 신자유주의 한국사회에서 자기 계발하는 주체의 탄생을 다룬 연구로는 서동진의 『자유의 의지 자기계발의 의지』(2009)를 참조할 것.

계급정치(질서)와 노동운동(무질서)이 융합한 결과로부터 상상된 것이다. 다만 두 유형의 괴물은 융합의 비율이 다르다. 축제의 괴물은 '임시 왕=악덕 기업주'가 전형적으로 보여 주듯이, 무질서가 질서를 전유한 경우다. 반축제의 괴물은 '서커스 차력사의 역량을 토대로 우주공간으로 솟아오르는 주권자'가 보여 주듯이 질서가 무질서를 전유한 경우다.

전기에서 후기로의 이행은 왜 발생하는가? 영화는 자본의 부상하는 힘이 어느 정도 병구 측에 원인이 있다고 지적한다. 병구가 자본에 거는 기대(어머니를 살려 줄 수 있고, 외계인 왕자와 교신하여 지구를 구할 수 있다는 기대)를 강만식이 수긍하는 순간 후기로의 급전이 시작되었기 때문이다. 그렇다면 「지구를 지켜라!」 후기의 반축제 괴물은 노동자 투쟁의 하강 경향과, 자본 측의 부상 경향이 교차하는 가운데 노동자 측에서 형성한 욕망의 관념 즉, 마술이라고 추론할 수 있다. 만식으로 괴물이 집중되는 현상은 한편으로 노동자의 내면까지 장악하는 새로운 자본 질서와 다른 한편으로 노사 간 대립에서 패배할 것이라는 노동자의 점증하는 초조감이 결합한 결과물이다. 병구의 광기와 히스테리는 그러한 초조감의 발로다. 부상 중인 자본의 새로운 지배 형식에 거는 노동자의 희망과 수세에 몰리면서 노동자의 삶이 완전히 해체될 것이라는 공포가 갈등한다. 반축제의 괴물은 고통받는 노동자의 목소리와 자신감에 찬 자본의 목소리가 결합한 결과로 탄생한다.

2. 근원적 세계: 노동자의 해방구인 지하실에서 자본에 파괴된 지구로

「지구를 지켜라!」의 근원적 세계는 처음에는 탄광지역의 지하 아지트에 위치한 노동자의 '해방구'로 나타나지만, 노사갈등이 교착하는 기간을 거쳐, 나중에는 자본가에 의해 폭파된 지구로 옮아간다. 지구가 파괴되는 영화의 마지막 장면은 대다수의 관객들의 예측을 뒤집는 충격적 반전이다. 이 디스토피아적 최종 국면은 엄밀한 의미에서는 자본가의 힘이 우세를 점하는 영화의 후기 안에 속한다고 할 수 있다. 그러나 최종 국면은 화자의 미묘한 이동, 입지전적 자본가 화자로부터 (노동자와 자본가 사이에서 동요하고 냉소하는) 지식인 화자로의 이동에 토대하고 있다. 이 변화에 착목한다면 지구가 폭발하는 영화의 반전은 전기와 후기를 종합하는, 짧지만 강렬한 최종 결론으로 간주할 수 있다. 아래에서는 전기의 근원적 세계와, 후기의 마지막 최종 국면에서 나오는 근원적 세계를 각각 살펴볼 것이다.

1) 전기의 근원적 세계 : 탄광 지하실

전기의 근원적 세계는 탄광에 위치한 병구의 아지트를 중심으로 형성된다. 병구는 억압체제의 총체적 사슬(가령 학교, 교도소, 공장)로부터 입은 상처 때문에 광기에 내몰린다. 그는 만식을 납치해 놓고도 만식의 호통에 기선이 제압되고, 만식의 이간질이나 희망고문에 놀아나는 심신이 취약한 편집증적·자폐적 젊은이다. 그가 축제의 기표를 자기 주위에 배치하는 것은 자본가가 노동자의 심신을 장악하는 과정을 막아 내고, 기업가에 대한 노동자의 저항을 지속하려는 노력을 영화가 표상한 것이다. 다시 말해 전기의 근원적 세계가 의미하는 것은 노동운동의 쇠퇴하는 경향에도 불구하고 기업가에 대한 저항을 유지하려는 힘겨운 노력으로 읽을 수 있다. 축제의 기표들은 주로 ① 병구와 순이가 사용하는 탄광 관련 소품과 공간 인테리어, ② 병구가 상용하는 환각제, ③ 순이의 캐릭터 등을 통해서 도입된다. ④ 그 밖에 추 형사와 만식의 풍자적 액션도 축제의 기표들이다.

(1) 탄광과 소품

때밀이 수건, 물파스, 광부용 안전모, 검은색 우의 등은 병구의 어린 시절 "부모님의 고된 노동과 관련된 오브제"(정봉석, 2009: 285)라는 공통점이 있다. 이것들은 '외계인-자본가'와 싸우는 무기로 재조합·재활용된 용도가 폐기된 기성품들이다.

> 병구는 버려진 것들의 디테일을 '손수' 작성하고 그것들을 얼기설기 꿰어 자신의 과거와 자신을 둘러싼 세계에 대한 우주론적 내러티브를 직조해 낸다. 말하자면 그는 신체의 부분들을 절단하고 접합하여 마네킹을 만드는 그런 작업 과정으로 자신의 고통을 이해하고 세상에 침투하려는 것이다. 여기서 '용도 폐기된 사물들'과 '수작업'이라는 두 가지 특징은 병구 그리고 감독의 작업이 브리콜라주(bricolage)임을 가르쳐 주는 결정적 신호들이다(김지훈, 2003: 1297).

> 지하공간은 시나리오의 다음 구절을 장면화했다.

> 구식 목욕탕을 연상시키는 타일로 된 바닥과 벽면은 군데군데 시멘트가 드러나 있고 오랜 습기로 인해 곰팡이가 슬어 기괴한 무늬를 만들어

내고 있다. 간간이 핏자국처럼 보이는 검붉은 얼룩들도 보인다. ……
모두 공포영화에 나올 법한 소품들은 상상을 크게 벗어나지 않지만 모
든 것들은 편집증적으로 깔끔하게 정리되어 있다(장준환, 2003: 15).

야만적인 소재나 구식으로 전락한 소재들을 "편집증적일 정도로
깔끔하게 정리하는 것"은 초현실주의자들이 선호했던 기법이다. 그것
은 강박적 개인의 편집증으로 조망된 텅빈 공간을 재현함으로써, 역으
로 이와는 정반대의 집합적 신체들이 무질서하게 엉킨 격렬한 기억들
을 떠올리게 방법이다. 벤야민은 예술가와 지식인들이 "과거를 향한 역
사적 시선을 정치적 시선과 맞바꿈"으로써 망각에 의해서 오히려 풍부
하게 채워진 집단기억의 창고가 동시대 도시 문명에서 갑작스럽게 개
방되고, 이로부터 도시의 "진짜 얼굴"이 드러날 수 있다고 보았다. 가령
파리의 현란한 번화가를 유령이 나올 것 같은 으스스한 거리로 재현하
는 것은 대중봉기의 기억, "포탄 소리와 총소리만이 결정을 지시하는 인
적 없는 거리들"의 기억을 현재화하는 일이다(벤야민, 2008a: 151~152).
지금은 노스탤지어의 대상으로 전락한 개발독재기 광부들의 목욕
탕과 (그 위에 지어진) 양봉업자의 현재 주택 층간에 은밀히 숨어 있는
병구의 아지트 또한 초현실주의자들이 황량한 파리의 거리를 통해 상
상한 것과 유사한 의미를 생산한다. 이 '사이' 공간은 1980년 4월 사북
광산노동자들의 "4일간의 '탄광민중만의 세상'"(박철한, 2002: iv)[5]과

---

5 사북항쟁의 근본 동력("정치적 저수지")은 공동 빨래터와 선술집을 중심으로 한 노동자 공동
체 문화였다(박철한, 2002: 40).

1998년 이래 강원랜드로 말끔히 포장된 환락가적 현재 사이의 불연속적 시간을 환기한다. 나흘간의 사북 지역 점거기간은 아래 묘사에서 보듯이 사실상 마을 축제의 양상을 띠었다.

> 4일간 검은 거리를 메웠던 탄광 민중의 정치력은 열악한 일상에도 굴하지 않고 공동 빨래터와 선술집 등 집회하는 탄광촌의 공간이라면 어디에나 탄광 민중 특유의 열정과 떠들썩함, 지역지배 카르텔에 대한 비난과 험담, 욕설 속에 있었다(박철한, 2002: 81).

지하 공간에 배치된 폐품과 마네킹들이 상업적이고도 도박적인 신자유주의의 흐름에서 '몰락'한 사물과 탄광 민중들의 위치를 반영한다면, 유리병에 담긴 기관들의 육체성, 동물성, 내장이 쏟아져 내리는 느낌 등과 같은 '야만성'은 민중해방운동의 기억, 노동자들의 유토피아를 향한 열망을 역설적으로 보여 준다. 그러나 '몰락'과 '야만'의 느낌은 '충격'의 느낌으로 회귀할 수밖에 없다. 왜냐하면 그러한 것들을 회상하는 영화 관객이 속한 21세기 초는 심리적 강박이 개인화하고 자연화한 '안정된 상황'이기 때문이다. 이러한 상황에서는 어떤 종류의 (참혹하거나 해방적인 집합적 신체의) 강렬한 자극도 '편집증적 깔끔함'이라는 매우 정태적이고 개인화한 프레임에 '충격'을 가하는 형태로 재현될 것이다.

(2) 환각제

병구는 아버지, 어머니, 애인의 죽음 모두에 대한 양심의 가책에 시달린다. 어머니를 폭행하는 아버지를 밀어뜨려 죽음에 빠뜨린 것은 자신이었으며, 만식에게 속아 어머니의 입에 벤젠을 부은 것도, 만식 회사 사람들의 폭행으로부터 애인을 지켜주지 못한 것도 자신이라고 생각한다. 그가 환각제를 상용하는 것은 굴욕의 과거를 망각함으로써, 기업가와 싸울 수 있는 현재적 힘을 조금이라도 얻기 위해서이다. 환각제의 모티프는 사실상 환각상태(식물인간)로 지난 5년 간 누워 있는 병구 어머니의 상태와 연결되어 있다. 감독 스스로 "원진레이온 사태 같은 실제 일어난 사건들에서 이야기를 빌려 왔다"(최은영, 2005)고 밝힌 것처럼, 병구 어머니의 에피소드는 이황화탄소 중독으로 사망자 8명을 포함하여 600여 명의 직업병 환자가 발생했던 원진레이온에서의 산업재해를 강력히 환기시킨다. 영화는 산업재해와 싸우는 노동자들의 경험들—정신병 치료,[6] 산업재해 인정 투쟁 과정에서의 사회적 고립, 그리고 재활에서 자기효능감(self efficacy)의 중요성[7]—을 충실히 반영하고 있다. 병구는 매우 수세적인 위치로 전락한 노동자를 대표하고 있으며 좁게는 산업재해 환자들의 절박한 처지를, 넓게는 2003년에도 진행 중이던 구조조정 및 노사정 아래에서 무력해진 노동운동의 위축된 정세를 반영하는 것이다. 그가 입에 쓸어 담는 환각제는 대부분의 산재 환

---

6 "산업재해 환자들은 요양 과정 중 보상성 신경증, 외상성 신경증, 우울증 등의 정신 증상을 가지고 있는 경우가 많다"(김정연 외, 2001: 142). "산재환자는 알코올 및 약물 남용, 업무를 계속하기 힘들 정도로 오래 지속되는 공포와 불안 증상, 가족 내 스트레스, 결혼생활의 갈등 등 광범위한 심리적·정신적 문제를 경험할 수 있으며, 이는 자살과 같은 사회적 문제로 나타나기도 한다"(신지은 외, 2012: 162).
7 "자기효능감은 삶의 위기 극복에 대한 자기 자신에 대한 신념으로(Bandura, 1977), 개인이 어떤 행동이나 활동을 성공적으로 수행할 수 있다는 자신의 능력에 대한 믿음이다. 자기효능감은 산재환자의 심리재활에 중요한 역할을 하고 있다"(신지은 외, 2012).

자들이 겪는 우울증과 신경증의 심각성을 보여 주고, 산업재해를 인정하지 않기 위해 한 덩어리로 협력하는 (의료기관, 정부당국, 회사의) 사회적 네트워크[8]로 인한 좌절감을 나타낸다. 환각에 돌입하는 병구의 모습은 과대망상적이라기보다는, 자신에 대한 신념의 고양이 가장 절박해진 상황으로 이해되어야 한다. 영화는 만식의 입을 빌려서 니체가 할 법한 욕설을 병구에게 퍼붓고 있다.

그래 봤자 소용없어. 넌 날 못 이겨. 왜 그런지 알아? 난 너 같은 병신 새끼들한테는 한 번도 진 적이 없거든. 너 같은 것들 잘 알아. 지가 병신 같은 건 모르고 평생 남의 탓이나 하면서 꼴값 떠는 새끼들. 넌 아직도 내가 겁나지? 약이 없으면 가까이 오지도 못하잖아? 너 같은 겁쟁이는 결국 지게 돼 있어. 그러니까 미친 척 그만하고 포기해. 더 더러운 꼴 보기 전에.

악덕 기업주가 "넌 날 못 이겨, 이 미친놈아!"라는 대사를 노동자에게 주문처럼 반복하는 의도는 교육학에서 말하는 '자기효능감'을 갖추

8 "한 근로자에 대한 직업병의 확증으로 직업병을 진단받은 피검자는 부서전환이나 심한 경우 직업을 잃게 되며, 당해 기업 혹은 사업주 측면에서는 직업병을 발생케 하는 열악한 근로환경의 사업장으로 낙인되고, 산업재해 보상 보험료의 증가 등 각종 불이익을 받게 되며, 주무 관청의 근로감독관인 경우 관리 및 직업병 예방을 소홀히 한 것에 대한 문책이나 불이익을 받을 수도 있다. 직업병을 진단한 의사나 검진기관은 기업주로부터 곱지 않는 대우를 받게 되고 심지어는 다음해 검진 시 수검기관을 다른 의료기관으로 바꾸어 버리겠다는 협박을 받거나 실제 지정을 변경당하기도 하였다. 이러한 연유에서 매년 반복적으로 보고되고 있는 소음성난청과 진폐증 이외의 직업병을 소신 있게 진단 내리기는 현실적으로 매우 어렵다" (김준연 외, 2000: 27).

지 않고서는 노동자는 기업가에 맞서 싸울 수 없다는 메시지를 적의 입을 통해 전달하는 것이다. 과거의 투쟁 실패에 대한 가책과 그 가책을 지배엘리트에 대한 원한으로 전이시키는 저항운동으로는 패배할 수밖에 없다. 그러므로 환각제를 먹은 병구가 기분이 한껏 부풀어 오른 분열증적 상태에서 만식과 대결하는 이야기는 21세기 초 노동자들에게 무력감으로부터 벗어나도록 촉구하는 의미를 갖는다.

(3) 곡예사 순이

서커스 줄타기 곡예사인 순이는 지하 공간 안에서도 줄타기를 한다. 음산한 지하 고문실은 천진난만한 웃음이 감도는 서커스 공연장의 이미지를 획득한다. 사실 순이라는 축제의 직접적 대행자가 없었다면 병구는 토막살인범의 이미지를 벗어나기 힘들었을 것이다. 순이는 병구를 돕지만 병구의 의식이 외계인에 대한 편집증적 망상으로 흐르는 것을 견제한다. 만식을 양변기가 달린 이발소 의자에 묶은 후, 두 사람은 다음과 같은 대화를 나눈다.

> 순이: 오빠 그렇게 하니까 진짜 외계인 같애.
> 병구: 외계인 같은 게 아니라 진짜 외계인이야!

그녀는 외계인 음모론에 집착하지 않으며, 강만식의 외계인 여부와는 상관없이 병구가 만식을 상대로 벌이는 투쟁을 지지한다. 진보적이면서 동시에 구체적 정치프로그램에 대해서는 회의주의적인 순이의 태도는 민중적 그로테스크의 전통에서 유래한 것이다. 그녀는 라블레가 자신의 소설에서 그랬던 것처럼,[9] 실존하는 권력구조에 비판적이면서도 동시에 (진보진영이 특정하게 집착하는) 정치적 (반)유토피아에 대해서도 회의적이다.

순이는 외계인 음모론과 거리를 두는 것 이외에도 병구가 개인적 복수에 집착하거나 양심의 가책에 시달리는 것에도 동의하지 않는다. 가령 죽은 옛 애인을 못 잊어서 자신에게 복수하는 것이라는 강 사장의 말에 순이는 병구의 곁을 떠났다가 나중에 돌아온다. 그녀는 병구가 사적으로든 공적으로든 외부 대상에 욕망이 고착되는 경향을 교정하는 역할을 맡는다.

그녀의 맹점은 축제적 세계의 외부를 너무 모른다는 것이다. '자신이 얼마나 강한지 모르는 자족적 민중'의 이미지를 그녀는 연기한다. 이것은 병구와는 정반대의 편향이다. 잠재적 역량이 억압에 대항하는 권리행사로 현실화하려면, 사회관계 안에서 '자기 역량의 배치'를 조망할 줄 알고, 자신의 역량이 작용할 '외부대상'을 알아야 한다. 앎의 문제에서 병구에 무조건 추종하기 때문에 순이는 자신이 이미 가지고 있는 거대한 괴력에 상응하는 권리를 갖지 못한다. (그러나 사북항쟁의 예를 든다면 협상을 주도한 것은 광부의 아내들이었다.[10]) 요컨대 노동계급의 두

---

9 "시대가 허용하는 한도 내에서 규정되고 완료된 모든 것들은 그 한계 안에서 어느 정도 우스꽝스러웠다. …… 한계지어지고 규정된 모든 것들이 (그래서 완료된 것들이) 죽어 가고 분해되면서 새로운 가능성으로 자랐기 때문이다. …… 그는 언제나 먼 미래를 향하고 있는 빠져 나갈 유쾌한 구멍을 남겨 두기 때문이다. 이 구멍은 현재나 가까운 미래가 허용하는 상대적인 진보성과 상대적인 진실을 우스꽝스럽게 만든다. 그리하여 라블레는 자신의 직접적인 발화 속에서는 결코 자신을 드러내지 않는다"(바흐친. 1998: 692~693; 강조는 원저자).

10 대처(Thatcher)정부에 맞서 싸웠던 영국의 광산 파업에서도 아내들의 역할은 지대했다. "우리는 더 이상 주부로서 우리 자신을 간주하지 않고, 이 투쟁의 전사로서 간주할 것이다" (Beynon 1984: 109).

이미지—수세에 몰려 발작적 편집증을 보이는 노동자 대중에서 나타나는 지식인의 요소와 아직까지 발굴되지 않은 커다란 해방적 에너지의 요소—가 두 남녀의 통합범주에서 골고루 나타난다.

(4) 추 형사와 만식의 풍자적 액션

축제적 공간은 축제 외부의 권력자가 썼던 왕관을 탈관시킨다. 추 형사가 벌떼에 쏘여 죽는 에피소드, 강만식이 상연하는 차력쇼는 아지트 외부 세계에서라면 통용되었을 권력이 조롱받고 축제의 역량이 입증되는 장면들이다.

영화의 전기를 요약하여 보자. 여기서 나타나는 축제화한 근원적 세계는 노동운동 퇴조기에, 부상하는 자본의 힘을 민중문화 내부의 장난감으로 전유하길 원하는 노동자의 소원이다. 광부 헬멧과 검은 우비를 게릴라의 유니폼으로 차려 입은 병구와 순이의 모습은 전투성과 명랑성을 결합시킨 기표들이다. 비극과 영웅주의는 투쟁의 동기는 부여해 주겠지만 투쟁의 에너지를 공급하지는 않는다. 이를 위해 영화는 노동자의 축제적 역량에 관련된 생각할 수 있는 모든 문화자원을 동원한다. 우울증 치료약으로서의 환각제와, 서커스의 기호들, 그리고 초현실주의 미학(브리콜라주와 지하공간의 미장센)으로 포장된 20여 년 전 탄광에서 벌어진 노동자와 민중 항쟁의 기억 등이 그것이다. 특히 1980년 4월 사북항쟁을 대표하는 신문보도사진—어용노조 지부장의 아내를 기둥에 묶어 놓고 그 주위를 광부와 그 아내들이 둘러싸고 있다[11]—과

---

11 1980년 4월 24일자 『중앙일보』 1면, 『경향신문』 1면, 『동아일보』 7면 등에 보도된 사진이다.

유사한 상황이 중앙에 강만식을 묶어 놓은 폐광촌의 지하실에서 재연된다. 과거에도 실제로 축제적 분위기 속에 전개되었던 사북항쟁을 영화는 동일하게 축제적으로 반복하고 있다. 일종의 해방구인 병구의 아지트는 노동자가 헤게모니를 장악한 공간에서 자본과 경찰의 권위가 우스꽝스러워지는 과정을 보여 준다. 또한 해방구 밖에서는 '테러', '연쇄살인', '폭동'으로 종종 호도되는 노동자의 저항이 해방구 안쪽에서 보았을 때 '소꿉장난 같은 진지함', '바보-현자의 정치학', '절박함을 익살스러움으로 전환시키는 전투적 파티' 등 축제적 그로테스크의 문법으로 현상한다는 사실을 제시한다. 반(反)기업주의적 투쟁은 '즐거운 혁명'이어야 한다고 영화는 말하고 있다.

2) 후기의 근원적 세계: 파괴된 지구

병구의 아지트는 영화의 후기로 접어든 후에는 노동자 해방구로서의 기능을 상실한다. 그곳은 노동자가 만식을 박해하는 곳이 아니라 거꾸로 만식이 노동자 계급의 고통과 활기를 전유하여 자신의 역량을 배가시키는 장소로 전환한다. 그렇다면 후기에 병구의 아지트는 더 이상 근원적 세계가 아니라 다른 장소에 별도로 마련된 근원적 세계로부터 파생된 공간으로 파악되어야 한다. 후기의 서사는 절대적 종말을 향하여 접근하는 과정으로 이해할 수 있다. 폭발하여 파편밖에 남지 않은 지구는 서사의 최종국면에야 비로소 직접적으로 가시화하는, 영화 후기의 근원적 세계다. 탄광 지하, 병구의 애환이 담긴 어린 시절의 기억, 그리고 지구 전체는 무(無) 그 자체를 의미하는 '파괴된 지구'로부터 한갓 파생된 것들이다.

만식은 병구를 이기는 것에 그치지 않고, 비행접시에 탑승한 후 지구를 파괴한다. 외계인 왕자임이 밝혀진 만식이 지구를 파괴하기로 결정하는 근거는 인간이라는 종(種) 자체에 대한 실망 때문이다(영화에 따르면 "가속성 공격 유전자"로 인하여 인간은 숙명적으로 서로를 죽일 수밖에 없다). 이러한 파국을 상상하기에 가장 적합한 화자는 누구인가? 그 화자는 인간사회의 경쟁과 공멸이 '유전자'에 의해 결정된 숙명이고, 이처럼 구원 불가능한 문명은 파괴되는 길밖에는 없다고 규정한다. 한편으로는 '구조'의 부조리를 문제 삼는다는 점에서 체제 비판적이지만, 환경과 유전에 예속되어 있다는 핑계로 사회와 역사를 바꿀 수 없다고 선전한다는 점에서 체제 옹호적이다. 이와 같은 양비론적 입장은 에밀 졸라가 19세기 중후반에 자연주의라는 이름으로 이미 표방한 것이다. 사람들(특히 하층계급)이 겪는 커다란 고통의 원인은 생리적·문명적 구조에 의하여 이미 결정되어 있다. 우리가 할 수 있는 것은 즉흥적 충동, "단순한 생체조직 내의 무질서, 파괴를 지향하는 신경체제의 반란"(졸라, 2003:11)밖에는 남지 않았다. 자연주의의 태도는 이윤 증식을 위해서 혁신해야 한다고 부르짖는 부르주아의 태도도, 연대를 통한 싸움 없이는 최소한의 자기보존도 불가능하다고 절규하는 노동자의 태도도 아니다. '인간 일반에 대한 실망'이란 결국 계급투쟁 자체의 지리멸렬함에 진력이 난 지식인의 관점이거나, 자신의 몸 안에서 (서로 싸우는) 비참하지만 과대망상적인 노동자의 모습과 탐욕스럽고 야비한 자본가의 모습을 모두 발견하는 중간계급의 관점일 수 있다. 영화는 결말에 이르러 세 번째 목소리로 전환된다. 이 문제를 다음에서 김 형사의 위치를 중심으로 살펴보자.

　김 형사가 '서울대 출신'으로 경찰 조직 내부의 '왕따'라는 설정은 그의 배역을 관객 대다수의 눈높이와 일치시키기 위한 설정이다. 고학력의 외톨이, 즉 능력은 있으나 조직 사회로부터 냉대받는 배역은 고학력 실업의 시대를 살아가는 많은 영화 관객이 감정이입하기 좋은 대상이다. 또한 권력의 말단 하수인이라는 위치는 민중을 타자화하면서도 자신이 속해 있는 통치권의 상급자와는 심리적 불화관계를 갖는 전형적인 중간계급의 위치다. 어머니가 죽었다고 병구가 절규하자 김 형사는 그에게 총을 겨누며 "알아요. 다 알아요. 하지만 이제 다 끝났어!"라고 말한다. 병구는 이 말에 다음과 같이 반박한다. 이 장면은 병구가 카메라를 정면으로 바라보는 근접화면이다.

　알아? 다 안다구? 그래 다 알 수 있겠지. 뻔한 얘기니까. 근데 다 알면서 어딨었는데? 내가 미쳐 갈 때 어딨었어? 니들이 더 나빠. 니들이 죽인 거야. 니들이 다 죽였어!

　"니들이 더 나빠"란 직접적 착취자인 부르주아보다 착취를 방관했을 중간계급이 더 나쁘다는 의미로 읽혀진다. 영화는 김 형사의 관점으로 관객들을 집결시킨 후, 병구가 그를 비판하는 에피소드를 통하여 (중간계급의 태도에 동일시되어 있을) 대다수의 영화 관객을 비판한다. 즉, 이 장면의 의미는 김 형사를 핑계 삼아 영화가 관객을 꾸짖거나, 영화의 화자가 공개적으로 자기 반성하는 것이라고 할 수 있다.

　이제 영화는 (노동자와 자본가의 목소리에 이어) 세번째 목소리이자 앞의 두 목소리를 종합하는 중간계급의 목소리로 이행한다. 이 목소리 내부에는 밀접하게 연결된 세 가지 요소가 함수관계를 맺고 있다. 첫째는 박식함의 문제다. 자신의 주위에서 진행되는 사태를 "뻔한 얘기"로 간주하고 "다 안다"고 여긴다. 둘째는 관조적 무관심의 문제다. 타인의 고통에 대한 무감각이, 첫째에서 말한, 타인이 고통받는다는 사실에 대한 박식한 앎과 병존한다. 다 알지만 끝났다는 김 형사의 대사는 이 두 가지 요소를 명시적으로 연결한 것이다. 하지만 그의 대사에는 세번째 사항, 말단 관료로서의 기득권을 잃을지도 모른다는 불안감이 숨어 있다. 그가 박식해야 하는 것도, 그가 타인의 아픔에 무관심해야 하는 것도 그에게 언제 어떻게 닥칠지 모를 위험을 피하기 위한 고도의 경계태세로 설명된다. (영화에서 김 반장은 김 형사에게 추 형사를 따라 조리실에서 요리할 준비나 하라고 으름장을 놓는다. 김 형사는 경찰 조직으로부터 언제 배제될지 모르는 불안한 상황에 처해 있다.) '박학한 앎-무관심한 감각-불안한 신체'의 삼각관계에 관하여, 슬로터다이크(Peter Sloterdijk)는 아래와 같이 설명했다.

무심하게 보이는 태도에는 불안과 관련하여 어떤 박진감이 흐른다는 사실이 지적되어야 한다. 다시 말해 박식하지만 관조적인 태도는 파국적 불안을 배경에 깔고 있다. 이런 불안은 관조에 어떤 비장한 의지를 불어넣는다. 많이 알고 향락의 추구에 몰입하지만 공적 사태에 무관심하고, 무관심하지만 경계심 가득한 눈빛으로 어디든지 뛰어갈 태세를 하고 있는 이미지가 그것이다. 어떤 재앙의 가능성도 열려 있고, 우리의 손이 미치지 않는 고공 위에서 정치경제적 재난이 자율적으로 이루어질 것이기에 남는 것은 "불사신처럼 영리하게" 살아남는 것이다(슬로터다이크, 2005: 27).

명민한 앎과 냉소적 무관심이 항상 경계태세를 유지하는 '영리한 약자의 긴장된 몸' 안에서 만난다. 과도한 이성적 인식과 과소한 감성적 인식은 상시적 위기와 마주친 각성된 신체가 세계를 대하는 자연스러운 반응인 것이다. 이러한 신체의 상태를 적합하게 표상하는 것은 "세계의 파국적 종말"이다. 사실 「지구를 지켜라!」의 지구가 파괴된 마지막 장면은 파괴되지 않은 카메라에 의하여 파괴되지 않은 스크린을 통해 파괴되지 않은 관객에게 전달된다. 그 장면은 "세계의 파국적 종말"을 안전한 위치에서 예감하는 "영리한 약자"들의 안도감, 역설적 편안함을 조성한다. 이 기이한 '파국의 안도감'을 벤야민은 '절망의 상태에 대한 희망'이라고 표현했다.

이 자본주의라는 종교운동의 본질은 종말까지 견디기, 궁극적으로 신이 완전히 죄를 짓게 되는 순간까지, 세계 전체가 절망의 상태에 도달할 때까지 견디기이다. 그것은 절망의 상태를 희망하고 있는 것이다(벤야민, 2008b: 123).

'절망의 희망'은 자본주의라는 종교운동의 본질적 특성이다. 따라서 '세계의 종말'을 표시하는 「지구를 지켜라!」의 결말은 중간계급의 상존하는 불안을 표상한 것에 불과하다. 그것을 자본 측의 음모나 노동 측의 비극의 표시로 과장해서 이해할 필요는 없다. 「지구를 지켜라!」의 파국적 결말에 관하여 김소영이 "사유의 한계"라고 비판한 것도 이와 같은 맥락에서이다.

내가 「지구를 지켜라!」에 대해 약간 유보적 입장을 갖는 이유는 그 우주적인 막다른 골목에서의 재앙, 지구파괴가 우주적 규모의 역설로 보이기보다는, 사유의 한계로 보이기 때문이다. …… 파국이 파멸로 전화되지 않게 하기 위해선 그 파국이 전환의 계기가 되어야 한다(김소영, 2004: 52~53).

홀(Stuart Hall)이 말하듯이 지금이 세계의 종말이라는 감각은 1900년 이래로 100년 넘게 지속되어 왔다. 파국적 감정의 일상화 자체는 자본주의가 자신을 유지해 가는 이데올로기라는 것이다.

전 세계의 대부분은 시기상으로 아직 제대로 현대에 들어서지 못했는데, 도대체 '미래가 없다'는 사람들은 누구인가? 만일 역설을 허용해 준다면, '미래가 없다'는 기간이 앞으로 얼마나 더 지속될 것인가? 타이타닉호가 가라앉고 있다면, 시간이 얼마나 걸릴 것인가? 폭탄이 이미 폭발하기 시작했다면, 그것은 영구히 '폭발'할 수 있는가? 우리는 계속 세계의 종말에 직면한 채 한 세기를 더 살 수는 없다(홀, 1996: 108).

김 형사로 대변되는 냉소주의는 영화 속 노사 간의 대격투를 종합하는 프레임이다. 그의 중간계급적 태도는 영화를 이끌어 온 강력한 두 가지 목소리의 결합으로도 설명할 수 있다. 만식의 '초인-되기'에 매혹되는 것, 즉 자본운동의 욕망을 개인의 것으로 내면화하는 과정은 김 형사가 상급자(가령 김 반장)의 입장에 동일시되는 것과 다르지 않다. 신자유주의란 각 개인이 소유한 자본의 무한한 증식 가능성을 고무하는 것이다. 이로부터 그는 '아래 세계'의 고통에 무관심한 대신 '위 세계'로 상승하는 쾌락에 내기를 걸 것이다. 그러나 동시에 김 형사는 병구를 동정할 것도 없이 병구 자신이기도 하다. 왜냐하면 외계인이 지구를 파괴한다고 장광설을 늘어놓는 병구의 히스테리는 평판 관리와 심리적 강박에 쫓기는 중간계급에게는 더 익숙한 것이다. 영화의 마지막 장면에서 스크린을 가득 채운 컴컴한 우주공간은 다름 아닌 중간계급의 심리적 공간을 재현한 것이기도 하다. 거기에는 두 가지 요소가 나타나는데, 하나는 지구 파괴와 무관하게 유유히 화면을 떠나는 만식의 우주선이며, 다른 하나는 자본의 공격으로 산산조각난 지구의 파편들, 즉 민중의 지난한 삶(브라운관 속 병구의 추억)이다. 만식의 유유자적한 우주선이 냉혹한 반축제의 괴물을 나타낸다면 떠나니는 텔레비전은 축제의 추억을 담은 상자에 다름 아니다. 김 형사의 냉소주의는 이 축제와 반축제 정반대 극단 사이에 넓게 펼쳐진 컴컴한 우주공간으로 표시된다. 이것은 21세기 초엽에 사회성원의 전형적 현상으로 부상한 시민적 신체의 한 가지 설명 모델을 제공한다. 그것은 만식의 낙관적 충동으로 충만한 자본증식의 욕망과 병구의 피해망상이 동일한 몸 안에서 불균질적으로 아우성치면서, 세계의 파국을 예감하는 일에서 차라리 미학적 편안함을 느끼는 불안정한 상태라고 할 수 있다.

4

김기덕의 「시간」
― 자기혁신의 명령, 자기포기의 공포

「시간」의 그로테스크는 아름다움을 위한 성형수술(이하 미용성형)이 유발하는 정체성 혼돈에서 비롯된다. 미용성형한 얼굴에는 '벗을 수 없는 가면'의 역설이 있다. 원래의 얼굴은 그(녀)의 몸을 빠져 나와서 그(녀)를 제외한 주위 사람들의 기억에 영혼의 형태로 분산된 한편, 수술한 얼굴은 저 안쪽의 생살을 가리는 가면이라는 무시무시한 상상이 그것이다. 물론 그(녀)의 얼굴이 가면이 아니라는 것을 사람들은 확실히 알고 있다. 그럼에도 그(녀)의 얼굴로부터 'A로 변장한 부재한 B'를 은밀히 읽어 내는 상상을 사람들은 멈추지 않는다.

미용성형에 관련된 이와 같은 음침한 사유는 정도의 차이는 있지만 「시간」과 같은 해에 개봉된 다른 두 영화, 「미녀는 괴로워」(김용화, 2006), 「신데렐라」(봉만대, 2006)에도 들어 있다. 「미녀는 괴로워」에서 성형으로 성공한 여가수가 사소한 외부 충격으로 (보형물을 삽입한) 얼굴의 함몰을 걱정할 때 관객이 부지불식간에 연상하는 것은 피부 아래로부터 드러날지도 모르는 생살이다. 「신데렐라」는 지상에서 유복한 삶을 누리는 성형한 여고생과, 그녀의 얼굴에 이식한 피부의 원래 주인인 지하에 감금된 소녀를 한 건물의 위아래에 배치한다. 지하의 소녀는 얼굴피부를 빼앗긴 채 인공 가면을 쓰고 살아갈 수밖에 없다. 그러나 「시간」은 다른 두 영화보다 정체성 변신을 훨씬 그로테스크하게 표현한다.

> 「시간」은 「미녀는 괴로워」나 「신데렐라」보다 훨씬 모호한 방식으로 본질로서의 정체성과 유동적 정체성을 교차시킨다고 할 수 있다. 또 두 작품보다 성형수술의 현장을 훨씬 적나라하게 포착하면서 유동적 정체성의 불안정함과 더불어 그에 따르는 엄청난 육체적·심적 고통도 전면화한다(김선엽, 2010: 58).

얼굴을 난도질하는 듯한 성형수술 장면 이외에도, 여주인공이 성형 전의 웃는 얼굴이 그려진 가면을 쓰고 공공장소에 나타나는 장면 또한 그로테스크하다. 가면을 쓰고 눈물을 펑펑 흘리며 거리를 활보하는 장면은 이 영화의 압권으로서 '정체성 교차'의 그로테스크를 집약한다.

> 새희가 세희의 종이가면을 쓰고 나온 다음부터 영화는 갑자기 거의 괴담에 가깝게 무시무시하게 진행된다. 대낮에 카페에 앉은 그녀가 고개를 돌렸을 때 종이가면을 쓴 우스꽝스러운 장면은 그러나 여기서 거의 숨이 멎을 만큼 모골이 송연해진다(정성일, 2006: 111).

미용성형은 '경쟁력 있는 나'를 스스로 만들어야 한다는 책임이 개인에게 부과되고 있는 한국사회의 신자유주의적 체제 전환과 그 문화적 논리의 효과다(태희원, 2012: 158). 바꿔 말해 미용성형은 "권력이 자아를 발명하고 통치하기 위해 만들어 내는 주체화과정의 한 가지 형식"(전보경, 2009: iii)이다. 그런데 주체화가 왜 문제인가? 자기경영·자기혁신·자기계발·자기배려는 주어진 권력체계에 적합한 역량의 강화——간단히 말해 '자본가 되기'——를 선동함으로써 체제로의 예속을 심화시킨다. 실제로는 유연노동을 수행하는 행위자가 자본가의 마음으로 자신의 몸을 경영할 때, 자발적 예속의 신자유주의적 판본이 완성된다.

자기계발이라는 자율적 실천을 권력에로의 예속으로 연결하여 주는 핵심적 매개 장치로는 '자기포기' 혹은 '자기파괴'의 과정이 있다. 푸코는 자기계발의 계보학을 추적하면서 자기계발이란 '고백의 기술을 통하여 자기를 거부하고 자기로부터 탈출하는 것'이라고 지적한다. 그 원형적 모델은 참회와 순교 그리고 자기포기에서 발견된다.

죄의 참회는 자기 동일성의 확립을 그 목표로 삼지 않으며, 대신 자기의 거부, 자기로부터의 탈출을 특징으로 설립하고자 한다. 즉, Ego non sum, efo(과거의 나는 이미 존재하지 않으며, 존재하는 것은 새로운 나이다). 이 정식은 '자기공개'의 핵심이다. 이렇듯 화려한 겉꾸밈 행위는 죄인이 존재한다는 진실을 명확히 밝히는 기능을 가진다. 자기 명시는 동시에 자기파괴이다. …… '사실의 인지'의 모델은 순교이다. '사실의 인지'의 경우, 죄인은 금욕·고행을 통해 자기 자신을 '죽여야만' 한다. …… 자기의 개시(開示)는 자기 자신의 자기포기를 의미하였다(푸코, 1997: 77).

자기계발로서의 미용성형 또한 자기파괴의 계기를 함축한다. 미용성형은 자기혐오에 빠진 거식증과 다르지 않은 "우아한 자해 증후군"(테일러, 2008: 104)이다. 2006년의 영화들을 1996년에 상영되었던 「301, 302」와 비교해 보면 가학과 피학 사이의 거리가 10년 사이에 얼마나 좁혀졌는가를 한눈에 알 수 있다. 자기계발을 위한 신체의 기괴한 변용을 주제화했던 「301, 302」에서 거식증 환자와 대식증 환자가 식인을 매개로 단일한 몸에 통합되는 사건은 영화의 결말에 제시된 충격적 결론, 평범한 관념으로는 좀처럼 도달하기 힘든 '마술'이었다. 그러나 2006년의 세 영화들에서 (거식증의) 자기혐오와 (대식증의) 자기계발의 두 계기는 미용성형이라는 단일한 실천 안에 자연스럽게 통합되어 있다. 푸코가 말한 '자기포기를 위한 자기공개의 역설'은 이제 성형클리닉에 들러서 의사의 카메라 앞에 자기 얼굴을 들이미는 진단 절차로 관습화·간소화·자연화했다.

같은 해에 성형을 소재로 한 영화들이 한꺼번에 개봉된 것은 2000년대 중반의 성형수술을 선호하면서도 두려워하는 모순적 태도와 무관하지 않다고 할 수 있다. 미용성형의 선호를 묻는 여론조사에 따르면 1990년대 중반과 2000년대 중반 사이에 시술에 대한 선호도는 급격히 증가했다. 90년대 중반 60%의 응답자가 몸에 칼을 대선 안 된다는 쪽을 지지했다면 그로부터 10년 후 60%의 응답자는 필요하다면 자식도 수술을 시킬 수 있다는 쪽으로 기울었다.[1] 오늘날 누군가 비용을 대준

---

1 "1995년『동아일보』가 실시했던 '한국인의 라이프 스타일 조사'(19~29세 남녀 대상)에서 '아름다워질 수 있다면 성형수술을 해도 무방하다'고 응답한 여성은 25.1%(남자 14.5%)에 불과했고, '몸에 칼을 대면 안 된다'는 부정적인 견해가 전체 응답자 중 59.4%였다. 2005년『조선

다면 많은 사람들(특히 미혼 여성들)에게 성형은 거절할 이유가 없는 일종의 사치재가 되었다. 그러나 성형을 긍정적으로 이해하는 추세의 증대에도 불구하고, 2000년대 중반까지는 성형의 쾌락과 공포는 여전히 서로 경쟁하며 공존하는 감정들이었다. 성형에 관한 급증하는 선호도와 이에 비례한 두려움이 길항작용을 일으키면서 성형한 얼굴에 관련하여 '으깨진 피부를 덮은 매끈한 가면', '타인의 기억에서나 찾을 수 있는 나의 잃어버린 시간'에 관한 강박들이 발생한 것이다. 2004년에 그 긴장은 최고조에 달했는데, 옥주현과 '몸짱 아줌마'는 철저한 자기 관리와 자기배려를 통해 자아 존중감을 높인 긍정적인 케이스로 찬사되었던 반면, 보통사람 얼굴의 세 배 크기로 커져 버린 기형의 얼굴을 한 이른바 '선풍기 아줌마'의 모습은 성형 중독의 공포를 은유하는 대표적 표상이 되었다. '성공적인 성형'에 대한 예찬론과 '나쁜 미용성형'을 지시하는 '몬스터 스펙터클'이 동일한 시점의 여론 속에 교차하는 현상(전보경, 2009: 4)은 반신반의하면서 점차 자기계발의 논리로 빠져드는 대중의 이미지를 떠올리게 한다. 그러므로 자기혁신에의 강력한 명령과 자기해체의 공포에 동시에 시달리는 이중화된 감정은 「시간」의 그로테스크를 관통하는 모순된 감정 흐름들이다.

가면을 쓰고 타인이 되는 것, 한 사람의 정체성이 역할 놀이를 통하여 집단 내부에서 순환하는 일은 본래적으로는 축제적·연극적 유희의

일보』와 태평양이 공동으로 실시한 '한국인의 외모에 대한 의식과 행위에 관한 조사'에서 성형 의향이 있는 사람의 비율은 55%였고 필요하다면 자식에게도 성형을 시킬 수 있다는 반응도 60%나 되었다(『조선일보』, 2005년 9월 6일, B1면). 2009년 『조선일보』와 한 케이블TV가 공동으로 실시한 조사에서 …… 수술을 받은 적이 없는 여대생들 중에서도 80%가 '성형을 하고 싶다'는 반응을 보였다"(『조선일보』, 2009년 9월 2일, A23; 임인숙, 2010: 42).

일부로서 매우 긍정적인 것이다.[2] 비록 성형의 유행을 촉발하는 계기가 경쟁적 자기계발의 자본주의적 논리에서 비롯된 것이라 할지라도, 성형을 통한 변신 그 자체는 유희의 의미를 갖는 신체 변용의 흐름에 참여하는 것이기도 하다. 그러나 자기혁신의 강박은 그 모든 신체 변용을 반축제의 악몽으로 전유한다. 이 영화의 그로테스크는 축제와 반축제 사이의 길항작용으로부터 생산된다. 반축제로의 영토화에 굴하지 않고 축제적 유희를 통하여 그 강박을 벗어나는 시도가 이루어지며, 그것을 다시 자기포기의 논리에 재영토화하는 반축제적 강박이 나타나고, 또 다시 이로부터 축제적 유희로 탈영토화하는 공방이 반복된다. 「시간」은 권력에의 예속을 향하여 끊임없이 주체화하는 반축제적 자기와, 익명의 다수를 향하여 해체되는 축제적 자기 사이의 변증법을 전형적으로 보여 주는 텍스트다.

1. 괴물: 추한 '자기'

「시간」에서 서로 사랑하는 남녀는 교대로 성형한 후 예전의 연인 관계를 회복하지 못한다. 이러한 서사는 부활 후의 재회를 약속하며 시차를 두고 자살하지만 결국에는 어긋나고 마는 「로미오와 줄리엣」의 서사를

---

2 "축제나 특별한 제의가 있는 어느 특정한 날에 복면을 하거나 가면을 쓰면서 다른 사람이 되고자 하는 것, 자신을 현존재의 고통과 고뇌로부터 구원하는 것, 인간 외계의 초월적 힘의 도움으로 자신을 해방시켜 다른 존재라는 인상을 옆 사람들에게 심어 주는 일, 또 그렇게 작용하도록 이러한 힘과 권력을 사용하는 것은 인간 누구에게나 보편적으로 존재하는 근원적인 충동이자 욕망이다. 인간의 이 같은 태곳적 충동은 그러나 오늘날 동양의 종교적·제의적이며 마술적인 춤에만 있는 것이 아니라, 유럽의 수많은 연극공연에서도 소위 탈신화된 방식으로 매일같이 전 지구를 통틀어 생생하게 살아 있다"(김형기, 2003: 343).

[그림 9] 「시간」에서 만남-연애-참회의 순환구조

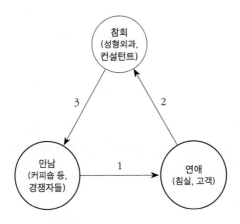

기본 모형으로 한 것이다. 그러나 괴물의 형성과 관련하여 볼 때 착목해야 할 지점은 서사의 통시적 전개가 아니라, 서사의 공시적 구조다. 영화는 세 가지 에피소드로 구성되는데, 각 에피소드는 주인공들이 만남의 장소에서 연애의 장소를 거쳐 참회의 장소에 도달하는 동일한 구조로 되어 있다. 다시 말해 서사는 전체적으로 볼 때 '만남→연애→참회→만남→연애→참회→만남→연애→참회'의 순서로 세 번 순환한다([그림9] 참조). 삽입된 세 번의 참회는 곧 '자기'가 괴물로 낙인찍히는 순간이다. 그러나 참회는 형식적 계기일 뿐이다. 괴물은 순환구조 전체의 내재적 과정을 통하여 꾸준히 생산되고 있다.

1) 만남

만남이 가장 빈번히 이루어지는 장소는 커피숍이다. 커피숍 이외에도 둘째 에피소드의 룸살롱, 미술관, 조각공원, 셋째 에피소드의 호수공원 등이 만남 장소의 리스트에 추가된다. 만남의 장소는 새로운 연애를 탄생시키는 곳이지만 기존 연애를 위기에 빠뜨리는 곳이기도 하다. 영화는 연인 사이인 세희(박지연 분)와 지우(하정우 분)가 심하게 다투는 것으로 시작하는데, 그들이 만난 커피숍에서 지우가 다른 여성들에게 시선을 주는 것이 갈등의 발단이 된다. 지속하는 고정된 연인관계는 만남의 장소에서 남녀들 사이의 무작위적이고도 유동적인 마주침으로 언제나 도전받는 일종의 사상누각이다. 만남의 장소에서 싹튼 갈등은 연애의 장소로 옮겨질 때 점점 커져서 걷잡을 수 없는 파국에 이르고 그 수습을 위해 참회의 장소로 주인공들은 (교대로) 걸어 들어갈 수밖에 없다. 참회란 성형외과 의사 앞에서 환자가 과거의 자기를 포기할 것을 공표하는 의례다. 수술의 상처가 아물면 새로운 자아를 획득한 주인공들은 다시 만남의 장소에 나타나서 새로운 에피소드를 시작할 것이다.

2) 연애

모든 에피소드의 두번째 국면인 연애의 장소는 (성교가 이루어지는) 침실이다. 이곳에서는 일대일 연인관계를 보존하기 위한 집착과 질투심이 부각된다. 첫째 에피소드에서 세희는 지우를 쳐다보는 다른 여자들의 "눈을 파 버리고 싶다"고 털어놓는다. 그녀가 침실을 나와 조만간 성형외과로 이동할 수밖에 없는 이유는 바로 그녀 자신이 지우를 쳐다보는 다른 여자들 가운데 한 명이 되기 위해서다. 둘째 에피소드에서 새희(성현아 분)의 질투 상대는 지우의 기억에 남아 있는 (성형 전 새희인) 세희다. 새희는 지우를 사랑하는 문제에서 과거의 자기 자신과 경쟁하지 않으면 안 된다. 한편 지우는 기억 속의 세희와 자기 앞의 새희가 동일 인물이라는 사실이 밝혀지자 경악한다. 삶 자체에 회의하면서 지우 또한 참회의 장소로 도피할 수밖에 없다. 셋째 에피소드는 둘째 에피소드와 대칭관계에 있다. (성형한 지우인) 정우(강신철 분)가 자신을 지우가 아닌 정우라고 소개하자, 새희는 그를 난폭하게 뿌리치고 정우가 찍은 추억의 사진첩들을 깨뜨린다. 이전에 지우가 세희와 새희 사이의 차이와 반복(분열과 동일성)을 용인할 수 없었던 것처럼, 새희 또한 지우와 정우 사이의 차이와 반복을 용인할 수 없다.

사랑의 장소에서 벌어지는 연애는 연인의 변용과 마주치면서 질투에 휩싸이고 연인의 진심에 대한 의혹에 사로잡힌다. 들뢰즈가『잃어버린 시간을 찾아서』를 분석하며 했던 논의는 여기서도 타당하다. "질투는 사랑의 목적이자 사랑의 최종 도달점이다. 사실 애인으로부터 나오는 기호들이, 우리가 그 기호들을 '펼치는' 순간부터 거짓으로 밝혀지는 것은 필연적이다"(들뢰즈, 1997: 31). 다른 여성을 상상하면서 세희와 성교하는 지우의 사랑 고백은 세희에게 거짓말로 느껴질 수밖에 없으며, 지우의 사랑을 얻기 위해 갈아치운 세희의 새로운 '얼굴-기호'는 지우의 그러한 거짓말에 맞대응하는 또 다른 거짓말이다. 그 거짓말에 환멸을 느낀 지우는 자신을 완전히 은폐하기 위하여 미지의 얼굴이 되며, 지우의 냄새를 부분적으로 풍기는 여러 남자들의 제스처 또한 새희에게는 남자들의 거짓 기호들로 느껴진다.

사랑의 기호들은 오로지 자기가 표현하는 것을 감추면서 우리에게 이야기할 수밖에 없는 거짓말의 기호들이다. 사랑의 기호를 해석하는 자는 필연적으로 거짓말의 해석자이다. 이러한 그의 운명 자체는 '사랑받지 못하면서 사랑한다'라는 모토에 얽매여 있다(들뢰즈, 1997: 31~32).

거짓말을 하고, 거짓말을 듣는 악순환 속에서 주인공들은 상처 입은 삶을 수습하기 위하여 미용성형의 나락으로 굴러 떨어진다.

3) 참회

성형외과는 연애의 우여곡절을 겪던 주인공들이 중력에 이끌리듯이 마지막에 도달하는 신비스러운 장소다. 의료기관은 환자에게 수술을 권유하거나 수술을 정당화하는 관념을 주입하는 곳이 아니라, 단지 새로운 삶을 원하느냐고 질문하는 곳이다. 병원 현관에는 수술 전후의 비교 사진들과 "새로운 삶을 원하십니까?"라는 자막이 병기된 포스터가 걸려 있다. 의사(김성민 분)는 흉한 수술과정을 환자에게 비디오로 보여주면서 신중한 판단을 권고한다. 따라서 수술의 결정은 새로운 삶으로 나아가길 원하고 자기계발을 결단하는 환자의 '합리적'이고 '자율적'인 선택에 의해 이루어진다.

퇴원 후 사교계로의 복귀를 기다리는 사이클들 사이의 이행기에서, 과도적 신체는 이승을 방황하는 유령이거나, 대중의 집합적 신체를 횡단하는 유동적 정체를 상징한다. 한 사이클이 끝나고 새로운 사이클이 다시 시작하는 기간(참회→만남)은 수술 후 상처가 아무는 6개월이다. 이 기간에 "기괴한 마스크 등 외모를 가리는, 그러나 '이목을 끄는' 각종 도구를 착용"(김선엽, 2010: 55)한 남녀 주인공은 유령처럼 출몰한다. 관객은 붕대와 마스크로 은닉한 그들의 얼굴로부터 이목구비가 정착하지 않은 기형을 상상한다. 또한 홀연히 나타났다가 사라지는 행동거지는 그들이 이 세상에 속하지 않은 유령과 같은 존재임을 암시한다. 이러한 형상들은 주인공들이 성형수술을 거치면서 괴물로 변신했음을 지시하는 기호들이다. 성형외과는 괴물, 신, 기형, 악마 등을 제조하는 일종의 신전이라는 의미다.

새로운 삶에의 갈망은 병원에 도착하기까지 기존 삶을 포기해야 할 당위성이 점차적으로 증대하는 경향을 전제한 것이다. '만남→연애→참회'의 경로는 남녀 주인공이 기존의 자기를 포기할 필요성을 느끼고 포기를 결심하는 과정이다. 즉, 수술에 의하여 정화될 괴물의 생산 절차다. '자기'는 이 경로를 거쳐 점점 포기의 대상으로 변질되며, 의사 앞에서의 참회를 마친 후에는 마침내 괴물임이 판명된다. 여기서 참회란 오늘날 컨설팅으로 불리는 의사 앞에서의 자기개시(開示)인데, 자기개시는 금욕·고행(수술)을 통한 자기포기로 이어질 것이다. "자기명시는 동시에 자기파괴이다"(푸코, 1997: 77). 그러므로 죄에 오염된 '자기'는 정화를 위하여 제 발로 수술대에 오를 것이다. 요컨대 자기계발의 능동적 추구란, '만남→연애→참회'의 여정을 거쳐 낡아빠진 것으로 판명된 자기를 스스로 버리는 일이다.

「시간」이 제시하는 '만남, 연애, 참회'의 순환하는 삼각형은 동시대 한국사회의 자기계발의 문화가 (사회) 구조와 (개인의) 행위를 횡단하면서 작동하는 모형을 제시한다. 횡단의 논리학을 지시하는 전형적인 사례는 세희와 성형외과 의사 사이의 대화에서 나타난다. "지금보다 더 예쁘게 해줄 자신이 없는데요"라는 의사의 말에 세희는 "예쁜 거 원하지 않아요. 다르게 해주세요. 새롭게"라고 답한다. 다시는 자신의 모습을 찾지 못할 것이라고 의사가 충고하지만 세희는 "새로울 수 있다면 참아야죠"라고 답한다. 세희는 사교계에 널리 통용되는 미적 규범에서의 서열 상승을 원하는 것이 아니라 미적인 자기혁신을 요청하고 있다. 그녀의 요청은 명목상으로는 연인의 사랑을 얻기 위한 순수한 사적 실천으로 보인다. (그녀는 여러 차례 지우에게 "맨날 똑같은 모습이어서 미안해"라고 말했었다.) 그러나 사교계에 광범위하게 잠복한 (지우의 시선을 끄는) 연적들을 배제하는 것이야말로 성형수술의 진정한 목적이다. 세희는 자신의 기존 얼굴과 달라야 할 뿐 아니라, 사교계에 흔해 빠진 다른 미녀들의 얼굴들과도 달라야 만족할 수 있다. 다시 말해 그녀는 연인관계라는 매우 좁은 인간관계에서의 승리를 위해서라도 미적 기호의 체화를 놓고 사교계에 속한 광범위한 적수들과 잠재적 전투를 벌여야 한다.

미적 혁신에 관한 그녀의 주장은 기존의 예술적 문법을 깨뜨려야 우월한 가치를 인정받는 예술작품 평가의 역설을 연상시킨다. 우월한 작품은 가치 평가의 기준 자체를 혁신한다. 그녀의 요청은 기존 사교계의 진부한 미적 기호의 법칙이 자기 머리의 표면에서 신선하게 갱신되고 각인되기를 바라는 요구다. 우리는 세희가 외모지상주의의 압박에 수동적으로 순응하고 있다고 평가할 수 없지만 그렇다고 해서 그녀가 외모지상주의를 벗어났다고 말할 수도 없다. 그녀가 원하는 규범은 규범을 변화시키는 규범, 말하자면 외모지상주의 규범의 혁신에 있다.

세희의 요구를 지나치게 야심찬, 혹은 연애중독적인 한 여성의 광기로 간주해야 할까? 세희의 요구를 일반화시켜 보자. 그녀가 원하는 미적 규범은 "각각이 타인과 다르면서도 타인을 능가하는" 상황을 지향한다. 그것은 일회적 성형으로는 결코 일단락지어질 수 없는, 개인들 간의 경쟁이 영원히 지속하는 상황이다. 영화 외부의 컨텍스트와 결부시켜 본다면, 세희의 자기혁신 요구는 매우 익숙한 공적 담론이다. 신자유주의 문화의 자기계발 담론의 일부인 '역량담론'은 세희의 요구에 정확히 부합한다. '역량담론'은 규격화 / 규범화하는 담론(normalizing discourse)이라는 형태를 취하지 않고, 자신의 능력을 끊임없이 변조(modulating)하고, 변용(transforming)해야 한다고 주장한다. 표준, 평균 혹은 일반적인 기준의 준수가 중요한 것이 아니라, 능력에 관한 끊임없는 현재적 해석과 평가를 통한 '진취성', '도전정신', '창의성'의 획득이 중요하다. 규범이 존재한다면 그것은 '능력에 관한 능력', '학습할 수 있는 학습', '능력 획득의 테크놀로지'를 획득하는 것이다(서동진, 2009: 245). 이 담론에서 고백이나 '자기명시'는 자신의 능력을 평가하는 절차에 해당한다. 그 가장 간소한 사례로는 아래와 같은 "나의 경영 마인드 체크하기"를 들 수 있다.

6. 당신은 고객이 누구인가를 늘 생각하는가?
7. 당신은 미래를 위한 투자를 행하는 곳이 직장이라 생각하는가?
8. 당신은 매일매일 새롭다고 느끼는가?
9. 당신은 사소한 일에도 정성을 기울이는가?
10. 당신은 직업을 쌍방이 헤어질 수 있는 계약관계로 받아들이는가?
11. 당신은 끊임없이 미래의 기회를 찾고 있는가?

12. 당신은 스스로를 상품이라고 생각하는가?

(공병호, 2002: 33~34)

고객이 누구인가를 늘 생각하고(항목 6), 필요하다면 즉각 헤어질 수 있는 계약관계(항목 10)이자 미래를 위한 투자의 장소로 현재의 직장을 간주한다(항목 7). 여기에서 눈여겨봐야 할 항목은 자기 자신을 판매 가능한 상품으로 생각하라는 대목(항목 12)이다. 이 항목은 다른 모든 항목들의 행간을 관통하는 진정한 공포가 의미심장하게도 정작 가시적 체크 항목들로부터 빠져 있음을 알려 준다. 표면상 긍정적인 어조로 뒤덮여 있는 체크 항목들의 배후에는 아마도 다음과 같은 무시무시한 질문이 도사리고 있을 것이다. "당신이라는 상품을 패퇴시킬지도 모르는 경쟁 상품이 어디선가 도전해 들어올 가능성을 염두에 두고 있습니까?" '역량담론'을 참조할 때, 「시간」의 만남, 연애, 참회는 각각 '경쟁자와의 경쟁', '고객과의 친화', '경영 마인드 체크'라는 일반적 의미로 확장할 수 있다. 다시 말해 '자기'가 괴물로 전락하는 것은 '자기' 주위에 배치된 다음 세 가지 요소가 순환적으로 '자기'의 신체와 정신을 자극한 결과다.

첫째 요소는 잠재적 연적(戀敵)을 무한히 공급하는 사교계다. 일반화하면 '자기'가 유연 노동에 종사하는 가운데, 해고, 실업, 낙오가 발생할지도 모르는 압력에 시달리는 상황이다. 연적이란 노동력 시장으로부터 '자기'의 자리에 새로이 투입될 인원의 환유다.

둘째 요소는 「시간」의 두 주인공들이 한편으로는 대단히 연인을 사랑하고 상대에게 헌신하는 것 같지만, 다른 한편으로는 아무 말 없이

(성형수술을 위해) 과감하게 연인 곁을 떠나가는 상황과 관련된다. 이런 이야기는 직장인이 직장 및 고객과 맺는 관계의 이중성을 연상시킨다. 즉 특정한 직장, 특정한 고객과 '자기' 사이에는 자기계발을 위해서라면 언제든 미련 없이 즉각 관계를 해제하는 계약관계가 존재할 뿐이다. 그러나 일반명사로서의 직장이나 고객에 '자기'의 욕망은 고착되어 있다. 직장과 고객은 '자기'의 모든 활동이 복무하는 항상적 목적이다.

셋째 요소는 연적을 따돌리고 연인을 쟁취하는 자기의 실천을 반성하게 하고 개선하게 해 주는 성형외과의 컨설팅 및 시술이다. 현실에서 이 요소는 "퍼스널 아이덴티티 컨설팅"(personal identity consulting) 같은 개인화한 형태로부터 각종 자기계발 교육, 기업의 구조조정 과정에 필수적 항목으로 포함된 환경 컨설팅, DB 컨설팅, IT 컨설팅, 창업 컨설팅, 브랜드 컨설팅 등 기업 간 대규모 프로젝트로 나타난다(서동진, 2009: 18, 162).

기존의 여성주의 연구는 종종 성형수술이 유행하는 원인으로 "가부장제와 의학 제국주의"(테일러, 2008: 104)가 부추기는 외모주의의 규범을 지적해 왔다. 이러한 지적은 신자유주의 상황에서도 여전히 타당하다. 다만 규범은 개인의 진정한 자유를 압살한다든가, 고압적인 목소리가 개인에게 권위적 명령을 내리는 방식으로 관철되지 않는다. 규범은 자기변화의 규범이다. 그것은 개인을 익명의 다른 경쟁자를 따돌리도록 자극하고, 선택받을 수 있는 '자기'를 주조하고자 하는 욕망과 행동을 고무시키는 방식으로 작동한다. 또한 잠재적 경쟁자의 도전에 예민한 만큼이나 '자기'는 고객의 요구와 충동들에 직접 노출되어 있다. '자기'의 운명은 '자기'가 속한 견고한 조직(가령, 평생직장)에 종속되어 있는 것이 아니라, 내부고객(직장 상사)과 외부고객 어떤 유형이든 고객의 유동적이고 다변화하는 반응에 예민하게 종속된다. 마지막으로 '자기'의 변용에는 '자기'를 반영하고 교정하는 각종 교육기관, 컨설팅기관 그리고 성형외과 수술대가 개입한다. 경쟁의 압박, 고객에의 예속, 반성장치의 컨설팅이 순환적으로 '자기'의 몸을 자극할 때, 포기되어야 할 '자기' 즉 괴물들이 생산된다. 이 순환 사이클은 무질서와 질서를 교대로 생산하는 장치다. 매 사이클에서 혁신되는 것은 현재의 자기를 평가하는 가치·질서·규범이다. 현존하는 질서와 그 질서를 파괴하자는 무질서가 길항작용을 벌인다. 현존 질서에 속한 현재의 자기는 '추한 자기'로 전락한다. 사이클의 순환이 야기하는 질서와 무질서의 갈등이 자기를 괴물로 전락시킨다.

역량담론이 제시하는 신체변용의 원리에 충실하자면 세희는 죽을 때까지 성형을 계속해 나가야 할 것이다. 그녀의 경쟁력은 성형이 산출한 특정한 얼굴형상이 아니라 성형이 무한히 반복된다는 사실 그 자체로부터 성립한다. 자기를 혁신하는 횟수와 동일한 횟수만큼 자기 포기가 일어날 것은 자명하다. 외적 경쟁의 리듬에 종속된 변용이 '자발적으로 강제'되면서 신체는——「시간」의 마지막 장면에서 탈진한 새희의 표정이 보여 주는 것처럼——만신창이로 전락할 것이다.

2. 근원적 세계: '자기계발'과 '만인-되기'가 조우하는 수술실

김기덕 영화들의 표면적 주제의식은 결핍의 주체로 전락할 수밖에 없는 주인공들의 숙명을 추적하는 것처럼 보인다. '자비를 내리소서!'를 의미하는 2012년의 영화 「피에타」(Pietà)의 제목이 요약하듯이 신의 자비 없이는 구원받기 힘든 등장인물들의 몰락과 파괴(사회로부터 버림받은 주인공의 '악한-되기', 자기소멸로만 보상되는 죄의 누적)의 제시는 그의 영화들 대부분의 전면을 장식하는 주제다. 그러나 그의 영화가 갖는 심층적 주제는 오히려 괴물로 전락하는 것을 거부하는 주인공들의 저항에 있다. 엄밀하게 말해 그것은 저항이라기보다는 가장 고통스러운 시공간 한가운데서 태연히 즐기는 자기만족적인 즐거움, 반축제의 괴물이 되도록 강요받는 상황에서 축제의 괴물이 되는 것이라고밖에는 달리 표현하기 어려운 요소들이다.

그 대표적인 예로는 「수취인불명」(2001)에서 개 도축업자인 개눈이(조재현 분)가 살해당하는 장면을 들 수 있다. 그 동안 수도 없이 개들을 매달았던 교수대에 이번에는 개눈이가 매달린다. 교수대의 밧줄을 잡아당기는 힘은 개눈이를 살해하거나 복수하려는 어떤 목적의식에서 나오지 않는다. 창국(양동근 분)은 개들의 목과 교수대의 밧줄을 연결시킨 후, 개들을 개장에서 풀어 준다. 개들은 단지 탈주하려고 애쓸 뿐이지만 여러 마리의 개들이 전진하는 힘에 의하여 결과적으로 밧줄은 당겨진다. 이 에피소드는 감금된 자들이 철창으로부터 해방되는 축제를 통하여 결과적으로 감금한 자에게 형벌을 내리는 장치의 한 가지 역학적 모델을 보여 준다. 관객들은 영화를 관통하는 여러 부분적 감정 흐름들을 합산하기 마련이므로 창국이 벌이는 작은 축제는 미군부대에 인접한 마을에 거주한 모든 등장인물들의 비참한 전락의 일부로 오해될 수 있다. 그러나 김기덕 영화의 진정한 힘은 사람들을 광기와 도착으로 내모는 질식할 것 같은 억압이 자행되는 그 한가운데에서 피억압자들

이 자기 자신을 위하여 축제의 공간을 연다는 사실이다.[3]

　「시간」의 서사는 연속하는 순환들로 구성되어 있지만 하나의 순환이 종결되고 다음 순환이 개시되는 지점에는 참회의 장소 즉, 성형외과 병원이 존재한다. 이곳은 주인공들이 반축제의 괴물로 거듭나든가 반대로 축제의 괴물로 거듭나는 분기의 가능성이 잠재한 장소다. 물론 대부분의 경우 주인공들은 수술실을 통과한 후, 반축제의 괴물로 전락하는 길을 걷는다. 그러나 그들이 수술실을 매개로 비극을 향하여 걷는 경로의 구체적 과정에는 축제의 괴물로 빠져나갈 구멍들이 뚫려 있다. 따라서 수술실은 어떤 새로운 길로 나가든 원천이 잠재되어 있는 근원적 세계라고 할 수 있다. 이하에서는 수술실에서의 수술이 체제가 유도하는 '자기계발'의 명령에 복종하는 장소일 뿐 아니라, 그 명령을 거슬러서 '만인-되기'의 가능성을 타진하는 곳이라는 사실을 살펴볼 것이다.

　이 영화가 제시하는 축제의 요소는 무엇인가? 그것은 '자기-연인-연적(들)'의 삼각관계에서 연적들에 대한 질투 및 연인에 대한 집착을

---

3 김기덕의 영화들에 도입되어 있는 축제의 요소들로는 다음과 같은 예들이 있다. 「악어」(1996)에서 자살자들의 시체가 가라앉는 한강다리 밑의 수중은 악마적인 곳인 만큼이나 재생을 약속하는 축제적인 곳이다. 이런 느낌을 연출하기 위하여 영화는 이 공간을 유려한 수중 미술관으로 재현하고, 푸른색으로 칠해진 거북이들의 미적 퍼포먼스(자유로운 유영)와 연관짓는다. 「수취인불명」에서 논에 상반신이 거꾸로 처박혀 최후를 맞이한 창국(양동근 분)의 형상은 마치 나무를 심어 놓은 것 같다. 서사의 비극적 맥락에도 불구하고 그의 주검은 수확을 위해 심은 식물의 형상을 익살맞게 표현한다. 「해안선」(2002)에서 미영(박지아 분)이 한 무리의 군인들을 소집해 놓고 그녀를 강간한 범인들을 색출하는 장면은 비록 약취당한 여성의 광기와 비애의 슬픈 감정 기조를 전제하고 있지만, 그 자체로는 유머러스한 축제를 통해 강자를 처벌하는 의례다. 「빈집」(2004)의 빈집 순례는 기존의 권력관계를 일시 중지시키는 축제 규범에 기댄 유토피아적 행동이다. 공간을 개인 소유로 잘게 분할하고 상호 교통을 막을 때, 낭비적 공간이 생기거나 약자의 고통(가령, 방기된 노인의 죽음)이 은폐될 것이다. 빈집 순례는 사유화한 공간을 횡단 가능한 축제의 광장으로 일시 전환시키는 전복적 의례라고 할 수 있다.

넘어서는 탈주체적 실천들이다. 수단과 방법을 가리지 않고 애인을 소유하려는 광적인 집착이 심해질수록 사적 소유의 관념과는 정반대되는 현상들이 나타난다. 가령 자기가 (배제해야 할) 연적의 입장이 되어본다든가, 자기가 집착하는 연인이 익명의 사람들로 분산되는 과정이 그 예들이다. 욕망이 전이되고 순환하는 이러한 현상은 일대일 연애보다는 모두가 어울려 노는 공동체의 축제에 더 적합해 보이는 현상이다. 불변하는 소유관계의 유지를 위한 주인공들의 극단적인 노력이 오히려 소유 패러다임을 넘어서는 깨달음을 관객에게 제시하는 것이다. 그러나 균열이 발생하자마자 주인공들은 곧바로 참회의 장소(성형외과)로 도피할 것이다. 자기계발에 도착된 경쟁적 주체화 과정을 저지할 가능성이 축제의 광장으로부터 제시되자마자 주인공들은 반축제의 괴물임을 자처하기 위하여 (참회하기 위하여) 신속히 병원으로 달려간다. 어떤 점에서 성형을 통해 주인공이 기피하는 대상, 그리하여 반축제로 전도시키는 대상은 다름 아닌 축제의 흐름이라고 할 수 있다. 「시간」을 구성하는 세 에피소드에서 다음의 행로는 나선 운동처럼 반복되고 확산될 것이다. ①사적 소유에의 집착은 오히려 소유욕에 반(反)하는 축제적 요소를 생산한다. ②주인공들은 자신이 생산한 축제적 요소로 인하여 위기의식을 느낀다. 따라서 축제의 생산성은 반(反)축제의 파괴성으로 전도된다. ③커 가는 파국을 피하기 위하여 주인공들은 성형외과 의사의 품에 안긴다. 즉, 축제의 괴물로 변신하는 기미를 반축제의 괴물로 변신하는 실천으로 제압한다. 요컨대 멀리서 볼 때 「시간」은 반축제의 괴물(=숭고한 괴물)로 전락하는 숙명적 길을 걷는 남녀의 이야기지만, 그 구체적 과정 안에는 숙명적 행로로부터 탈출할 출구의 가능성을 타진했던—축제의 괴물로 변신을 시도했던—흔적들이 여기저기 예시되어 있다.

1) 첫째 에피소드: 세희의 '연적-되기'

성교를 위해 세희가 아무리 노력해도 지우의 몸이 흥분하지 않자, 세희는 지우에게 아까 커피숍에서 본 여성들을 생각하라고 제안한다. 결국 성교는 성공하지만 세희의 기분이 비참해질 것은 자명하다. 세희의 성형수술은 이 비참함을 해소하기 위한 것이다. 그런데 그러한 비정상적인 성교와 (이를 해소하기 위한) 성형 후의 성교의 유사성에 주목할 필요가 있다. 세희가 새희로 성형한 둘째 에피소드에서 세희와 새희가 동일인물인 줄을 모르는 지우에게 새희와의 만남은, 실제로는 세희의 몸과 만나면서 머릿속에 새희를 상상하는 것과 같다. 세희는 지우와의 사랑을 위하여 처음에는 커피숍에서 다퉜던 연적으로 가장하며, 나중에는 가공의 '새로운' 인물인 새희로 가장하는 셈이다. 수술 후의 만남은 수술 전의 치욕을 극복하기 위한 것이지만, 수술 전에 했던 모의 연습을 수술 후에 단지 실전으로 옮기는 것이기도 하다. 따라서 세희의 경우든, 새희의 경우든 대상(연인)을 독점하려는 집착과 질투로 인하여 역설적이게도 경쟁자의 복면을 쓰는 결과가 나타난다. 어느 경우든 경쟁자들의 얼굴들이 '자기'의 신체에 난립한다.

    연적을 배척하기 위하여 자기가 오히려 연적이 되어야 하는 역설은 왜 생기는가? 이 점은 들뢰즈가 '사랑의 모순'이라고 말한 것과 관련이 있다. 사랑하는 사람은 연인 속에 있는 세계를 해독하기 위해 애쓰기 마련이지만 나에게 가려져 있던 연인의 세계는 결국 연인이 나를 배제하고 연적들과 맺고 있던 세계다. 따라서 나는 그를 알기 위하여 그의 연적의 위치가 되어야 한다.

사랑에는 하나의 모순이 있다. 우리는 애인 속에 있는 미지의 세계들에 도달하지 않고서는 그녀가 내뿜는 기호들을 해석해 낼 수 없다. 그런데 이 미지의 세계들은 우리와는 상관없이 다른 사람들과 함께 생겨난 세계이다. 따라서 이런 세계들 속에서 우리는 우선 그저 다른 것들 사이에 섞여 있는 한 대상일 뿐이다. …… 우리가 누리고 있는 독점적인 애인의 사랑 각각은 '가능 세계'의 이미지를 그려 낸다. 그런데 이 가능 세계란 다른 녀석들도 내 애인의 사랑을 받아 왔거나 받고 있는 그런 세계이다(들뢰즈, 1997: 30).

연인 안에 "수형자처럼 갇혀 있는 세계의 다원성"(들뢰즈, 1997: 29)을 발견하기 위해서 '나'는 연인이 타인들과 맺고 있는 관계의 다수성에 참여해야 한다. 지우가 자신을 지겹게 여길까 봐 두려워하는 세희의 우려는 역으로 말하면 그동안 세희와 접속하지 않았던 지우의 또 다른 내면과 세희가 접속하고 싶은 욕망이기도 하다. 그녀는 그녀가 알 수 없는 지우의 세계에 진입하기 위하여 스스로 그녀의 연적이 되어 지우와 관계 맺을 수밖에 없다.

'사랑의 모순'에 관한 들뢰즈의 논의에서 더 거슬러 올라가면, 인간 신체의 내적 복합성과 그로 인해 외부와 교환하는 자극의 복합성이라는 문제에 도달한다. 스피노자가 말하듯이,

인간의 신체는 본성이 다른 수많은 개체로 구성되어 있으며, 따라서 인간의 신체는 동일한 물체에서 수많은 방식으로 자극받을 수 있기 때문이다. 그리고 반대로 동일한 사물이 수많은 방식으로 자극받을 수 있기 때문에 곧 동일한 사물은 또한 수많은 상이한 방식으로 인간 신체의 동일한 부분을 자극할 수 있을 것이다(스피노자, 1990: 제3부 정리17의 주석).

따라서 대상이 산출하는 기호를 해독하기 위해 몰입하면 할수록 해독자는 그 대상과 자극을 교환하는 다른 많은 대상들의 위치에 자신을 대입할 수밖에 없다. 대상에 집착하는 '자기'는 집착하는 행동에 의하여 '자기'의 경쟁자들로 분열되는 상황을 맞이한다. 세희의 경우에서 볼 수 있듯이 경쟁자인 척해야 성교가 가능한 상황의 비참함을 면하기 위하여 성형을 한다고 해도 성형은 더욱 '자기'를 '타자-되기'로 내몰 것이다. 그것은 경쟁력 있는 특출난 자기를 생산하는 것이 아니라, 오히려 다양한 자기들로 분열을 거듭하는 '만인-되기'에 접근하는 운동이다. 그렇다면 자신이 증오하는 경쟁자들의 가면을 써야 연인의 사랑을 받을 수 있다는 역설은 소유욕에의 도착이 동기가 되어 오히려 소유의 패러다임을 약화시키는 경향을 낳을 것이다. 즉, 소유의 운동으로부터 소유를 벗어나는 탈영토화 운동이 생긴다. 이 때문에 '자기'의 동일성을 고집하는 주체의 입장에서는 더 큰 시련을 맞이할 수밖에 없다. 둘째 에피소드가 보여 주는 것은 주체의 분화를 감행한 새(세)희가 당해야 할 모욕, 수치, 처벌이다. 그녀는 소유의 주체로 강제복귀 당한다.

2) 둘째 에피소드: 차이와 반복으로서의 가면 쓰기

새희는 자신에 대한 지우의 사랑을 시험하기 위하여 세희 명의로 세희의 귀환을 알리는 편지를 지우 앞으로 보낸다. 이 편지를 읽은 지우는 즉각 새희에게 이별을 고한다. 새희는 세희의 얼굴이 그려진 종이 가면을 쓰고 카페에서 지우를 만난다. 새희와 세희가 동일인물이라는 사실에 지우는 놀라고 화를 내며 그녀를 떠나 버린다. 새희는 세희의 가면을 쓴 채 울면서 거리를 걷는다. 미소 짓는 가면의 눈물 흘리는 모습을 보고 행인들은 킥킥대고 웃는다. 그녀가 성형외과에 도착하여 가면을 벗어던지자 의사와 간호사들은 교대로 가면을 써 보며 즐거워한다.

이 사건은 평자들에 의하여 가장 그로테스크하다고 평가되는 장면이다. '가면으로서의 세희'와 '가면을 착용한 새희' 사이의 거리가 주는 강렬한 느낌 때문이다.

> 이 매우 기괴하고 독창적인 장면에서 주목되는 점은 세희 가면과 새희 얼굴 사이의 그로테스크한 거리이다. 웃고 있는 가면과 울고 있는 얼굴을 극한 대치시켜 놓고 기괴하고도 비현실적인 거리를 만들어 놓았다 (김경애, 2007: 17).

가면과 가면 쓴 얼굴 사이의 거리가 의미하는 것은 무엇인가? 그것은 왜 그로테스크하게 나타나는가? 이 거리는 아래와 같다.

① 변신 전과 변신 후의 연대기적 차이, 성형수술 하기 전의 얼굴과 수술한 다음의 얼굴 사이의 시간적 차이다. 잃어버린(죽어 없어진) 시간

의 환영을 현재의 얼굴에 비출 때 데스마스크(death mask)의 기괴함이 조성된다.

② 연적관계에 있는 두 여성 사이의 차이다. 새희는 임의의 연적들에게 질투하는 세희가 의학의 힘을 빌려 발명한 얼굴이며, 세희는 질투하는 새희가 과거에서 현재로 소환한 얼굴이다. 이 점은 첫째 에피소드에서 집중적으로 다루었다. '자기'가 질투와 집착 때문에 연적관계에 있는 복수(複數)의 얼굴들을 동시에 가질 수밖에 없는 주체 해체의 역설이 여기서는 아주 직접적으로 나타난다.

③ 대상을 호명하는 자(지우)의 정신에 속하는 얼굴(세희)과 호명되는 대상에 속하는 얼굴(새희) 사이의 차이다. 종이 가면은 세희에 대한 지우의 기억, 지우가 그녀와 공유했던 추억을 상징한다. 이 기억은 지우가 세희를 호명할 때 참조하는 의미체계를 형성하고, 그 의미체계에 등록되어 있는 대로 세희의 형상을 '재현'할 것이다. 요컨대 '자기'란 호명하는 자가 재현하는 자기다. 반면에 가면 뒤에 실존하는 새희의 얼굴은 이와는 다른 주장을 하고 있다. 재현이란 상대방의 욕구를 위해 언제든지 바꿔서 착용할 수 있는 한갓 종이가면 같은 것이다. 진정한 자기란 어떤 얼굴(기호)이라도 새롭게 구조화할 수 있는 '머리 그 자체', 프란시스 베이컨(Francis Bacon)의 회화가 표현한 바 있는 으깨진 피부다.[4] 따라서 가면과 가면 쓴 얼굴 사이의 거리는 재현체계에 등록된 그녀에 대한 기억과 그녀의 육체적 실재 사이의 차이다.

---

4 "신체는 형상이지 구조가 아니다. 거꾸로 형상은 신체이기에 얼굴이 아니며, 얼굴도 없다. 형상은 머리를 가진다. …… 얼굴은 머리를 덮고 있는 구조화된 공간적 구성이지만 머리는 신체의 뾰족한 끝으로서 신체에 종속되어 있다"(들뢰즈, 2002b: 31).

왕성하게 변용 중인 동일한 신체 안으로 ①변신 전후의 차이, ②경쟁자와의 차이, ③부과된 상징과 육체적 실재 사이의 차이가 내부화하는 것은 하등 기괴한 일이 아니다. 어린이에서 어른으로 성장하는 인간의 경우를 예로 들어 보자. 동일한 사람이라고 도저히 상상하기 힘든 변신이 시간의 경과에 따라 나타나며(①), 누군가와 닮거나 달라지는 부분적 운동들이 하나의 신체에 집결할 것이고(②), 오랜만에 아이를 만난 친척은 기억 속의 아이와 지금 목격한 아이 사이의 차이에 경탄할 것이다(③). 가면 쓴 새희의 모습은 변신의 의미를 함축하는 것 이외에도 한 사람이 복수의 배역들 사이를 이동하는 가면 축제와 유사하다. 또한 비록 조야한 형상이지만 상징과 실체 사이의 관계에 대하여 진지한 사유를 유발한다. 따라서 이 대목에서 영화가 우선 직관적·시각적으로 보여 주는 것은─그녀의 비극이나 실패가 아니라─오히려 탈주체적이고, 변용 역량의 증대를 지시하는 축제의 괴물로서의 그녀다. 영화는 지우와 결별하는 최악의 상황에 내몰린 새희로부터 오히려 의외의 긍정적인 자기표현의 순간을 포착해 낸다. 시간에 따른 변화를 내부화하고, 경쟁자의 상징을 채용하며, 관습적 재현과 실재 사이의 차이를 노정하는 일, 그러면서도 동일인으로서의 자기임을 반복하는 일 자체는 비정상적인 것이 아니라 들뢰즈가 정의하는 "본질"을 드러내는 일이다. 본질은 '차이'에 의하여 다양화함과 동시에 자기 자신과 동일하게 되는 '반복'이기도 하다.

본질이란 본래 차이이다. 그러나 또한 본질에게 반복함으로써 자기 자신과 동일해지는 능력이 없다면, 본질은 다양하게 만드는 능력, 다양해질 능력도 없을 것이다. 본질이 대체될 수 없는 것이고 또 아무것도 그것에 대체될 수 없는 이상, [본질을] 반복하지 않는다면, 궁극적 차이인 본질을 가지고 무엇을 만들 수 있을 것인가? …… 차이와 반복은 겉으로만 대립될 뿐이다. …… 차이와 반복은 뗄 수 없고 서로 상관적인 본질의 두 힘(puissance)이다(들뢰즈, 1997: 82).

기괴함은 오히려 이항논리로 대상을 재단하는 '정상세계'의 고정된 분류체계가 생산한다. 배타적 소유욕에 사로잡힌 등장인물에게 차이와 반복은 상관적으로 보이지 않고 항상 어느 한쪽이 배제된 것, 차이와 반복이 '그리고'가 아니라 '이것 아니면 저것'(배타적 이접)인 것으로 나타난다. 즉, 지우와 세희의 욕망은 '반복 없는 차이'나 '차이 없는 반복'을 지향한다. 지우는 새희와 세희가 동일인물이라는 것에 분노한다. 변신 전후의 차이, 경쟁자와의 차이, 부과된 상징과 육체적 실재 사이의 차이가 세희와 새희라는 분리 독립된 인물에서 각각 발생하길 바라는 욕망이 좌절되었기 때문에 지우는 충격에 빠진다. 그 모든 차이는 한 몸에서 일어나는 변용이어서는 안 된다. 따라서 지우는 '반복 없는 차이'를 욕망한다. 그가 원하는 것은 다양성으로의 무한한 발산, 차이 그 자체다. 반면에 새희가 세희의 가면을 쓰고 나타난 취지는 그녀에게 일어난 차이가 무의미한 것이며 '차이 없는 반복'임을 시위하기 위한 것이다. 그 모든 사태가 지우를 사랑하는 동일인의 일관된 행동일 뿐이라는 것이다. 새희와 세희를 분리된 인물로 간주하고 분노하는 지우를 새희는 이해할 수 없다. 그녀의 관점에서 두 인물의 차이는 위조된 가장에 불과하다. 그러나 다른 관점에서 보면 역으로 지우가 '차이 없는 반복'

을 주장하고 새회가 '반복 없는 차이'를 주장한다고 할 수도 있다. 지우가 볼 때 세희는 변함없는 세희이어야 하기 때문이고, 새희가 볼 때 자기를 지우의 욕망의 대상으로 간주하는 한, 자기란 얼마든지 바뀌칠 수 있는 임시방편의 가면들이기 때문이다.

어떤 관점에 입각하든 서로를 사적으로 소유하려는 두 연인은 견해 차이를 보일 수밖에 없다. 신체의 변용을 추궁하는 지우와, 그 앞에서 변명하고 읍소하는 새희의 관계는 동일한 형법에 합의한 경찰-범인의 관계와 유사하다. 그 형법이란 '차이와 반복'이라는 "뗄 수 없고 서로 상관적인 본질의 두 힘"(들뢰즈, 1997: 82)이 어떤 신체를 변용시킬 때, 그 변용이 '차이 없는 반복의 원리'를 위배하거나, '반복 없는 차이의 원리'를 위배했다고 고발하는 규칙들이다. 가면과 얼굴 사이의 거리가 그로테스크하게 재현된 것은 다름 아닌 이 (배타적 이접의) 규칙의 고발에 의한 것이다. 이 영화에서 그로테스크는 한 사람이 여러 정체성을 동시에 포괄하는 풍부함으로의 변신──「시간」에서 두 주인공이 교대로 발길질하는 거대한 굵기의 나무가 시간과 더불어 내부화했을 차이화의 경험들── 을 비방하고, 수치스러워하며, 처벌하는 예술 장치다.

지우와 세희의 갈등은 신자유주의 체계에서 자기혁신의 강박을 겪는 인적 자본들이 차이와 반복 사이에 본질적 관계를 설정하지 못하는 딜레마의 환유다. 자기계발을 통한 혁신은 고객의 욕망을 위한 혁신인데 그 혁신은 자기가 얻을 이윤의 도구다. 다시 말해서 신자유주의적 자기의 차이화는 자기의 외부(고객)에 복무하고, 자기의 반복은 자기의 내부(이윤)에 복무한다. 그런데 외재적으로 존재하는 급변하는 고객의 요구에 맞춘 자기의 차이화는 반복 없는 차이일 수밖에 없다. 반복이란 자기 자신과 동일해지는 것으로서, 동일한 몸의 내재적 성장을 의미하기 때문이다. 시장적 요구에 맞춘 자기 혁신이란 그런 의미에서─새희가 상황에 내몰려 종이 가면을 돌연히 쓰고 나타나거나, 세희 다음에 나타난 새희가 세희와 별개의 인물이기를 지우가 원하듯이─과거의 자기와는 불연속적 관계에 있는 새로운 현재를 추구하는 것이다. 스피노자가 말한 의미의 '경탄'할 대상의 발명 즉, 기존의 요소들과 가능한 한 아무런 관계를 갖지 않은 완전히 새로운 것을 추구하는 것[5]이 고객의 요구에 종속된 차이화, 반복 없는 차이의 의미다. 심신을 형성하던 요소들 사이의 '운동과 거리'를 재배열하는 내재적 차이화가 아니라 기존 요소들과의 관계 자체를 희박하게 만드는 차이화 즉, 외부의 요구를 따라 강제로 해체된 차이화다. 또한 반복의 측면에서 보자면 신자유주의적 자기혁신에서 반복에 해당하는 이윤추구 운동은 추상적 가치의 축적으로 환원되기 때문에 일체의 차이를 무의미하게 만든다. 자기가 타인에게 어떤 모습으로 재현되든 상관없이 연인으로부터 받는 사랑의 크기만이 문제였던 세(새)희와 마찬가지로, 인적 자본의 궁극적 관심사는 비용을 투입하여 계발한 자신의 다채로운 공급 능력이 아니라 고객으로부터 되돌려 받을 수익의 동질적 양이다. 차이화를 외부에 귀속시키고 반복을 내부에 귀속시키면서 신자유주의적 자기는 차이와 반복의 변용

---

5 "우리들이 이전에 전혀 보지 않았던 특수한 것을 어떤 대상 안에 표상하는 것을 가정한다면 그것은 정신이 그것을 생각하는 동안 그 대상의 고찰에서 정신을 딴 곳으로 행하게 하는 다른 어떤 것을 자신 안에 전혀 가지지 않는다고 말하는 데 지나지 않을 뿐이다. 그러므로 정신은 단지 그 대상만을 고찰할 수 있도록 결정된다. …… 정신의 이러한 변용이나 어떤 개체의 표상이 단지 정신 안에 있는 한에서 **경탄**이라고 한다"(스피노자, 1990: 3부 정리 52 증명, 주석).

가능성으로부터 점점 멀어질 것이다. 그럼에도 인적 자본은 잉여가치의 창출을 위해서는 진정한 자기 혁신을 하고, 실제로 창조적이길 강요받는다. 숫자로 환산되지 않는 사물의 차이란 존재하지 않는다는 외침이 울려 퍼지는 가운데, 다른 한편에는 기존에 알려진 어떤 것으로도 전혀 환산(환원, 통약)할 수 없는 획기적인 혁신을 행하라는 명령이 외부와 내부에서 접점 없이 메아리친다. 차이와 반복에 의한 내재적 변용[6]과 '차이 없는 반복/반복 없는 차이' 같은 거짓 변용 사이의 좁힐 수 없는 거리는 계발을 강요받는 자기의 고통이 된다.

다시 영화로 돌아가서, 고정된 단일한 것을 배타적으로 소유하고자 하는 세희와 지우의 독점적 욕망은 '차이와 반복'에 의하여 좌절된다. 차이와 반복의 힘은 축제의 장을 개방하는 근본적 동력이다. 가면을 쓴 채 대화하는 커피숍에서 두 사람의 대화가 '연극' 같다고 불평하는 커피숍의 다른 고객, 커피숍을 나와 울면서 걷는 길거리에서 행인들의 웃음, 가면을 교대로 써 보며 즐거워하는 성형외과의 의사와 간호사, 이렇게 연결된 세 장소를 장면화할 때 영화는 세심하게 가면극 축제의 평면을 드라마의 저변에 삽입시킨다. 물론 그 축제는 그 축제의 역량으로 인하여 좌절되는 남녀의 관점에서 조망되므로 슬프고 무섭게 재현된다. 축제의 힘이 몰고 온 좌절을 계기로 지우는 병원으로 도피한다. 성형수술을 하고 퇴원한 지우를 세희가 찾아 헤매는 세번째 에피소드가 이어서 시작된다.

---

6 '차이와 반복'에 관한 자세한 논의는 『차이와 반복』(들뢰즈, 2004)을 참조할 것.

3) 셋째 에피소드: 무작위적 대중들 사이를 횡단하는 지우의 얼굴

종적을 감춘 지우가 성형수술 했다는 소식을 의사로부터 전해 듣고 새희는 지우를 찾아 나선다. 차례로 만나는 네 명의 남자는 모두 부분적으로는 지우를 닮았지만 지우가 아니다. 새희는 오직 단 한 명의 지우를 찾기 위해 여러 명의 남자를 계속해서 만나고 그들의 신체를 일일이 더듬으며 심문해야 하는 처지에 놓인다. 이러한 탐색을 통해 새희가 받을 느낌을 정성일은 지우 기관들의 해체와 분산으로 독해했다. "지우가 사라지고 그 뒤에 차례로 나타나는 남자들은 마치 지우의 사지를 이리저리 잘라놓은 다음 여기저기 그 일부가 등장하는 것 같은 느낌마저 불러일으킨다"(정성일, 2006: 111). 사적 소유에의 집념으로 수렴하는 욕망으로 인하여 세희는 임의의 대중들 속을 횡단하면서 명멸하는 지우의 얼굴을 느낀다.

지우를 가지려는 독점욕이 지우의 대중화를 낳는 역설은 앞의 에피소드들을 논리적으로 확장한 것이다. 새희는 자신의 기억을 준거로 하여 사람들 사이에서 지우를 호명하고자 애쓴다. 그녀가 만나는 남자들은 그녀의 욕망에 따라 지우가 그려진 종이 가면을 쓰고 있는 셈이다. 지우는 이미 버려지고 없으며, 사실은 모든 남자들이—지우와의 근사치에서 사람에 따라 정도의 차이는 있지만—지우로부터 변용되어 자라난 성형한 지우들이다. 진본에 집착하는 새희의 집요한 탐색에 의하여 현존하는 남자들은 지우라는 원형을 끊임없이 반복하면서, 동시에 지우로부터 차이화한다. 그녀의 남성 편력은 지우의 잠재적 연적들로부터 지우의 자취를 감지하고 그 궤적을 표시하는 일이기도 하다. 앞의 에피소드가 고정된 자기 안으로 연적들이 운동해 들어오는 과정을 묘사한다면, 이 에피소드에서는 운동하는 자기가 수많은 연적들의 신체를 관통하면서 연적들의 일부로 침투하는 과정이 묘사된다. 이로부터 연적들의 집합을 구성하는 개체들은 더 이상 자기와 경쟁하지 않고, 다 같이 동일한 자기로 회귀하면서도 차이화하는 유토피아적 상황에 도달한다. 다시 말해 새희가 찾고자 하는 지우의 얼굴은 개체들의 집합을 순환하면서 개체들의 신체를 변용시키는 일종의 이념이다. 지우는 한 다스의 신체들이 차이화하면서 반복적으로 회귀하는 호손(Nathaniel Hawthorne) 소설(1850)의 '큰 바위 얼굴'(Great Stone Face) 같은 역할을 한다. 따라서 지우를 찾지 못하는 새희의 절박함을 매개로 영화는 오히려 지우의 개별적 몸이 축제적인 집합적 신체로 확장되는 긍정적 상황을 보여 주고 있다. 지우는 '만인-되기'로 확산되면서 그녀의 주위에 편재한 채로 그녀를 유혹한다.

그러나 지우의 대중화는 과거의 지우에 고착된 새희에게는 불행한 일이다. 영화가 적절히 묘사하듯이 새희의 관점에서 이러한 상황은 지우의 얼굴이 교통사고로 소실되는 사건과 등가 관계다. 지우와의 추억이 맺힐 대상도, 고유성의 표식도 삭제되고, 익명의 신체(사체)로 내돌려짐을 의미한다. 새희의 관점에서 볼 때, 유사 지우의 모습을 한 대중은 개성을 갖지 않은 한 덩어리의 전체주의적 신체다. 축제를 벌이는 대중은 국외자에겐 개체의 식별이 불가능한 위험한 폭도로 재현되기 마련이다. 축제의 괴물들에 주인공이 위협받아 그것을 반축제의 괴물로 인식하고 (숭고하게) 도피하는 공식은 여기서도 나타난다. 새희의 두번째 성형은 그런 의미에서 익명의 군중 안으로 소진되어 사라지는 순교적(자살적) 의미로 파악될 수 있다.

세 에피소드는 축제의 괴물과 반축제의 괴물 사이의 독특한 변증법 관계를 내부 동학으로 한 근원적 세계를 형성한다. 반축제의 괴물로 전락하는 길, 즉 소유를 더욱더 갈망하는 결핍의 주체로 응축하는 운동은 역으로 자기를 차이화하고 그 차이를 동일한 신체 안에서 반복하는 일련의 신체변용 과정을 낳는다. 동일성을 유지하려는 자기는 처음에는 경쟁자들을 한 몸에 끌어안고, 다음에는 호명자의 정신과 (이와 어긋난) 피호명자의 신체를 끌어안으며, 마지막에는 집합을 형성하는 개체들이 변화하도록 대중들 속을 횡단한다. 경쟁력 있는 인적 자본 되기의 강박적 노력은 이렇듯 유토피아적 소망을 활성화시키지만, 결국 계기마다 그 활성화하는 축제적 요소로부터 위협을 느끼고 그로부터 도피하여 권력의 품에 안기는 변증법적 행로를 형성한다. 따라서 「시간」의 근원적 세계는 거시적으로는 의료제국주의 앞에 반복적으로 석고대죄할 수밖에 없는 숙명적 경로를 명시하지만, 미시적으로는 그 경로의 매 단면에서 재시작할 수 있는 축제적 출구들을 암시한다. 비록 주인공 남녀의 드라마는 반축제의 괴물로 전락하는 비극적 경로를 그리고 있지만, 영화는 신자유주의적 자기계발 안에 그러한 자기계발을 극복할 가능성들— 욕망하는 대상의 복합성에 맞추어 경쟁자되기, 대상과 수용자 어느 한쪽으로 환원되지 않는 차이와 반복을 자기화하기, 개체들의 집합을 변용하는 기호의 순환 운동으로 거듭나기— 이 폭발적 잠재력으로서 감싸여 있음을 보여 준다.

그러나 유토피아로의 탈출 가능성을 제시하는 일과는 별도로, 「시간」의 주제는 다음과 같은 경고를 포함한다. 탈주체화의 경향적 힘은 의

도적인 정치적 시선으로 구제되지 않는다면, 해방은커녕 자기의 상처를 누적시키고 참회의 자리로 자기를 몰고 가는 계기들이다. 만약 신자유주의의 허구적인 '역량담론'을 '차이와 반복의 담론'으로 대체하는 깨달음이 부재하다면 근원적 세계는 결코 재시작의 세계가 될 수 없다. 이 점에서 「시간」은 인물들의 비극적 결말을 일종의 반면교사로 볼 것을 촉구한다. 영화 텍스트 바깥의 사회현실에서 관객이 자기계발의 신자유주의적 계략을 넘어서는 개입이 없이는, 변용을 위한 각고의 노력은 오히려 거짓말하기와 위선적 변장이 될 것이며, 우리 사회는 자기를 포기하는 자들의 소굴, 즉 자살하는 자들의 집합소가 되리라는 주장이다.

5

사회 유동성, 미신숭배, 신체훼손

「복수는 나의 것」의 괴물은 '모호한 계급의 적'이다. 이러한 괴물의 이미지는 노동자와 자본가 양편을 대표한 인물들이 계급투쟁으로부터 어마어마한 에너지를 공급받으면서도, 정작 누구와 왜 싸워야 하는지를 모르는 상황에서 비롯된다. 괴물은 계급정치의 엄격한 실존(질서)과 공황기의 무차별적 증오(무질서)의 융합으로부터 발생한다. 등장인물이 서로에게 괴물이 되어 죽을 때까지 싸우는 이 영화의 분위기는 의외로 허무적이지 않다. 자기 자신과 적을 모두 괴물로 인식한 상태에서 벌이는 혼란스러운 계급투쟁 앞에서, 관객은 각 인물들에 대하여 지지와 반감을 동시에 느끼는 '감정의 연립'을 경험한다. 섣부른 의분(義憤)의 거부, 더 이상 인간이 불행해지지 않는 밑바닥 현실을 확인하는 등, 사유를 촉구하는 분위기는 21세기 초반 한국사회의 긴장된 정신세계를 반영한다.

「복수는 나의 것」의 근원적 세계는 고문과 학살로 상호 반격하면서 괴물로 변한 등장인물들이 교대로 개장(開場)하는 일련의 처형장이다. 처형장의 중앙 무대에 위치한 죄수·형리와 관객석에 위치한 구경꾼 사이에는 독특한 순환구조가 존재한다. 사람들은 자신이 속한 사회집단의 유니폼을 입고 링 위에서 사력을 다해 싸운 후, 관중석으로 돌아가서는 무조건 이기는 쪽에 내기를 건다. 그들은 마구잡이로 서로 죽이는 검투사이거나, 그들의 피를 보고 즐기는 군중 어느 한쪽에 속할 수밖에 없다. 그러므로 중앙에서 격렬한 계급투쟁이 전개되면 전개될수록 그로부터 생산되는 비극적 정동(情動)과 이에 대한 구경꾼들의 냉소적 소비가 상호 침투하게 된다. 당사자들에게는 반축제이지만 구경꾼에게는 축제인 형세가 나타난다. 이 근원적 세계는 21세기 초 비통한 계급투쟁의 현장이 투기적 욕망에 들뜬 사회여론에 포위된 정세를 반영한다. 이와 같은 감정구조는 수익을 향해 환호하며 달려가는 군중들이 분자적 개인의 수준에서는 절망감에 사로잡혀 있는 모델로 설명할 수 있다.

「살인의 추억」의 괴물은 '절대악'으로 신화화하는 미지의 범인이다. 신화화는 국가의 중심문제가 권위주의적 독재에서 사회성원들의 (재난과 범죄로부터의) 안전으로 이동하는 21세기 초 상황을 배경으로 한다. 범죄가 발생한 원인이 부재하고 '부재한 원인' 자체가 범행을 낳은 것처럼 보이도록 고안된 신비한 설정은 신화를 유발하는 주요 장치다. 이러한 환상은 민간부분에 대한 정책적 불개입, 다시 말해 구조조정기 국가정책의 (마을 공동체 치안병력의 철수로 비유된) '부작위의 작위'에서 연원한다. 또한 범인이 계속 잡히지 않자 경찰폭력이 주술화하는 경향도 절대악의 신화를 지탱하는 요인이다. 국가는 자신의 철수로부터 야기된 사회적 무질서의 부작용과 싸우기 위하여, 법의 위반을 감수하면서까지 지식-권력 체계를 수호해야 한다. 이 같은 지배체계 내부의 균열(질서에 의한 무질서, 무질서에 의한 질서)로부터 괴물인 범인이 상상된다. 연쇄살인범의 유연함은 국경을 이동하는 금융자본과 닮았고, 잔혹한 수법은 고문 경찰을 닮았다. 요컨대 괴물은 질서로서의 권위주의와 무질서로서의 신자유주의가 빚는 갈등을 상상적으로 해소하기 위해 고안된 것이다.

「살인의 추억」이 제시하고 있는 근원적 세계는 사회 부조리나 진실의 매장을 집약적으로 은유하는 '하부공간들'(배수로, 논두렁, 지하실, 터널 등)이다. 이곳은 지식-권력 체제의 억압이 진행되는 곳일 뿐 아니라 지식-권력 체제가 도리어 괴물에 포박되는 곳이기도 하다. 민중문화에 기반을 둔 바보, 악당, 광대와 같은 축제의 기표들이 이곳에 공급된다. 대부분의 경우 축제의 기표는 반축제의 기표로 전도되어 민중의 자기파괴적 돌연변이, 죽음에 이르는 내재적 변용을 암시한다. 축제와 반축제의 결합에 관한 분석은 다음의 세 가지를 알려 준다. 첫째, 민중의 원형적 범주들이 형사 화자와의 대화 과정에서 사악한 민중과 명랑한 민중으로 분화한다. 둘째, 민중 이미지의 분화는 화자의 기회주의적 동요에서 연원한다. 셋째, 극단적으로 선하거나 악한 민중의 두 얼굴은 '루저 문화'의 두 가지 발전 가능성을 예시한다. 절대악으로 형상화한 '저 아래세계로부터의 무차별적 증오'는 한국사회에서 향후에 득세할지도 모를 파시즘의 위험으로 읽을 수 있다. 또한 풍자적이고 천진난만한 용의자와 형사의 웃음은 건강한 젊은 노동계급의 에너지로부터 공급받은 것이다.

「지구를 지켜라!」는 2000년대 초반 노동운동의 충만한 사기와 급작스러운 후퇴가 교차하던 복합적 정세를 배경으로 한다. 괴물은 전제적인 계급정치(질서)와 노동운동(무질서)의 융합으로부터 상상된 것이다. 영화는 무질서를 예찬하는 축제의 흐름으로 시작하여 질서를 예찬하는 반축제의 흐름으로 끝맺는다. 영화 전반부의 병구, 순이, 병구 부모, 병구의 전 애인, 추 형사와 악덕기업주 만식 등 모든 등장인물은 축제의 괴물이다. 그 축제는 해고노동자 병구가 조직한 것으로서, 만식을 축제의 '임시 왕'으로 추대한 후, 그를 구심점으로 병구가 비극적으로 회상하는 기억의 파편들을 해방적 맥락으로 재배열한다. 그러나 후반부로 접어들면 병구가 기업가 만식을 지구를 구할 수 있는 초월적 권위자(외계인 왕자)로 추대함으로써 만식은 생사여탈권을 지닌 숭고한 주권자로 상승한다. 괴물은 더 이상 유쾌한 다수가 아니라, 기업가 한 명에게 집중된 반축제의 괴물이다. '기업가 = 주권자 = 숭고한 괴물'의 수렴현상은 한편으로 노동자의 내면까지 장악하는 새로운 자본 질서와 다른 한편으로 노사 간 대립에서 패배할 것이라는 노동자의 점증하는 초조감이 결합한 결과물이다.

「지구를 지켜라!」의 근원적 세계는 처음에는 탄광지역의 지하 아지트에 위치한 노동자 해방구로 나타나지만, 노사갈등이 교착하는 기간을 거쳐, 나중에는 자본가에 의해 폭파된 지구로 옮아 간다. 노동자의 해방구는 사북항쟁의 기억 등을 비롯해서 축제의 기표로 장식된다. 납치된 기업가를 축제의 장난감으로 노동자가 전유하는 이야기는 '즐거운 혁명'으로 반(反)기업주의 투쟁을 추진하자는 주장으로 읽을 수 있다. 후반부에 접어들어 탄광의 근원적 세계는 더 강력한 자본가를 배출하는 일종의 학교로 변질된다. 전형적 산업자본가였던 악덕기업주는 노동자와의 격투를 통하여 '벌거벗은 몸' 그 자체로서 승리한다. 본질적으로 반축제적인 그의 행동이 축제적 역동성을 띠는 것은 20세기 초 범시민적으로 유행한 '자본가-되기' 열풍을 포착한 것이다. 영화는 마지막 장면에서 지구가 파괴되는 반전(反轉)으로 종결된다. 이것은 노사 간의 거대한 격투에 대한 냉소주의적 지식인의 암울한 해석을 제시한 것이다. 자본의 낙관적 충동과 노동의 히스테리가 자기 몸 안에 병존하고 있다고 느끼는 지식인은 차라리 모든 것이 파괴된 상태로 영원히 계속되기를 바란다.

「시간」의 괴물은 성형수술을 해야 할 정도로 추하다고 스스로 여기는 자기 얼굴이다. 성형수술은 신자유주의 시대에 유행하는 자기계발을 위한 컨설팅의 일부다. 그렇다면 일반적 의미에서 괴물이란 자기혁신의 명령에 따라 포기해야 할 '낡은 자기'를 의미한다. 연인관계의 세희와 지우는 '만남의 장소 → 연애의 장소 → 참회의 장소'를 순환하면서 괴물로 재생산된다. 연적(戀敵)을 무한히 공급하는 사교계, 자기의 '업그레이드'를 위해 과감히 청산하는 연인관계, 성형외과 의사 앞에서의 자기개시(開示)로 이루어지는 참회는 각각 '경쟁의 압박', '고객에의 예속', '반성장치의 컨설팅'이라는 신자유주의적 자기계발의 세 국면으로 해석할 수 있다. '역량담론'이 말하듯이 매 사이클에서 현재의 자기를 평가하는 가치·질서·규범은 혁신된다. 현존하는 질서를 준수해야 한다는 목소리와, 그 질서의 혁신을 위하여 무질서를 예찬하는 목소리가 융합하면서 현재의 자기는 조만간 '추한 자기'로 전락할 것이다. 사이클의 순환이 야기하는 질서와 무질서의 갈등이 자기를 괴물로 전락시킨다.

「시간」의 성형외과 수술실은 축제와 반축제 사이의 영토화, 탈영토화가 일어나는 근원적 세계다. 비록 주인공 남녀의 드라마는 반축제의 괴물로 전락하는 비극적 경로를 그리고 있지만, 자기계발의 악순환에는 사슬을 끊을 폭발적 잠재력이 감싸여져 있다. 애인에 대한 집착 때문에 여주인공은 연적의 가면을 쓴다. 경쟁자들의 얼굴을 '자기'의 신체에 난립시킴으로써 오히려 소유를 벗어나는 탈영토화 운동이 생긴다. 하지만 그녀는 애인으로부터 결별당함으로써 축제의 생산성은 반(反)축제의 파괴성으로 전도된다. 커가는 파국을 피해 이번에는 남주인공이 수술실에 자진해서 뛰어든다. 그는 이제 군중 속으로 사라진 익명의 얼굴이 된다. 소유욕을 고집하는 여주인공에게 군중은 전체주의적 덩어리로 나타난다. 그러나 다른 관점에서 보면, 대중들이 가면을 돌려 가며 쓰는 것은 집합적 변신이 일어나는 축제 상황이기도 하다. '만인-되기' 운동——경쟁자들을 자기 몸에 끌어안고, 호명하는 자와 호명되는 자 사이의 절단을 이어붙이며, 어떤 원형을 반복하면서 차이화하는 대중의 변신 가능성——은 영화에 제시된 잠재적 출구들이다.

　네 영화들이 추구하는 주제들은 독자적이다. 모든 사람이 복수에 탐닉하고 복수에 희생되는 상황에서 이루어지는 인간 질서의 본질에 관한 질문, 진리를 추구하는 지식-권력 대행자가 거꾸로 절대악의 신화를 발명하는 역설, 자본에 반란을 일으킨 노동자를 실패하게 만든 노동자 자신의 정신적 취약함, 결국에는 사랑의 완전한 상실로 귀결되는 사랑을 얻기 위한 자기 변신의 노력——등의 이야기는 각기 고유한 의미를 갖는다. 그러나 그로테스크의 렌즈로 파악했을 때 네 영화를 관통하는 공통점 혹은 연속성은 다음 세 가지로 정리할 수 있다.

　첫째, 공통된 그로테스크의 모티프는 '신체훼손'이다. 90년대 그로테스크의 모티프가 주로 식사(식인)였다면, 경제공황을 경험하면서 21

세기 초의 그로테스크는 신체훼손으로 이동한다. 신체훼손에는 상충하는 두 가지 특징이 있다. 한편으로 신체훼손은 계급투쟁, 법 집행, 미용성형 등 전형적인 사회문제에서 비롯된 폭력의 결과다. 따라서 신체훼손이 그로테스크의 핵심 소재라는 사실은 영화가 사회적 현안을 포괄하려 하고, 사실주의적 경향을 띤다는 점을 의미한다. 그러나 다른 한편으로 신체훼손의 모티프는 신비주의적이고 주술적인 경향을 포함한다. 네 영화의 신체훼손은 ① 복수의례로서의 공개처형, ② 공권력이 민중을 상대로 벌이는 고문 수사, ③ 외계인 신비주의의 일환으로 노동자가 기업주에게 가하는 생체실험, ④ 성형외과 의사에 의하여 반복적으로 데스마스크(death mask)화하는 과거 얼굴 등이다. 폭력들은 처형장 구경꾼의 즐거움을 위하여, 지식-권력을 관장하는 초월적 권위자를 위하여, 억울한 노동계급을 구제해 줄 외계인 왕자를 위하여, 그리고 성형외과의사를 제사장으로 한 미(美)의 신을 위하여 올리는 예배들이다. 신체훼손은 특정 사회집단의 대행자들이 사회구조에서 비롯된 문제에 직면하여, 자기를 포함한 누군가를 희생양 삼아 초월적 권위자에게 올리는 제의인 것이다. 영화들은 동시대적인 생생한 사회 경험들을 실증적으로 인용하고 있지만, 인용된 것의 배열은 현세를 초월한 어떤 더 큰 존재를 두려워하거나 그 존재가 구원해 주기를 바라는 한국사회 성원들의 미신 의존적 경향을 보여 준다.

둘째, 괴물을 생성하는 질서의 축과 무질서의 축 가운데 네 영화가 질서의 축으로 삼는 것은 계급, 국가, 미모 등 사회 각 분야에서의 계서제(階序制)다. 유의할 점은 네 영화가 무질서의 축을 텍스트 내부에서는 불명료하고, 신비하며, 관객과 사전에 암묵적으로 합의된 것처럼 표현한다는 점이다. 따라서 텍스트 내부의 무질서의 요인은 신자유주의 확산기에 고유한 텍스트 외부의 유동적인 정세와 관련짓지 않고는 해석하기 힘들다. 각 영화에서 괴물을 형성하는 무질서의 항목은 다음과 같다.

① 「복수는 나의 것」에서 무차별적이고 충동적인 '증오'는 괴물을 형성하는 무질서다. 그러나 왜 그토록 등장인물들이 증오하는가는 텍스트 내부에서 설명되지 않는다. 다만 등장인물의 과잉 액션과 미장센을 통해서 그 증오가 표현될 뿐이다. 앞에서는 무차별적 증오를 영화의 컨텍스트인 해고와 파산 등 산업현장의 절망적 분위기와 관련지어 해석했다.

② 「살인의 추억」에서 범죄 장소의 편재함, 범행의 예측불가능성, 원인의 부재함 등은 범인을 괴물화하는 무질서의 요소다. 이 요소는 범인을 경기도 화성 지역의 공기를 채운 흐름 그 자체로 이미지화하고, 수사관들을 히스테릭하게 만든다. 범인의 유동성은 미장센으로 처리되거나, 서사적 공백으로 처리되었다. 앞에서는 민간 영역으로부터 국가의 철수, 국경을 이동하는 금융자본, 사회전반의 구조조정에서 기인한 혼란과 연관시켜 해석했다.

③ 「지구를 지켜라」의 후반부에서 악덕기업주 만식이 노동자에게 승리할 수 있었던 조건은 그가 주권자이면서도 (주권자의 질서를 와해시키는) 하층민의 무질서를 충분히 영토화했기 때문이다. 그는 노동자와 지구인 모두를 파괴하고 법을 정립하는 주권자이지만 놀랍게도 민속의 왕 (혹은 축제의 거인) 모습을 하고 있다. 21세기의 지배질서는 과거 민중의 전유물이었던 축제의 무질서를 전유한다는 메시지로 보인다. 그러나 서사 내적으로는 이 같은 반전(反轉)에 대한 설명이나 해명은 없

다. 박해받는 민중의 모습을 한 만식이 병구와 순이를 잔혹하게 살해하는 장면에서 관객은 혼란을 느낄 것이다. 앞에서는 2000년대 초반에 유행한 '자본가-되기' 열풍에 연관된 목소리가 텍스트에서 주도권을 행사하는 현상으로 이 문제를 해석했다.

④ 「시간」에서 여주인공은 그녀의 현재 얼굴이 의존하고 있는 미적 질서를 붕괴시키는 무질서의 압력에 직면해 있다. 세희가 성형외과 의사에게 요청하는 것은 더 예뻐지는 것이 아니라 "지금의 얼굴과 달라지는 것"이다. 지금보다 개선된 어떤 질서가 아니라, '매순간 지금 현재의 질서로부터 벗어나는 것 자체' 즉 무질서의 요청인 것이다. 그러나 세희나 새희가 왜 그토록 지우를 빼앗길까 전전긍긍하고 다급해하는지에 관한 설명은 텍스트 내부에 없다. 영화는 외화면 공간(offscreen space)[1] 에 그녀가 수술실로 달려가지 않으면 안 되도록 몰아치는 잠재적 연적 (戀敵)들의 눈초리가 있을 것이라고 암시할 뿐이다. 이 문제를 앞에서는 자기계발을 강요하는 동시대의 경쟁 압력과 관련지어 분석했다.

영화들은 무질서에 해당하는 것들을 미장센, 서사의 공백, 서사의 반전, 캐릭터의 소여(所與) 등을 통하여 도입한다. 이러한 도입은 서사구조의 인과관계를 우회하는 것으로서, 서사 속에서 충분히 설명되지 않고 있지만 서사에 발휘하는 효과는 강력한 것이다. 이 때문에 영화들은 사실주의적이면서도 몽환적이다. 서사 안에서 암약하는 무질서의 요인들은 영화 텍스트가 동시대의 빠르게 변동 중인 정세와 통하

---

1 "영화 장면의 일부이지만 스크린에 보이지 않는 공간" http://www.oxfordreference.com/ view/10.1093/acref/9780199587261.001.0001/acref-9780199587261-e-0498 (2015.1. 11. 검색)

는 뒷문이다. 무질서의 배후에는 언제나 신자유주의 확산이 불러일으키는 사회경험들─절망한 노사(勞使), 투기충동에 심취한 사회여론, 국가규제의 완화로 인한 치안 공백, '자본가-되기' 열풍, 자기계발의 압박 등─이 존재한다.

셋째, 90년대 영화에서 '자살자-식인종'이라는 쌍은 국지적 인간관계를 단자화(單子化)했다. 인접한 아파트 거주자, 거래하는 경제단위의 복수성은 단수성으로 통합되었다. 동일한 정세(2002~2003년)에 기초한 세 영화 「복수는 나의 것」, 「살인의 추억」, 「지구를 지켜라!」는 90년대의 단자화를 개인생활의 범위가 아니라 대치 중인 사회 세력들 사이에 적용한다. 우선 세 영화들에는 '자살자-식인종' 쌍의 확장된 판본들이 존재한다. 「복수는 나의 것」에서 복수의 당사자들과 구경꾼의 쌍, 「살인의 추억」의 희생자들과 범인의 쌍, 「지구를 지켜라!」에서 해고노동자와 악덕기업주의 쌍이 그것들이다. 자살자가 노동자 및 민중이 주도하던 사회운동의 퇴조에 해당하는 것이라면, 식인종은 사회운동의 현장 정반대 편에서 증식 중인 다른 흐름들 즉 사회운동에 냉소적인 사회여론, 파시즘으로 발전할지도 모르는 심상치 않은 민중의 준동, 범시민적인 '부자-되기' 열풍 등이라고 할 수 있다.

다음으로 '자살자-식인종' 쌍의 양극단을 통합하는 예술적 장치들이 존재한다. '통합'은 90년대 영화에서는 불가사의하고 비정상적인 정체성(가령 '302호', '안개산장')으로 제시되었다면 21세기 초의 세 영화에서는 사회역사적 상황에 맥락화한 화자의 위치로 구체화한다. 「복수는 나의 것」의 경우, 링과 구경꾼을 번갈아 보며 사태를 종합해야 할 최종 화자는 영화 관객의 몫이다. 링과 구경꾼은 각각 서사구조와 스타일에 배정되어 있다. 영화는 이들의 콜라주를 말없이 제시함으로써 관객이 스스로 '성좌구조'를 직관하도록 유도한다. 반면에 「살인의 추억」은 분산된 형세를 종합하는 주체인 '형사-화자'를 스크린 내부에 등장시킨다. 민중이 히드라 같은 반대되는 두 얼굴을 갖는 것, 섬뜩한 '절대악'과 순진하고 명랑한 면모로 분화하는 것은 민중과 대화하는 '형사-화자'의 상상에서 비롯된 것이다. 따라서 「살인의 추억」은 쫓고 쫓기는 자살자와 식인종 사이의 이야기만이 아니라, 그러한 이야기 자체를 만들어 낸 화자의 자기반영적 이야기 또한 제공한다. 「지구를 지켜라!」는 노사 간의 격투를 스펙터클하게 중계한 후, 영화 맨 마지막에 이르러 사태를 종합하는 화자의 목소리를 갑자기 화면에 노출시킨다. 인류의 멸망을 전하는 마지막 숏은 '파국의 안도감' 혹은 지속하는 디스토피아의 감각을 표현한다. 세 영화가 제시하는 화자는 '링과 구경꾼 사이를 바쁘게 순환하는 자' '지식-권력체계 안에서 동요하는 말단 관료' 그리고 '파국에 탐닉하는 중간계급'으로 나타난다.

그로부터 3~4년 후에 제작된 「시간」(2006)에서 '자살자-식인종' 쌍을 종합하는 위치는 다시 90년대처럼, 불특정 환경에 둘러싸인 개인주의의 세계로 돌아간 것처럼 보인다. 단자적 결정은 사회 전반의 사태를 관조하거나, 사태에 수동적으로 반응하는 화자에 의해서 이루어지는 것이 아니라, 남녀 주인공의 (성형수술을 통한) 직접적 변용을 통하여 이루어지고 있다. 문제는 지식인의 사유가 아니라 구직 경쟁, 유연화, 인적자본화의 압력에 시달리는 노동계급의 몸 자체다. 하지만 90년대 그로테스크와 「시간」의 차이 또한 명백하다. 「시간」은 어떤 신체 변용이 괴물로 간주되는 것의 부당함을 지적하고 있으며, 심지어 비록 괴물로 낙인찍힌다고 해도 오히려 신체변용의 과정 안에 재배치를 통한 해방의 가능성이 있음을 지적한다. 그것은 개인의 과거와 현재가 내재적 변화로 이어지고, 또한 개인과 군중이 일체화할 수 있는 가능성의 타진이다.

나오며
—
축제성 전도의 역사와 즐거운 혁명의 가능성

그로테스크는 '사회변동의 문화정치'에 관한 온갖 비밀을 간직한 미학적 저장고이다. 가시광선의 진동수를 그 빛의 색깔로 단번에 알 수 있듯이, 그로테스크하다는 느낌은 격변 중인 사회의 복잡다단한 양상—사회경제적 지진을 체감 중인 당사자들의 공황상태, 위기에 내몰린 세력과 부상 중인 세력 사이의 갈등, 탐욕과 자기 파괴를 무절제하게 왕래하는 대중의 모순된 충동 등—을 집약적으로 직관하게 해준다. 특히 서구사회가 수백 년간 이뤄온 역사를 압축적으로 경험한 한국 사회에서 대중영화가 표현하는 그로테스크는 고도성장, 경제공황, 구조조정 등 급격한 체제변환에 토대한 문화를 규명하기 위한 매혹적인 자료가 아닐 수 없다. 이 연구의 궁극적 목표는 그러한 맥락에서 설정되었다. 한국영화의 그로테스크를 주요한 사회 변동과 관련지어 분석함으로써 그 우스꽝스럽고, 혐오스럽고, 비정상적인 형상들이 암호화한 혼돈의 문화 경험을 해부하는 것, 즉 사회변동의 문화정치를 해명해 보자는 것이다.

그로테스크라는 용어는 정치 지도자들이 역겨운 행동을 하거나, 엽기적인 범죄가 여론에서 회자될 때 종종 사용되는 일상적 수사이기도 하다. 그러나 인상비평 수준을 넘어서 텍스트를 분석하는 학술적 틀로 사용되려면 정교하게 다듬어질 필요가 있다. 그로테스크를 정의하는 문제를 놓고 학술적 의견들이 분분하다는 사실은 이 연구가 한국영화로 다가가기 전에 먼저 넘어서야 할 장애물이었다. 그래서 이 연구는 지라르와 아감벤의 논의에 기초하여 그로테스크의 기본적 윤곽을 '사회가 위기를 경험할 때 대중이 상상하는 예외상태를 표현하는 형상'으로 규정했다. 그 형상은 '경기 중인 씨름 선수처럼, 주권과 호모 사케르가 서로를 꽉 붙잡고 한 몸으로 융합한 괴물'로 묘사할 수 있다. 순진무구하고 비천하며 자신의 언어조차 갖지 못한 벌거벗은 생명이 이율배반적이게도 군주와 같은 권위적인 형태를 겸비하고 나타난다. 우리가 무언가(이야기 전개 방식, 캐릭터·사물·장소, 사건, 스타일 등)로부터 괴물(성)을 직관하는 것은 잔혹한 생명정치를 통해 위계질서를 수복하려는 '질서의 경향'과 풍요로운 놀이를 통해 유토피아를 향해가는 '무질서의 경향'이 동일한 대상 안에 병렬되어 있음을 느끼는 것이다.

하지만 어떤 질서와 어떤 무질서가 병렬되어 있는가를 식별한다고 해도 그로테스크를 해독하는 데는 또 다른 난관이 기다리고 있다. 질서와 무질서의 결합양식에 관한 상이한 정치적 태도들이 한 작품 안에 동시에 나타나기 때문이다. 그 결과 괴물의 다면화 과정, 가령 동일한 인물(사건)이 어느 순간에는 기존 질서의 희화화를 드러내다가도 무질서에 관한 혐오의 표상으로 급전한다거나, 또는 무질서와 질서의 배합 비율을 달리하는 유사가족적인 군상들이 한꺼번에 배출되는 경우가 발생한다. 대중 텍스트의 그로테스크는 예외상태에 관한 균질적이지 않은, 다양한 정치적 태도들의 다음성(多音聲)적 결합체인 것이다. 이 문제에 접근하기 위해서는 들뢰즈와 벤야민의 논의로부터 추출한 '근원적 세계' 개념이 유용해 보인다. '근원적 세계'는 역사적 예외상태를 텍스트 내의 가상적 시공간으로 표현한 미학용어다. 이 개념을 통하여 질서와 무질서를 양극단으로 한 스펙트럼 안에서 여러 유형의 괴물들──무질서를 지지하는 명랑한 축제성의 괴물, 질서를 지지하는 숭고한 반축제성의 괴물, 양자가 내부에서 비등하게 경합 중인 비정상성의 괴물──의 배치를 분석할 수 있다.

요컨대 한국영화의 그로테스크 분석을 위해서는 먼저 영화적 괴물(성)을 구성하는 질서와 무질서를 식별해야 한다. 다음으로 이를 토대로 근원적 세계 내부에서 다면화하는 괴물의 분포를 분석해야 한다. 전자는 사회위기의 기본적 성격을, 후자는 그 위기에 대응하는 여러 문화정치적 세력들의 견해 차이와 그들이 서로 맺는 세력 관계를 알려줄 것이다.

이상을 전제로 한국사에서 두드러진 사회변동이 있었던 세 시기에 주목했다. 1960, 70년대의 고도성장기, 소비의 과열에서 경제공황으로 급전직하했던 1990년대, 그리고 21세기 초반에 전개된 사회전반의 구조조정기가 그것들이다. [표3]은 각 시기를 대표하는 주요 영화를 분석한 결과다.

표가 지시하는 세 시기를 관류하는 경향을 분석하기 위해서 주요 생리적 모티프들을 환기하는 것도 도움이 될 것이다. 그로테스크의 대표적인 생리적 모티프는 시대에 따라 (1) 번식을 의미하는 성(性), (2)

[표3] 한국사회 변동의 각 시기를 대표하는 영화 분석

시기	영화	괴물		근원적 세계	
		표상	질서 무질서	표상	형세
1960 ~70년대	「하녀」	동물 가정부 /식인종 부인	식량자원을 양산하는 생명정치	중간계급 가정	• 부상하는 노동계급의 자신감. • 근대화 프로젝트에 대한 전 사회적 묵종 • 노동계급에 공모하는 중간계급이 느끼는 처벌의 공포
			노동계급 인구의 폭증		
	「화분」	흡혈 갈등을 느끼는 권력자	유신체제의 전체주의	푸른 집	• 절대적 종말을 맞이하는 권력의 핵심부 • 권력의 공백을 채우는 탐욕스러운 봉기 • 혁명적 니힐리즘에 침잠한 자유주의 지식인
			대중과 권력이 서로에게 느끼는 공포		
1990년대	「301, 302」	거식증환자와 요리사가 융합한 몸	소비주의, 자기계발 풍조	302호	• 민주정부, 호황, 과열소비 등 낙관성에 토대한 개인주의 • 금욕, 자기포기, 자살 풍조 • 쾌락, 자기계발, 약취 풍조
			가부장주의로 인한 트라우마, 경쟁의 압박		
	「조용한 가족」	자살한 시체 /탐식적 산장	신자유주의 경제	안개산장	• 영리에 강박된 냉소적 자본 • 막노동자의 명랑함
			사회 해체의 고통, 파산		
2000년대 전반기	「복수는 나의 것」	모호한 계급의 적	계급질서	공개처형장들	• 죄수, 형리, 구경꾼의 순환체계 • 비통한 계급투쟁의 현장 • 투기적 욕망에 들뜬 사회여론
			무차별 증오		
	「살인의 추억」	미지의 범인	권위주의	하부공간들	• 비판적 지식인들의 동요 • 루저문화의 두 가지 발전가능성
			유동적 금융자본		
	「지구를 지켜라」	계급적 복수의 광적 참여자들 /숭고한 기업가	자본가-되기의 열풍	탄광 아지트/ 폭파된 지구	• 해고노동자의 즐거운 혁명 • 자수성가하여 입신하는 기업가 • 노사투쟁에 질린 냉소적 지식인
			노동자의 패배주의		
	「시간」	추한 얼굴	자기계발질서	성형외과 수술실	• 소유욕망의 고집 • 차이와 반복을 통한 '만인-되기'의 운동
			혁신을 향한 무질서 예찬		

탐욕을 의미하는 식사, (3) 제의를 의미하는 신체훼손으로 변천해 왔다. '번식→탐욕→제의'라는 액션의 변화 혹은 그 형상으로서 '성→식사→신체훼손'의 이행이 의미하는 것은 무엇일까? 이 이행은 자율적인 것이 점점 외부에 의존하는 과정을 보여준다. 번식은 무언가가 스스로 하는 것이다. 번식에 목적어는 필요 없다. 생명정치의 주권자가 할 수 있는 역할이란 「하녀」의 가정부나 「화분」의 군중이 자율적으로 벌이는 번식에 반응하거나, 자신에게 유리하도록 유도하는 일에 한정된다.

그러나 다음 단계인 탐욕은 대상을 필요로 한다. 탐욕으로 주체화한 자의 존재는 이미 절반 정도가 자기 외부에 위치할 수밖에 없다. 또한 일단 탐욕을 소재로 한 그로테스크가 지배하면 모든 사람은 '자살-식인' 쌍의 양극단인 '대상과 탐욕' 중 하나의 역할을 맡게 된다. '식사-탐욕'의 단계에서 이전 시대에 유행했던 '성-번식'은 자살자를 생산하거나 식인을 축하하는 계기로 흡수된다.

마지막 단계인 제의는 현세에서 벌어지는 사건의 의미가 현세 바깥으로 완전히 빠져나갔음을 의미한다. 신체훼손은 가해자와 피해자 사이의 사건이 아니라, 싸우는 두 사람으로부터 즐거움을 느끼는 어떤 신을 위한 희생제의다. 전 시대에 유행했던 탐욕은 신을 대행하는 제사장의 즐거움에 편입될 것이다. 그 신이란 무엇인가? 영화들은 신자유주의 확산기의 무질서한 경험들(절망한 노사관계에 토대한 무차별 증오, 투기충동에 심취하여 사회갈등에 무관심한 사회여론, 국가규제의 완화로 인한 치안 공백, '자본가-되기' 열풍, 자기계발의 압박 등)을 신격화하고, 신체훼손의 의미들 ——그 궁극적 원인이나 목적 —— 을 그 신적 무질서에 귀속시킨다.

자율에서 예속으로 나가는 과정을 질서/무질서 결합양식의 추이라는 측면에서 살펴보면 어떤 전도(顚倒)가 발견된다. 성의 그로테스크에서 무질서와 질서는 경향적으로 권력체계의 상하에 배분되었다. 성은 '무질서'를 불러일으키는 하층민/군중의 전유물이었으며 생명정치 주권자에게는 번식을 재단(裁斷)하는 '질서'의 권한이 부여되어 있다. 이와 같은 질서-무질서의 양극화 경향은 두 번째 단계인 1990년대 탐욕의 그로테스크에서 일차적으로 소멸한다. 이웃 간 혹은 가족 내부의 공동 식사는 원초적으로는 축제, 즉 무질서의 영역에 속하는 의례다. 그러나 이러한 무질서를 매개로 「301, 302」나 「조용한 가족」에서 실제로 관철되는 것은 자기계발 및 자영업 운영 등 자본운동의 질서다. 질서와 무질서는 과거처럼 권력위계의 양극단에 배당되는 것이 아니라 동일한 행동의 겉과 속으로 유착한다. 이 유착은 마지막 단계인 2000년대 초에 이르면 더 이상 개인이나 특정 에피소드에 국한하지 않고 사회 전체의 지속하는 체계로 확장된다. 개개인의 국지적 삶을 넘어선 질서와 무질서의 융합체는 위에서 말한 제의의 진정한 주관자 위치로 상승한다. 물론 신체훼손은 미신이나 신화에서 말하는 초월적 힘이 아니라, 계급정치, 공권력, 성형산업 같은 질서의 축에서 저지르는 일이다. 그럼에도 불구하고 질서의 축은 그 형태를 알아볼 수 없을 정도로 무질서를 전유한다. 반축제는 축제를 탕진하고 질서는 마치 무질서인 양 유동적 형태를 띤다. 그 유동화한 비가시적 힘들은 사회성원의 공멸, 약자의 패배, 악의 승리 같은 비극적 결말을 낳는다. 신체훼손 당하는 희생양을 끊임없이 요구하는 점은 무질서의 모습을 띤 불가사의한 흐름들이 결국 세련된 질서에 불과하다는 증거다. 요컨대 '무질서 = 유동적 운동 = 축제'

의 이미지가 개발독재 시대에는 체제비판을 수행했다면, 21세기 초에는 새롭게 도래한 지배질서의 위력을 나타내는 기호로 전용된다.

마지막으로, 새로운 위치에서 태동 중인 민중 축제의 가능성을 간과해서는 안 된다. 권력의 수직적 위계가 90년대 이후의 영화에서 부차화하면서, 성의 그로테스크는 생산적 힘을 잃지만 「조용한 가족」에서는 산역꾼의 모티프를 새로이 개발해 낸다. 더 이상 추락할 곳이 없는 곳에서 훼손된 신체와 더불어 솟아오르는 명랑한 막노동자의 이미지는 어떤 하층집단을 묘사하기 위해 고안된 것이 아니라, 평균적 시민에 내재된 속성으로 제시된 것이다. 잔혹한 신체훼손과 결합한 민중적 익살의 전통은 그 후로 계속되었다. 「살인의 추억」에서 참혹한 고문을 당하면서도 형사를 조롱하는 용의자들은 산역꾼과 그가 묻는 시체를 한 몸에 중첩시킨 것이다. 그들은 자신의 몸이 시체화하는 가운데 광대극을 벌인다. 「지구를 지켜라!」의 병구 또한 탄광 지하의 무덤 같은 장소에서 만식을 상대로 산역꾼과 유사한 퍼포먼스를 수행한다. 「시간」에서도 신체의 훼손을 계기로 한 긍정적 변신의 노력이 주인공들에게 잠재되어 있다. 남녀 주인공들은 이전 영화처럼 더 이상 소수자의 의상을 입지 않고 완전히 '정상적'인 시민의 모습을 하고 있다. 이를테면 「하녀」의 '하녀'는 21세기에 이르면 더 이상 하층민의 세계에 있지 않고 동식 신체의 완전한 일부로 편입하는 셈이다. 그렇다면 새로운 민중적 그로테스크는 평균적 시민의 한 속성으로 잠입해 있으며, 그 전형은 시체를 파묻으며 귀족을 욕하는 산역꾼이다. 그들은 자신이 겪는 박해와 고통을 비극, 공포, 죽음 같은 추상적 관념으로 재현하는 것이 아니라, 자신의 노동으로 다룰 수 있는 구체적 물체 —— 가령 고객의 주검(「조용한 가족」), 개고기(「플란다스의 개」), 사장의 벌거벗은 몸(「지구를 지켜라!」) —로 전환시킨다. 21세기형의 민중적 그로테스크는 공포의 육체화한 형태와 조우하는 '하부 공간'에서 '즐거운 혁명'을 준비한다고 할 수 있다.

이 책의 의의로는 다음과 같은 것들이 있다.

먼저 문화사적 의의다. 이 연구에 수록된, 세계 어디에 내놓아도 손색 없는 주옥 같은 여덟 편의 영화에 관한 분석을 읽다보면 1960년에서 2006년까지 한국사회가 겪었던 삶의 경험을 생생하게 느낄 수 있다. 이 연구는 영화의 그로테스크한 표현들을 상영 당시의 급격한 사회변동과 연관지어 해석함으로써 두 마리 토끼 —작품의 탁월한 예술성과 관객 대중의 시대적 경험 —를 모두 잡아내고자 노력했다. 시대를 대표할 만한 영화들이 모두 그로테스크하다는 것 자체가 독자들에게는 기이한 충격으로 다가올지도 모른다. 한국 현대사의 주요한 굴곡들이 왜 그로테스크 취향의 대중 매체에서 적합한 표상을 찾는가에 의문을 던지고 사유를 시작한다면, 이 연구는 절반 정도 성공한 것이다.

두번째로 한국영화 연구에서 오랜 기간 숙원사업처럼 방치된 과제에 도전했다. 장르, 서사, 이데올로기와 같은 통상의 논의 범주가 아니라 '그로테스크'라는 수사법을 의제화한 점은 이 연구가 틈새에 위치한 주제에 천착한 것처럼 보일 수 있다. 그러나 그로테스크라는 미적 표현 그리고 그로테스크의 문화정치학에 관한 연구는 한국 영화사 연구에서 마땅히 답해져야 하지만 너무나 오랫동안 지체된 문제였다. 의심할 나위 없이 작품성에서 높은 찬사를 받는 김기영, 박찬욱, 봉준호, 김기덕 감독 등의 영화들에서 나타나는 공통점이 무서우면서 익살맞은 흐름이라는 점은 잘 알려져 있다. 엽기적이고, 구역질나고, 코믹하고, 철학적인 느낌이 한데 뭉쳐 있는 기이한 경향은 많은 사람들이 작품성 있는 영화들에서 공통으로 나타나는 코드임을 느끼고 있었지만, 그것을 연구하여 얻을 수 있는 생산적인 결론이 있을지에 관해서는 미심쩍어 하는 뜨거운 감자였다. 물론 이 문제와 근거리에 위치한 연구가 꾸준히 있어 왔음은 무시할 수 없다. "환상성"(김소영, 2000), "폭력성"(김용수, 2006; 김윤아, 2008; 문제철, 2006b), "장르혼합"(조종흡 외, 2004), "블랙코미디"(최나영, 2006) 등 인접한 개념들을 통한 접근이 시도되어 왔다. 그러나 그로테스크의 특질 자체를 정식 의제로 올리고, 사회 변동기 문화정치의 핵심적 형상으로 규정한 것, 이 문제를 한국영화사 연구에 본격적으로 도입한 점은 이 연구의 의의라고 할 수 있다.

세번째로 그로테스크라는 개념을 구성함으로써 보편적으로 활용가능한 분석도구를 확보하고자 노력했다. 이 연구의 이론작업은 낯설고, 괴기스럽게만 여겨지는, 그래서 종종 무시되는 문화현상들을 분석할 수 있는 이론적 도구를 마련하기 위한 것이다. 한국영화 연구영역에서 그로테스크가 부지불식간에 방치된 것도 그로테스크에 관련된 이론이 불명료한 데 한 가지 원인이 있다. 바흐친, 카이저, 크리스테바, 프로이트, 푸코 등이 그로테스크에 관련된 견해를 제시해 왔지만, 의견들이 제각각 분산되어 있고 제한적으로만 적용 가능하다. 이러한 난점에 부응하기 위하여 이 연구는 그로테스크에 관한 기존 견해를 종합하고, 아감벤과 들뢰즈 등의 철학을 토대로 그로테스크의 개념을 재구성했다. 앞으로 예술 텍스트에서든, 사회적 사건에서든 여기서 논구된 그로테스크 개념이 활용될 수 있기를 소망한다.

네번째로 사회비판적 실천에의 개입이다. 혐오, 역겨움, 축제는 정치 투쟁 영역에서 최근에 더욱 강세를 보이는 문화 코드이다. 몇 년 전에 유행한 진보적 성향의 인터넷 방송 '나꼼수'와 보수적 성향의 인터넷 동호회 '일베'는 욕을 하고, 자기 자랑을 늘어놓고, 정적(政敵)을 비천하게 패러디하는 공통점을 가진다. 민주당 정권의 패배 이후 잔혹함을 포함하는 즐거움은 사회갈등의 새로운 코드로 부상해 왔다. 반면에 전통적인 진보진영은 이항 대립의 엄숙한 패러다임에서 여전히 벗어나지 못하고 있다. 사회집단들이 그 안에서 이미 정치적 입장을 표명하고 있는 문화기호로서의 그로테스크를 해명함으로써 비판적 실천들의 감각적 풍부화를 도모하고, 곡해되기 십상인 담론들을 더 명료하게 이해했으면 한다.

이 연구는 다음과 같은 후속 과제들을 제기한다.

첫째, 한국영화사에서 그로테스크와 사회변동의 함수관계를 이해하기 위해서는 더 많은 영화들이 분석되어야 한다. 설명주로 처리한 많은 그로테스크한 성향의 영화들 및 여기서는 다루지 않은 2006년 이후 영화들과의 연속성이 규명될 필요가 있다.

둘째, 이 연구에서 역점을 둔 사회모순은 계급정치와 정치적 독재, 자기계발의 강박이었다. 한국 사회에는 괴물로 형상화하는 더 많은 존재 — 성소수자, 노인, 장애인, 외국인 노동자, 청년 실업자, 중고등학생 — 가 편재한다. 그러한 형상을 생산하는 다양한 권력 분할선으로까지 그로테스크의 연구영역을 넓혀 가야 한다.

셋째, 이 연구의 그로테스크 개념은 향후 확장 가능한 더 원론적인 논의들을 내장하고 있다. 원론적 논의란 '사회변동기의 문화', '정치행위로서의 축제'로 이름붙일 수 있는 것으로서 그로테스크란 이 더 근본적 주제의 미학적 상부구조이다. 21세기의 불안정한 한국 상황은 서구 68혁명 이후의 정세와 유사하다기보다는 벤야민이 살았던 암흑시대로 복귀하는 듯하다. 기존의 문화연구가 주로 지배질서의 안정을 가정한 후, 특정 집단의 정체성 형성을 분석했다면, 앞으로의 연구는 차라리 사회 해체기에 나타나는 정체성의 기괴한 변형 경향을 다뤄야 한다. 또한 사회비판운동이 축제적 유희와 점점 구별이 가지 않는 최근 경향을 감안할 때, 진지한 정치 행동과 놀이가 결합하는 문화현상 일반에 관련된 연구로 확장할 필요가 있다.

참고문헌

1. 영화

김기영. 1960.「하녀」
_____. 1963.「고려장」
_____. 1971.「화녀」
_____. 1972.「충녀」
_____. 1974.「파계」
_____. 1982.「화녀'82」
_____. 1984.「육식동물」
김기덕. 1996.「악어」
_____. 2001.「수취인 불명」
_____. 2002.「해안선」
_____. 2004.「빈집」
_____. 2006.「시간」
_____. 2012.「피에타」(Pietà)
김성수. 1998.「태양은 없다」
김성홍. 1999.「신장개업」
김용화. 2006.「미녀는 괴로워」
김유민. 1999.「노랑머리」
김지운. 1999.「조용한 가족」
나운규. 1926.「아리랑」
박광현. 2005.「웰컴투 동막골」
박대영. 2000.「하면 된다」

박찬욱. 2002. 「복수는 나의 것」

박철수. 1995. 「301, 302」

_____. 2000. 「봉자」

박헌수. 1994. 「구미호」

봉만대. 2006. 「신데렐라」

봉준호. 2000. 「플란다스의 개」

_____. 2003. 「살인의 추억」

_____. 2006. 「괴물」

신상옥. 1960. 「백사부인」

_____. 1969. 「사녀」

_____. 1970. 「이조괴담」

유현목. 1961. 「오발탄」

이용민. 1965. 「살인마」

이혁수. 1986. 「여곡성」

임순례. 2001. 「와이키키 브라더스」

장준환. 2003. 「지구를 지켜라!」

하길종. 1972. 「화분」

_____. 1975. 「바보들의 행진」

Bunuel, L. 1950. *Los Olvidados* (「잊힌 사람들」)

Chaplin, C. 1931. *City Lights* (「시티 라이트」)

Fellini, F. 1957. *Le Notti Di Cabiria* (「카비리아의 밤」)

Hitchcock, A. 1955. *The Trouble With Harry* (「해리의 문제」)

Lynch, D. 1980. *The Elephant Man* (「엘리펀트 맨」)

Romero, Gorge. 1968. *Night Of The Living Dead* (「살아있는 시체들의 밤」)

Siegel, Don. 1956. *Invasion Of The Body Snatchers* (「신체강탈자들의 습격」)

2. 소설과 희곡

뒤렌마트, 프리드리히. 2011. 『뒤렌마트 희곡선』, 김혜숙 옮김, 민음사.

멜빌, 허먼. 1999. 『바틀비 이야기』, 이정문 옮김, 문화사랑.

_____. 2011. 『모비딕』, 김석희 옮김, 작가정신.

브레히트, 베르톨트. 2011. 『브레히트 선집3』, 한국브레히트학회 옮김, 연극과인간.

비젤, 엘리. 2007. 『나이트』, 김하락 옮김, 예담.

셰익스피어, 윌리엄. 2008. 『셰익스피어 비극선』, 오영숙 옮김, 일송정.

셸리, 메리. 2012. 『프랑켄슈타인』, 김선형 옮김, 문학동네.

스티븐슨, 로버트. 2011.『지킬 박사와 하이드 씨』, 조영학 옮김, 열린책들.

엘리엇, 토마스. 2004.『황무지』, 황동규 옮김, 민음사.

위고, 빅토르. 2012.『레 미제라블3』, 이형식 옮김, 펭귄클래식코리아.

장정일. 1988.『길안에서의 택시잡기』, 민음사.

조이스, 제임스. 2011.『율리시스1』, 김성숙 옮김, 동서문화사.

졸라, 에밀. 2003.『테레즈 라캥』, 박이문 옮김, 문학동네.

코진스키, 저지. 2006.『페인트로 얼룩진 새』, 안정효 옮김, 문예출판사.

포, 에드거. 2002.『우울과 몽상』, 홍성영 옮김, 하늘연못.

하셰크, 야로슬라프. 1983.『병사 슈베이크』, 강홍주 옮김, 학원사.

호프만, 에른스트. 2001.『모래 사나이』, 김현성 옮김, 문학과지성사.

3. 국내 문헌

강내희. 2000.「한국 근대성의 문제와 탈근대화」,『문화과학』, No. 22, pp. 15~40.

강성률. 2005.『하길종, 혹은 행진했던 영화 바보』, 이론과실천사.

_____. 2013.「나운규의 〈아리랑〉 연구」,『씨네포럼』, No. 17, pp. 129~155, 동국대학교영
　　상미디어센터.

강준만. 2011.『강남 좌파』, 인물과사상사.

공병호. 2002.『Self-management: How to-book』, 21세기북스.

구번일. 2005.「밥 읽는 여자 책 먹는 여자 〈삼공일 삼공이〉」,『다락방에서 타자를 만나다』,
　　여이연.

권재일. 1993.「하셰크의 소설의 구조와 인물」,『동유럽발칸연구』, Vol. 2, pp. 1~33.

김경애. 2007.「김기덕의 〈시간〉과 시뮬라크르」,『문학과 영상』, 제8권 2호, 2007년 여름.

김경욱. 2006.「날 보러 와요」, 김경욱 외 지음,『살인의 추억』, 연세대미디어아트연구소.

김동춘. 2005.「박정희 시대의 민주화 운동」,『명지대학교 국제한국학연구소 학술대회』,
　　No. 12, pp. 137~147.

김려실. 2006.「소비 사회와 B-블록버스터」, 연세대미디어아트연구소 편,『복수는 나의
　　것』, 새물결.

김무규. 2006.「영상의 서사화, 서사의 영상화, 〈복수는 나의 것〉의 정적 영상」, 연세대미디
　　어아트연구소 편,『복수는 나의 것』, 새물결.

김선엽. 2010.「본질 강화로 귀결되는 성형수술의 역설: 〈미녀는 괴로워〉〈신데렐라〉〈시간〉
　　을 중심으로」,『영화연구』, No. 44, pp. 33~63.

김세균. 2002.「1987년 이후의 노동운동」,『한국정치연구』, Vol. 11, No. 1, pp. 197~244,
　　서울대학교한국정치연구소.

김소영. 2000.『근대성의 유령들』, 씨앗을 뿌리는 사람.

김소영. 2004. 「해체에 나선 남성감독들, 장도에 오른 여성감독들」, 『씨네21』, 437호, 2004. 1. 30.

김소희. 2003. 「〈살인의 추억〉의 감독·비판자·지지자가 가진 3角대담」, 『씨네21』, 400호, 2003. 5. 2.

김수행. 2006. 『자본주의 경제의 위기와 공황』, 서울대학교출판부.

김순영. 2011. 『대출 권하는 사회』, 후마니타스.

김양지. 2000. 「한국 공포영화 관습의 반복과 변화: 1960~80년대와 1990년대 비교분석」, 이화여자대학교, 신문방송학과 석사학위 논문.

김영진. 2008. 「잔인한 농담의 세계: 박찬욱」, 『한국의 영화감독 7인을 말하다』, 본북스.

김용수. 2006. 「폭력과 그 너머: 봉준호, 박찬욱 영화」, 김경옥 외 지음, 『살인의 추억』, 연세대미디어아트연구소.

김용택. 1997. 『그리운 것들은 산 뒤에 있다』, 창비.

김용해. 2011. 「자살은 언제나 악인가?」, 『현대사회와 자살』, 서강대학교생명문화연구소.

김윤아. 2008. 「폭력적 죽음의 재현 양상 연구」, 『현대영화연구』, Vol. 5.

김정연, 이은주, 하은희. 2001. 「산업재해 환자들의 건강관련 삶의 질에 관한 연구」, 『대한직업환경의학회지』, Vol. 13 No. 2, pp. 141~151, 대한산업의학회.

김준연, 김동일. 2000. 「직업병의 실상」, 『산업의학연구소논총』, pp. 5~37, 동아대학교산업의학연구소.

김지미. 2006. 「〈복수는 나의 것〉: '고통받는 신체'와 '훼손된 언어'에 관하여」, 연세대미디어아트연구소 편, 『복수는 나의 것』, 새물결.

김지영. 2010. 「식민지 대중문화와 기괴/괴기/그로테스크」, 몸문화연구소 편, 『그로테스크와 몸』, 쿠북.

김지훈. 2003. 「판타지와 대항-기억으로서의 브리콜라주——영화 〈지구를 지켜라!〉의 양가적 상상력」, 『문학과 사회』, Vol. 16, No. 3, 2003. 8, pp. 1295~1311, 문학과지성사.

김진균. 1993. 「육체노동, 그 자본주의적 의미」, 『문화과학』, No. 4, pp. 11~34.

김창윤, 전대양. 2010. 「민주화시기의 범죄추세 분석에 관한 연구——1987~2007년을 중심으로」, 『경찰학논총』, Vol. 5, pp. 217~253. 원광대학교경찰학연구소.

김철. 2006. 「그녀를 죽인 것은 나였을까?」, 김경옥 외 지음, 『살인의 추억』, 연세대미디어아트연구소.

김충남. 2006. 「벤의 연작시 〈시체공시장·기타〉에 나타난 죽음의 문제」, 『외국문학연구』, Vol. 24, pp. 29~46.

김형기. 2003. 「독일어권 연극에서의 가면: 표현도구로부터 자기정체성의 회복을 향한 욕망으로」, 『브레히트와 현대연극』, Vol. 11, pp. 343~386, 한국브레히트학회.

김호기. 2009. 「87년 체제인가, 97년 체제인가」, 김종엽 엮음, 『87년 체제론』, 창비.

김훈순·이소윤. 2005. 「한국 현대 공포영화와 장르 관습의 변화」, 『미디어, 젠더 & 문화』, 4호, 한국여성커뮤니케이션학회.

나병철. 2001. 『근대서사의 탈식민주의』, 문예출판사.

노여단. 2009. 「블랙 유머: 역사적 트라우마 반영을 위한 대안―「웰컴투 동막골」과 「스트로맨」을 중심으로」, 중앙대학교 첨단영상대학원 석사학위 논문.

니체, 프리드리히. 2002. 『선악의 저편, 도덕의 계보』, 김정현 옮김, 책세상.

되링만토이펠, 자비네. 2008. 『오컬티즘』, 김희상 옮김, 갤리온.

뒤르켐, 에밀. 1999. 『자살론/사회분업론』, 임희섭 옮김, 삼성출판사.

뒤비뇨, 장. 1998. 『축제와 문명』, 유정아 옮김, 한길사.

들뢰즈, 질. 1997. 『프루스트와 기호들』, 서동욱·이충민 옮김, 민음사.

_____. 2002a. 『시네마1』, 유진상 옮김, 시각과언어.

_____. 2002b. 『감각의 논리』, 하태환 옮김, 민음사.

_____. 2004. 『차이와 반복』, 김상환 옮김, 민음사.

들뢰즈, 질. & 가타리, 펠릭스. 1994. 『앙띠 오이디푸스』, 최명관 옮김, 민음사.

_____. 2003. 『천개의 고원』, 김재인 옮김, 새물결.

로웬스타인, 로저. 2012. 『크래쉬』, 이주형 옮김, 한국경제신문사.

류경희. 2003. 「작품해설」, Swift, J., 『통 이야기』, 삼우반.

마르쿠제, 헤르베르트. 1986. 『일차원적 인간―선진산업사회의 이데올로기 연구』, 박병진 옮김, 한마음사.

마르크스, 칼. 2006. 『경제학-철학 수고』, 강유원 옮김, 이론과실천.

마트롱, 알렉산더. 2008. 『스피노자 철학에서 개인과 공동체』, 김은주·김문수 옮김, 그린비.

맹수진. 1999. 「1990년대 한국 호러 장르의 경향 연구」, 동국대학교 연극영화학과 석사학위 논문.

문재철. 2006a. 「〈복수는 나의 것〉에 나타난 새로운 스타일」, 연세대미디어아트연구소 편, 『복수는 나의 것』, 새물결.

_____. 2006b. 「현대 한국영화의 폭력 재현에 대한 연구―승화의 위기와 폭력의 충동성」, 『영상예술연구』, 2006. 9.

_____. 2008. 「문턱 세대의 역사의식 : 봉준호의 세편의 영화 」, 『영상예술연구』, Vol. 12.

문화과학편집위원회. 2010. 「세대의 정치학과 한국현대사의 재해석」, 『문화과학』, 62호.

바바렛, 잭. 2007. 『감정의 거시사회학』, 박형신·정수남 옮김, 일신사.

바쟁, 앙드레. 1995. 『잔혹영화』, 성미숙 옮김, 현대미학사.

바타유, 조르주. 2000. 『저주의 몫』, 조한경 옮김, 문학동네.

바틀로비치, 크리스털. 2005. 「소비만능주의 혹은 후기 카니발리즘의 문화논리」, 바커 외 엮음, 『식인문화의 풍속사』, 이정린 옮김, 이룸.

바흐친, 미하일. 1998. 『장편소설과 민중언어』, 전승희 옮김, 창비.

_____. 2001. 『프랑수아 라블레의 작품과 중세 및 르네상스의 민중문화』, 이덕형 옮김, 아카넷.

_____. 2003. 『도스또예프스키 창작론』, 김근식 옮김, 중앙대학교출판부.

박명진. 2009. 「하길종 영화의 섹슈얼리티와 공간정치학: 〈화분〉을 중심으로」, 『우리文學研究』, Vol. 26, pp. 219~245.

박우성. 2011. 「〈하녀〉에서 쥐라는 장치가 수행하는 역할과 위상: 김기영 신화의 비판적 재고를 위한 일고찰」, 『영화연구』, No. 49, pp. 61~92.

박재인. 2010. 「설화 〈죽은 처녀 겁탈하고 복 받은 머슴〉 속 시간(屍姦)과 발복(發福)의 인과관계에 대한 분석」, 『겨레어문학』, Vol. 45, pp. 37~64.

박재철. 2006. 「복수의 숭고함과 그 불만들: 〈복수는 나의 것〉의 윤리적 결과들」, 연세대미디어아트연구소 편, 『복수는 나의 것』, 새물결.

박진. 2008. 「정신분석 내러티브의 새로운 영역: 〈싸이보그지만 괜찮아〉와 〈지구를 지켜라!〉의 경우」, 『국제어문』, Vol. 42, pp. 471~492.

박찬일. 2007. 「표현주의」, 고봉준 외, 『문예사조』, 시학.

박철한. 2002. 「사북항쟁연구: 일상·공간·저항」, 서강대학교대학원 정치외교학과 석사학위 논문.

박형근. 2005. 「실업의 원인과 해소방안 연구」, 고려대학교노동대학원, 노동경제학과 석사학위 논문.

발리바르, 에티엔. 2005. 『스피노자와 정치』, 진태원 옮김, 이제이북스.

백문임. 2008. 『월하의 여곡성』, 책세상.

베르그손, 앙리. 1992. 『웃음』, 정연복 옮김, 세계사.

벤, 고트프리트. 1990. 「해외작가 고트프리트 벤 시·시체공시장 外」, 김영애 옮김, 『작가세계』, Vol. 7, pp. 396~411, 세계사.

벤야민, 발터. 2007. 『일방통행로/ 사유이미지』, 김영옥 외 2명 옮김, 길.

_____. 2008a. 『독일 비애극의 원천』, 조만영 옮김, 새물결.

_____. 2008b. 『역사의 개념에 대하여/폭력비판을 위하여/초현실주의 외』, 최성만 옮김, 길.

_____. 2008c. 『언어 일반과 인간의 언어에 대하여/번역자의 과제 외』, 최성만 옮김, 새물결.

변재란. 1997. 「여성, 신체, 여성성: 〈301·302〉와 〈코르셋〉을 중심으로」, 『여성과 사회』, No. 8, pp. 113~130.

_____. 2000. 「한국영화사에서 여성 관객의 영화관람 경험 연구: 1950년대 중반에서 1960년대 초반을 중심으로」, 중앙대학교 대학원 영화학과 박사학위 논문.

브로델, 페르낭. 1996. 『물질문명과 자본주의 2-1상』, 주경철 옮김, 동문선.

브르통, 앙드레. 2012. 『초현실주의 선언』, 황현산 옮김, 미메시스.

서동진. 2009. 『자유의 의지 자기계발의 의지』, 돌베개.

서영채. 2005. 『문학의 윤리』, 문학동네.

성은미. 2008. 「노동시장유연화와 사회보험의 대응전략」, 중앙대학교 사회복지학과 박사논문.

소래섭. 2005. 『에로 그로 넌센스: 근대적 자극의 탄생』, 살림.

손세일. 1980. 『한국논쟁사 5』, 청람출판사.

손태웅. 2003. 「올해의 문제작:〈살인의 추억〉, 손태웅 감독, 봉준호 감독을 인터뷰하다」, 『KINO』, 9권 5호, No. 97, 2003. 5.

손호철. 2009. 「한국체제 논쟁을 다시 생각한다:87년 체제, 97년 체제, 08년 체제론을 중심으로」, 『한국과 국제정치』, Vol. 25 No. 2, pp. 31~59, 경남대학교극동문제연구소.

송경원. 2008. 「기이한 명랑함의 세계:봉준호론」, 『씨네포럼』, Vol. 9, pp. 121~133. 동국대학교영상미디어센터.

쉐흐터, 조엘. 1988. 『어릿광대의 정치학』, 김광림 옮김, 실천문학사.

스피노자, 바뤼흐. 1990. 『에티카』, 강영계 옮김, 서광사.

_____. 2009. 『정치론』, 김호경 옮김, 갈무리.

슬로터다이크, 페터. 2005. 『냉소적 이성비판 1』, 박미애·이진우 옮김, 에코리브르.

신광영. 1999. 「1970년대 전반기 한국의 민주화운동」, 『1970년대 전반기의 정치사회변동』, 백산서당.

_____. 2004. 『한국의 계급과 불평등』, 을유문화사.

신지은, 박부진. 2012. 「산재환자의 자기효능감이 임상요인에 미치는 효과:심리재활 치료 프로그램 개발을 위한 기초연구」, 『재활복지』, pp. 159~180, 한국장애인재활협회.

심광현. 2010. 「칸트-맑스-벤야민 변증법의 현대적 재해석」, 『현대사상 제7호:변증법』, pp. 97~173.

심영섭. 1998. 「얕은 무덤을 만들지 마라:공포 영화의 이단아 〈조용한 가족〉」, 『씨네21』, 153호, 1998. 6. 2.

_____. 2003. 「범작이 될 수도 없지만 걸작이 될 수도 없는 〈살인의 추억〉」, 『씨네21』, 401호, 2003. 5. 8.

심현주. 2011. 「한국사회의 자살에 대한 윤리적 고찰」, 서강대학교생명문화연구소, 『현대사회와 자살』, 한국학술정보.

『씨네21』 편집자. 2001. 「한국영화 퇴행징후 5가지」, 『씨네21』, 294호, 2001. 3. 20~3. 27.

아감벤, 조르조. 2008. 『호모 사케르』, 박진우 옮김, 새물결.

_____. 2009. 『예외상태』, 김항 옮김, 새물결.

아르토, 앙토냉. 2004. 『잔혹연극론』, 박형섭 옮김, 현대미학사.

아리기, 조반니. 2008. 『장기20세기』, 백승욱 옮김, 그린비.

안상욱. 2011. 「한국사회에서 '루저문화'의 등장과 남성성의 재구성」, 서울대학교 대학원 협동과정 여성학 전공 석사학위 논문.

안선희. 2008. 「한국 출판의 베스트셀러 다양성에 관한 연구:IMF 이후 10년간 베스트셀러를 중심으로」, 서강대학교 언론대학원 출판전공 석사학위 논문.

안성찬. 2004. 『숭고의 미학』, 유로서적.

알튀세르, 루이. 1997. 『맑스를 위하여』, 이종영 옮김, 백의.

엄경. 1994. 「졸라의 작품에 나타난 괴물 탐식자 이미지 연구」, 이화여자대학교 불어불문학과 석사학위 논문.

엄상준. 2014. 「21세기 한국 SF영화의 정치적 상상력 연구」, 부산대학교 예술·문화와 영상매체 협동과정 예술학 석사학위 논문.

오영숙. 2007. 「1960년대 스릴러 영화의 양상과 현실인식」, 『영화연구』, No. 33, pp. 43~74.

우성흠. 1998. 『1946년생』, 윤컴.

유지나. 2007. 「여성/몸의 이미지 재현체계 연구: 〈301·302〉와 〈미녀는 괴로워〉를 중심으로」, 『영화연구』, No. 34, pp. 237~260.

윤선자. 2008a. 『축제의 문화사』, 한길사.

_____. 2008b. 『축제의 정치사』, 한길사.

윤성은. 2010. 「1990년대 이후 한국 로맨틱 코미디 영화의 변형 양상과 요인에 관한 연구」, 한양대학교 대학원 연극영화학과 박사학위 논문.

윤소영. 2008. 『일반화된 마르크스주의 개론』, 공감.

윤승모. 2004. 「반세기전: 동아일보로 본 9월 셋째 주」, 『동아일보』, 2004. 9. 13.

윌리엄스, 레이먼드. 1984. 『문화사회학』, 설준규·송승철 옮김, 까치.

_____. 1985. 『현대비극론』, 임순희 옮김, 까치.

_____. 1991. 『이념과 문학』, 이일환 옮김, 문학과지성사.

_____. 2003. 『문학과 문학이론』, 박만준 옮김, 경문사.

_____. 2007. 『기나긴 혁명』, 성은애 옮김, 문학동네.

이갑용. 2005. 「'노사정위 드림'을 깨라」, 『한겨레21』, 2월 15일 제547호.

이글턴, 테리. 1995. 『미학사상』, 방대원 옮김, 한신문화사.

_____. 2012a. 『비평과 이데올로기』, 윤희기 옮김, 인간사랑.

_____. 2012b. 『발터 벤야민 또는 혁명적 비평을 향하여』, 김정아 옮김, 이앤비플러스.

이동진. 2009. 『이동진의 부메랑 인터뷰 그 영화의 비밀』, 예담.

이명숙. 2003. 『오늘은 뭘 먹지: 국 한그릇으로 아침을 바꾼 여자 이야기』, 세창미디어.

이수연. 1997. 「한국 페미니즘 영화와 여성의 섹슈얼리티: 영화 〈301·302〉의 분석」, 『영화연구』, No. 13, pp. 76~98.

이순진. 2001. 「한국 괴기영화의 변화과정에 대한 연구」, 중앙대학교 첨단영상전문대학원 영상예술학과 석사학위 논문.

이원보. 2005. 「이원보의 한국노동운동사(8): 한국노동자계급 역사의 전면에 도약하다—1987년 이후의 노동운동」, 『노동사회』, Vol. 99, pp. 143~160.

이정은. 2011. 「민주화 전후 한국 노동운동 의미틀의 변천(1980~2001)」, 『민주주의와 인권』, Vol. 11, No. 2, pp. 97~131, 전남대학교 5.18 연구소.

이효인. 2002. 『하녀들 봉기하다』, 하늘아래.

이효정. 2008. 「현대 한국영화의 스타일 과잉에서 나타나는 서사와 이미지의 관계」, 중앙대학교 첨단영상대학원 영상예술학과 석사학위 논문.

임인숙. 2010. 「미용성형공화국의 고지되지 않은 위험」, 『사회와 역사』, 제88집.

임인애. 2003. 「불시착한 시대의 변주곡 — 영화 〈살인의 추억〉」, 『당대비평』 22호, 2003년 여름호, 생각의나무.

전보경. 2009. 「몸-자아 테크놀로지로서의 미용성형에 대한 계보학적 담론 연구」, 이화여자대학교대학원 여성학과 석사학위 논문.

정근식. 2010. 「러시아 혁명과 축제」, 정근식 외, 『지역 민주주의와 축제의 관계』, 중원문화.

정미. 2006. 「잔인한 운명과 싸우며 스스로를 구원하라(박찬욱 감독 인터뷰)」, 연세대미디어아트연구소 편, 『복수는 나의 것』, 새물결.

정봉석. 2009. 「현실과 환상을 가로지르는 오브제의 작용:〈지구를 지켜라!〉(장준환 각본·감독, 2003)」, 『드라마연구』 No. 31호, pp. 279~303.

정성일. 2003. 5. 「'네 이웃을 사랑하라'는 비겁한 나르시시즘」, 『월간 말』.

_____. 2003. 6. 「1980년대를 방관하는 우리들의 추악한 공범의식」, 『월간 말』.

_____. 2006. 「반복 안에서 찾은 새로움, 김기덕 감독의 신작 〈시간〉」, 『씨네 21』, 549호, 2006. 4. 26.

_____. 2010. 『필사의 탐독』, 바다출판사.

제임슨, 프레드릭. 1984. 『변증법적 문학이론의 전개』, 여홍상·김영희 옮김, 창비.

_____. 1991. 「역사속의 비평」, 이글턴 등, 『비평의 기능』, 유희석 옮김, 제3문학사.

조규빈. 2014. 「한국 스릴러 영화의 황금기에 나타난 4.19 느와르:사회-역사적 스타일 분석」, 홍익대학교 영상대학원 영상디자인 전공 석사학위 논문.

조종흡 외. 2004. 『장르 혼합현상에 나타난 산업과 관객의 상호 텍스트적 관계』, 영화진흥위원회.

주강현. 1996. 『우리문화의 수수께끼』, 한겨레신문사.

주창규. 2011. 「'한국영화 르네상스'(1997~2006)의 동역학에 대한 연구:영화산업의 '하이 모더니즘'과 '미적 르네상스'의 탈구를 중심으로」, 『영화연구』 50호.

조윤경. 2008. 『초현실주와 몸의 상상력』, 문학과지성사.

조지훈. 2010. 「1970년대 한국영화의 가족로맨스 환상 연구」, 한양대학교대학원 연극영화과 박사학위 논문.

조창섭. 2002. 『독일자연주의문학』, 서울대출판부.

조희연. 2007. 『박정희와 개발독재시대』, 역사비평사.

_____. 2009. 「'87년 체제' '97년 체제'와 민주개혁운동의 전환적 위기」, 김종엽 엮음, 『87년 체제론』, 창비.

조희연·서영표. 2009. 「체제논쟁과 헤게모니전략:손호철의 97년 체제론에 대한 비판적 개입」, 『마르크스주의 연구』, 제6권 제3호, pp. 154~187, 경상대학교사회과학연구원.

주은우. 2010. 「자유와 소비의 시대, 그리고 냉소주의의 시작」, 『사회와 역사』, 제88집 pp. 307~344, 한국사회사학회.

지라르, 르네. 1998. 『희생양』, 김진석 옮김, 민음사.

짐멜, 게오르그. 2005. 『짐멜의 모더니티 읽기』, 김덕영·윤미애 옮김, 새물결.

채석진. 2005. 「제국의 감각: '에로 그로 넌센스'」, 『페미니즘 연구』, 한국여성연구소.

천규석. 2014. 『잃어버린 민중의 축제를 찾아서』, 실천문학사.

천정환. 2006. 「80년대의 국가·몸·사회: 〈살인의 추억〉이 '추억'한 것」, 김경옥 외 지음, 『살인의 추억』, 연세대미디어아트연구소.

최나영. 2006. 「블랙 코메디 영화의 장르적 특성 연구」, 한양대학교대학원 연극영화학과 석사학위 논문.

카이저, 볼프강. 2011. 『미술과 문학에 나타난 그로테스크』, 이지혜 옮김, 아모르문디.

킬고어, 매기. 2005. 「우리 시대의 카니발리즘의 기능」, 바커, 프랜시스 외 엮음, 『식인문화의 풍속사』, 이정린 옮김, 이룸.

크래니어스커스, 존. 2005. 「크로노스와 뱀파리즘의 정치경제학: 하나의 역사적 성좌에 대한 주해」, 바커, 프랜시스 외 엮음, 『식인문화의 풍속사』, 이정린 옮김, 이룸.

태희원. 2012. 「신자유주의적 통치성과 자기계발로서의 미용성형 소비」, 『페미니즘 연구』, 제12권 1호, pp. 157~191, 한국여성연구소.

테일러, 피트. 2008. 「몸, 생체의학, 통치」, 이화여자대학교 아시아여성학센터 학술대회자료집, Vol. 2008, No. 4, pp. 103~11.

톰슨, 필립. 1985. 『그로테스크』, 김무영 옮김, 서울대학교출판부.

팩스턴, 로버트. 2005. 『파시즘: 열정과 광기의 정치혁명』, 손명희·최희영 옮김, 교양인.

푸코, 미셸. 1994 . 『감시와 처벌』, 오생근 옮김, 나남.

_____. 1997. 『자기의 테크놀로지』, 이희원 옮김, 동문선.

_____. 2001. 『비정상인들』, 박정자 옮김, 동문선.

_____. 2003. 『광기의 역사』, 이규현 옮김, 나남출판.

_____. 2004. 『성의 역사 1: 앎의 의지』, 이규현 옮김, 나남출판.

_____. 2012a. 『생명관리정치의 탄생』, 심세광·전혜리·조성은 옮김, 난장.

_____. 2012b. 『말과 사물』, 이규현 옮김, 민음사.

프라이, 노드롭. 2000. 『비평의 해부』, 임철규 옮김, 한길사.

프라드, 해리어트. 1993. 「신경성 거식증: 성과 계급 전이의 장소로서 여성 육체」, 『문화과학』, No. 4, pp. 184~201.

프로이트, 지그문트. 1997. 『농담과 무의식의 관계』, 임인주 옮김, 열린책들.

피스터르스, 파트리샤. 2007. 『시각문화의 매트릭스』, 정민아 옮김, 철학과현실사.

필립스, 제리. 2005. 「자본주의로서 카니발리즘─마르크스, 콘래드, 셰익스피어, 말로의 책에서 나타난 축적의 은유들」, 바커, 프랜시스 외 엮음, 『식인문화의 풍속사』, 이정린 옮김, 이룸.

하길종. 1982. 『사회적 영상과 반사회적 영상』, 전예원.

하선규. 2008. 「벤야민의 역사철학적 이념론과 예술철학에 대한 시론: 『비애극서』의 〈인식

비판 서문〉을 중심으로」, 『미학예술연구』, Vol. 28, pp. 243~284.

하우저, 아놀드. 1983. 『예술의 사회학』, 최성만·이병진 옮김, 한길사.

_____. 1999. 『문학과 예술의 사회사2』, 백낙청·반상완 옮김, 창비.

한국노동연구원. 2001. 『1987년 이후 한국의 노동운동』, 한국노동연구원.

한윤형. 2009. 「루저는 '세상 속의 자신'을 어떻게 인식하는가?」, 『황해문화』, Vol. 64, pp. 348~359.

허문영. 2006. 「마침내 우리의 영웅이 왔다, 〈괴물〉」, 『씨네21』, 562호, 2006. 7. 25.

해러웨이, 도나. 2007. 『겸손한 목격자』, 민경숙 옮김, 갈무리.

허지웅. 2011. 『망령의 기억』, 한국영상자료원.

호이징아, 요한. 1997. 『중세의 가을』, 최흥숙 옮김, 문학과지성사.

홉스봄, 에릭. 1997. 『극단의 시대 (하)』, 이용우 역, 까치.

_____. 1998. 『혁명의 시대』, 정도영 역, 한길사.

황병주. 2013. 「유신체제기 평등-불평등의 문제설정과 자유주의」, 『역사문제연구』, No. 29, pp. 7~46.

황진미. 2004. 「'복수-영화'를 통해 본 폭력의 구조: 박찬욱, 연쇄 살인, 9.11」, 『당대비평』, 통권 제 28호, pp. 244~252, 생각의나무.

홀, 스튜어트. 1996. 『스튜어트 홀의 문화 이론』, 임영호 옮김, 한나래.

4. 외국 문헌

Aristoteles. 1961. *Poetik.* Hrsg. von Olof Gigon, Stuttgart.

Bandura, A. 1977. *Social learning theory.* Englewood, Cliffs, NJ: Prentice-Hall.

Beynon, H. 1984. "The Miner's Strike in Easington", *New Left Review*, No. 148, Nov./Dec.

Birch-Bayley, N. 2012. "Terror in Horror Genres: The Global Media and the Millennial Zombie.", *The Journal of Popular Culture*, vol. 45, pp. 1137~1151, Cambridge, The German Tradition in Literature.

Chaouli, M. 2003. "Van Gogh's Ear", edited by Connelly, F. *Modern Art and the Grotesque*, Cambridge University Press.

Connelly, F. 2003. "Introduction", edited by Connelly, F., *Modern Art and the Grotesque*, Cambridge University Press.

Danow, D. 1995. *The sprit of carnival — Magical Realism and the Grotesque*, the University Press of Kentucky.

Edwards, J. and Graulund, R. 2013. *Grotesque*, Routledge.

Fearnow, M. 1997. *The American Stage and the Great Depression — A Cultural*

History of the Grotesque, The Pennsylvania State University Cambridge; New York Cambridge University Press.

Harpham, G. 2006. *On the Grotesque*, Princeton University Press.

Kuryluk, E. 1987. *Salome and Judas in the Cave of Sex: The Grotesque: Origins, Iconograpy, Techniques*, Northwestern University Press.

Lefebvre, M. 2005. "Conspicuous Consumption: The Figure of the Serial Killer as Cannibal in the Age of Capitalism.", *Theory, Culture & Society*, vol. 22, no. 3, pp. 43~62.

Mercier, L. 1862. *Paris pendant la Révolution(1789~98) ou la Nouveau Paris*, 2 volumes, Paris.

Mcdougall, W. 1948. *An Introduction to Social Psychology*, 29th edn.,   Methuen and Company.

Meindl, D. 1996. *American Fiction and the Metaphysics of the Grotesque*, University of Missouri Press Columbia and London.

Naremore, J. 2006. "Stanley Kubrick and the Aesthetics of the Grotesque", *Film quarterly*, Vol. 60 No.1, University of California press.

Nasiruddin, M., M. Halabi, A. Dao, K. Chen and B. Brown. 2013. "Zombies— A Pop culture Resource for Public Health Awareness", *Emerging Infectious Disease*, vol. 19.

Ozouf, M. 1988, *Festivals and the French Revolution*, Massachussetts: Harvard Univ. Press.

Paul, W. 1994. *Laughing screaming: modern Hollywood horror and comedy*, Columbia.

Platt, K. 1997. *History in a Grotesque Key; Russian Literature and the Idea of Revolution*, Stanford University Press.

Saunders, R. 2012. "Undead Spaces: Fear, Globalisation, and the Popular Geopolitics of Zombiism", *Geopolitics*, vol. 17, pp. 80~104.

Silverberg, M. 2006. *Erotic Grotesque Nonsense: The mass culture Japanese modern times*, University of California press.

Smith, A. 1982. *The Theory of Moral Sentiments*, Oxford University Press.

Stallybrass, P & White, A. 1986. *The politics & poetics of transgression*, Cornell University Press.

Summers, D. 2003. "The Archaeology of the Modern Grotesque", edited by Connelly, F., *Modern Art and the Grotesque*, Cambridge University Press.

Wright, O. 1997. *Class Count*, Cambridge University Press.

Yates, W. 1997. "An Introduction to the Grotesque: Theoretical and Theological

Considerations", edited by Adams, J. & Yates, W., *The Grotesque in Art and Literature: Theological Reflections*, Wm B. Eerdmans Publishing Co.

5. 웹자료와 신문

『경향신문』. 1963. 1. 7. (8면). 「새 영화: 〈호랑이 꼬리를 밟은 사나이〉」.

『경향신문』. 1980. 4. 24. (1면). 「광부 3천5백여 명 집단난동」.

김동식. 2008. 7. 28. 「추억엽서 ― 대한민국 60년: 〈14〉 쥐잡기 운동」, 조선닷컴.(검색일자: 2015. 1. 11.) [http://playculture.chosun.com/site/data/html_dir/2008/07/29/2008072901061.html]

김은형. 2006. 「〈괴물〉 봉준호 감독, 영화평론가 김소영 교수 대담」, 『씨네21』, 561호, 2006. 7. 12. (검색일자: 2015. 1. 11.) [http://www.cine21.com/news/view/mag_id/39944]

『동아일보』. 1980. 4. 24. (7면). 「무법 4일…공포의 탄광촌」.

듀나. 2003. 4. 1. 「지구를 지켜라!」, 『듀나의 영화 낙서판』. (검색일자: 2015. 1. 11.) [http://www.djuna.kr/movies/save_the_green_planet.html]

성완경, 1998. 9. 3. 「세계 만화 탐사」, 『마이다스 동아일보』, 149호. (검색일자: 2015. 1.11.) [http://www.donga.com/docs/magazine/news_plus/news149/np149hh030.html]

장준환. 2003. 「지구를 지켜라!(영화대본)」.(검색일자: 2015.1.11.) [http://cafe.naver.com/communicationstudy/384]

정치학대사전편찬위원회. 『21세기 정치학대사전』, 한국사전연구사. (검색일자: 2015. 1. 11) [http://terms.naver.com/entry.nhn?docId=729131&cid=483&categoryId=483]

최은영. 2005. 「2003. 4 지구를 지켜라! ― 장준환 감독을 만나다」. (검색일자: 2015. 1. 11.) [http://blog.naver.com/kino1995?Redirect=Log&logNo=60017377291&from=postView]

찾아보기